智慧职教

高等职业教育通信类课程
新形态一体化教材

U0728234

5G无线网络
规划与优化

主　编　郭丽丽　管明祥　夏林中

副主编　王　乐　戴　毅　黄天明　陈文雄

主　审　张　磊

质检

高等教育出版社·北京

内容提要

本书是高等职业教育通信类课程新形态一体化教材。

本书较为全面地介绍了 5G 无线网络规划与优化的相关知识。全书共 11 章，分别为 5G 网络概述、5G 关键技术、5G 网络架构、5G 空中接口原理、5G 协议与信令分析、5G 无线网络规划、5G 无线网络测试、5G 无线网络优化、5G 网络性能指标 KPI、5G 网络优化专题分析、5G 网络规划与优化发展。为了让读者能够及时检查学习效果，把握学习进度，每章后都附有丰富的思考与练习题。

为了让学习者能够快速且有效地掌握核心知识和技能，也方便教师开展线上线下结合的教学，本书配有在线课程，已在"智慧职教"平台（http://www.icve.com.cn）上线，学习者可登录网站进行学习，也可通过扫描书中的二维码观看相关资源，详见"智慧职教"服务指南。本书配套提供微课、动画、PPT 课件、拓展阅读、工程案例集、习题及试卷等教学资源，使用本书进行授课的教师可发送电子邮件至 gzdz@pub.hep.cn 获取部分教学资源。

本书吸收了经验丰富的企业专家参与编写与审核，内容紧贴主流通信设备商、运营商及网络运维公司，实用性强，可作为高等职业教育专科院校、高等职业教育本科院校和应用型本科院校通信相关专业教材，也可作为通信企业培训或技术人员自学的参考书。

图书在版编目（ＣＩＰ）数据

5G无线网络规划与优化 / 郭丽丽，管明祥，夏林中主编. -- 北京 : 高等教育出版社，2022.11
ISBN 978-7-04-058719-7

Ⅰ. ①5… Ⅱ. ①郭… ②管… ③夏… Ⅲ. ①第五代移动通信系统 - 无线电通信 - 移动网 - 高等职业教育 - 教材 Ⅳ. ①TN929.53

中国版本图书馆CIP数据核字(2022)第094615号

5G无线网络规划与优化
5G WUXIAN WANGLUO GUIHUA YU YOUHUA

策划编辑	郑期彤	责任编辑	郑期彤	封面设计	贺雅馨	版式设计	马 云
责任绘图	李沛蓉	责任校对	高 歌	责任印制	赵 振		

出版发行	高等教育出版社	网　　址	http://www.hep.edu.cn	
社　　址	北京市西城区德外大街4号		http://www.hep.com.cn	
邮政编码	100120	网上订购	http://www.hepmall.com.cn	
印　　刷	高教社（天津）印务有限公司		http://www.hepmall.com	
开　　本	787mm×1092mm　1/16		http://www.hepmall.cn	
印　　张	17			
字　　数	370 千字	版　　次	2022年11月第1版	
购书热线	010-58581118	印　　次	2022年11月第1次印刷	
咨询电话	400-810-0598	定　　价	45.80元	

本书如有缺页、倒页、脱页等质量问题，请到所购图书销售部门联系调换
版权所有　侵权必究
物　料　号　58719-00

"智慧职教"服务指南

"智慧职教"（www.icve.com.cn）是由高等教育出版社建设和运营的职业教育数字教学资源共建共享平台和在线课程教学服务平台，与教材配套课程相关的部分包括资源库平台、职教云平台和 App 等。用户通过平台注册，登录即可使用该平台。

● 资源库平台：为学习者提供本教材配套课程及资源的浏览服务。

登录"智慧职教"平台，在首页搜索框中搜索"通信网络优化"，找到对应作者主持的课程，加入课程参加学习，即可浏览课程资源。

● 职教云平台：帮助任课教师对本教材配套课程进行引用、修改，再发布为个性化课程（SPOC）。

1. 登录职教云平台，在首页单击"新增课程"按钮，根据提示设置要构建的个性化课程的基本信息。

2. 进入课程编辑页面设置教学班级后，在"教学管理"的"教学设计"中"导入"教材配套课程，可根据教学需要进行修改，再发布为个性化课程。

● App：帮助任课教师和学生基于新构建的个性化课程开展线上线下混合式、智能化教与学。

1. 在应用市场搜索"智慧职教 icve" App，下载安装。

2. 登录 App，任课教师指导学生加入个性化课程，并利用 App 提供的各类功能，开展课前、课中、课后的教学互动，构建智慧课堂。

"智慧职教"使用帮助及常见问题解答请访问 help.icve.com.cn。

前 言

移动通信的发展不仅深刻改变了人们的生活方式，而且已成为推动国民经济发展、提升社会信息化水平的重要引擎。5G 作为划时代的新一代通信技术，除了带给消费者更极致的移动互联网体验外，还将开启移动物联网时代，并渗透至各行各业，服务于全连接社会的构筑。2021 年，国家公布了"十四五"规划和 2035 年远景目标纲要，规划及纲要中多次重点提到统筹推进"新基建"战略，其中 5G 网络建设为"新基建"之首。

同时，代表先进能力的 5G 相关特性和技术的落地，对 5G 网络的规划与优化提出了巨大挑战。未来 5G 网络规划与优化从业者必须拥有"5G＋云＋AI"的全方位技术视角，才能促进端到端网络实现数字化运维转型。通过整合新形态一体化教材形式和创新课程设计理念，本书可打通基础原理及网络规划与优化应用之间的双向通道，助力培养新时代网络规划与优化高素质人才。

本书包括 5G 网络原理和 5G 网络规划与优化两大篇，共 11 章。第 1~5 章为 5G 网络原理篇。第 1 章 5G 网络概述，介绍移动通信网络发展及 5G 网络基础；第 2 章 5G 关键技术，主要介绍 5G 调制技术、5G 编码技术、Massive MIMO 技术、5G 网络切片等；第 3 章 5G 网络架构，介绍 5G 接入网、承载网、核心网的网络架构，5G 组网场景及演进；第 4 章 5G 空中接口原理，主要介绍 5G 频段及配置、5G 空中接口协议、5G 空中接口物理层；第 5 章 5G 协议与信令分析，主要介绍 5G 移动性管理、5G NSA 网络信令流程、5G SA 网络信令流程。在 5G 网络原理篇，读者可由浅入深，系统学习，夯实理论基础。第 6~11 章为 5G 网络规划与优化篇。第 6 章 5G 无线网络规划，主要介绍 5G 网络规划流程、5G 典型场景链路预算、5G 网络覆盖规划、5G 网络容量估算、5G 基站勘测等；第 7 章 5G 无线网络测试，介绍 5G 网络测试基础、5G 网络测试流程与内容、5G 网络测试软件操作案例；第 8 章 5G 无线网络优化，介绍 5G 网络优化概述、5G 网络优化流程、5G RF 优化；第 9 章 5G 网络性能指标 KPI，主要介绍 5G KPI 概述、5G KPI 定义、5G KPI 优化及案例；第 10 章 5G 网络优化专题分析，主要介绍 5G 覆盖问题分析、5G 接入问题分析、5G 切换问题分析、5G 掉话 /掉线问题分析、5G 重选问题分析、5G 数传问题分析、5G 业务感知时延问题分析、5G 丢包误码问题分析、4G/5G 协同问题分析、重大活动保障 10 个专题优化项目；第 11 章 5G 网络规划与优化发展，介绍 5G 网络智能规划、5G 网络智能优化、SON

自优化、未来网络规划与优化发展。在 5G 网络规划与优化篇，读者可循序渐进，层层深入，着力提升实战能力。

　　本书由深圳信息职业技术学院郭丽丽、管明祥、夏林中任主编；深圳信息职业技术学院王乐，深圳市讯方技术股份有限公司戴毅、黄天明，珠海万思维信息科技有限公司陈文雄任副主编；珠海万思维信息科技有限公司张磊任主审；珠海万思维信息科技有限公司黄文学、陈新参与编写。在本书的整体构思和编写过程中，得到了深圳信息职业技术学院领导和众多教师的无私帮助，还得到了深圳市讯方技术股份有限公司、珠海万思维信息科技有限公司众多企业专家的大力支持，他们提出了许多宝贵意见，特此致谢。

　　由于编者水平和经验有限，书中难免有不足之处，敬请读者批评指正。

编　者

2022 年 7 月

目 录

5G 网络原理篇

5G 网络规划与优化篇

5G 网络原理篇 >>>>>>>>

第 1 章

5G 网络概述

工作场景

5G，可能会"成为像电力、蒸汽机一样的通用技术"，不仅改变生活，而且改变社会。

在 5G 社会里，生活会被怎样改变呢？让我们一起来畅想一下 5G 普及后的场景吧。

当闹钟响起来的那一刻，你的 5G 手机控制拉起卧室的自动窗帘，调节好卧室的灯光色调，而你的智能家居管家也开始自动播报当日天气、室外温度、紫外线指数等。

当你去卫生间洗漱时，洗漱台前的那块地砖或者是你的拖鞋已经变成一个 5G 智能化健康终端。当你站在地砖上或穿上拖鞋时，你的体重、体脂、水分等数据就会被采集，并发送到云端。

洗漱完毕，你该离开家去上班了。门锁不再需要钥匙，小区也不再需要门禁卡，这些门禁系统都可以通过指纹、人脸、声音等方式进行多重验证，而这些门禁系统也会和当地的安保系统进行一定的连接，出门之后，你的家也是受到保护的。

那么，出行会怎样呢？

在 5G 的帮助下，车联网技术得到了飞速的发展，自动驾驶成为现实，乘坐的车辆会根据实时交通数据选择不太拥堵的路线把你安全送到目的地。当你坐在车上时，将会有更多的时间去处理工作和生活上的事……

这一切离我们都不会太远。

如图 1-0-1 所示，5G 时代的愿景是"信息随心至，万物触手及"。5G 是一个端到端的、全移动的、全连接的生态系统，提供全覆盖的一致性体验，提供可持续的商业模型，通过现有的和即将涌现的创新，为用户和合作伙伴创造价值。

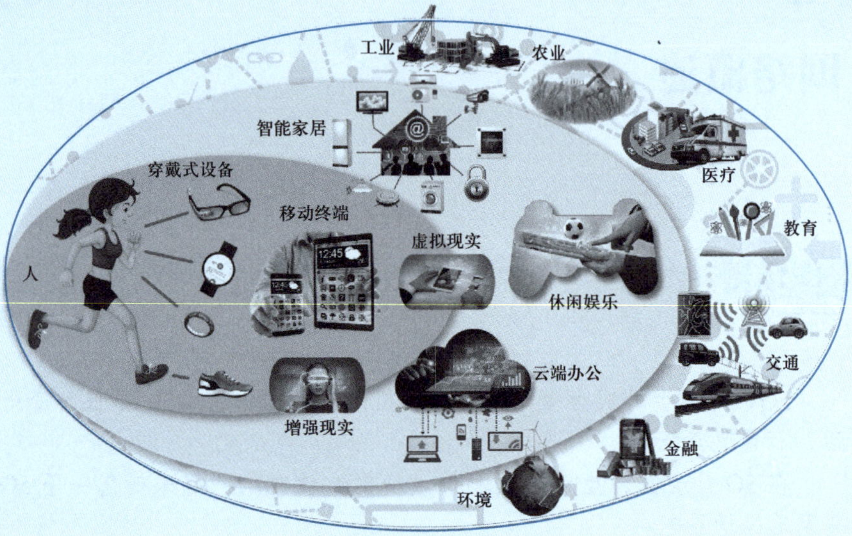

图 1-0-1　5G 愿景

知识图谱（图 1-0-2）

图 1-0-2　5G 网络概述知识图谱

1.1　移动通信网络发展概述

PPT
移动通信网络发展概述

微课

移动通信网络发展概述

随着社会的发展，人们对通信的需求日益旺盛，对通信质量的要求也越来越高，理想目标是在任何时候、任何地方、以任何方式与任何人交流任何信息。移动通信由于具有不受地域约束的灵活性和广域覆盖的连续性等特点，经过近 30 年的快速发展，已成为最具优势的个人通信方式。

1.1.1　移动通信演进和 3GPP 版本演进

1. 移动通信演进

学习移动通信之前，首先来了解一下什么是通信。

简单来说，通信就是传递信息。更严谨的描述是：人与人或人与自然之间通过某种行为或媒介进行的信息交流与传递，称为通信。

在古代，国家之间进行外事交流，朋友之间进行沟通联络，都离不开通信。通信手段丰富多样，有近距离的面对面交流，也有烽火、旗语、狼烟等中距离通信方式，后来又出现了驿站或信鸽等远距离通信方式。

19 世纪，电磁理论出现并成熟。在此基础上，莫尔斯发明了莫尔斯电码和有线电报，贝尔发明了电话，马克尼和波波夫利用电磁波实现了无线通信（见图 1-1-1），人类就此开启了用电磁波进行通信的近代通信时代。

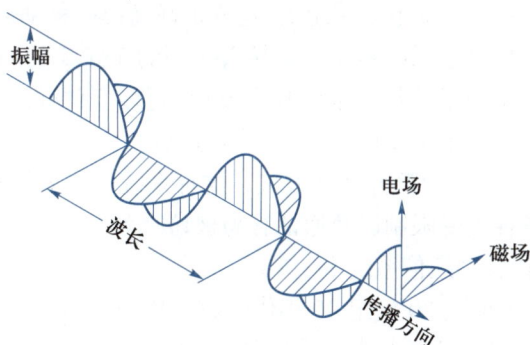

图 1-1-1　电磁波无线通信

移动通信技术始于 20 世纪 20 年代，但从 20 世纪 70 年代后才得到蓬勃发展，其演进路线是从模拟到数字，从低速语音到高速多媒体，从频分多址到时分多址和码分多址，再到空分多址，并且继续向宽带无线接入技术演进。移动通信技术不但集成了无线通信和有线通信的最新技术成果，而且集成了网络接收和计算机技术的诸多成果，其目标是能在任何时间、任何地点、向任何人提供快速、可靠、丰富的通信服务。移动通信服务已深入到人们的日常生活中，成为信息技术的支柱产业之一。移动通信技术演进历程如图 1-1-2 所示。

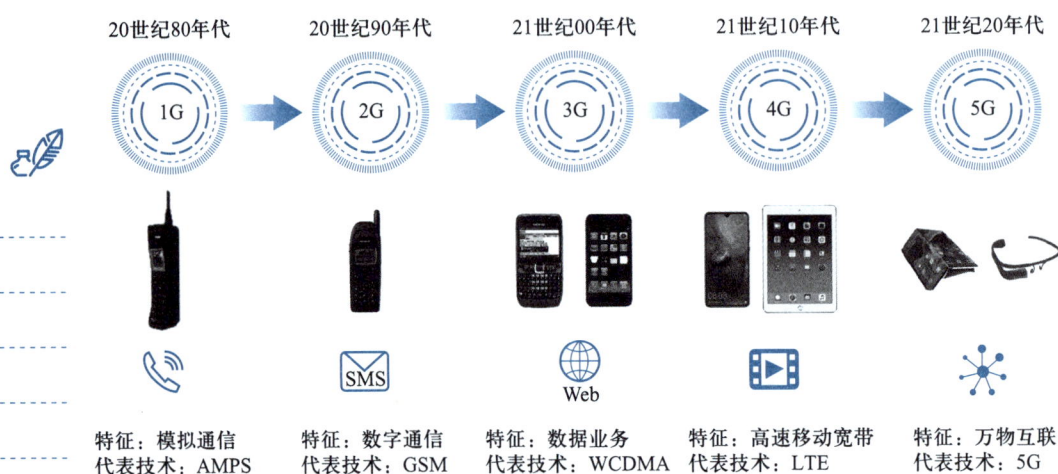

20世纪80年代	20世纪90年代	21世纪00年代	21世纪10年代	21世纪20年代
1G	2G	3G	4G	5G
特征：模拟通信	特征：数字通信	特征：数据业务	特征：高速移动宽带	特征：万物互联
代表技术：AMPS	代表技术：GSM	代表技术：WCDMA	代表技术：LTE	代表技术：5G

图 1-1-2　移动通信技术演进历程

1G 实现了随时随地的沟通，2G 将这种沟通的方式推广到了大众，3G 实现了多媒体通信并带来了移动宽带的概念，4G 则带动了移动互联网、物联网等技术的发展。随着 4K、VR、无人驾驶等新需求的出现，人们对带宽、时延又提出了更高的要求，于是，5G 来了。

（1）1G（第一代移动通信系统）

基于蜂窝网络的移动通信是由贝尔实验室在 20 世纪 70 年代提出的，并于 1978 年研制成功 AMPS（高级移动电话系统），建成了蜂窝模拟移动通信，蜂窝网络实现了频率重用，极大地提高了系统容量。紧接着英国的 TACS（全接入通信系统）、北欧的 NMTS（北欧移动电话系统）陆续投入商业运营，市场得到迅猛发展。这一阶段的蜂窝移动通信的特点是传输模拟信号，称为 1G。

1G 主要基于模拟调制的频分多址方式，这种系统的主要缺点是频谱利用率低、移动设备复杂、业务种类受限制以及通话容易被窃听等。

（2）2G（第二代移动通信系统）

20 世纪 80 年代中期至 20 世纪 90 年代，数字移动通信系统进入发展和成熟期。因为模拟蜂窝网络的容量已经不能满足日益增长的移动用户需求，欧洲率先推出了 GSM（全球移动通信系统），之后美国高通公司推出了 IS-95（窄带 CDMA 蜂窝移动通信系统），CDMA（码分多址接入）技术是移动通信技术发展的一个重要里程碑。这一阶段蜂窝移动通信的特点是支持语音和低速数据业务，称为 2G。

从技术上看，2G 系统的主要措施包括采用 TDMA（时分多址接入）或 CDMA 方式实现对用户的动态寻址，以数字式蜂窝网络结构和频率规划实现载频的复用，从而扩大覆盖的服务范围，满足用户数量增长的需求。

（3）3G（第三代移动通信系统）

伴随着移动用户通信业务范围的扩大和对数据速率需求的不断提高，2G 已经很难满足新型高速分组业务的市场需求，下一代移动通信技术很快被提出。3G 是 ITU（国际电信联盟）在 1985 年提出的，并于 1996 年更名为 IMT-2000。3G 的主流技术是 WCDMA（宽带码分多址接入）、CDMA2000 和 TD-SCDMA（时分同步码分多址接入），其特点是基于码分多址技术，其中 WCDMA 和 TD-SCDMA 标准由 3GPP（第三代合作伙伴计划）制定，而 CDMA2000 标准由 3GPP2 制定，三种制式对比如表 1-1-1 所示。

表 1-1-1　三种制式对比

制式	WCDMA	CDMA2000	TD-SCDMA
继承基础	GSM	窄带 CDMA	GSM
同步方式	异步	同步	同步
码片速率 /（Mchip/s）	3.84	1.228 8	1.28
系统带宽 /MHz	5	1.25	1.6
核心网	GSM MAP	ANSI-41	GSM MAP
语音编码方式	AMR	QCELP、EVRC、VMR-WB	AMR

2007 年 10 月，ITU 会议通过使 WiMAX（全球微波互联接入）成为 IMT-2000 标准家族正式成员，丰富了 IMT-2000 标准体系，但也加剧了 IMT-2000 市场和频率资源的竞争，同时加快了 3G 的演进速度。3G 同时支持电路域和分组域，业务方面除了支持传统的移动通信服务外，进一步支持广播服务、移动互联网服务，促进了移动网、互联网和广播网的三网初步融合。

（4）4G（第四代移动通信系统）

随着各种互联网应用的蓬勃发展，尤其是移动互联网的快速发展，3G 越来越不能满足人们日益增长的通信需求。移动通信系统呈现出移动化、宽带化和 IP 化的发展趋势，在此形势下，ITU 提出了更高需求的新一代移动通信系统 IMT-Advanced，也就是人们常说的 4G。

4G 可称为宽带接入和分布式网络，采用全 IP 化的网络结构。4G 网络通过许多关键技术来支撑，包括正交频分复用（orthogonal frequency division multiplexing，OFDM）技术、多载波调制技术、自适应调制和编码（adaptive modulation and coding，AMC）技术、多输入多输出（multiple-input multiple-output，MIMO）技术和智能天线技术、基于 IP 的核心网、软件无线电技术，以及网络优化和安全性等。另外，4G 需要用网关建立与传统网络的互联，所以是一个复杂的多协议网络。

（5）5G（第五代移动通信系统）

4G 已经商用多年，技术趋于成熟。移动通信有"每十年一代"的发展规律，现在 5G 已经在全球主流国家和地区实现了商用，已经成为当前移动通信领域最热门的研究内容，世界各国政府、标准组织、电信运营商、设备商等都在 5G 研究中投入大量的人力和财力。

欧盟在2013年就成立METIS［Mobile and wireless communications Enablers for Twenty-twenty（2020）Information Society］项目，后又成立5G-PPP（5G公私合资合作研发机构）项目；韩国和中国则分别成立了韩国5G论坛和中国IMT-2020（5G）推进组等。

目前，世界各国已就5G的发展愿景、应用需求、候选频段、关键技术指标及候选技术达成广泛共识，由3GPP主导的5G标准研究也在按照计划进行，目前已经冻结了两个版本的国际统一标准。

2. 3GPP 版本演进

（1）3GPP 组织的由来

众所周知，人与人之间交流的工具是语言，一个人能明白另一个人说的话是因为他们使用同一种语言。通信设备之间能够互相通信也是同样的道理，只不过它们通信的语言被称为通信协议，只有使用相同通信协议的设备才能相互传递信息。

就如同语言一样，区域性组织制定的通信标准的使用范围也是有限的。随着通信技术的不断发展，人们的通信需求不断提高，一部通信设备可以全球联通是社会发展的新需求。1998年12月，由ETSI（欧洲电信标准化协会）发起、多个区域性通信组织共同组成的标准化组织3GPP正式成立。3GPP的全名为3rd Generation Partnership Project，即第三代合作伙伴计划。

（2）3GPP 组织的成员

既然是合作伙伴计划，那么到底包括哪些合作伙伴呢？3GPP组织的成员，即3GPP会员主要包括三类，如图1-1-3所示。

3GPP组织的第一类成员是组织伙伴（organizational partner，OP），它们是3GPP组织最重要的成员，共同决定3GPP的整体政策和策略，包括欧洲的ETSI、日本的ARIB（日本无线工业及商贸联合会）和TTC（日本电信技术委员会）、中国的CCSA（中国通信标准化协会）、韩国的TTA（韩国电信技术协会）、北美的ATIS（电信工业解决方案联盟）等。

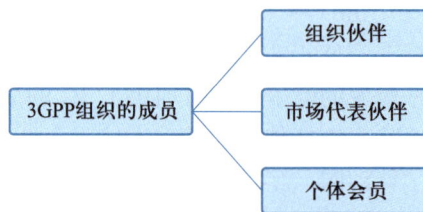

图 1-1-3　3GPP 组织的成员

3GPP组织的第二类成员是市场代表伙伴（market representation partner，MRP），它们被邀请参加3GPP组织以提供建议，并对3GPP中的一些新项目提出市场需求，包括3G Americas、Femto论坛、全球IPv6论坛、TD-SCDMA论坛、UMTS论坛等。

3GPP组织的第三类成员是个体会员（individual members，IM），也称为独立会员，它们是注册加入3GPP组织的独立成员，拥有和组织伙伴相同的参与权利，包括全球各大知名设备商、运营商、手机终端厂商等。

（3）3GPP 版本演进

3GPP按照并行Release的方式运作。Release可以理解为一个工作规划，实际工作时按照预定的规划进行工作，3GPP在每时每刻都有好几个Release并行开展工作，如图1-1-4所示。

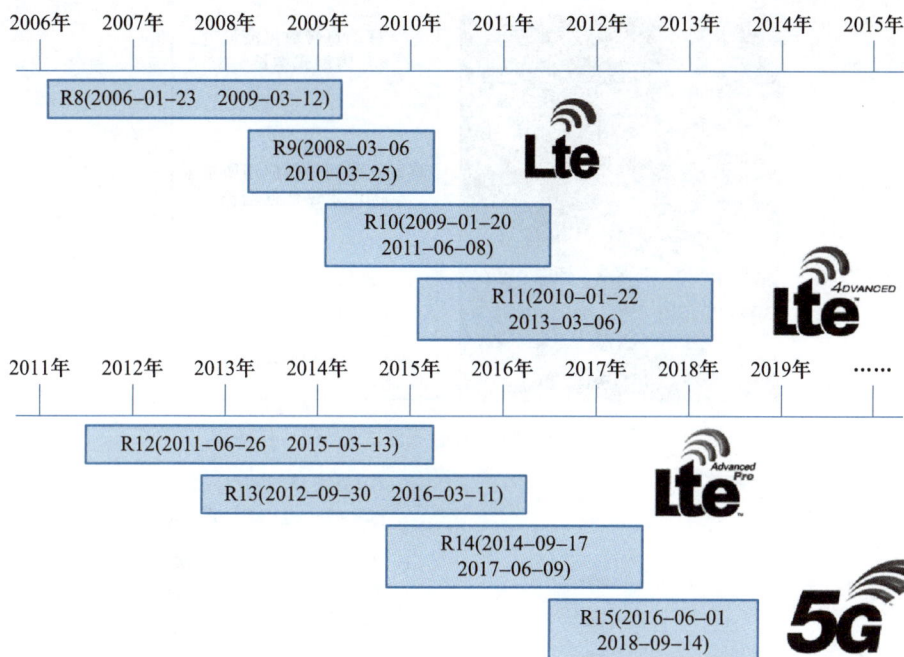

图 1-1-4　3GPP 版本演进

　　Release 按照工作的进展情况来界定，直到预定的工作完成才算一个 Release 完成，所以会看到不同 Release 的持续时间不相同，因为每个阶段的工作量不相同。

1.1.2　移动业务需求趋势及业务场景

　　4G 时代，运营商的移动宽带业务大大拓展，但主要面向的客户还是以人为主的消费者，提供的业务还是以数据、语音业务为主。展望未来，随着智能手机越来越普及，业务和应用越来越多，逐渐会出现一些 4G 网络无法支撑的业务，如 4K/8K 视频，AR/VR 以及车联网等。这些新的业务和应用给现有网络带来了极大的挑战，也是未来移动网络的发展趋势。

1. 数据量的增加

　　移动数据量的爆发式增长，需要移动网络具有更高的速率。近年来由于各大运营商不限流量套餐的推广，使得用户在使用流量时不再有所限制，随时随地点播高清视频，刷抖音、快手等移动互联网的新应用，进而带来了移动网络数据流量的爆发式增长，如图 1-1-5 所示。

2. 连接数的增加

　　随着智慧城市的发展，网络中的连接越来越多，除了人与人的连接，也越来越多出现了人与物、物与物的连接，水表、天然气表、路灯等都可以接入网络中，这要求移动通信能够连接更多的物。尽管 4G 能为每个小区提供上千个连接，但无法满足全连接世界里万物互联的需要，未来的连接需求将呈指数级增长，连接将渗透到未来社会的各个领域——万物移动互联，如图 1-1-6 所示。

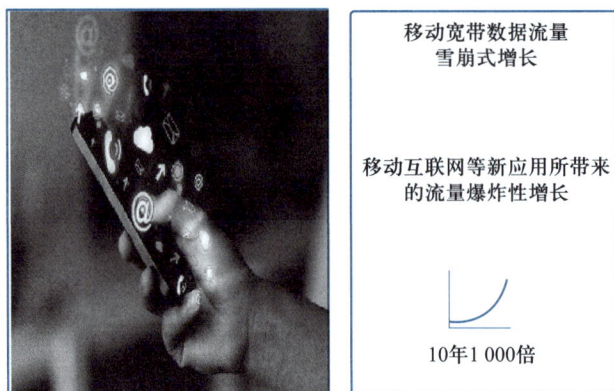

图 1-1-5　数据流量爆发式增长

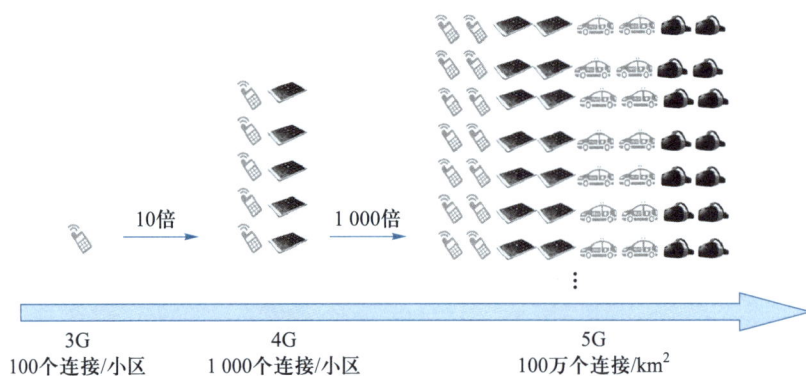

| 3G | 4G | 5G |
| 100个连接/小区 | 1 000个连接/小区 | 100万个连接/km² |

图 1-1-6　连接数的增加

3. 业务场景的多样化

　　传统的移动网络提供基本的语音和数据业务，但是未来的移动网络会逐步扩展到日常生活和社会经济的各个领域，自动驾驶、远程医疗、工业智能制造等新兴的业务需求对整个网络的时延和可靠性提出了更高级别的要求。未来移动网络需要达到毫秒级的超低时延，这将使未来移动网络的响应速度要比 4G 网络提高数十倍，如图 1-1-7 所示。

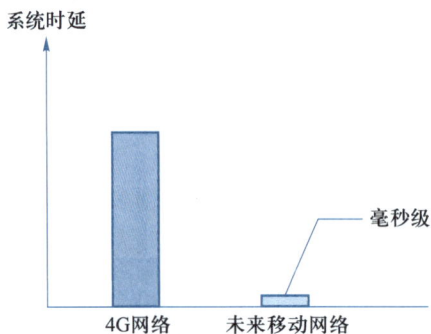

图 1-1-7　未来移动网络与 4G 网络时延对比

总结上述几个方面的探讨，移动网络为了支持新的业务和应用，目前正朝着超高速率、超大连接、超低时延方向发展，如图 1-1-8 所示。

图 1-1-8　移动网络未来发展方向

1.2　5G 网络基础

PPT
5G 网络基础

微课

5G 网络基础

2019 年 6 月 6 日，工业和信息化部正式颁发 5G 牌照，获得牌照的运营商包括电信、移动、联通和广电四家，标志着 5G 时代正式到来。随着 5G 牌照发放，运营商的 5G 建设节奏加速，终端产业链也进一步成熟，接下来让我们进入 5G 网络基础的学习。

1.2.1　5G 的概念

5G（5th-generation），第五代移动通信系统，是最新一代蜂窝移动通信技术，也是继 2G、3G 和 4G 系统之后的延伸。对比 2G、3G 和 4G，除了超高速率的需求外，5G 引入超大连接、超高可靠、超低时延等特性。5G 是真正的变革到 IoT（Internet of things，物联网）的基石，服务于全连接社会的构筑。

2015 年 10 月 26 日至 30 日，在瑞士日内瓦召开的 2015 无线电通信全会上，国际电信联盟无线通信部门（ITU-R）正式批准了三项有利于推进未来 5G 研究进程的决议，并正式确定了 5G 的法定名称是 IMT-2020。

伴随着 ITU 5G 计划的推出和实施，中国推进 5G 网络的步伐明显加速。中国 5G 技术研发试验在政府的领导下，依托国家科技重大专项，由 IMT-2020（5G）推进组负责，正在积极实施。

知识引申

　　IMT-2020（5G）推进组于 2013 年 2 月由我国工业和信息化部、国家发展和改革委员会、科学技术部联合推动成立，组织架构基于原 IMT-Advanced 推进组，是聚合移动通信领域产学研用力量、推动第五代移动通信技术研究、开展国际交流与合作的基础工作平台。IMT-2020（5G）推进组的组织架构如图 1-2-1 所示。

图 1-2-1　IMT-2020（5G）推进组的组织架构

1.2.2　5G 应用场景

ITU-R 于 2015 年 6 月定义了未来 5G 的三大应用场景，分别是增强移动宽带（enhanced mobile broadband，eMBB）、海量机器类通信（massive machine type communication，mMTC）和超高可靠低时延通信（ultra reliable & low latency communication，uRLLC），如图 1-2-2 所示。

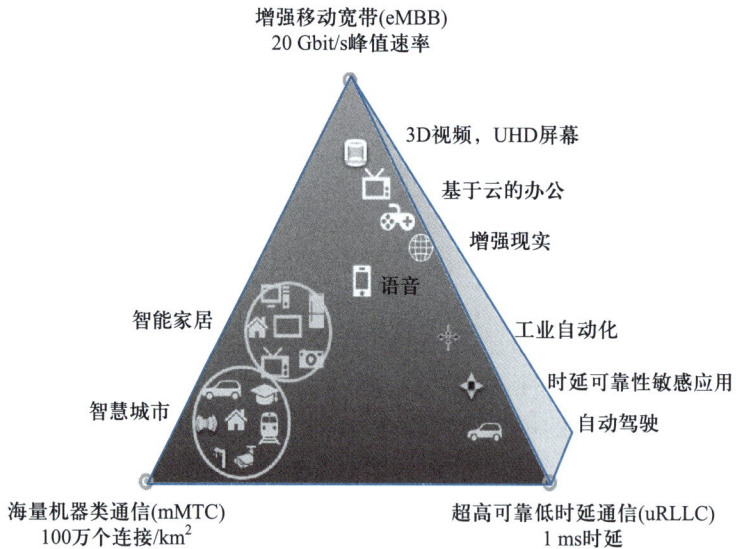

图 1-2-2　5G 三大应用场景

图 1-2-2 所示三角形又称为"能力三角"，其中 eMBB 场景主要服务于消费者，可看作上一代移动通信技术（4G）的线性扩展，主要是提供速率体验的保障，满足诸如 4K/8K 超高清视频、VR/AR/MR 类业务的需求，将其称为"基础能力"；uRLLC 场景主要服务于垂直行业，是前几代移动通信系统未涉及的领域，主要是提供低时延与高可靠性的通信保障，满足诸如工业智能制造、远程驾驶、远程手术类

业务的需求,将其称为"控制能力";mMTC 场景主要服务于垂直行业,也是前几代移动通信系统未涉及的领域,主要是提供大连接的保障,满足诸如智慧城市、大规模物联网类业务的需求,将其称为"连接能力"。uRLLC 和 mMTC 场景业务的支撑能力是未来全行业数字化转型的关键所在。

1.2.3 5G 全球频谱规划与带宽

1. 5G 频谱

3GPP 协议规定 5G 可支持全频谱接入。5G 将聚合所有的频段频谱,共同承担起 5G 网络的覆盖需求,如图 1-2-3 所示。

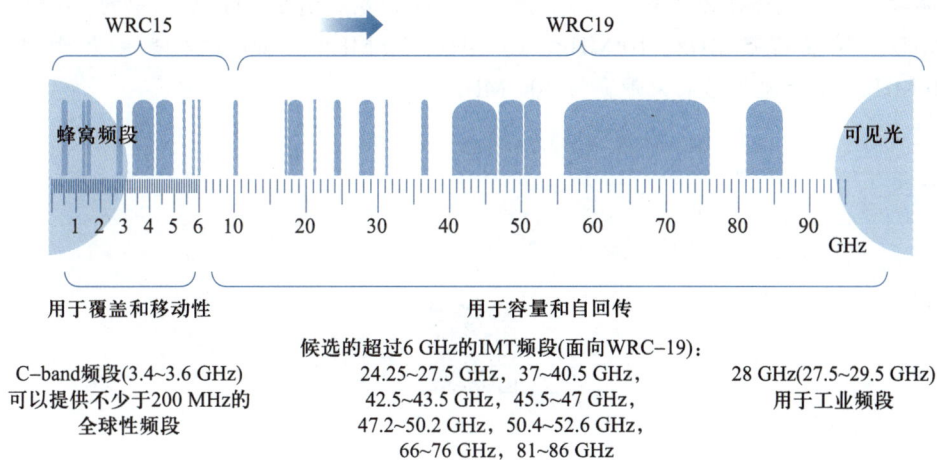

图 1-2-3 5G 频谱

2. 5G 带宽

5G 网络需要承载 eMBB 业务,高峰值速率是其典型特征,解决速率问题的直接方法是增加网络带宽,可以预见,大带宽将是 5G 最典型的特征。在 3GPP 协议定义的 5G 带宽中,取消了 LTE 中小于 5 MHz 的小带宽,已定义的 Sub6G 频谱中的最大带宽达到 100 MHz,高频段毫米波频谱中已定义的最大带宽达到 400 MHz,如图 1-2-4 所示。

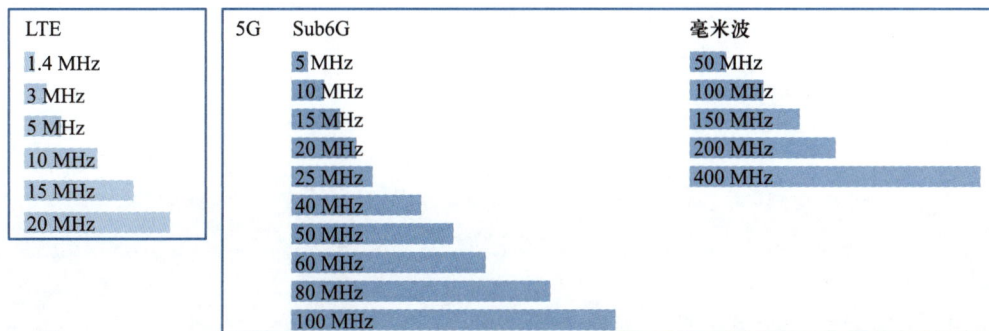

图 1-2-4 5G 带宽

📖 知识点总结

1. 移动通信演进：1G（模拟）→ 2G（数字）→ 3G（宽带数字）→ 4G（高速宽带数字）→ 5G（万物互联）。

2. 3GPP 版本演进：R5/6/7（3G）→ R8/9（LTE）→ R10/11（4G）→ R12/13/14（4.5G）→ R15/16…（5G）。

3. 移动业务需求趋势及业务场景：超高速率、超大连接、超低时延。

4. 5G 概念：第五代移动通信系统——IMT-2020。

5. 5G 应用场景：eMBB、mMTC、uRLLC。

6. 5G 全球频谱规划与带宽：5G 支持全频谱接入，C-band 频段将成为 5G 主覆盖频段，毫米波将作为热点容量补充频段；5G 带宽取消了 LTE 系统中的 1.4 MHz、3 MHz，保留了 5 MHz、10 MHz、15 MHz、20 MHz。Sub6G 频谱最大带宽为100 MHz，毫米波频谱最大带宽为 400 MHz。

📋 思考与练习

一、客观题（扫码在线答题）

二、主观题（扫码查看题目）

第 2 章

5G 关键技术

5G 是一个端到端的、全移动的、全连接的生态系统，真正做到"信息随心至，万物触手及"。相比 4G 网络，5G 能够提供更高的峰值速率、更低的网络时延、更大的终端连接数。

畅想未来，5G 会拥有哪些主要技术场景？5G 概念白皮书指出，连续广域覆盖、热点高容量、低功耗大连接和低时延高可靠，是 5G 的四大技术场景，如图 2-0-1 所示。

图 2-0-1　5G 四大技术场景

从技术特征、标准演进和产业发展的角度分析，5G 存在新空口（NR）和 4G 演进空口两条技术路线。新空口路线主要面向新场景和新频段进行全新的空口（空中接口）设计，不考虑与 4G 框架的兼容，通过新的技术方案设计和引入创新技术来满足 4G 演进空口路线无法满足的业务需求及挑战，特别是各种物联网场景及高频段需求；4G 演进空口路线通过在现有 4G 框架的基础上引入增强型新技术，在保证兼容性的同时实现现有系统性能的进一步提升，在一定程度上满足 5G 场景与业务需求。

从技术创新的角度分析，5G 存在无线技术创新和网络技术创新两个方面。在无线技术领域，大规模天线阵列（Massive MIMO）、超密集组网（UDN）、新型多址和全频谱接入等技术已成为业界关注的焦点；在网络技术领域，基于软件定义网络（SDN）和网络功能虚拟化（NFV）的新型网络架构已取得广泛共识。此外，基于滤波的正交频分复用（F-OFDM）、滤波器组多载波（FBMC）、全双工、灵活双工、终端直通（D2D）、低密度奇偶检验码（LDPC 码）、极化码（Polar 码）等也被认为是 5G 重要的关键技术。

知识图谱（图 2-0-2）

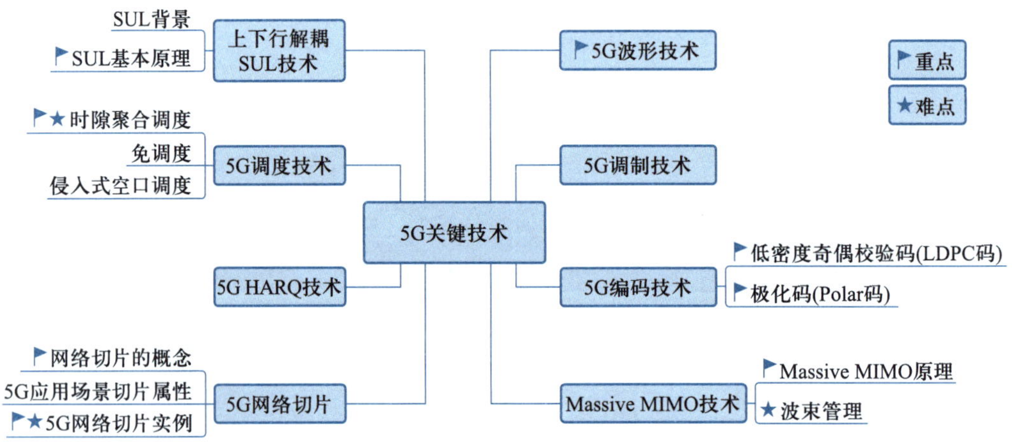

图 2-0-2　5G 关键技术知识图谱

2.1　5G 波形技术

PPT
5G 波形技术

微课

5G 波形技术

通信系统的无线电波是传递信息的载体。首先，无线电波的波形会影响通信设备发射机的性能指标。峰均功率比（peak to average power ratio，PAPR）是发射机峰值功率和均值功率的比，是由所采用的信号波形决定的，对于发射机的能耗影响很大，尤其对于上行终端侧具有重要的意义。其次，无线电波的波形还会影响通信系统的频谱效率。4G 系统的频谱效率相对于 3G 系统提升了 3~5 倍，与其选用了正交的子载波波形密切相关。由此可知，5G 系统选用合适的波形技术非常重要。

在 3GPP 制定标准的提案中提出了许多种新波形技术，大致可以分为两类。

第一类仍然是基于多载波的波形，包括 UF-OFDM（通用滤波 OFDM）、windowed-OFDM（加窗 OFDM）、filtered-OFDM（滤波 OFDM）以及 DFT-S-OFDM（离散傅里叶变换扩展 OFDM）等，这些波形都保持了子带间的正交性。

第二类是一些非正交波形，如不同 QAM（正交振幅调制）下的 FBMC（滤波器组多载波）以及 GFDM（广义频分复用）。这些是最主要的一些波形，它们可以减少子带内的滤波和加窗，因此子带间的频率约束来自于频率最低的那个子带。对于单个子载波，可以采用许多种滤波方法，也有一些波形试图去除 CP（循环前缀），如 FBMC 等。

在标准讨论过程中，3GPP 专家进行了大量仿真工作，并对不同候选波形进行了性能比较。最终，标准中依然采用基于 OFDM 的波形，但对子带基础上的频谱整形会做得更好。之前 LTE 也采用了频谱整形技术，但它是基于载波的，目的在于使频谱满足频带包络的需求。但是在 5G 中，基于子带进行频谱整形，且子带可以动态改变，因此可以实现频域和时域资源的灵活使用，从而使得空口参数和业务能够满足未来前向兼容性设计的要求。接下来重点讨论标准中采用的 filtered-OFDM 波形。

filtered-OFDM（filtered orthogonal frequency division multiplexing，基于子带滤波的正交频分复用），常简称为 F-OFDM。F-OFDM 是一项基础波形技术，该技术的应用将使 5G 系统能根据不同的应用场景和业务需求使用不同的波形、多址接入方式以及不同的帧结构。如图 2-1-1 所示，F-OFDM 可以支持不同的传输波形和 OFDM 参数配置。不同的子带滤波器将 OFDM 子载波分成若干组，每组可采用不同的子载波间隔、符号长度以及保护时间间隔。通过同时支持多组参数配置的灵活性，F-OFDM 能为每个业务组提供更优的参数选择和资源配置，从而有效提升整个系统的频谱效率。

F-OFDM 技术的核心原理是通过优化滤波器、DPD（digital pre-distortion，数字预失真）、射频等通道处理，让基站在保证 ACLR（adjacent channel leakage ratio，相邻频道泄漏比）、阻塞等射频协议指标的基础上，把保护带设置得最小，且保护带可不对称设置，这样就使得有用的传输带宽在整个系统带宽中的占比增大，有效提高了系统带宽的频谱利用率及峰值吞吐量，如图 2-1-2 所示。

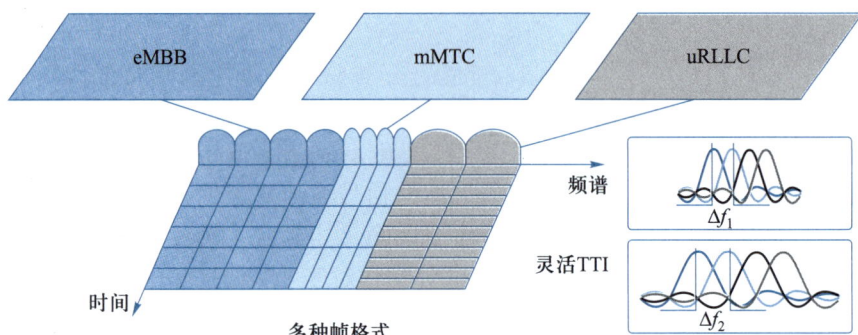

图 2-1-1　F-OFDM

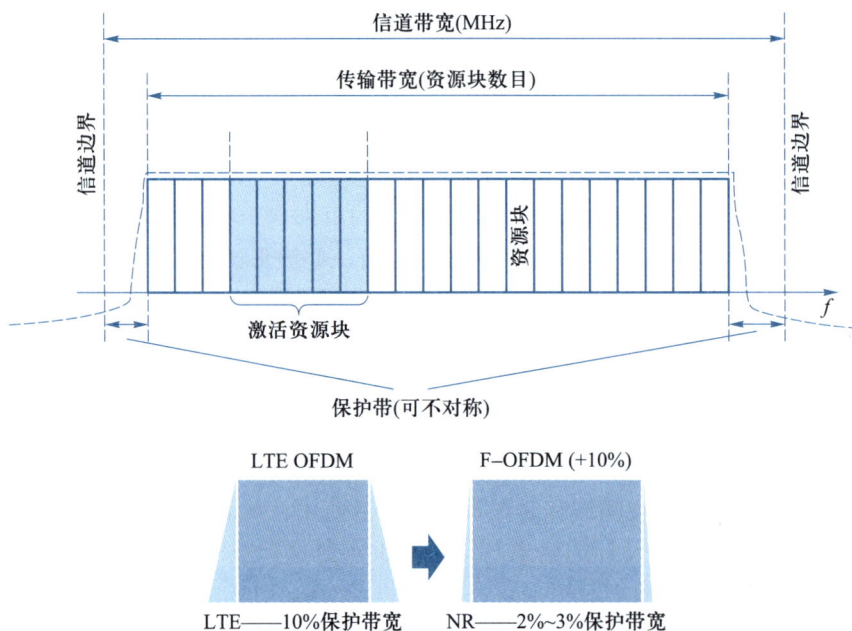

图 2-1-2　F-OFDM 实现原理

2.2　5G 调制技术

PPT
5G 调制技术

调制（modulation）就是对信号源（简称信源）的信息进行处理并加载到载波上，使其变为适合于信道传输的形式的过程，是使载波随信号而改变的技术。

通常情况下，调制是通过改变高频载波的幅度、相位或频率，使其随着基带信号的变化而变化来实现的。常见的调制分为两类，一类是模拟调制，另一类是数

微课

5G 调制技术

字调制。在通信过程中，模拟调制一般在 RRU（射频拉远单元）或者 AAU（有源天线单元）等射频模块中实现，其主要功能是把基带信号从低频搬移到高频，然后在无线空口进行发射。而此处重点强调的是数字调制，其主要功能是把用户的信源数据加载到载波，在加载过程中，用不同的幅度、相位、频率去描述不同的有用信息。只有数字调制才能提升 5G 频谱效率，进而提升用户的峰值和体验速率。

常用的数字调制技术有三种：幅移键控（ASK）、频移键控（FSK）、相移键控（PSK）。三种调制技术可以相互组合，用尽可能少的符号携带更多的比特流，进而提升频谱效率。

在 3GPP 协议中，按照使用载波特征的不同，可以将调制方式分为两大类。

① 载波的相位变化，幅度不变：$\pi/2$-BPSK、QPSK。这一类就是前面说的相移键控（PSK）。

② 载波的相位和幅度都变化：16QAM、64QAM、256QAM。这一类称为 QAM（正交振幅调制），是一种矢量调制，是幅度和相位联合调制的技术。

具体对应 5G 上下行的调制方式如图 2-2-1 所示。

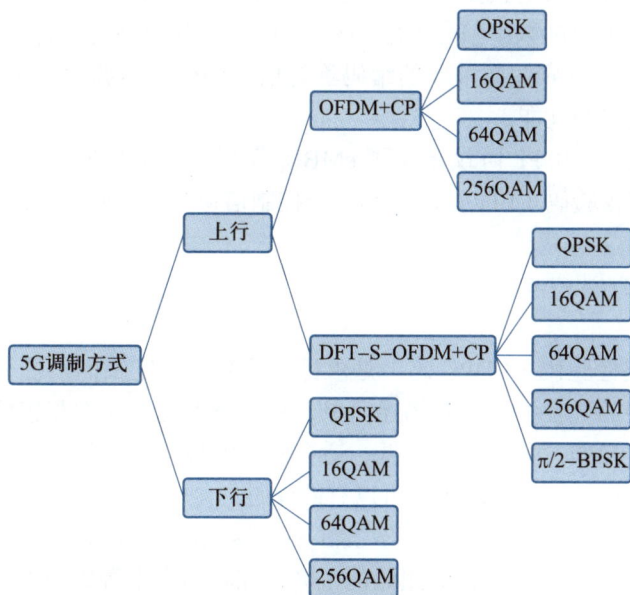

图 2-2-1　5G 上下行的调制方式

这里重点讨论 256QAM 高阶调制。3GPP R12 协议中新增了下行 256QAM 的调制方案，5G 兼容 LTE 调制方式，同时在上行引入比 LTE 更高阶的 256QAM 调制技术。256QAM 是对 QPSK、16QAM 和 64QAM 的补充，用于提升无线条件较好时 UE（用户设备）的比特率。256QAM 中每个符号能够承载 8 bit 信息，相对于 64QAM，支持更大的 TBS（传输块集）传输，理论峰值频谱效率提升 33%，如图 2-2-2 所示。

拓展阅读

任何事物都是矛盾的统一体，通信的高效性和可靠性也不例外。每个人都要利用辩证法的思想看待世界上的事物，这样对事物的认识才比较全面，不失偏颇。通信的高效性与可靠性的关系也说明，要想获得收益，必须要有付出。

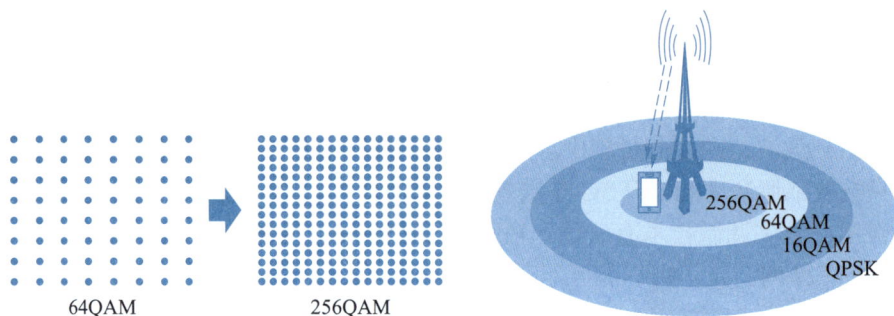

64QAM   256QAM

图 2-2-2   256QAM 调制方式

2.3   5G 编码技术

PPT
5G 编码技术

微课

5G 编码技术

设计通信系统的目的就是把信源产生的信息有效可靠地传送到目的地。在数字通信系统中，为了提高数字信号传输的有效性而采取的编码称为信源编码，为了提高数字信号传输的可靠性而采取的编码称为信道编码。信源编码实现数据的压缩，信道编码改善链路的性能。

在 5G 系统中，3GPP 协议定义了 eMBB 场景下的两类新编码，即用于业务信道的低密度奇偶校验码（LDPC 码）和用于控制信道的极化码（Polar 码）。

2.3.1   低密度奇偶校验码（LDPC 码）

低密度奇偶检验码（LDPC 码）是由稀疏校验矩阵定义的线性分组码，具有能够逼近香农极限的优良特性，其描述简单，具有较大的灵活性和较低的差错误码特性，可实现并行操作，译码复杂度低，适合硬件实现；吞吐量大，极具高速译码的潜力，在码长较长的情况下，仍然可以有效译码。

目前常用的信道编码有 BCH 码、RS 码、卷积码、Turbo 码和 LDPC 码等。其中 BCH 码和 RS 码都属于线性分组码的范畴，在较短和中等码长下具有良好的纠错性能；卷积码在编码过程中引入了寄存器，增加了码元之间的相关性，在相同复杂度下可以获得比线性分组码更高的编码增益；Turbo 码采用并行级联递归的编码器结构，其分量采用系统的卷积码，能够在长码时逼近香农理论极限的译码性能，但是它的译码复杂性仍然较大，而且当码长较长时，由于交织器的存在具有较大的时延。

相比之下 LDPC 码具有以下特性：

① 译码的复杂度很低，运算量不会因为码长的增加而急剧增加；

② 采用迭代译码算法，可以实现并行操作，具有高速的译码能力；

③ 吞吐量大，从而改善系统的传输效率，并且便于硬件实现；

④ 译码复杂度与码长成线性关系，克服了分组码在长码时所面临的巨大译码计

算复杂度的问题，使长编码分组的应用成为可能。

LDPC 码的性能相对于 4G 系统业务信道编码 Turbo 码在可解码性、解码时延、芯片大小、功耗四个维度都有较大提升，所以 5G 系统 eMBB 场景采用 LDPC 码可大大降低设备能耗、提升系统效率，如图 2-3-1 所示。

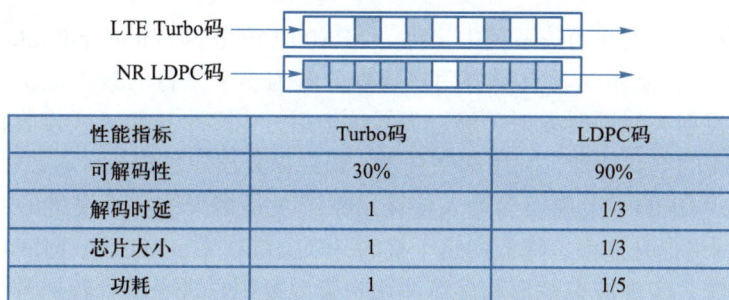

性能指标	Turbo码	LDPC码
可解码性	30%	90%
解码时延	1	1/3
芯片大小	1	1/3
功耗	1	1/5

图 2-3-1　LDPC 码和 Turbo 码性能对比

2.3.2　极化码（Polar 码）

极化码（Polar 码）由土耳其 Erdal Arikan 教授于 2008 年首次提出，从理论上第一次严格证明了在二进制输入对称离散无记忆信道下，Polar 码可以"达到"香农极限，并且具有较低的编码和译码复杂度。

Polar 码构造的核心是通过"信道极化"处理，在编码侧采用编码的方法使各个子信道呈现出不同的可靠性，当码长持续增加时，一部分信道将趋向于容量接近于 1 的完美信道（无误码），另一部分信道则趋向于容量接近于 0 的纯噪声信道，选择在容量接近于 1 的信道上直接传输信息以逼近信道容量。在译码侧，极化后的信道可用简单的逐次干扰抵消译码的方法，以较低的实现复杂度获得与最大似然译码相近的性能。

Polar 码相对于 4G 系统业务信道编码 Turbo 码具有如下三点优势：

① Polar 码相对于 Turbo 码有更高的性能增益；

② Polar 码的可靠性相对于 Turbo 码更高，在 5G 超高可靠业务应用中能实现 99.999% 的可靠性；

③ Polar 码译码复杂度较低，在相同复杂度的情况下，功耗是 Turbo 码的 1/20。

Polar 码和 Turbo 码的性能对比如图 2-3-2 所示。图中，横坐标 EcNo 代表导频信道信噪比，纵坐标 FER 代表误码率。

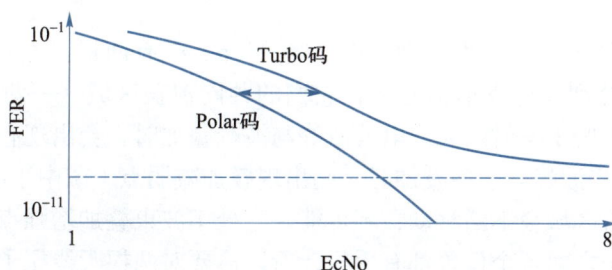

图 2-3-2　Polar 码和 Turbo 码性能对比

2.4 Massive MIMO 技术

🖥 PPT

Massive MIMO 技术

▶️ 微课

Massive MIMO 技术

多天线技术在无线通信系统中又称为 MIMO（multiple input multiple output，多输入多输出），其基本出发点是将用户数据分解为多个并行的数据流，在指定的带宽内由多个发射天线同时发射，经过无线信道后，由多个接收天线接收，并根据各个并行数据流的空间特性，利用解调技术，最终恢复出原数据流。

Massive MIMO（大规模多输入多输出系统）是多天线技术演进的一种高端形态，是 5G 网络提升速率、降低网络干扰的一项关键技术。Massive MIMO 利用大规模多天线系统，实现波束赋形和多流多用户资源复用，进一步大幅提升系统容量和立体覆盖。

🖋 2.4.1 Massive MIMO 原理

Massive MIMO 原理：利用波的干涉和叠加原理，通过对信号加权，调整各天线阵子的相位，改变波束形状，使主瓣对准用户，当天线阵子数量较多时可以实现立体的波束，如图 2-4-1 所示。

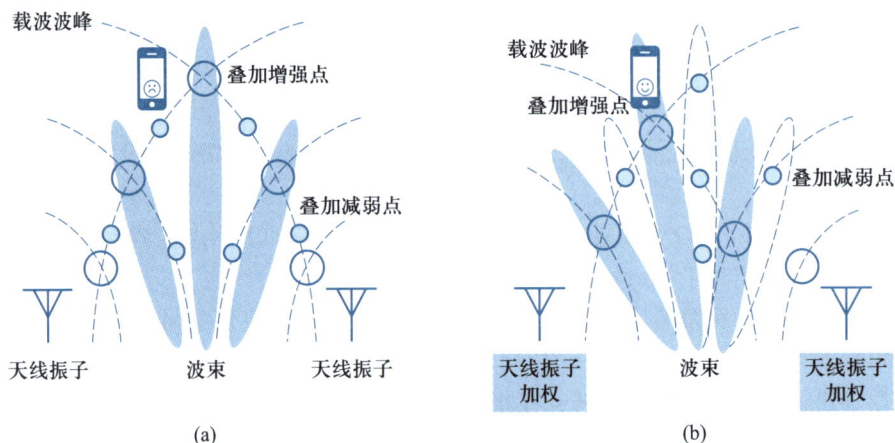

图 2-4-1 Massive MIMO 原理示意图

接下来简单解释其实现原理：图 2-4-1（a）中有两根没有加权的天线振子，按照默认方式分别向外发射信号，在它们的共同覆盖区域——两根天线振子的中间，当两根天线振子发射的无线电波波峰与波峰叠加时，会出现叠加增强点（图中大圆圈位置），当波峰与波谷叠加时，则出现叠加减弱点（图中小圆圈位置）。手机在天线振子覆盖区域会不断移动，不可能一直处于波束叠加增强点处，而且实际情况中，天线振子之间各个位置都有手机，所以需要对两根天线振子发射的信号进行加权，以产生指向型的波束，并随着手机移动，让处在叠加减弱点位置的手机也能收到增强的信号，如图 2-4-1（b）所示。这个原理在日常生活中也有类似的现象，比如向湖里同时扔两块石头，两块石头产生的水波扩散叠加后如图 2-4-1（a）所示，而要出现图 2-4-1（b）所示的效果，可以先后扔两块石头。对应天线振子来说，就是让右侧的天线振子先发射一段时间后，左侧的天线振子再发射，这样，原本的叠加减弱点位置就变成波峰与波峰相遇的叠加增强点，从而产生图 2-4-1（b）所示的覆盖效果。

传统的赋形技术只能实现业务信道的赋形，在 5G 中，广播信道也采用窄波束发射，从而实现控制信道的赋形，保持业务信道和控制信道的一致性。

在 Massive MIMO 技术引入之前，由于天线阵子数量太少，导致满足配对的用户比例很低，进而增益也非常有限。Massive MIMO 通过引入大量天线阵子，降低不同 UE 之间的信道相关性，从而更容易配对；同时，通过增加天线阵子数，总的复用流数也得以增加，从而可以同时配对更多用户。综合起来，Massive MIMO 的增益主要体现在以下四个方向：

① 阵列增益：通过增加天线阵子数量，获得更高阵列增益，提升覆盖。

② 赋形增益：水平和垂直两个方向同时波束赋形，提升系统覆盖和用户数。

③ 复用增益：最多支持 16 个数据流，提升系统吞吐率；空分复用，支持更多用户。

④ 分集增益：通过增加天线阵子数量，从而形成更多的数据空间传输路径，提升数据传输可靠性。

2.4.2　波束管理

5G 频段更高，尤其是毫米波频段，覆盖范围更小，为了增强 5G 覆盖，波束赋形（beamforming）应运而生。波束赋形技术，即通过调整多天线的幅度和相位，赋予天线辐射图特定的形状和方向，使无线信号能量集中于更窄的波束上，来增强覆盖范围和减少干扰。波束赋形方向可控，可跟随移动的终端调整波束方向。在非视距（NLOS）场景下，波束赋形还可利用波束的反射或折射让信号抵达终端。但是，由于终端经常处于移动状态，高频信号尤其是毫米波又易受无线环境影响，比如被建筑物、雨水等阻挡，很容易导致波束信号无法抵达终端，因此，为了确保连续的无缝覆盖，需要基站侧尽可能在不同方向上发送多个波束。要管理多个波束，就需要使用波束管理技术。

波束管理主要包括以下四个步骤：

① 波束扫描（beam sweeping）：在波束覆盖范围内，根据预定义的时间间隔和方向发送和接收一组波束。

② 波束测量（beam measurement）：评估接收信号的质量，评估指标包括 RSRP（参考信号接收功率）、RSRQ（参考信号接收质量）、SINR（信号与干扰加噪声比）等。

③ 波束决策（beam determination）：根据波束测量选择最优波束（或波束组）。

④ 波束上报（beam reporting）：UE 向基站上报波束质量和波束决策信息，以建立基站与终端之间的波束定向通信。

1. 波束扫描

波束扫描是波束管理的第一步。gNB（5G 基站）在不同空间方向上发送 m 个波束，UE 在 n 个不同的接收空间方向上监听或扫描来自 gNB 的波束传输（即总共有 $m×n$ 次波束扫描）。基于波束扫描，UE 确定波束的信道质量，并将信道质量信息上报给 gNB。周边建筑物、天气情况、UE 移动速度和方向，甚至手持 UE 的方式等都会影响波束信道质量。gNB 收到波束信道质量信息后，会基于上报的波束质量状况调整各种配置参数，如调整波束扫描周期、切换判决门限等。整个波束扫描过程采用穷尽搜索法。所谓穷尽搜索法，也叫暴力搜索，顾名思义，就是将所有可能列出来，将所有的可能性都遍历一遍。穷尽搜索法用在波束扫描上，就是指先为 UE 和 gNB 在整个覆盖角度空间预定义方向码本，然后按顺序遍历发送或接收同步和参考信号。如图 2-4-2 所示，一个波束组可以包括 8 个不同空间方向的波束，UE 基于接收到的波束参考信号（beam reference signal）来确定波束索引（波束 1~8）。

图 2-4-2　波束扫描示意图

2. 波束测量

UE 通过测量每一个波束的接收功率或质量来选择波束。波束接收功率参数为 BRSRP，即波束参考信号接收功率。

3. 波束决策

UE 选择最佳波束，比如测量的 BRSRP 值最高的波束。如图 2-4-3 所示，UE 选择了波束 6。

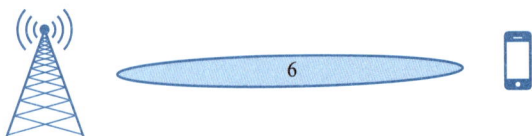

图 2-4-3　波束决策示意图

4. 波束上报

UE 选择完最佳波束后，通过执行随机接入过程将波束质量和波束决策信息上报给基站，以实现 UE 与 gNB 之间的波束对齐，建立定向通信，如图 2-4-4 所示。

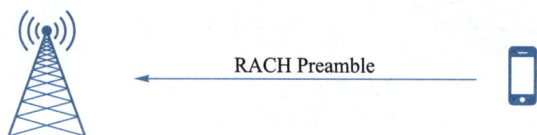

图 2-4-4　波束上报示意图

如图 2-4-4 所示，在波束上报过程中，UE 必须等待 gNB 将 RACH（随机接入信道）机会调度到其选择的最佳波束方向上执行随机接入。因此，若在 SA（独立组网）模式下，gNB 可能需要再进行一次完整的波束扫描；若在 NSA（非独立组网）模式下，则可以通过 LTE 连接直接通知 gNB。

2.5　上下行解耦 SUL 技术

PPT
上下行解耦 SUL 技术

2.5.1　SUL 背景

增加带宽是增加容量和提高传输速率最直接的方法，5G 最大带宽会达到 1 GHz，考虑到目前的频率占用情况，5G 将不得不使用高频进行通信。

微课
上下行解耦 SUL 技术

从 1G 到 4G，蜂窝通信技术都是按单频段进行设计的，FDD（频分双工）频段上下行成对，TDD（时分双工）上下行共用一段频段，即手机与基站在上下行方向上是绑定在一起的，不可分割。但是，这种设计一直存在一个问题，即上下行不平衡。

具体来说，下行链路上的宏基站与上行链路上的手机终端发射功率具有相当大的差异，5G 宏基站可以上百瓦的功率进行发射，而协议上规定的手机发射功率的上限为 200 mW。手机发射功率太小限制了小区覆盖范围。

众所周知，电磁波的频率越高，其在传播过程中随传播距离的衰减越严重。5G 时代使用的频段越来越高，加上基站侧大规模阵列天线的增益，以及 TDD 模式下上下行时隙配比的差异，将会导致这种上下行覆盖不平衡的现象越来越严重，如图 2-5-1 所示。

根据工业和信息化部频谱的分配，C-band 频段 3.3～3.6 GHz 和 4.8～5.0 GHz 被划分为 5G 工作频段，而这一频段所遭受的大尺度衰落对于信号发射功率本身较小的上行链路来说是难以接受的。

为此，在网络部署上不得不想办法来弥补覆盖差异，例如使用高功率终端（HPUE）来改善上行，或者通过增加基站侧天线的接收增益来补偿上行链路，这一切都使网络投入成本遇到前所未有的挑战。

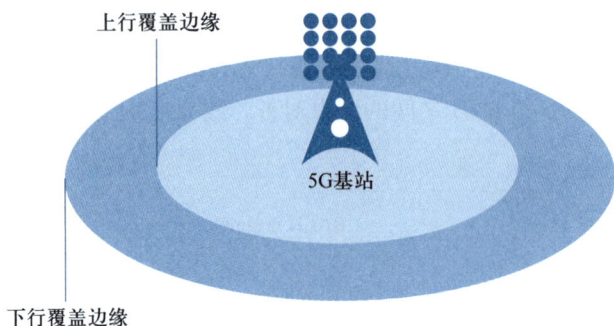

图 2-5-1　5G 链路上下行覆盖不平衡

在无线通信系统中，现有的物理信道覆盖已经存在一定的差异。如图 2-5-2 所示。通过图中 PBCH（物理广播信道）、PDSCH（物理下行共享信道）、PUSCH（物理上行共享信道）三个物理信道的覆盖性能对比可知，类似短板理论，系统的覆盖取决于 PUSCH 的覆盖范围。

所以，5G 系统的覆盖同样取决于 5G PUSCH 的覆盖范围。另一方面，研究人员发现，若以最大允许路径损耗（MCL）来衡量系统覆盖性能，在 1.8 GHz 和 3.5 GHz 两种频段覆盖情况下，PUCCH（物理上行控制信道）、PUSCH、PDSCH 三个物理信道的覆盖性能差异明显，尤其以 PUSCH 信道的覆盖差异最大，可以达到 11.3 dB，如图 2-5-3 所示。

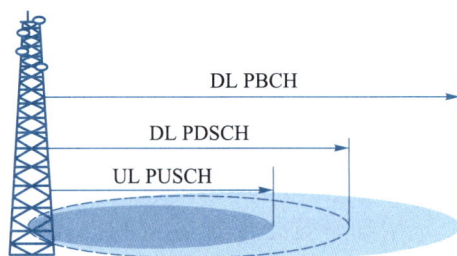

图 2-5-2　无线链路物理信道覆盖差异

由此可知，频段越高，上下行覆盖差异越明显，上行覆盖受限。在 2017 年 6 月举办的 MWC 上海展上，5G 设备商提出了一种新型的上下行解耦 SUL（补充上行链路）技术，该技术打破了上下行绑定于同一频段的传统限制，能够有效解决上下行不平衡的问题。

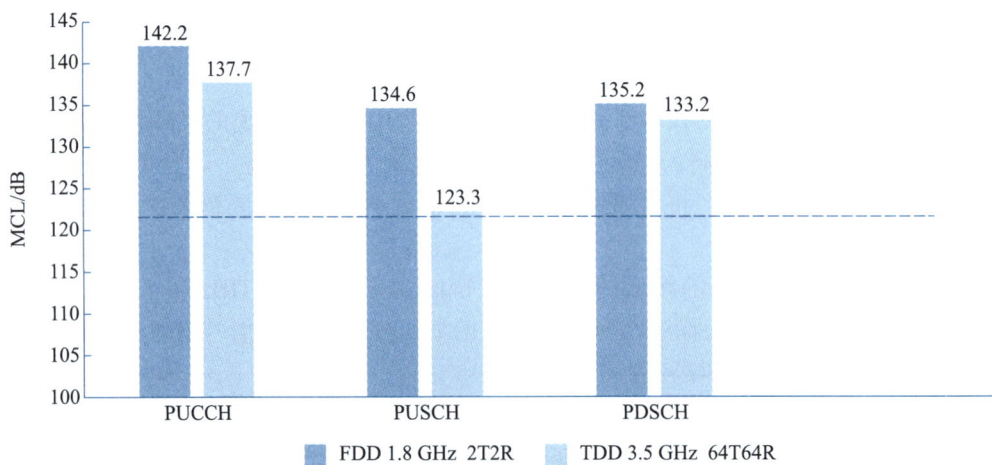

图 2-5-3　1.8 GHz 和 3.5 GHz 物理信道覆盖差异对比

基于上下行解耦的技术思想，C-band 3.5 GHz 与 LTE 中低频 1.8 GHz 的共站部署将会成为增强小区覆盖、实现 5G 革命的一大利器。

实施过程中，NR 基站下行使用高频段进行通信，上行可以根据 UE 覆盖情况选择低频资源进行通信，从而实现 NR 上下行频段解耦，如图 2-5-4 所示。

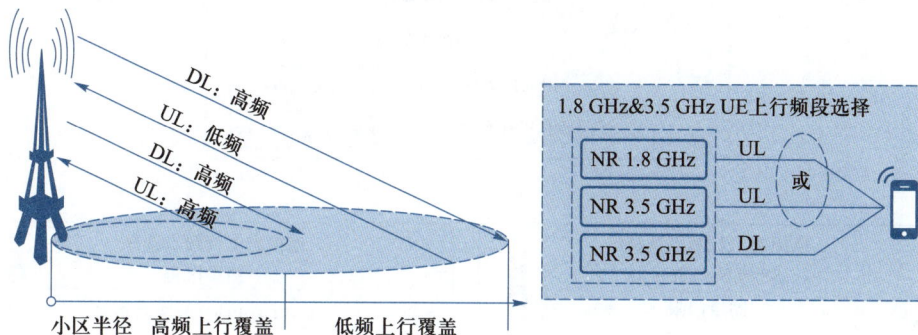

图 2-5-4　5G 上下行解耦的实施过程

2.5.2　SUL 基本原理

1. 上下行解耦实施原理

上下行解耦定义了新的频谱配对方式，使下行数据在 C-band 频段传输，而上行数据在 Sub3G（如 1.8 GHz）频段传输，利用低频衰减慢、覆盖好等特性，从而提升了上行覆盖，如图 2-5-5 所示。

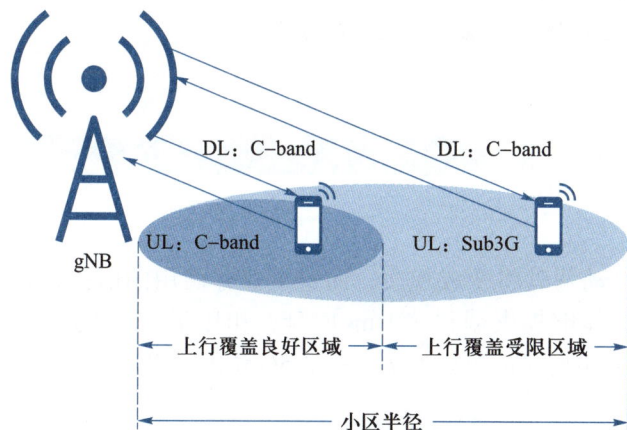

图 2-5-5　5G SUL 作用位置与频段选择

SUL 承载在 Sub3G 频段，可以有效利用空闲的 Sub3G 频段资源，改善高频的上行覆盖，使更多区域可以享受到 5G，同时提高边缘用户的使用体验。

2. 上下行解耦频点选择

UE 在下行一直工作在高频 C-band（NR DL，设为 f_2）上，而在上行可以有 SUL（设为 f_1）和 NR UL（f_2）两种工作频点状态，需要依据覆盖情况选择合适的频点。具体来讲，分为空闲态（idle）和连接态（active）上行频点选择。

空闲态通过系统信息获取 f_1 和 f_2 的相关信息，并根据实际测量进行选择；连接态通过测量报告上报，由基站通过信令指示进行选择，如图 2-5-6 所示。

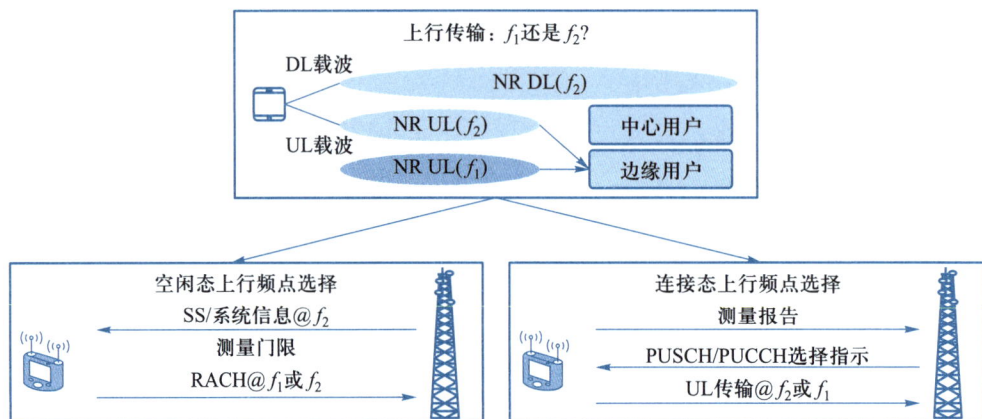

图 2-5-6　空闲态和连接态上行频点选择

在空闲态，首先由基站侧在高频频点 f_2 下发系统信息给 UE 侧，其中携带了测量门限等参数，接着 UE 将当前测量到的小区信号强度与下发的测量门限做对比，通过 RACH（随机接入信道）来选择 f_1 或 f_2 频点。

在连接态，首先 UE 侧发送测量报告给基站侧，接着基站侧根据 UE 测量报告里携带的小区信号强度等信息，对小区频点的选择做出指示，在 PUSCH（物理上行共享信道）或 PUCCH（物理上行控制信道）上携带指示信息给 UE 侧，UE 根据指示信息在上行信道上做出 f_1 或 f_2 频点的业务传输。

2.6　5G 调度技术

PPT
5G 调度技术

5G 时代，自动驾驶将变成现实，而这个业务商用的前提就是端到端低时延。理想情况下，5G 能够提供端到端 1 ms 时延，相比于 4G，时延缩短至 1/10 以内，在无线空口侧，降低时延的重要方法之一是 5G 调度技术。

微课

5G 调度技术

2.6.1　时隙聚合调度

时隙聚合（slot aggregation）调度：NR 中调度周期可以灵活变动，且一次可以调度多个时隙，以适应不同业务需求，降低无线时延。

这一特性跟 LTE 系统对比具有较大的优越性。可以简单回顾一下 LTE 系统的调度方式，举个例子，LTE 业务信道的最小调度单位是子帧，也就是 1 ms 的周期。如图 2-6-1 所示，1 ms 子帧内的灰色区域 DCI Grant（downlink control information grant）属于调度信息，承载在 PDCCH 信道，蓝色区域属于数据信息，承载在 PDSCH 或 PUSCH 信道。UE 每次调度在 1 ms 内使用，如果下次再要使用资源，则需要再次发起调度请求。因此，由于调度过于频繁，导致时延会较大。

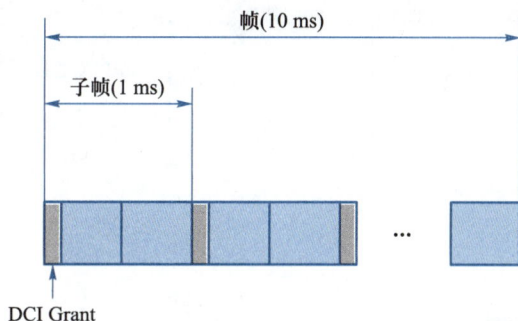

图 2-6-1　LTE 业务信道调度

　　5G 系统提出了一个新的调度方式：时隙聚合调度。如图 2-6-2 所示，同样是考虑业务信道调度的例子，5G 业务信道的最小调度单位是时隙，终端只需要在某个时隙的开始位置，发起一次调度请求，如图中灰色区域所示。此次调度请求包含了后续多个时隙可用资源的位置信息，以后每次需要使用资源时，都在这些时隙的对应位置去读取即可，而不需要再次发起额外的调度请求，所以降低了系统时延。

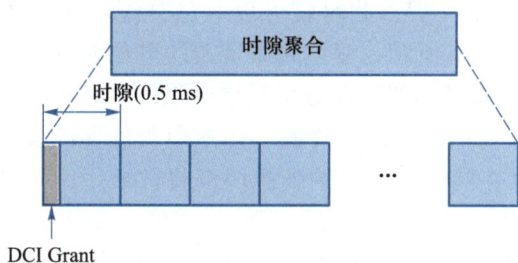

图 2-6-2　NR 业务信道调度

2.6.2　免调度

　　免调度：由于调度存在 RTT（往返时间）时延，NR 对时延比较敏感的业务提出免调度的过程，即终端有需求可以直接发送。

　　传统通信系统的正常调度方式如图 2-6-3（a）所示：UE 需要使用系统资源，先发送一个 Req 调度申请，基站侧如果资源充足，会给 UE 回复一个 Grant 调度授权，之后 UE 才能在 Grant 授权的资源上发送上行数据给基站。

　　而 5G 系统针对 uRLLC 场景业务，可采取免调度策略，即如图 2-6-3（b）所示：当 UE 需要使用系统资源时，可以跳过申请、授权的流程，直接在上行链路上发送 uRLLC 数据。但是如果此时基站资源全部被占用，UE 就不能获取到上行系统资源来发送 uRLLC 数据了。为解决该问题，又提出了侵入式空口调度技术。

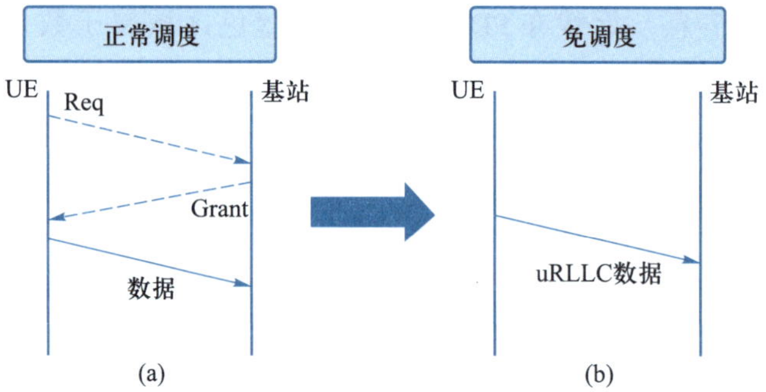

图 2-6-3　NR 免调度

2.6.3　侵入式空口调度

NR 侵入式空口调度（embed air interface，EAI）：配合免调度使用的一种 NR 调度策略。eMBB 和 uRLLC 业务共存时，EAI 机制可以实现 uRLLC 业务对 eMBB 资源打孔占用，以保障 uRLLC 对时延的要求。

5G 系统是根据时间和频率资源占用不同来定义系统资源块的，如图 2-6-4（a）所示。eMBB 业务占用子载波间隔为 30 kHz 的时频资源；uRLLC 业务对时延较敏感，其占用子载波间隔为 60 kHz 的时频资源。当系统资源已经被全部占用后，如果还有 uRLLC 业务需要开展，此时就可以对已分配的 eMBB 业务资源进行侵入并占用。如图 2-6-4（b）所示，蓝色时频资源块开始时都被 eMBB 业务占用，当有一个 uRLLC 业务（如自动驾驶业务）需要开展时，通过免调度，可以强行占用已分配给 eMBB 业务使用的一部分资源，如图中灰色资源块。占用后会让系统告知 eMBB 用户，后续在同一个位置的资源块都将被征用，需要配合预留出对应的资源。

NR 侵入式空口调度就是通过抢占资源的方式，配合免调度，降低系统时延。

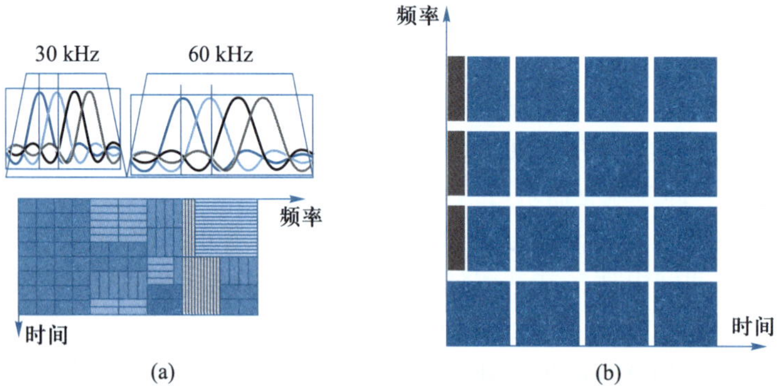

图 2-6-4　NR 侵入式空口调度

2.7　5G HARQ 技术

PPT

5G HARQ 技术

微课

5G HARQ 技术

基于复杂多变的无线传播环境，信息在空中接口传递，为了确保传输的可靠性，通信系统引入了 ARQ（auto repeat request，自动重传请求）技术；同时为了确保传输的高效性，通信系统引入了 FEC（forward error correction，前向纠错）技术。在 4G 和 5G 时代，同时考虑通信传输的可靠性和高效性，引入了结合 FEC 和 ARQ 优点的 HARQ 技术。

HARQ（hybrid automatic repeat request，混合自动重传请求）是针对数据包重传的一种机制。HARQ 在 4G 系统中已经被采用，但 5G 系统对其算法进行了优化，HARQ 也是 5G 系统降低时延的一种方法。

5G 上下行链路采用异步 HARQ 协议，重传在上一次传输之后的任何可用时间上进行，接收端需要被告知具体的进程号。

众所周知，LTE 系统采用的是同步 HARQ，如图 2-7-1 所示，当发送方通过初始传输将数据块传到接收方，接收方解调数据发现错误时，会先保存错误的数据块，再反馈 NACK（否定应答）给发送方。反馈 NACK 的时间不是随意的，而是固定的，需要跟发送方协商，如 FDD LTE 系统一般是在 4 个子帧后反馈 NACK 给发送方，发送方收到 NACK 后间隔一定时间再发送重传数据给接收方，接收方收到重传数据后又跟之前保存的数据进行合并；如果合并成功，会间隔一定时间后发送 ACK（肯定应答）给发送方，通知其发送新的数据。

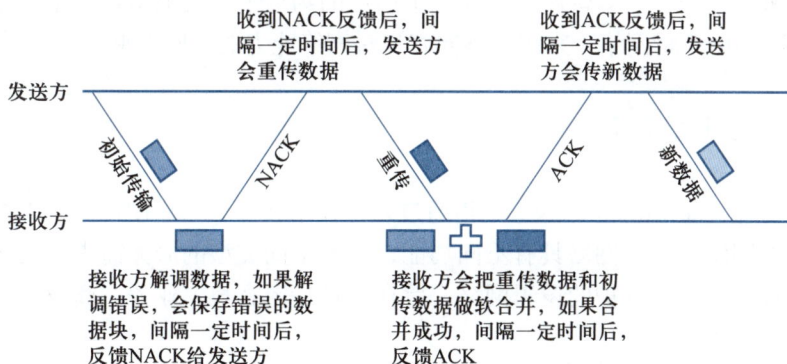

收到NACK反馈后，间隔一定时间后，发送方会重传数据

收到ACK反馈后，间隔一定时间后，发送方会传新数据

发送方

初始传输　　NACK　　重传　　ACK　　新数据

接收方

接收方解调数据，如果解调错误，会保存错误的数据块，间隔一定时间后，反馈NACK给发送方

接收方会把重传数据和初传数据做软合并，如果合并成功，间隔一定时间后，反馈ACK

图 2-7-1　LTE 系统 HARQ 流程

5G 系统的 HARQ 策略有所不同。当接收方收到初始传输的数据块以后，会保存错误的数据块，而不需要跟发送方协商，直接在接下来可用的时间上发送 NACK 给发送方，发送方收到 NACK，也是直接发送重传数据给接收方，接收方收到重传数据后将其与之前保存的数据合并，如果合并成功，则立即回复 ACK 给发送方，通知其发送下一个数据包，如图 2-7-2 所示。可以看到，这一过程中，双方不需要进行协商，取消了发送等待时间，进而降低了系统时延。

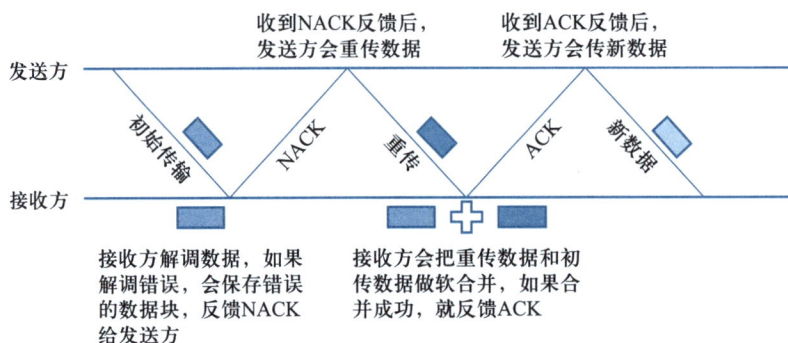

收到NACK反馈后，
发送方会重传数据

收到ACK反馈后，
发送方会传新数据

发送方

初始传输　　NACK　　重传　　ACK　　新数据

接收方

接收方解调数据，如果
解调错误，会保存错误
的数据块，反馈NACK
给发送方

接收方会把重传数据和初
传数据做软合并，如果合
并成功，就反馈ACK

图 2-7-2　5G 系统 HARQ 流程

2.8　5G 网络切片

PPT
5G 网络切片

微课

5G 网络切片

动画

5G 网络切片

　　5G 时代，移动通信技术将成为社会数字化发展的强力催化剂，未来的移动通信将进一步发展并触及各种垂直行业，如自动驾驶、制造业、能源行业等，并持续在金融业、健康护理等行业进一步深入发挥作用。移动通信网络潜力的进一步挖掘就取决于这些垂直行业提出的多样化业务需求。

　　但业务需求的多样性同样给运营商带来了巨大的挑战，如果运营商遵循传统网络的建设思路，仅通过一个网络来满足这些彼此之间差异巨大的业务需求，那么对于运营商来说将是一笔成本巨大且效率低下的投资。基于此，网络切片技术应运而生。通过网络切片，运营商能够在一个通用的物理平台之上构建多个专用、虚拟化、互相隔离的逻辑网络，来满足不同客户对网络能力的不同需求。

2.8.1　网络切片的概念

　　网络切片（network slicing）是指通过切片技术在一个通用硬件基础上虚拟出多个端到端的网络，每个网络具有不同功能，适配不同类型的服务需求。网络切片是可以被设计、部署、维护的逻辑网络，旨在满足特定客户、业务、商业场景的业务特点及商业模式。

　　运营商购买物理硬件设备资源后，针对大众上网业务需求，使用物理资源虚拟出一个 eMBB 切片网络，然后再针对垂直行业中某些厂商的智能抄表需求，使用物理资源虚拟出一个 mMTC 切片网络，两个切片网络分别为不同业务场景提供服务。图 2-8-1 所示为 5G 网络切片架构示意图。

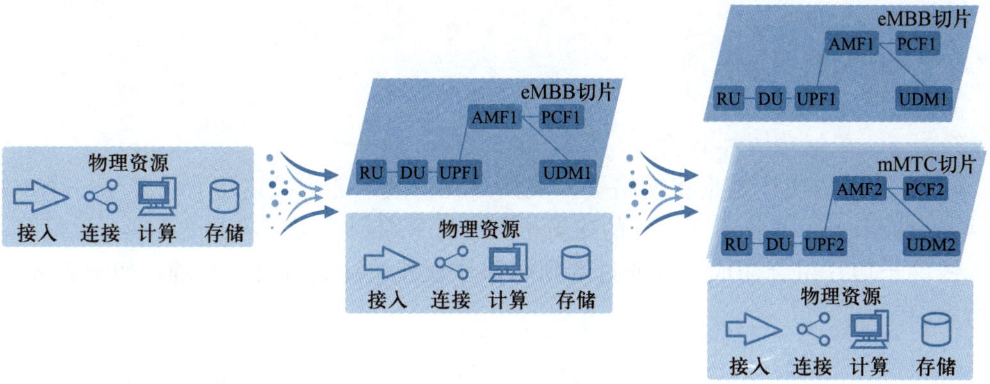

图 2-8-1　5G 网络切片架构示意图

2.8.2　5G 应用场景切片属性

5G 将开启一个万物互联的时代，支持增强移动宽带（eMBB）、海量机器类通信（mMTC）和超高可靠低时延通信（uRLLC）三大场景，各类场景对应的网络切片类型分别是 eMBB 切片、mMTC 切片、uRLLC 切片，分场景的切片属性可以适配多样性差异化的业务，如图 2-8-2 所示。

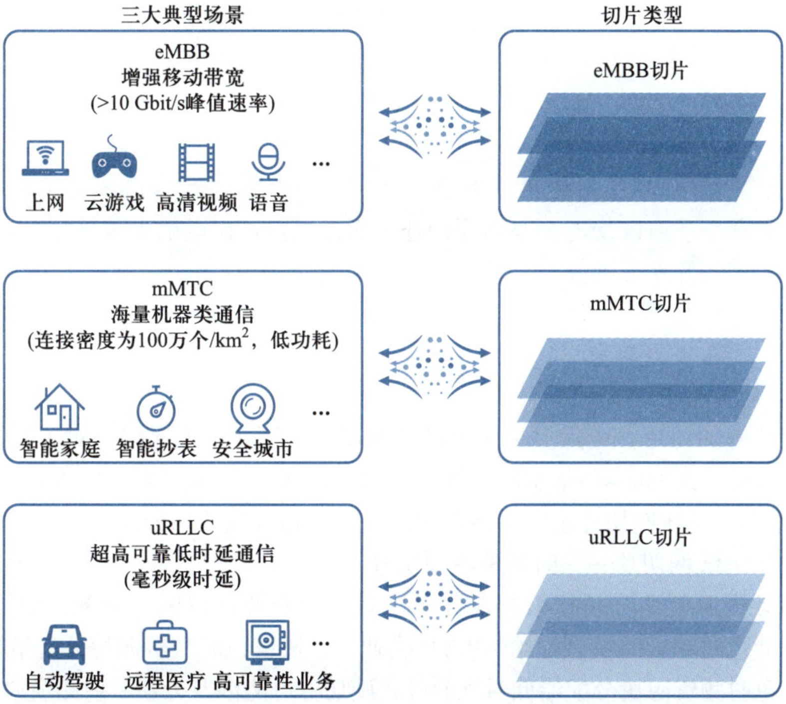

图 2-8-2　5G 应用场景切片属性

2.8.3 5G 网络切片实例

1. 5G 端到端切片概念

5G 端到端切片是指将网络资源灵活分配，网络能力按需组合，基于一个 5G 网络虚拟出多个具备不同特性的逻辑子网。每个端到端切片均由核心网、承载网、无线网子切片组合而成，并通过端到端切片管理系统进行统一管理，如图 2-8-3 所示。

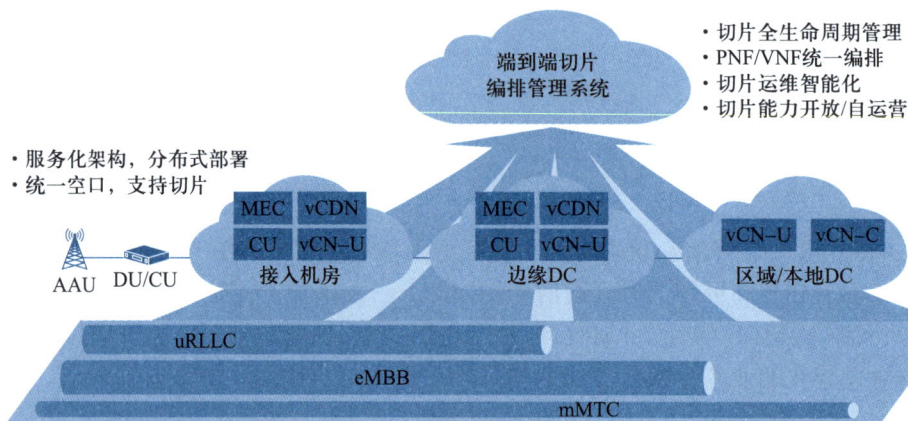

图 2-8-3 5G 端到端切片架构

⚙ **想一想**

> 5G 端到端网络至少含有无线网、承载网、核心网三类子网系统，那每个子网做切片，分别是切什么资源呢？请同学们发散思维，针对各子网切片发表看法。

2. 无线网切片实例

无线网的切片，实际上是应用最早的切片功能，由于无线网对于网络性能的影响是最大的，2G/3G/4G 基于同硬件平台的部署就可认为是网络切片的一种形式。在 5G 网络中，无线网切片主要是指对频谱进行硬切分或软切分。

（1）无线网切片——时频资源硬切分

时频资源硬切分是指根据业务需求对时频资源进行固定分配，如图 2-8-4 所示，深蓝色时频资源块分配给 AR/VR 类业务，浅蓝色时频资源块分配给智能家居业务，灰色时频资源块分配给低时延业务，硬切分可能涉及天馈、射频模块的调整。

硬切分可能会导致时频资源利用率较低，比如某时段低时延业务较少，但是图 2-8-4 中的灰色时频资源块也会一直预留给低时延业务，其他业务不能使用，这样系统的资源利用率就降低了。

图 2-8-4　无线网时频资源硬切分

（2）无线网切片——时频资源软切分

正是由于时频资源硬切分可能会导致资源利用率降低，所以目前提倡的是对频谱资源进行动态分配，即软切分，如图 2-8-5 所示。在软切分中，首先预留一部分时频资源给优先级高的业务使用，剩下的时频资源作为共享资源动态分配。

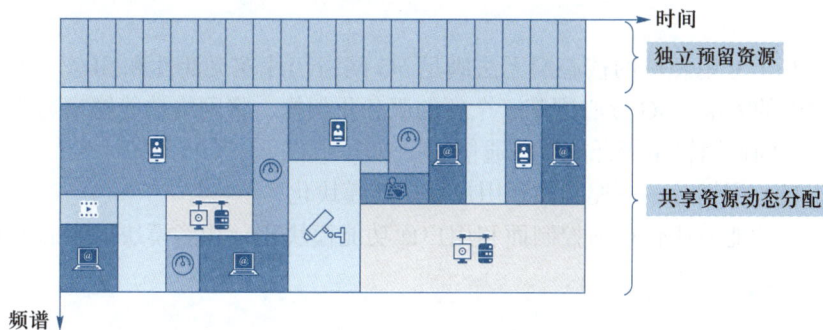

图 2-8-5　无线网时频资源软切分

软切分的原理与会议室分配类似，比如，日常生活中某会议大楼要承担园区所有公司的会议，大楼管理人员首先预留几个会议室作为高级别领导专用会议室，剩下的会议室灵活调配，有需求再分配。这样处理可使整个大楼的会议室利用合理，效率更高。

3. 承载网切片实例

承载网切片运用虚拟化技术，将网络拓扑资源虚拟化，按需组成虚拟网络，网络主要切分的是带宽资源。

如图 2-8-6 所示，承载网通常由 IP 承载网和光传送网组成。IP 承载网设备的典型代表为路由器 / 交换机，适合短距离、小数据包转发；光传送网设备在图中用 OTN（光传送网）标识，适合长距离、大数据包传送。假设承载网带宽为 100 MHz，根据业务的不同，可先利用 Flex-ETH（灵活以太网）或者 Flex-ODUk（灵活光通路）技术将承载网带宽硬切分为 eMBB、uRLLC、mMTC 三个切片，分别对应切片 A（20 MHz）、切片 B（60 MHz）、切片 C（20 MHz）。而在切片 B 中，可通过 VPN（虚拟专用网络）策略控制，划分出切片 ID2~ID4 这三个带宽各为 20 MHz 的子切片，分别对应三个车企的车联网业务。这些子切片是共享整个硬管道带宽的，这样可以保证切片资源得到更有效的利用。

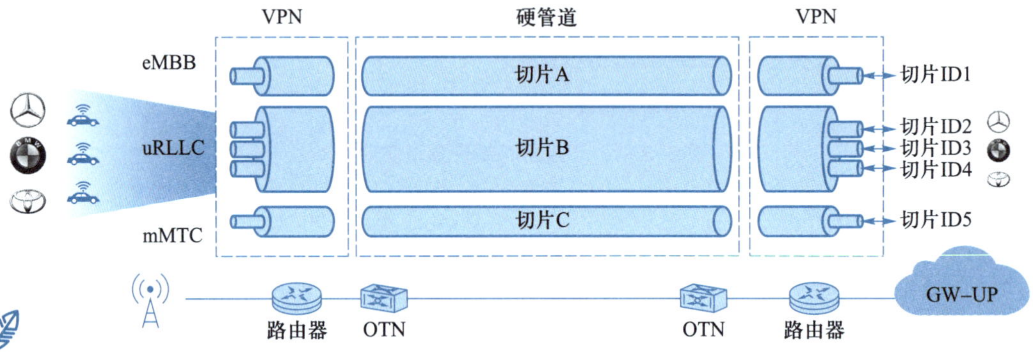

图 2-8-6　承载网切片端到端保障

4. 核心网切片实例

传统基于专用硬件的核心网无法满足 5G 网络切片在灵活性和 SLA（服务等级协议）方面的需求。5G 核心网基于全新的服务化架构，将网络功能解耦为服务化组件，组件之间使用轻量级开放接口通信。

（1）核心网切片——控制面和用户面功能模块化

核心网功能模块化包括控制面和用户面功能模块化，功能模块以库的方式进行调用，如图 2-8-7 所示。

图 2-8-7　核心网功能模块化

5G 核心网基于微服务架构设计，将网络功能与网络硬件进行解耦，使硬件的功能模块化，变成一个个的功能组件。如图 2-8-7 所示，控制面由移动性管理、策略控制、用户数据管理、会话控制等功能模块组成；用户面由话单、转发、业务感知、数传优化等功能模块组成。将上述所有功能模块放到一个网络功能库中，供业务按需调用。

（2）核心网切片——基于切片需求功能裁剪

以智能水表、天然气表业务对应的核心网切片为例，可根据业务特性对核心网功能进行裁剪，如图 2-8-8 所示。

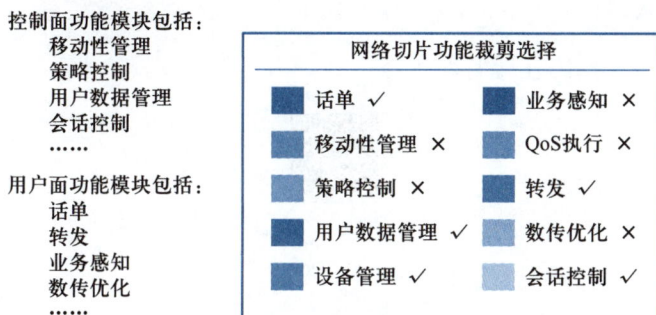

控制面功能模块包括：
　　移动性管理
　　策略控制
　　用户数据管理
　　会话控制
　　……

用户面功能模块包括：
　　话单
　　转发
　　业务感知
　　数传优化
　　……

网络切片功能裁剪选择

- 话单 ✓
- 移动性管理 ✕
- 策略控制 ✕
- 用户数据管理 ✓
- 设备管理 ✓
- 业务感知 ✕
- QoS执行 ✕
- 转发 ✓
- 数传优化 ✕
- 会话控制 ✓

图 2-8-8　核心网功能裁剪

如图 2-8-8 所示，针对智能水表、气表类业务，水表、气表等终端装好后，一般就固定位置，不再移动，所以移动性管理功能模块可以去除；此类终端对时延不敏感，只需周期性地向网络报送度数，涉及的数据传输流量较少，且网络侧也无须对终端进行反馈，所以也不需要部署 QoS 策略控制与执行，无须业务感知功能，无须对通信链路做数传优化，相关功能模块都可以去除。此类终端每次向网络报送度数时，需要先建立会话，涉及数据包转发，而且每报送一次度数需要产生话单留底，所以对应的会话控制、转发、话单功能模块需要保留。每台终端要入网，都需要先独立开户，在网络侧也需要对设备进行管理，所以用户数据管理、设备管理功能模块需要保留。经过以上分析，便得出此类业务网络切片功能的裁剪结果。

⚙ 想一想

　　学习了 5G 无线网、承载网、核心网三类子网系统切片的特性，请同学们再思考一下，5G 终端需要划分切片吗？

📖 知识点总结

1. 5G 波形技术：多载波波形、非正交波形。
2. 5G 调制技术：π/2-BPSK、QPSK、16QAM、64QAM、256QAM。
3. 5G 编码技术：eMBB 场景下的 LDPC 码、Polar 码。
4. Massive MIMO 技术：Massive MIMO 原理，波束管理。
5. 上下行解耦 SUL 技术：SUL 背景，SUL 基本原理。
6. 5G 调度技术：时隙聚合调度，免调度，侵入式空口调度。

7. 5G HARQ 技术：4G 同步 HARQ 技术、5G 异步 HARQ 技术。

8. 5G 网络切片：网络切片的概念，5G 应用场景切片属性，5G 网络切片实例。

思考与练习

一、客观题（扫码在线答题）

二、主观题（扫码查看题目）

第 3 章

5G 网络架构

📝 工作场景

　　未来的 5G 网络将是基于 SDN、NFV 和云计算技术的更加灵活、智能、高效和开放的网络系统。5G 网络架构包括接入云、控制云和转发云三个域。

　　接入云支持多种无线制式的接入，融合集中式和分布式两种无线接入网架构，适应各种类型的回传链路，实现更灵活的组网部署和更高效的无线资源管理。5G 的网络控制功能和数据转发功能将解耦，形成集中统一的控制云和灵活高效的转发云。控制云实现局部和全局的会话控制、移动性管理和服务质量保证，并构建面向业务的网络能力开放接口，从而满足业务的差异化需求并提升业务的部署效率。转发云基于通用的硬件平台，在控制云高效的网络控制和资源调度下，实现海量业务数据流的高可靠、低时延、均负载的高效传输。

　　如图 3-0-1 所示，基于"三朵云"的新型 5G 网络架构是移动网络未来的发展方向，但实际网络发展在满足未来新业务和新场景需求的同时，也要充分考虑现有移动网络的演进途径。5G 网络架构的发展会存在局部变化到全网变革的中间阶段，通信技术与 IT 技术的融合会从核心网向无线接入网逐步延伸，最终形成网络架构的整体演变。

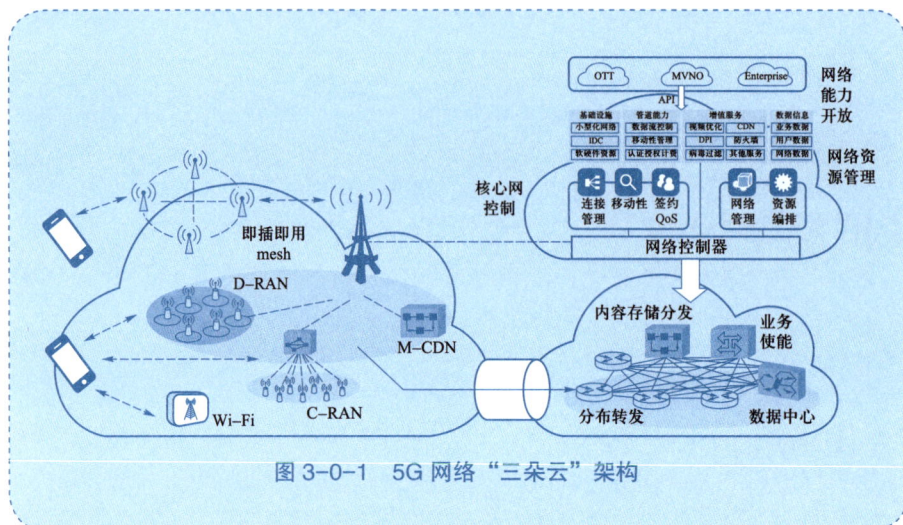

图 3-0-1 5G 网络"三朵云"架构

🔍 **知识图谱**（图 3-0-2）

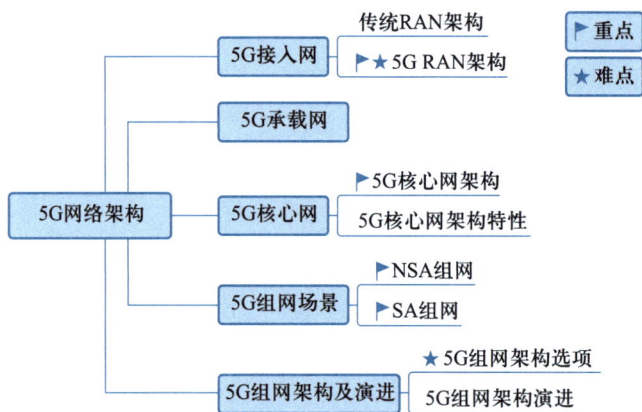

图 3-0-2 5G 网络架构知识图谱

3.1　5G 接入网

传统的移动网络架构由核心网、承载网、接入网三个子网组成，5G 网络也不例外，但由于 5G 网络主要服务于垂直行业用户，它不仅仅充当"管道"作用，更像一个"平台"，支撑移动互联网和移动物联网的接入。所以，5G 网络的三个子网架构都需要做较大的变革和演进，才能适配未来的业务需求。

接入网是指骨干网络到用户终端之间的所有设备。其中，接入网包括无线接入和有线接入。在无线通信里，接入网一般指无线接入网（RAN），这也是本节的主要内容。

📺 PPT
5G 接入网

📱 微课

5G 接入网

3.1.1　传统 RAN 架构

在 2G/3G/4G 以及现在的 5G 网络架构中，接入网一直都是离用户最近的子网络，无线接入网一般指基站系统，而基站系统主要包括基站设备和天馈系统两部分。早期的基站设备通常是一体化集成在机房内的机柜里，并通过长馈线与天馈系统相连。从 3G 时代开始，基站的基带部分（BBU）以及射频部分（RRU）逐渐分离，其中 BBU 依然放置在机房内，RRU 则位置灵活，通常挂置在天线下方。BBU和 RRU 之间用一根光纤连接，RRU 和天馈系统之间用一根馈线连接，如图 3-1-1所示。

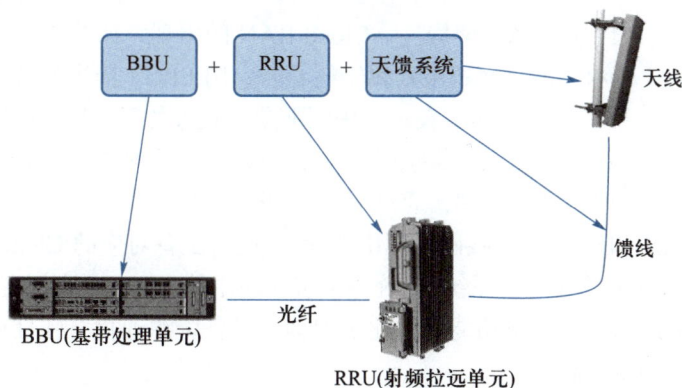

图 3-1-1　传统 RAN 架构

这种传统的无线接入网架构通常称为 D-RAN，即 distributed RAN（分布式无线接入网）。D-RAN 配置的无线接入网有以下两个优势：

① 大大缩短了 RRU 和天线之间馈线的长度，可以减少信号损耗，也可以降低馈线的成本；

② RRU 位置灵活可拉远，使得网络规划灵活多变，适应各种无线环境的需求。

3.1.2 5G RAN 架构

5G 接入网将在架构上进行重构，具体体现为以下两点：

① BBU 层面再进行切分，非实时部分切分为 CU（集中单元），实时部分切分为 DU（分布单元），之间用 F1 接口连接，CU 后续可云化部署；

② DU 中物理层部分再进行切分，物理层部分功能（Low PHY）划分至射频（RF）模块内，新的射频模块与天线进行集成，变成 AAU（有源天线单元），传统的 CPRI（通用公共无线接口）也演进成 eCPRI（增强型 CPRI）。

以上架构在协议栈上如图 3-1-2 所示。图中，RRC 为无线资源控制，PDCP 为分组数据汇聚协议，RLC 为无线链路控制，MAC 为媒体访问控制。

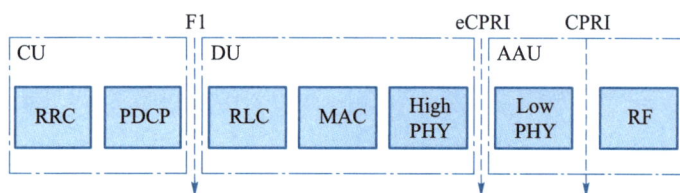

图 3-1-2　5G RAN 架构的协议栈

传统的网络架构中存在回传与前传的概念，BBU 与核心网之间定义为回传，BBU 与 RRU 之间定义为前传。CU 与 DU 的分离也给承载侧带来了新的定义。CU 与核心网之间定义为回传，CU 与 DU 之间定义为新的中传，DU 与新的射频单元 AAU 之间定义为前传，如图 3-1-3 所示。

CU 与 DU 的分离、Low PHY 下移至 RF 模块并与天线集成为 AAU，这些架构的变革促成了新一代 5G RAN 架构——Cloud RAN 的出现，如图 3-1-4 所示。

如图 3-1-4 所示，最上面那朵云属于核心云，用 EPC（演进的分组核心网）或 NGC（NG core，下一代核心网）表示；中间那朵比较大的云，即 CU 所处位置，称为 MCE（mobile cloud engine，移动云引擎），是无线一系列 RAN 功能云化的组合，后续演进后可以实现软硬件解耦，通过 VNF（虚拟网络功能）组合编排成各类不一样的 Cloud RAN CU（云化无线网络集中单元），同时配备对应的 Cloud RAN CU_M（云化无线网络集中单元管理系统），统一部署在通用的 COTS（商用现成品或技术）服务器上，遵从 NFV（网络功能虚拟化）架构，具备资源池化、弹性伸缩等云化特征，方便做无线切片部署。

MCE 通过 F1 接口与下挂的 DU 连接，DU 是专有通信硬件设备，不能云化，未来 DU 和 CU 将会是 CT（通信技术）和 IT（互联网技术）的边界。现网中出厂的 BBU 具有全部的 DU 功能，可作为 DU 使用，如华为的 BBU5900 系列；存量的 BBU 可通过软件升级变为 eNB-DU，也可作为 DU 使用。

DU 通过 CPRI 与射频模块相连，后续 CPRI 也会进一步演进为 eCPRI，就是将底层的物理层（Low PHY）功能（如层映射、交织等）剥离出 DU，下移至射频部分与天线一起集成为 AAU 模块。

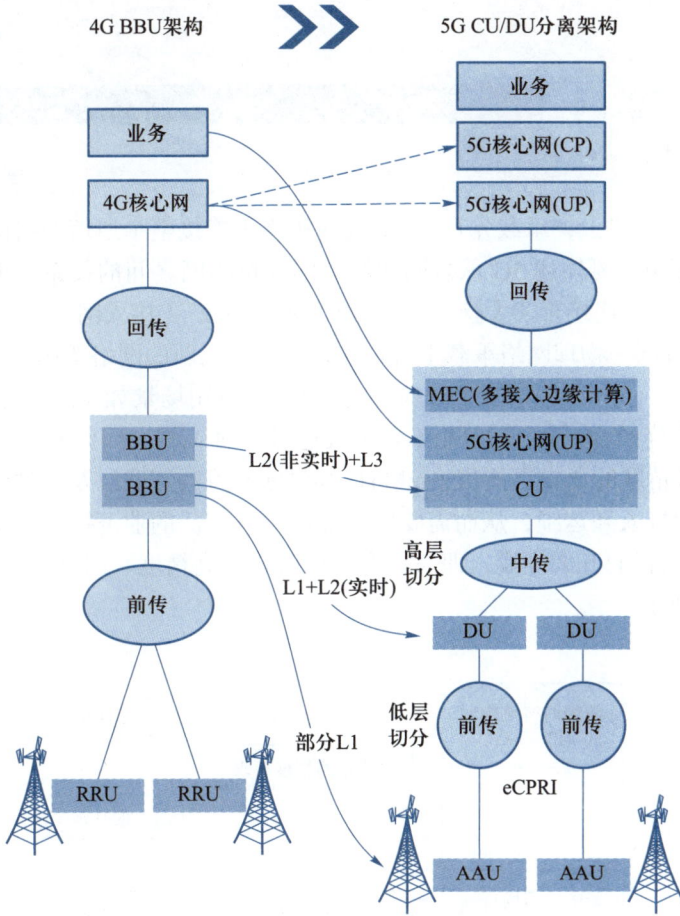

图 3-1-3 CU/DU 分离定义新传输

图 3-1-4 Cloud RAN 总体架构

3.2 5G 承载网

　　正所谓"5G 建设，承载先行"，承载网相当于连接整个通信网络的"交通网"，起到联络的作用。要描述 5G 承载网和接入网、核心网之间的关系，可以将承载网类比成神经网络，连接着"大脑"（核心网）和"四肢"（接入网）。

　　5G 要实现同一物理网络承载千行百业，必将引入新的网络架构，如 5G NR（5G 新空口）、NGC（下一代核心网）；后期新的业务应用场景如 VR/AR、自动驾驶等需要将数据流终结在基站或 MEC（多接入边缘计算）侧，因此基站间必须保持精确的同步，对精度的要求更严格；mMTC 场景涉及万物互联以及基站密度增加后海量用户设备的接入和运维，从而需要网络能够承载广泛的业务接入。综上，总结出 5G 承载网将面临的五大挑战，即高带宽、低时延、高精度、网络切片、敏捷网络，如图 3-2-1 所示。

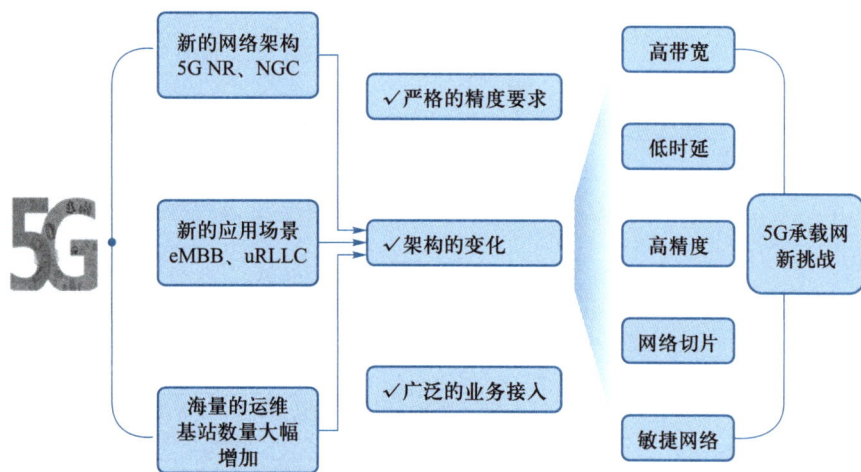

图 3-2-1 5G 承载网面临的挑战

3.3 5G 核心网

　　相比于传统 4G EPC 核心网，5G 核心网采用原生适配云平台的设计思路、基于服务的架构和功能设计，提供更泛在的接入、更灵活的控制和转发以及更友好的能力开放。

微课

5G 核心网

3.3.1　5G 核心网架构

5G 核心网采用服务化架构（SBA）设计，将传统 EPC 核心网网元功能逐个打散，变成一个个可调用的功能性网元，用户面与控制面真正实现完全分离，控制面采用通用的服务化接口，可兼容第三方应用的开发，如图 3-3-1 所示。

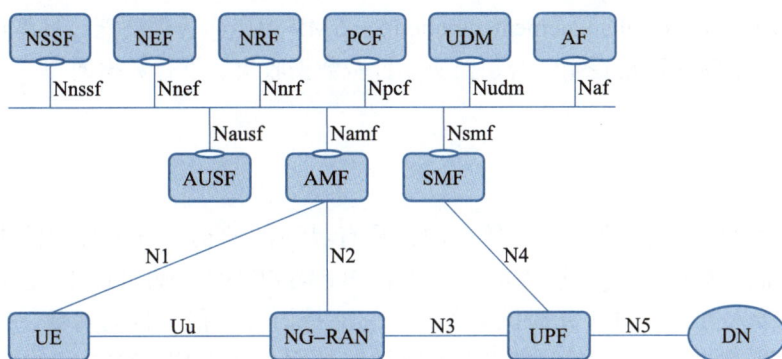

图 3-3-1　5G 核心网架构

图 3-3-1 中，UE 为用户侧的终端网元，通过 N1 接口与核心网相连，通过 Uu 接口与无线接入网相连；NG-RAN 为无线接入网，通过 N2 接口与核心网控制面网元 AMF 相连，通过 N3 接口与核心网用户面网元 UPF 相连；UPF 通过 N4 接口与 SMF 相连，通过 N5 接口与数据网络 DN 相连。其余接口为服务化接口，供核心网控制面网元之间通信的调用。核心网各个功能性网元的概念及功能如下：

① NSSF（network slice selection function）：NSSF 为网络切片选择功能，具体包括选择服务 UE 的一组网络切片实例；确定允许的 NSSAI（网络切片选择辅助信息），并且如果需要的话，映射到签约的 S-NSSAI（单个 NSSAI）；确定 AMF 集合用于服务 UE，或者可能基于配置通过查询 NRF 来确定候选 AMF 的列表。

② NEF（network exposure function）：NEF 为网络开放功能，具体包括提供安全途径向 AF 暴露 3GPP 网络功能的业务和能力、提供安全途径让 AF 向 3GPP 网络功能提供信息。

③ NRF（network repository function）：NRF 为网络存储功能，具体包括支持服务发现功能、维护 NF 信息（包括可用性及其支持服务）。

④ PCF（policy control function）：PCF 为策略控制功能，具体包括支持统一策略管理网络行为、提供基于切片的策略、提供移动性相关策略规则给 AMF、提供会话相关策略给 SMF、提供用户相关策略给 UE。

⑤ UDM（unified data management）：UDM 为用户数据管理功能，具体包括签约数据管理、用户服务 NF 注册管理、产生 3GPP AKA 鉴权参数、基于签约数据的接入授权、保证业务/会话连续性。

⑥ AF（application function）：AF 为应用功能，其与核心网交互以提供服务，

包括访问网络开放功能、与策略框架交互进行策略管控等。受信 AF 可以直接访问 5G 核心网内部网元功能。

⑦ AUSF（authentication server function）：AUSF 为鉴权服务器功能，支持统一鉴权服务功能，包括 3GPP 接入鉴权和非 3GPP 接入鉴权。

⑧ AMF（access and mobility management function）：AMF 为接入与移动性管理功能，具体包括注册管理、连接管理、可达性管理、移动性管理、接入鉴权、接入授权和合法监听等。

⑨ SMF（session management function）：SMF 为会话管理功能，具体包括会话管理、计费与 QoS 策略控制、合法监听、计费数据收集、下行数据通知等。

3.3.2　5G 核心网架构特性

5G 核心网是面向业务的云核心网，具有灵活的架构、可编程的能力、智能管道等特征。对用户进行接入时，它支持 2G/3G/4G/5G、Wi-Fi、固定接入等所有类型的接入方式；对业务提供服务时，它支持语音通信、自动驾驶、智慧城市等所有类型的业务。5G 核心网的重要特性包括服务化架构（SBA）、全融合原生云（cloud native）、控制面与用户面分离（CUPS）的分布式架构、端到端网络切片（slicing），如图 3-3-2 所示。

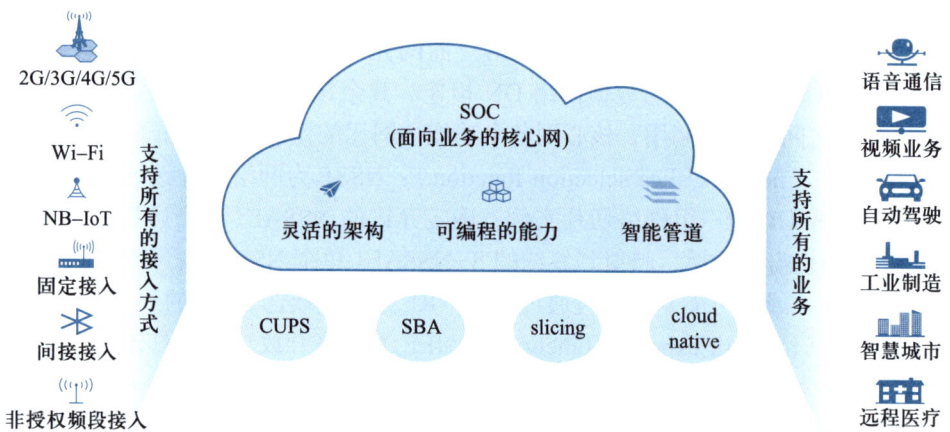

图 3-3-2　5G 核心网架构特性

3.4　5G 组网场景

3GPP 协议规定，5G 组网场景分为非独立组网（NSA）和独立组网（SA）两种模式，如图 3-4-1 所示。从网络架构的角度来看，NSA 是指无线侧 4G 基站和 5G

基站并存，核心网采用 4G 核心网或 5G 核心网的组网架构；SA 是指无线侧采用 5G 基站，核心网采用 5G 核心网的组网架构，该架构是 5G 网络演进的终极目标。

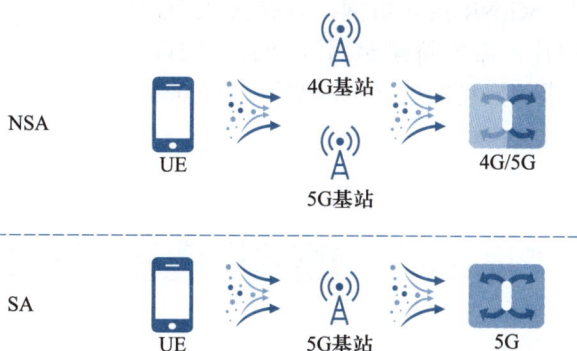

图 3-4-1　5G 组网场景

3.4.1　NSA 组网

在 NSA 组网中，4G 基站和 5G 基站并存，存在主站和从站的概念。以 Option3 系列为例，控制面信令均通过 4G 基站与 4G 核心网交互完成，4G 基站为主站，5G 基站为从站；而数据面有多种路径传输，于是便存在了数据分流点，如图 3-4-2 所示。

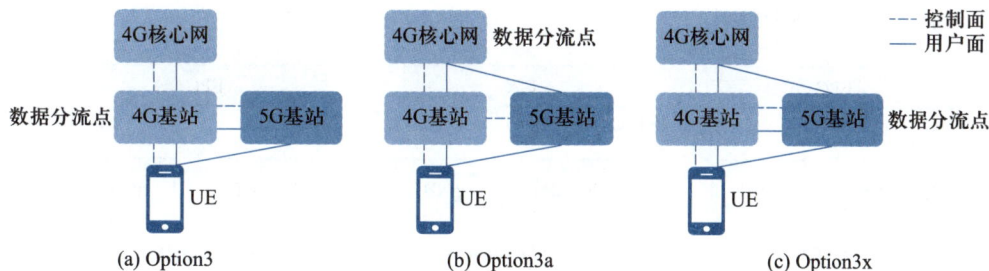

图 3-4-2　Option3 系列 NSA 组网

如图 3-4-2 所示，网元之间的实线表示用户面数据的传递，虚线表示控制面信令的传递，通过核心网将用户面数据依据组网方式的不同往下一层分配。其中 Option3 组网方式中，用户面数据在 4G 基站侧进行分流，需要 4G 基站升级，同时其与核心网的传输链路也要升级改造；Option3a 组网方式中，用户面数据在核心网侧进行分流，只能进行按固定比例的分流，不能根据终端信号的变化来分流；Option3x 组网方式中，用户面数据在 5G 基站侧进行分流，其可以根据终端信号的变化来分流，对 5G 基站及 5G 网络传输侧无压力，也是当前国内运营商选取的 NSA 组网建网方式。

3.4.2 SA 组网

在 SA 组网中，5G NR 独立组网，直接接入 5G 核心网，支持网络切片，需要新建 5G 核心网，对 5G 的连续覆盖有较高要求。典型的独立组网架构为 Option2，如图 3-4-3 所示。

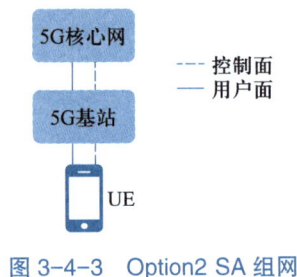

图 3-4-3　Option2 SA 组网

3.5　5G 组网架构及演进

3.5.1　5G 组网架构选项

动画

5G 组网架构及演进

当前制定的 5G 标准中，3GPP 共列举了 Option1、Option2、Option3/3a/3x、Option4/4a、Option5、Option6、Option7/7a/7x 共七大类 5G 组网架构选项，如图 3-5-1 所示。

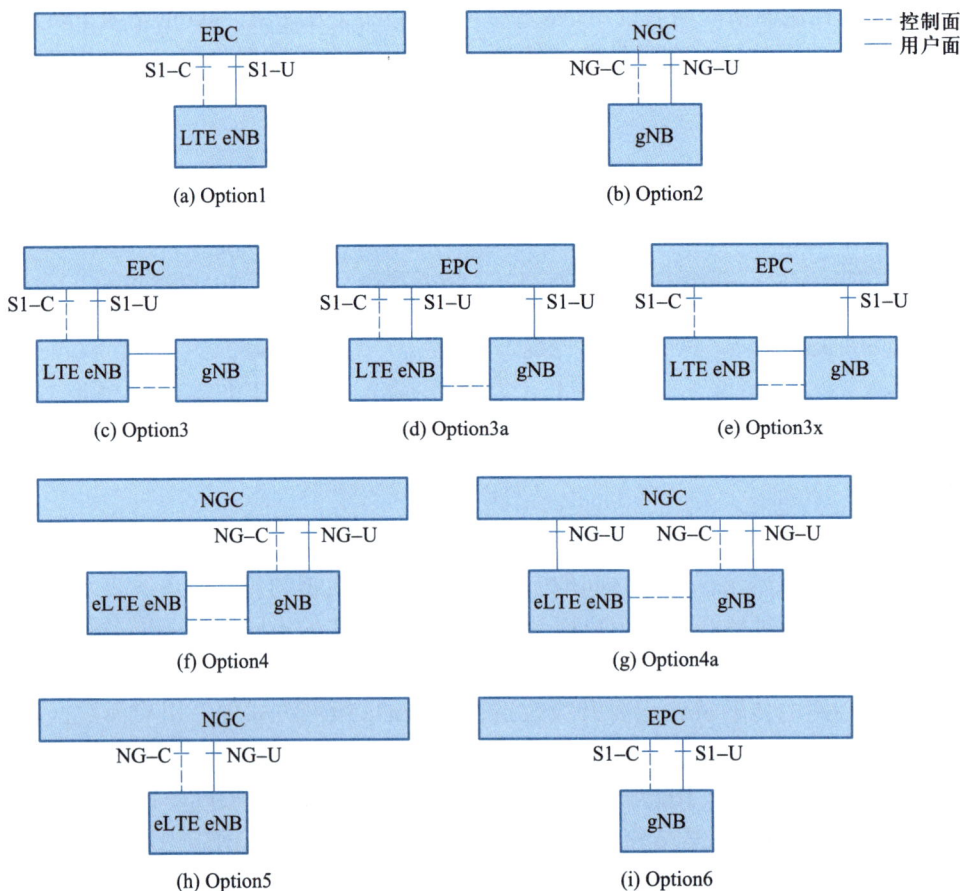

(a) Option1　　(b) Option2

(c) Option3　　(d) Option3a　　(e) Option3x

(f) Option4　　(g) Option4a

(h) Option5　　(i) Option6

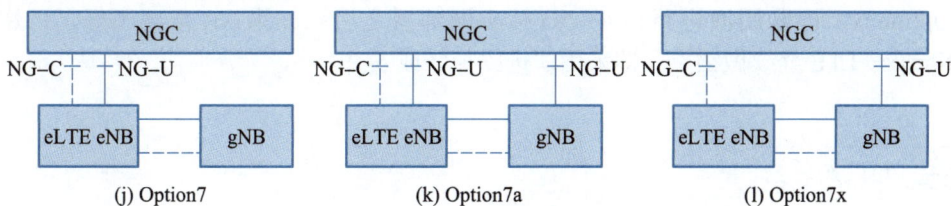

图 3-5-1　5G 组网架构选项

如图 3-5-1 所示，Option1 核心网为 EPC，无线接入网为 eNB，是纯 4G 网络架构，没有 5G 网元加入；Option2 核心网为 NGC，无线接入网为 gNB，是纯 5G 网络架构，也是典型的 SA 组网架构；Option3 系列包含 Option3、Option3a、Option3x 三个小类，都属于 NSA 组网架构，区别是用户数据面的分流点不一样；Option4 系列包含 Option4、Option4a 两个小类，核心网为 NGC，无线接入网含有 gNB 以及升级版的 eNB，可对接 5G 核心网，这类组网方式可作为 Option2 组网的补充，分担部分流量压力；Option5、Option6 这两种组网架构在理论上有存在的可能，但现网中及现网发展的趋势上出现的概率较小；Option7 系列包含 Option7、Option7a、Option7x 三个小类，都属于 NSA 组网架构，区别是用户数据面的分流点不一样，Option7 系列是在 Option3 系列的基础上，将 4G 核心网 EPC 升级为 5G 核心网 NGC，且将无线侧的 eNB 升级为支持与 NGC 对接的 eLTE eNB，Option7 系列也是典型的 NSA 组网架构。

3.5.2　5G 组网架构演进

不同运营商考虑 5G 网络规模、5G 初始商业部署的网络功能和时间规划、对业务的支撑能力，以及网络基础设施升级和建设的投资等因素，提出了不同的 4G 向 5G 演进的路径。常见的演进路径主要有五种，如图 3-5-2 所示。

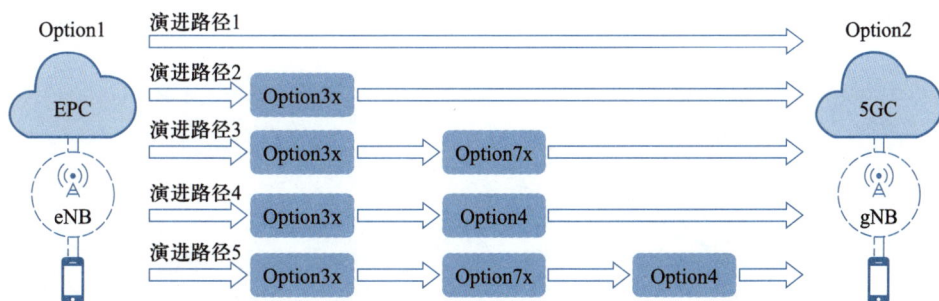

图 3-5-2　5G 组网架构演进

如果运营商资金雄厚，可直接采用新建 5G gNB（5G 基站）以及 5GC（5G 核心网）的方式升级，即采用演进路径 1；NSA 组网可选用 Option3x，以实现 NR 快速部署，即采用演进路径 2；5G 核心网部署之后，如果 NR 覆盖好，可跳过 Option7x，即采用演进路径 4；5G 核心网部署之后，如果 NR 覆盖不好，可用 Option7x，LTE 继续做锚点，即采用演进路径 3 或 5。

知识点总结

1. 5G 接入网：传统 RAN 架构，5G RAN 架构。

2. 5G 承载网：高带宽、低时延、高精度、网络切片、敏捷网络。

3. 5G 核心网：5G 核心网架构，5G 核心网架构特性（服务化架构、全融合原生云、控制面与用户面分离的分布式架构、端到端网络切片）。

4. 5G 组网场景：NSA 组网，SA 组网。

5. 5G 组网架构及演进：3GPP 定义了 Option1～Option7 这七大类的组网架构，架构演进整体趋势为 Option1 → Option3x → Option7x/Option4 → Option2。

思考与练习

一、客观题（扫码在线答题）

二、主观题（扫码查看题目）

第4章

5G 空中接口原理

5G 系统采用统一的新空口架构提供足够的灵活性和自适应性,高效、准确地满足不同业务应用的需求。5G 新空口由自适应波形、自适应协议、自适应帧结构、自适应编码调制以及自适应多址接入方案等核心模块与动态配置机制组成。如图 4-0-1 所示,这些模块和机制的协同优化将使 5G 新空口有足够的能力来服务未来广泛多样的用户业务,适配不同的业务需求。

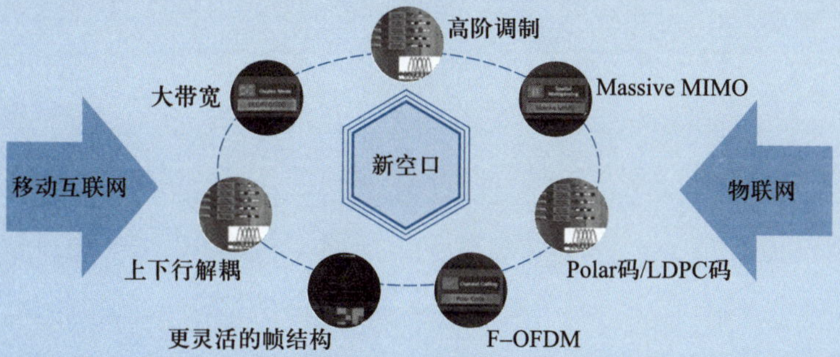

图 4-0-1 5G 新空口架构

5G 新空口设计将有效提升频谱效率,增加用户连接数,降低时延,可以支撑面向物联网的场景部署以及虚拟现实等高带宽需求应用的实现。2G/3G/4G 移动通信系统只服务于消费者,充当运营商与消费者之间流量管道的作用。借助新空口的设计,5G 最终能变成一个平台,同时支撑移动互联网和移动物联网的接入,将通信行业与垂直行业进行融合,实现全行业数字化转型,为运营商开辟商业的新蓝海。

知识图谱（见图 4-0-2）

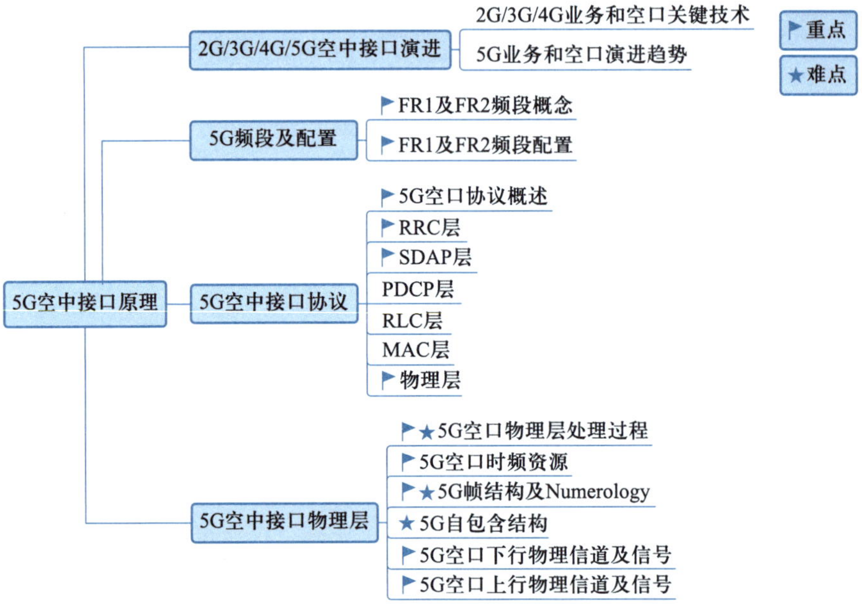

```
                                    ┌─ 2G/3G/4G业务和空口关键技术    ┌────────┐
         ┌─ 2G/3G/4G/5G空中接口演进 ─┤                               │► 重点  │
         │                          └─ 5G业务和空口演进趋势          └────────┘
         │                                                          ┌────────┐
         │                          ┌─► FR1及FR2频段概念             │★ 难点  │
         ├─ 5G频段及配置 ───────────┤                               └────────┘
         │                          └─► FR1及FR2频段配置
         │
         │                          ┌─► 5G空口协议概述
         │                          ├─► RRC层
5G空中   │                          ├─► SDAP层
接口原理 ├─ 5G空中接口协议 ─────────┤   PDCP层
         │                          │   RLC层
         │                          │   MAC层
         │                          └─► 物理层
         │
         │                          ┌─► ★5G空口物理层处理过程
         │                          ├─► 5G空口时频资源
         │                          ├─► ★5G帧结构及Numerology
         └─ 5G空中接口物理层 ───────┤   ★5G自包含结构
                                    ├─► 5G空口下行物理信道及信号
                                    └─► 5G空口上行物理信道及信号
```

图 4-0-2　5G 空中接口原理知识图谱

4.1　2G/3G/4G/5G 空中接口演进

PPT
2G/3G/4G/5G 空中接口演进

微课
2G/3G/4G/5G 空中接口演进

空中接口（空口）是一个形象化的概念，是相对有线通信中的"线路接口"概念而言的。有线通信中的线路接口定义了物理尺寸和一系列的电信号或者光信号规范；无线通信中的空中接口定义了终端设备与网络设备之间的无线电波传输技术规范，如无线信道频率、带宽、编码调制方式等，使无线通信像有线通信一样可靠。

从 2G 到 4G，每一代都有自己的空口技术突破。而到了 5G 时代，用户希望随时随地利用各种终端设备接入网络，未来的网络需要同时支持数十亿的应用和千亿级的互联设备。随着将来智慧城市、工业控制、车联网等核心服务的移动性普及爆发式增长，产生的数据流量将比 4G 时代增长 1 000 倍。此外，虚拟现实和沉浸式体验将成为 5G 时代的关键应用，这会使超高流量、低时延和高可靠性的通信需求进一步激增。

从技术的角度来看，无线侧不可能通过升级就变为 5G，也不可能通过给 4G 打上补丁而达到未来 5G 所能形成的体验，必须要实现空口技术的突破创新，才能满足服务千行百业的需求。

4.1.1　2G/3G/4G 业务和空口关键技术

从 2G 时代开始，网络架构都是蜂窝组网，每个时代的主流业务和空口关键技术见表 4-1-1。

表 4-1-1　2G/3G/4G 主流业务和空口关键技术

通信技术	主流业务	空口关键技术
2G	语音	模拟转数字、小区扇区化、单频点支持多信道（TDMA/CDMA）
3G	数据、语音	宽带码分多址：直序扩频，码分技术让硬容量变成软容量
		精细功控技术：降低系统内干扰，增加容量
		空口速率提升：通过单载波 5 MHz 高带宽提升用户速率
4G	高速数据、语音	OFDM：利用载波不相关性实现载波正交化，大幅提升频谱利用率
		MIMO：多天线技术复用频率和空间资源，大幅提升速率和系统容量
		ACM：自适应调制编码技术，根据信道链路好坏调整传输数据包大小
		HARQ：前向纠错和反向重传请求，提升传输高效性和可靠性
		ICIC：小区间干扰消除，提升边缘用户速率

2G/3G/4G 的主要服务对象是消费者，提供尽力而为的服务；在无线空口层面主要致力于提升系统容量以及用户体验速率。

4.1.2　5G 业务和空口演进趋势

5G 的服务对象包含消费者和垂直行业，解决的不仅仅是通信服务的问题，更是万物互联的问题，其目标是提供有 SLA（服务等级协议）保障的端到端服务，所以 5G 空口必须有深度变革，以适配全方位信息生态系统，提供各种可能和跨界整合。5G 空口发生变革的方向，其关键技术具体见表 4-1-2。

表 4-1-2　5G 空口关键技术

序号	技术点	概念	增益
1	新频谱	C-band，毫米波	提升速率、容量
2	载波宽度	C-band 可达 100 MHz，毫米波可达 400 MHz	提升速率
3	高阶调制	上行 256QAM，下行规划 1024QAM	提升速率
4	灵活 Numerology	灵活子载波间隔：15 kHz，30 kHz，…，240 kHz 灵活可变	低时延、适配业务多样性
5	Massive MIMO	标配 64T64R，可达到 16 流及以上	提升速率、容量
6	3D 波束赋形	3D 垂直平面波束赋形	提升速率、覆盖
7	上下行解耦	定义 SUL 频段，支持上下行解耦	提升上行覆盖
8	CU/DU 分离	协议栈非实时部分 RRC/PDCP 分离成 CU，实时部分 RLC/MAC/PHY 分离成 DU	CU 可云化部署、网络弹性、降低前传压力
9	物理信道	去掉 CRS（小区参考信号），广播信道波束扫描发射，BWP 带宽设计	控制信道开销，降低终端功耗

5G 与 4G 在技术上同源，但 5G 在很多技术点上挣脱束缚，进行变革，使 5G 空口动态适配未来多样化的业务、应用和终端类型，弹性支持未来海量连接和超大容量，为 5G 终端用户带来最佳的业务体验。同时，5G 网络复杂度也有了指数级上升，需要建立更加智能的规划、建设、运维、优化方案以匹配这种复杂度，将网络适配到最优水平。

4.2　5G 频段及配置

◎ PPT
5G 频段及配置

频谱是无线移动通信最宝贵的资源，ITU 在 WRC（世界无线电通信大会）上进行具体频谱的分配，持续增长的业务量需求要求 5G 系统扩展可用的频谱资源。厘米波和毫米波等高频段频谱资源具备支持更宽带宽的潜力，能够提供高速率数据传输，是可用于新一代无线通信技术的潜力频谱。

4.2.1　FR1 及 FR2 频段概念

在 WRC-19 上，国际电联正式确认了 5G 支持全频谱接入，确定了 5G 的主用频段与扩展频段范围，如图 4-2-1 所示。

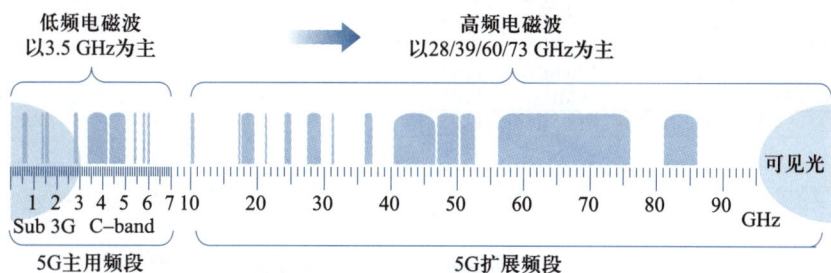

图 4-2-1　5G 频谱分配

在 3GPP 协议中，5G 的总体频谱资源可以分为以下两个频谱范围（frequency range，FR）：

• FR1：410~7 125 MHz，属于低频频段，是 5G 的主用频段；其中 3 GHz 以下的频段称为 Sub3G，其余频段称为 C-band。

• FR2：24 250~52 600 MHz，常称为毫米波，属于高频频段，是 5G 的扩展频段，频谱资源丰富。

未来 5G 系统将集成使用不同频段，包括专用授权频段、非专用授权频段以及非授权频段。不同频段和覆盖能力的子网将协同工作。FR1 是 5G 核心频段，FR2 将作为有效补充，提供大容量热点覆盖与自回传功能。

4.2.2　FR1 及 FR2 频段配置

在 3GPP 38.104 协议版本中，5G FR1 频谱的具体频段如图 4-2-2 所示。

3GPP 定义的 NR Sub6G 频段包括传统的 FDD/TDD 频段、C-band 频段和补充上 / 下行频段，Sub6G 频段的小区带宽高达 100 MHz。

在 3GPP 38.104 协议版本中，5G FR2 频谱的具体频段如图 4-2-3 所示。

当前协议标准定义的毫米波频段有三个，全部为 TDD 模式，最大小区带宽支持 400 MHz。

传统FDD频段

NR频段	上行频率范围	下行频率范围	双工模式
n1	1 920~1 980 MHz	2 110~2 170 MHz	FDD
n2	1 850~1 910 MHz	1 930~1 990 MHz	FDD
n3	1 710~1 785 MHz	1 805~1 880 MHz	FDD
n5	824~849 MHz	869~894 MHz	FDD
n7	2 500~2 570 MHz	2 620~2 690 MHz	FDD
n8	880~915 MHz	925~960 MHz	FDD
n20	832~862 MHz	791~821 MHz	FDD
n28	703~748 MHz	758~803 MHz	FDD
n38	2 570~2 620 MHz	2 570~2 620 MHz	TDD
n41	2 496~2 690 MHz	2 496~2 690 MHz	TDD
n50	1 432~1 517 MHz	1 432~1 517 MHz	TDD
n51	1 427~1 432 MHz	1 427~1 432 MHz	TDD
n66	1 710~1 780 MHz	2 110~2 200 MHz	FDD
n70	1 695~1 710 MHz	1 995~2 020 MHz	FDD
n71	663~698 MHz	617~652 MHz	FDD
n74	1 427~1 470 MHz	1 475~1 518 MHz	FDD

传统TDD频段

NR频段	频率范围	双工模式
n75	1 432~1 517 MHz	SDL
n76	1 427~1 432 MHz	SDL
n77	3.3~4.2 GHz	TDD
n78	3.3~3.8 GHz	TDD
n79	4.4~5.0 GHz	TDD
n80	1 710~1 785 MHz	SUL
n81	880~915 MHz	SUL
n82	832~862 MHz	SUL
n83	703~748 MHz	SUL
n84	1 920~1 980 MHz	SUL

补充下行频段

C-band频段

补充上行频段

图 4-2-2　5G FR1 频谱的具体频段

毫米波频段

NR频段	频率范围	双工模式
n257	26 500~29 500 MHz	TDD
n258	24 250~27 500 MHz	TDD
n260	37 000~40 000 MHz	TDD

图 4-2-3　5G FR2 频谱的具体频段

4.3　5G 空中接口协议

PPT

5G 空口协议概述

微课

5G 空口协议概述

　　通信设备之间的通信需要遵循一定的规则，这些规则就是对应设备之间接口的协议规范。在接入网与终端之间，对应的接口称为空中接口（空口）。由于空口对应着最不确定的无线环境，因此非常重要。

4.3.1　5G 空口协议概述

1. 空口协议栈介绍

　　5G 系统的空口协议栈架构继承了 4G 系统，5G 无线接口协议主要用来建立、重配置和释放各种无线承载业务。从总体上来看，5G 空中协议栈分为三层（网络层、数据链路层、物理层）、两面（控制面、用户面）。

　　5G 空口协议栈在控制面上跟 4G 结构完全一致，在用户面上多设计了一个SDAP（服务数据适配协议）层，主要负责完成从 QoS（quality of service，服务质量）

流到 DRB（data radio bearer，数据无线承载）的映射，如图 4-3-1 所示。

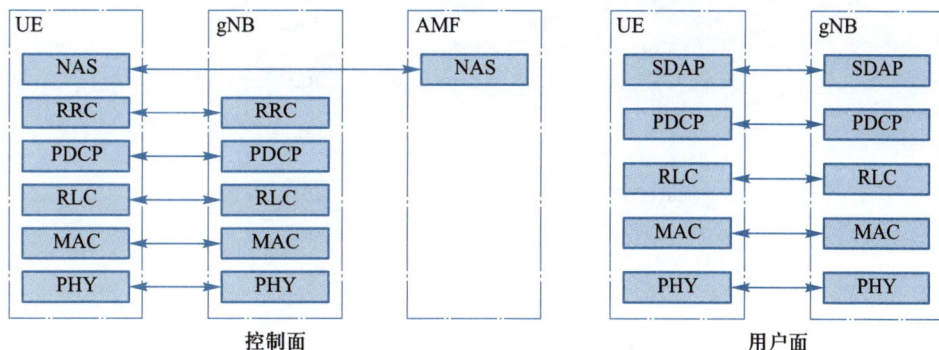

图 4-3-1　5G 空口协议栈整体架构

这里详细介绍控制面和用户面的分层结构。5G 空口的控制面分为 Layer3（网络层）、Layer2（数据链路层）、Layer1（物理层）三层，每一层又分为若干子层，具体如图 4-3-2 所示。

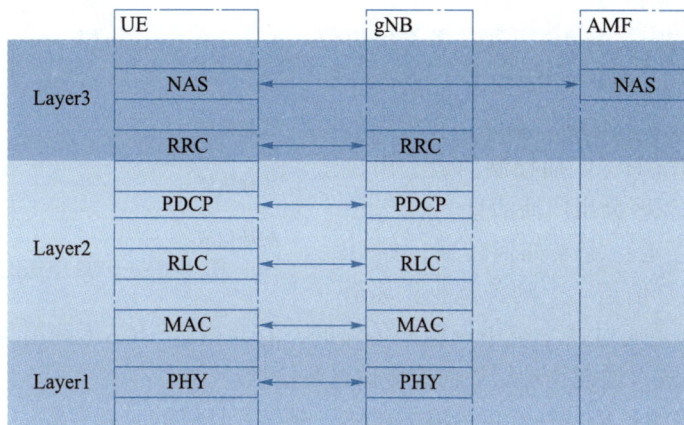

图 4-3-2　5G 空口控制面协议栈

① Layer3（网络层）：空口服务的使用者，即 RRC（无线资源控制）信令及 NAS（非接入层）数据。

② Layer2（数据链路层）：对不同的 Layer3 数据进行区分标识，并提供不同的服务，含有 PDCP（分组数据汇聚协议）、RLC（无线链路控制）、MAC（媒体接入控制）子层。

③ Layer1（物理层）：为高层的数据提供无线资源及物理层的处理，含有 PHY（物理）子层。

5G 空口的用户面分为 Layer2（数据链路层）、Layer1（物理层）两层，在 Layer2 中增加了一个新的 SDAP 层，其余结构与 4G 完全相同，具体如图 4-3-3 所示。

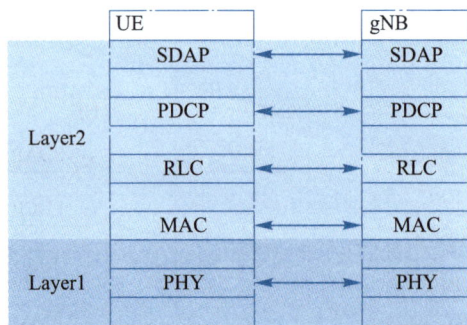

图 4-3-3　5G 空口用户面协议栈

① Layer2（数据链路层）：包括 MAC、RLC、PDCP 和 SDAP 四个子层。物理层为 MAC 子层提供传输信道级的服务，MAC 子层为 RLC 子层提供逻辑信道级的服务，PDCP 子层为 SDAP 子层提供无线承载级的服务，SDAP 子层为上层提供 5GC QoS 流级的服务。

② Layer1（物理层）：位于无线接口协议栈的底层，提供物理介质中比特流传输所需要的所有功能。

2. NR 信道介绍

5G 信道的定义与 4G 一致，各类信道位置也与 4G 相同，具体如图 4-3-4 所示。

① 逻辑信道：通过信道标识对传输内容做区分，如 BCCH（广播控制信道）用自己的逻辑信道标识区分出广播消息。

② 传输信道：定义如何传输，如 DL-SCH（下行共享信道）上的各类业务甚至一

图 4-3-4　5G 信道定义与位置

些控制消息都是通过共享空中资源来传输的，它会指定 MCS（调制与编码策略）、空间复用等方式，通知物理层如何去传输这些信息。

③ 物理信道：信号在空口传输的载体，映射到具体的时频资源，如 PBCH（物理广播信道）就是在实际的物理位置上采用特定的调制编码方式来承载广播消息。

4.3.2　RRC 层

RRC（无线资源控制）协议实体位于 UE 和 gNB 网络实体内，在 PDCP 协议层之上，只用于控制面，功能和 LTE 基本一致，负责对接入网的控制和管理，处理 UE 与 NR 之间的所有信令，如图 4-3-5 所示。

RRC 层的具体功能有以下几点：

① 系统消息：产生系统消息，包括 UE 需要获取的各类系统参数。

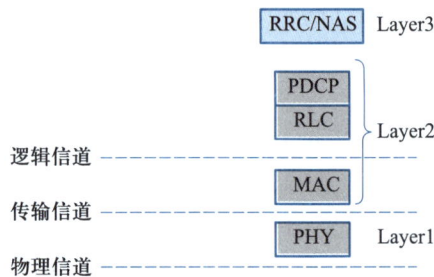

图 4-3-5　RRC 层位置

拓展阅读

逻辑信道标识传输内容，传输信道标识传输方法，物理信道标识传输工具，要想成功地完成信息的传递，5G 各类信道需要相互紧密地配合才行。5G 信道之间的联系启示我们：在一个单位、一个部门中，各个员工需要相互配合、分工协作才能完成对应的任务。一个团队中，每名成员各司其职，都要发挥应有的作用，这样才能达到预期的目标。

PPT
RRC 层与 SDAP 层

微课
RRC 层与 SDAP 层

② 准入控制：UE 的准入控制是通过 RRC 信令交互后完成的。

③ 安全管理：空口加密的实施管理。

④ 测量与上报：UE 测量各信号强度，通过 RRC 信令上报给基站。

⑤ 切换和移动性：UE 的切换和重选等移动性管理流程都需要通过 RRC 信令交互。

⑥ NAS 消息传输：NAS 层产生的 NAS 消息需要通过 RRC 层往下传输。

⑦ 无线资源管理：空口无线资源管理的信令都会放在 RRC 消息里发送。

4.3.3　SDAP 层

SDAP（服务数据适配协议）层是 5G 用户面新增的一个协议栈。因为 5G 网络中无线侧依然沿用 4G 网络中无线承载的概念，但 5G 网络中核心网侧为了更加精细化的业务实现，将 4G 时代的承载概念细化到以 QoS 流（QoS flow）为基本业务传输单位，所以数据无线承载（DRB）就需与 5GC 中的 QoS 流进行映射，这就是 SDAP 层的主要功能。

1. 5G QoS 架构

5GC 会为每个 UE 建立一个或多个 PDU（协议数据单元）会话，PDU 会话内可能会建立一个或多个 QoS 流，NG-RAN（下一代无线接入网）会为拥有不同需求的 QoS 流建立不同的 DRB，或将属于同一 PDU 会话的多个 QoS 流映射到同一个 DRB 上。关于 5G QoS，需要注意以下几点：

① 5G QoS 模型基于 QoS 流，QoS 流是 PDU 会话内区分 QoS 差异的最佳粒度，并由 QoS 流 ID（QFI）唯一标记，每个 QoS 流都将与其相关联的 QoS 属性进行集合；

② UE 和 UPF（用户面功能）通过包过滤器集（packet filter set）将业务和 QoS 流关联，RAN 侧将 QoS 流映射到 DRB 上，来确保服务的质量；

③ 5G QoS 架构只用于 SA 组网场景。

5G QoS 架构具体如图 4-3-6 所示。

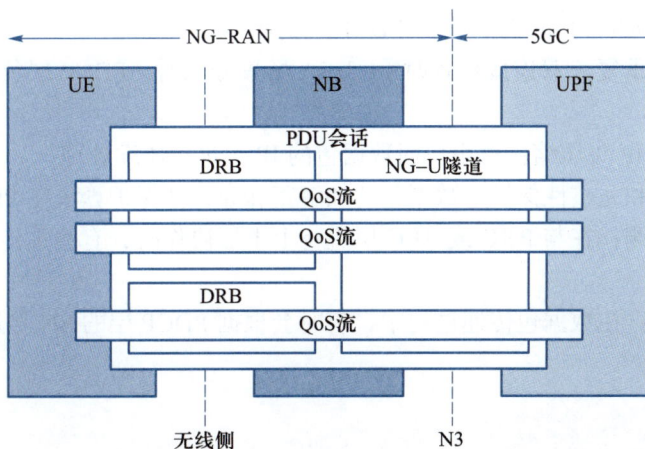

图 4-3-6　5G QoS 架构

5G QoS 流是 5G 系统中 QoS 转发处理的最小粒度。映射到相同 5G QoS 流的所有报文都接收相同的转发处理（如调度策略、队列管理策略、RLC 配置等），提供不同的 QoS 转发处理需要不同的 5G QoS 流。

2. SDAP 层功能

SDAP 层位于 PDCP 层之上，直接承载 IP 数据包，只用于用户面，如图 4-3-7 所示。

SDAP 层的具体功能有以下几点：

① 映射功能：负责 QoS 流与 DRB 之间的映射。

② 标记功能：为数据包添加 QFI 标记。

4.3.4 PDCP 层

PPT
PDCP 层与 RLC 层

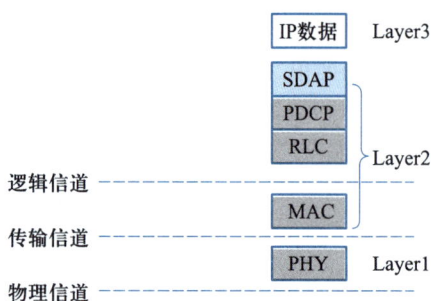

微课

PDCP 层与 RLC 层

NR 的 PDCP（分组数据汇聚协议）层位于 RRC 层或者 SDAP 层之下，功能与 LTE 类似，新增排序和复制功能，如图 4-3-8 所示。

图 4-3-7　SDAP 层位置　　　图 4-3-8　PDCP 层位置

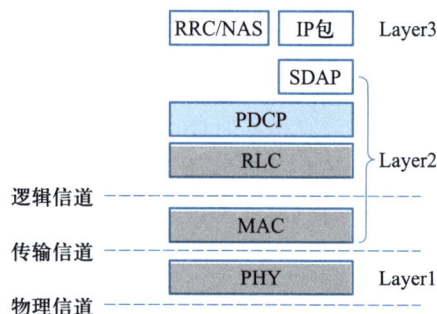

PDCP 层的具体功能有以下几点：

① 传输用户面和控制面数据：在控制面和用户面都存在的子层，用来传输数据。

② 维护 PDCP 的 SN 号：维护 PDCP 包的序号。

③ 路由和重复（双连接场景时）：NSA 场景分流时，PDCP 层负责数据包分流的走向控制。

④ 用户面 IP 头压缩：对用户面数据包的 IP 头进行压缩处理。

⑤ 加解密和完整性保护：数据包的加解密和完整性保护算法在 PDCP 层完成。

⑥ 复制检测：在与 RRC 或 RLC 层进行上下层协作时，有些重传包需要做复制检测。

⑦ 重排序：在数据包传递过程中，有时会根据 PDCP 层的 SN 号进行重排序。

4.3.5 RLC 层

顾名思义，RLC（无线链路控制）主要提供无线链路控制功能。RLC 层包含

TM（透明模式）、UM（非确认模式）和 AM
（确认模式）三种传输模式，主要提供纠错、
分段、重组等功能，如图 4-3-9 所示。

RLC 层的具体功能有以下几点：

① TM：处理 NAS 消息时，采用透明模
式传送。

② UM：小区级的公共参数等采用非确
认模式传送。

③ AM：个性参数或者特定用户数据采
用确认模式传送，需要反馈 ACK 或 NACK。

④ 分段和重组：对发送的大数据包进行分段，对接收的小数据包进行重组。

⑤ 纠错：完成 MAC 层纠错后的第二步纠错。

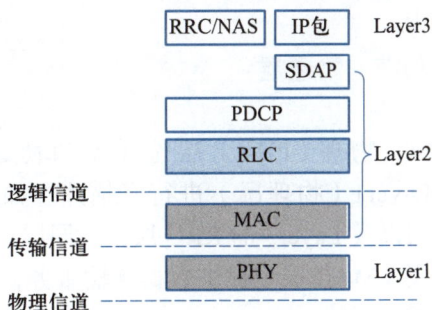

图 4-3-9　RLC 层位置

4.3.6　MAC 层

MAC（媒体接入控制）层的主要功能包括映射、复用、HARQ 和无线资源分配，
终端和基站侧都有 MAC 层实体，存在 DC（双连接）时，终端侧会存在多个 MAC
实体，如图 4-3-10 所示。

PPT
MAC 层与物理层

微课
MAC 层与物理层

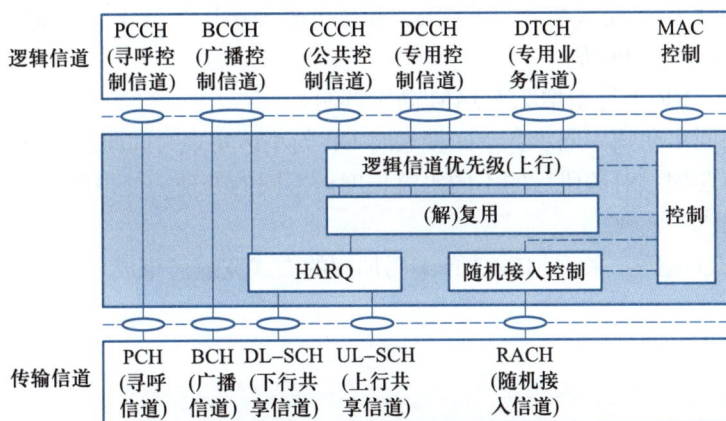

图 4-3-10　MAC 层位置

MAC 层的具体功能有以下几点：

① 信道映射和复用：不同的数据包映射到不同的物理信道进行传送。

② 纠错：通过 HARQ 技术，实现递增冗余的发送和合并的解调，完成对数据
块的纠错功能。

③ 无线资源分配调度：为各类业务分配相应的物理层无线资源块，完成调度的
功能。

4.3.7 物理层

物理（PHY）层位于空口协议栈的最底层，3GPP TS 38.200 系列规范对 Layer1（物理层）进行了描述。如图 4-3-11 所示，物理层连接 Layer2 的 MAC 层以及 Layer3 的 RRC 层，不同层之间的圈表示服务接入点（SAPs）。物理层向高层（MAC 层）提供数据传输服务，这些服务的接入是通过使用 MAC 层的传输信道实现的。

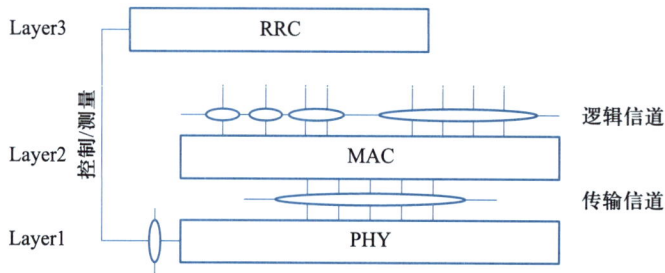

图 4-3-11　物理层位置

物理层的具体功能有以下几点：

① 信道编码：完成数据块的信道编码，在 eMBB 场景中，控制信道为 Polar 码，业务信道为 LDPC 码。

② 调制：NR 上行新增 256QAM 高阶调制。

③ 时间同步和频率同步：小区搜索时 UE 与小区实现时间同步和频率同步。

④ 速率匹配：对编码后的不同码流长度做不同的处理，使得码流长度与实际传输能力相匹配。

⑤ MIMO 编码：采用 MIMO 预编码加权的方式完成波束成形。

做一做

学习了 5G 空口协议栈各层的功能，请同学们动手连连看，将各层与各类典型功能用连线对应起来。

PDCP　　　　　　　　　　　　基于 QoS 的调度

RLC　　　　　　　　　　　　系统消息广播

MAC　　　　　　　　　　　　TM、UM、AM 分类

SDAP　　　　　　　　　　　IP 头压缩

RRC　　　　　　　　　　　　完成 QoS 流到 DRB 的映射

4.4　5G 空中接口物理层

PPT
5G 空口物理层处
理与时频资源

微课

5G 空口物理层处
理与时频资源

空口物理层一直是移动通信系统的核心，5G 系统也不例外。为了支撑众多业务极高性能与大差异化的需求，以及全频谱全制式接入网络部署模式，5G 新空口物理层的设计须遵循灵活性、弹性两大原则。

4.4.1　5G 空口物理层处理过程

5G 物理层基本流程和 LTE 一致，但是在编码、调制、资源映射等具体过程上存在差别，其处理过程如图 4-4-1 所示。

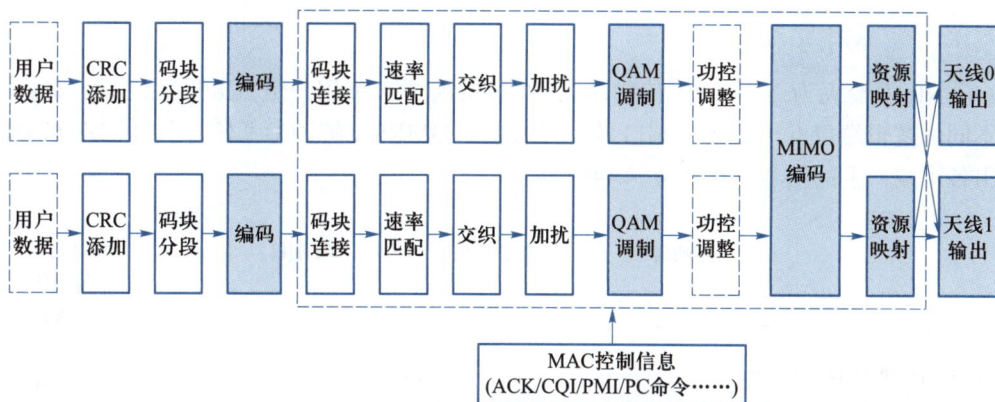

图 4-4-1　5G 物理层处理过程

总体上来看，5G 物理层处理过程有几个重要步骤：CRC 添加、信道编码、QAM 调制、天线口映射，接下来分别介绍。

1. CRC 添加

在要发送的原始数 A 后附加一串二进制数 B（由 A 以模 2 除的方式除以 CRC 生成多项式，得到的余数即 CRC 码 B），发送 A＋B 给接收端，接收端对 A＋B 以模 2 除的方式除以 CRC 生成多项式，如果结果不为 0，则表明该帧在传输过程中出现了差错，如图 4-4-2 所示。

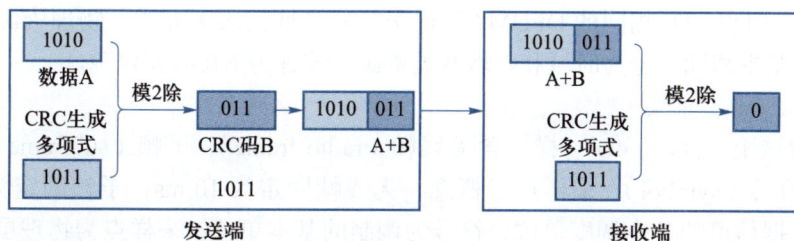

图 4-4-2　CRC 添加

2. 信道编码和 QAM 调制

在 5G 的 eMBB 场景下，控制信道采用 Polar 码，业务信道采用 LDPC 码。在调制方式上，5G 在上行新增了对 256QAM 调制方式的支持，如图 4-4-3 所示。

	LTE	5G NR
上行	QPSK 16QAM 64QAM	QPSK 16QAM 64QAM 256QAM
下行	QPSK 16QAM 64QAM 256QAM	QPSK 16QAM 64QAM 256QAM

图 4-4-3　5G 与 LTE 调制方式对比

3. 天线口映射

NR 中最大为 2 个 TB（传输块），经过层映射（单用户最大 8 层）之后，通过不同的逻辑端口发出，每个端口号上有独立的 DMRS（解调参考信号），供 UE 解调出各个端口上的信号，如图 4-4-4 所示。

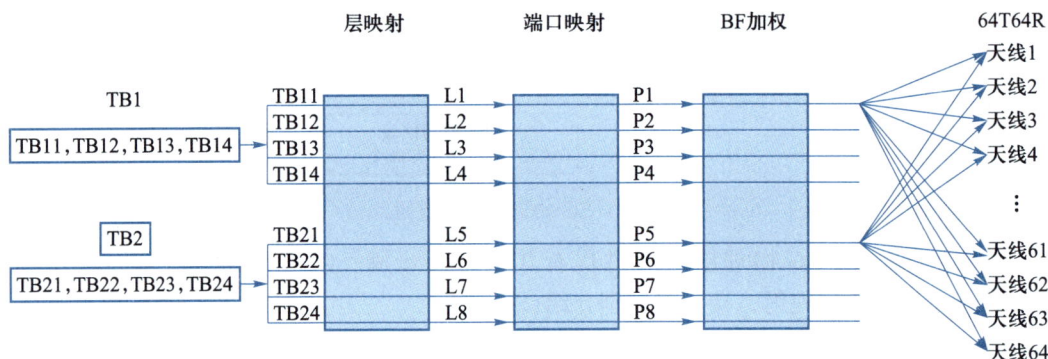

图 4-4-4　天线口映射

4.4.2　5G 空口时频资源

NR 采用和 LTE 相同的 OFDMA（正交频分多址接入）方式，物理资源的主要描述维度基本相同，分为时域和频域两类资源，统称为 NR 时频资源。

1. NR 时域资源

在时域上，5G 与 4G 一样，含无线帧（radio frame）、子帧（subframe）、时隙（slot）、符号（symbol）、采样点等概念，无线帧固定为 10 ms，子帧固定为 1 ms，时隙为数据信道的基本调度单位，符号为调制的基本单位，采样点为物理层基本时间单位，如图 4-4-5 所示。

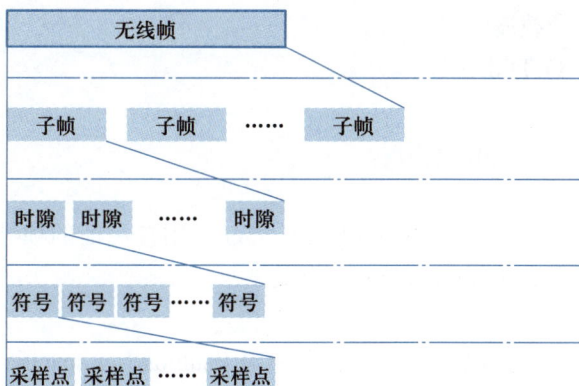

图 4-4-5　NR 时域资源

2. NR 频域资源

在频域上，5G 与 4G 一样，含 RG、RB、RE 等基本概念，如图 4-4-6 所示。

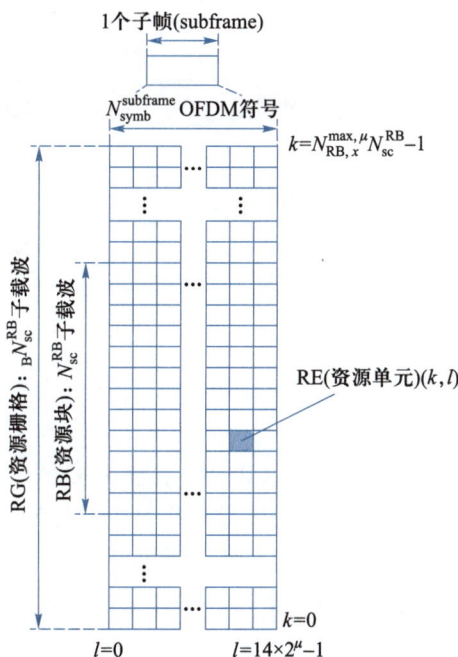

图 4-4-6　NR 频域资源

各概念的具体定义如下：

① RG（resource grid，资源栅格）：物理层资源组。

a. 频域：传输带宽内可用 RB 资源。

b. 时域：1 个子帧。

② RB（resource block，资源块）：数据信道资源分配频域基本调度单位。

a. 频域：12 个连续子载波。

b. 时域：时域宽度与 SCS（子载波间隔）有关。

③ RE（resource element，资源单元）：物理层资源的最小粒度。

a. 频域：1 个子载波。

b. 时域：1 个 OFDM 符号。

4.4.3　5G 帧结构及 Numerology

在物理帧结构上，5G 与 4G 区别较大，5G 采用较灵活的帧结构，具体与引入的一套全新的系统参数（Numerology）有关。

1. Numerology

Numerology（系统参数）：NR 中指 SCS（sub carrier spacing，子载波间隔），以及与之对应的符号长度、CP（cyclic prefix，循环前缀）长度等参数。

（1）SCS

3GPP R15 定义的 Numerology 中，每个 SCS 采用参数 μ 来标识，以 LTE 的 15 kHz 为基础，按照 2 的 n 次方进行扩展，得到一系列的 SCS，以适应不同业务需求和信道特征，具体见表 4-4-1。

表 4-4-1　NR 的 SCS

参数 μ	SCS/kHz	CP
0	15	Normal
1	30	Normal
2	60	Normal，Extended
3	120	Normal
4	240	Normal

（2）CP

NR 系统在 OFDM 符号之间引入 CP，用来解决多径传播带来的符号间干扰（ISI）和信道间干扰（ICI）。CP 的主要原理是将每个 OFDM 符号后面的一段样点值复制到 OFDM 符号前面，保证在 FFT（快速傅里叶变换）周期内，OFDM 符号的延时副本内包含波形的周期个数也是整数，以确保各子载波的正交性，如图 4-4-7 所示。

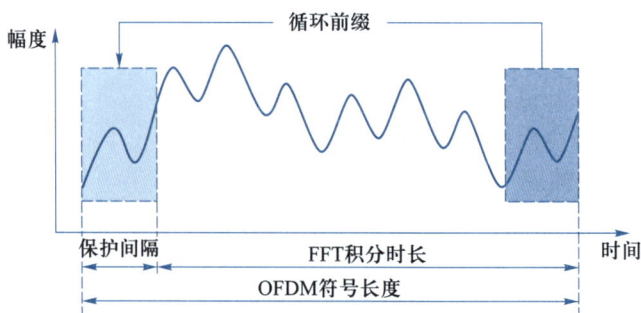

图 4-4-7　CP

（3）符号

NR 中的符号（symbol）长度由 SCS 确定，由 CP 和数据部分构成，可表示为 CP＋data，其中数据部分长度为 SCS 的倒数，SCS 越大，符号长度和时隙（slot）长度越小，如图 4-4-8 所示。

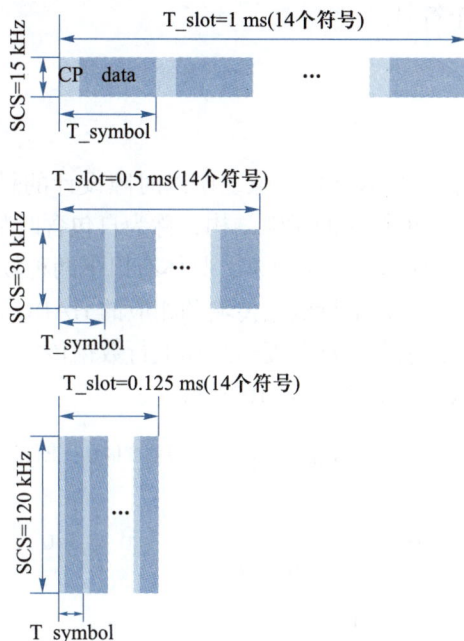

图 4-4-8　符号和时隙的关系

2. 5G 帧结构

5G 帧结构也是一个分层级的基本框架，有无线帧、子帧、时隙三个基本概念，其中无线帧与子帧长度和 LTE 保持一致，每个子帧内时隙的个数由 SCS 确定，在常规 CP 下，时隙内符号的个数恒为 14 个。图 4-4-9 所示为 SCS 为 30 kHz 和

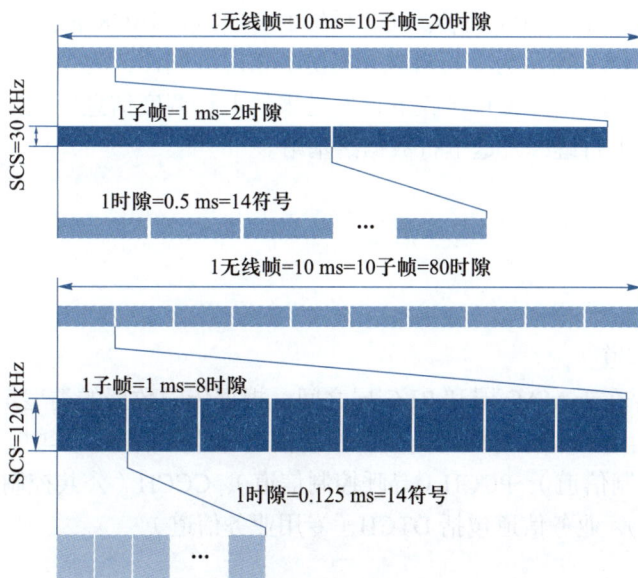

图 4-4-9　5G 帧结构

120 kHz 两种情况下的 5G 帧结构。

5G 帧结构框架中的三个基本概念的具体描述如下：

① 无线帧长度：10 ms。系统帧号（SFN）范围：0~1 023。

② 子帧长度：1 ms。1 个系统帧内子帧号：0~9。

③ 时隙长度：14 个符号。

4.4.4　5G 自包含结构

5G 数据信道的基本调度单位是时隙，所以时隙设计的科学与否关系到业务的调度效率。5G 系统中有两种特殊的时隙结构，称为自包含时隙，其设计目标是缩短上下行数据传输的 RTT（往返时间）时延，具体有以下两种场景：

① 下行自包含时隙：包含下行数据传输和相应的 HARQ 反馈。

② 上行自包含时隙：包含上行调度信息和上行数据传输。

5G 自包含时隙结构配置如图 4-4-10 所示。

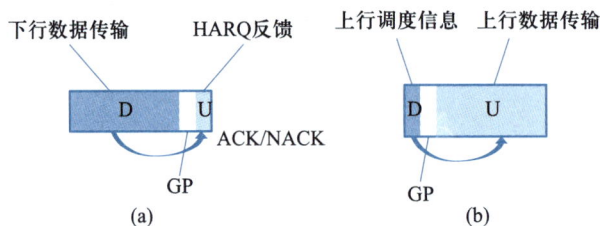

图 4-4-10　5G 自包含时隙结构配置

图 4-4-10（a）所示为下行自包含时隙的情况。在 5G 系统中，调度的基本单位为时隙。一般来说，每个时隙只能全部用来传输上行或者下行数据；但是为了提升传输效率，适配千行百业，5G 系统允许在一个时隙内，发送下行数据并间隔一个保护周期（GP）后，又在上行传递 UE 反馈的 ACK 或 NACK 消息。

图 4-4-10（b）所示为上行自包含时隙的情况。同样，为了提升传输效率，5G 系统允许在一个时隙内，UE 接收下行发送来的上行调度信息，间隔一个保护周期（GP）后，又在上行继续发送上行数据给基站。

4.4.5　5G 空口下行物理信道及信号

1. 信道分类

（1）逻辑信道

逻辑信道存在于 MAC 层和 RLC 层之间，根据传输数据的类型定义每个逻辑信道类型。逻辑信道一般分为两种类型：控制信道和业务信道。其中，控制信道包括 BCCH（广播控制信道）、PCCH（寻呼控制信道）、CCCH（公共控制信道）、DCCH（专用控制信道），业务信道包括 DTCH（专用业务信道）。

（2）传输信道

传输信道存在于 MAC 层和物理层之间，根据传输数据类型和空口上的数据传输方法进行定义，可以提供 MAC 层和高层的传输业务信息。传输信道中，下行传输信道包括 BCH（广播信道）、DL-SCH（下行共享信道）、PCH（寻呼信道），上行传输信道包括 UL-SCH（上行共享信道）、RACH（随机接入信道）。

（3）物理信道

物理信道负责编码、调制、多天线处理以及信号到物理时频资源的映射。基于映射关系，高层一个传输信道可以服务物理层一个或几个物理信道。物理信道中，下行物理信道包括 PBCH（物理广播信道）、PDCCH（物理下行控制信道）、PDSCH（物理下行共享信道），上行物理信道包括 PUCCH（物理上行控制信道）、PUSCH（物理上行共享信道）、PRACH（物理随机接入信道）。

2. 5G 下行物理信道

5G 相对于 LTE，在下行精简了 PCFICH（物理控制格式指示信道）、PHICH（物理 HARQ 指示信道）等信道，如图 4-4-11 所示。

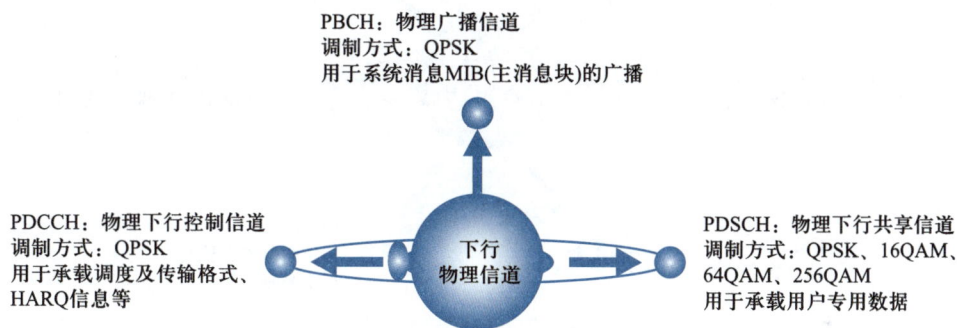

图 4-4-11　5G 下行物理信道

5G 下行物理信道处理过程如图 4-4-12 所示。

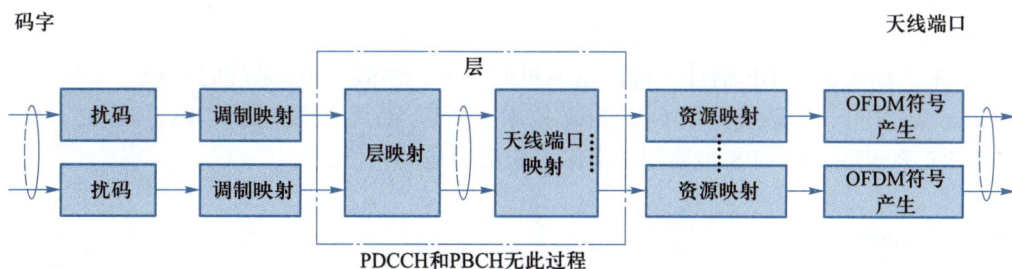

图 4-4-12　5G 下行物理信道处理过程

5G 下行物理信道与信道编码、调制方式、层数、波形的关系见表 4-4-2。

表 4-4-2　5G 下行物理信道配置

下行物理信道	信道编码	调制方式	层数	波形
PDSCH	LDPC 码	QPSK、16QAM、64QAM、256QAM	1~8	CP-OFDM
PBCH	Polar 码	QPSK	1	CP-OFDM
PDCCH	Polar 码	QPSK	1	CP-OFDM

3. 5G 下行物理信号

5G 下行物理信号分为四类，分别是解调参考信号（DMRS）、主同步 / 辅同步信号（PSS/SSS）、相位跟踪参考信号（PT-RS）、信道状态信息参考信号（CSI-RS），其中 DMRS 又分为三小类，具体如图 4-4-13 所示。

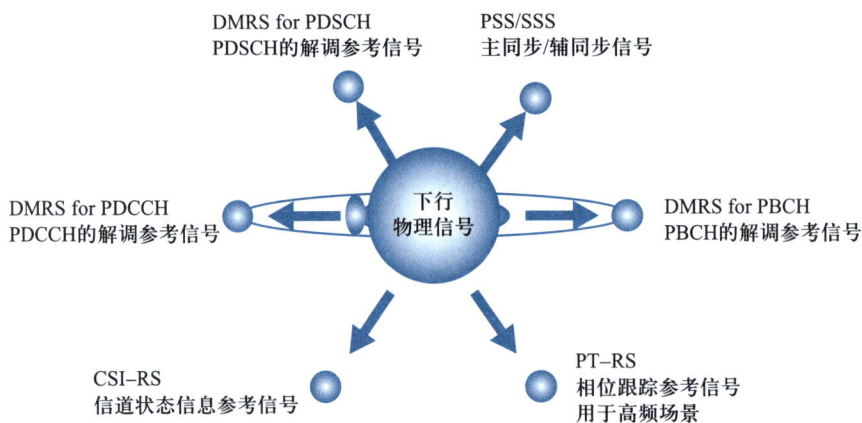

图 4-4-13　5G 下行物理信号

如图 4-4-13 所示，DMRS 广泛存在于各个重要的物理信道中，如下行的 PBCH、PDCCH 和 PDSCH，以及上行的 PUCCH 和 PUSCH。其最重要的作用就是用于对应物理信道的相干解调。PSS/SSS 为主同步 / 辅同步信号，其主要作用与 4G 系统基本一致，用于小区搜索与同步过程中获取小区的 PCI（物理小区标识）。CSI-RS 的主要作用是供 UE 估计下行信道质量的参考，类似于 4G 系统的 CRS（小区参考信号）。由于 5G 系统采用 CRS Free 技术，所以 5G 系统取消了 CRS，其功能用 CSI-RS 来实现。PT-RS 主要用于高频毫米波通信的相位跟踪。

想一想

　　5G 系统相对 4G 系统，精简了哪些信号？增加了哪些信号？原有的信号功能有无变化？

4.4.6　5G 空口上行物理信道及信号

1. 5G 上行物理信道

5G 上行物理信道分为三类，分别是 PUCCH（物理上行控制信道）、PUSCH（物理上行共享信道）、PRACH（物理随机接入信道），具体如图 4-4-14 所示。

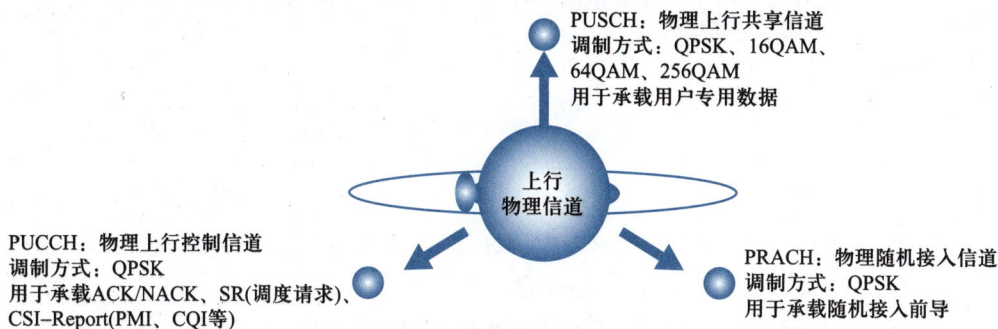

PUSCH：物理上行共享信道
调制方式：QPSK、16QAM、64QAM、256QAM
用于承载用户专用数据

上行物理信道

PUCCH：物理上行控制信道
调制方式：QPSK
用于承载ACK/NACK、SR(调度请求)、CSI-Report(PMI、CQI等)

PRACH：物理随机接入信道
调制方式：QPSK
用于承载随机接入前导

图 4-4-14　5G 上行物理信道

💭 想一想

相比 LTE，PUSCH 增加了哪种新的调制方式？

2. 5G 上行物理信号

5G 上行物理信号分为三类，分别是解调参考信号（DMRS）、相位跟踪参考信号（PT-RS）、探测参考信号（SRS），其中 DMRS 又分为两小类，具体如图 4-4-15 所示。

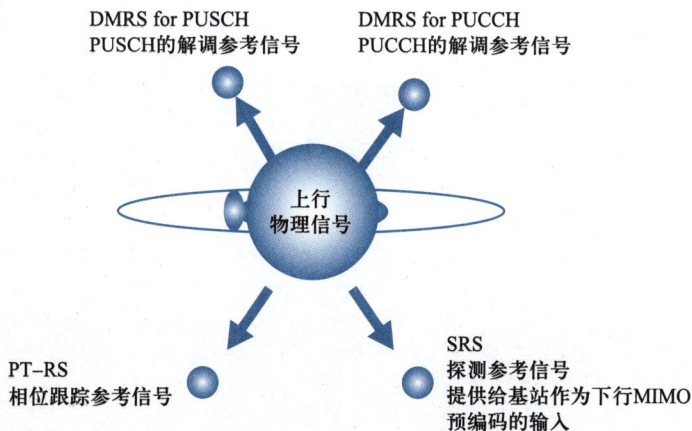

DMRS for PUSCH
PUSCH的解调参考信号

DMRS for PUCCH
PUCCH的解调参考信号

上行物理信号

PT-RS
相位跟踪参考信号

SRS
探测参考信号
提供给基站作为下行MIMO预编码的输入

图 4-4-15　5G 上行物理信号

如图 4-4-15 所示，DMRS 主要为上行 PUCCH 和 PUSCH 的解调提供参考作用。PT-RS 主要用于高频毫米波通信的相位跟踪。SRS 主要用于信道估计，从而在上行链路中进行频率选择性调度、波束管理等；同时还有功率控制增强的作用。

⚙️ 想一想

NR 上行新增加了 PT-RS 参考信号，其有什么作用？

📖 知识点总结

1. 2G/3G/4G/5G 空中接口演进：2G/3G/4G 主流业务，2G/3G/4G 空口技术，5G 空口变革，5G 新空口技术概念，5G 新空口技术增益。

2. 5G 频段及配置：FR1 及 FR2 频段概念，FR1 及 FR2 频段配置。

3. 5G 空中接口协议：5G 空口协议概述，RRC 层、SDAP 层、PDCP 层、RLC 层、MAC 层、物理层。

4. 5G 空中接口物理层：5G 空口物理层处理过程，5G 空口时频资源，5G 帧结构及 Numerology，5G 自包含结构，5G 空口上 / 下行物理信道及信号。

⚙️ 思考与练习

一、客观题（扫码在线答题）

二、主观题（扫码查看题目）

5G 协议与信令分析

通信网络协议是通信双方遵守的一组约定，如怎样建立连接、怎样传递数据等。只有遵守公认的约定，才能设计出合规的通信设备，设备之间才能通信交流，最终实现互联互通。

通信网络信令是在协议的基础上形成设备之间具体的对话。如果说协议是通信的规范，那么信令就是通信的语言。

5G 协议规范是 3GPP 组织定义的，5G 系统设计从手机到基站再到核心网，涉及协议规范内容庞大而复杂，5G 网络架构决定了 5G 网络接口的配置，5G 协议规范与信令运行在各个网络接口中。

如图 5-0-1 所示，5G 网络架构一般包含三个部分。

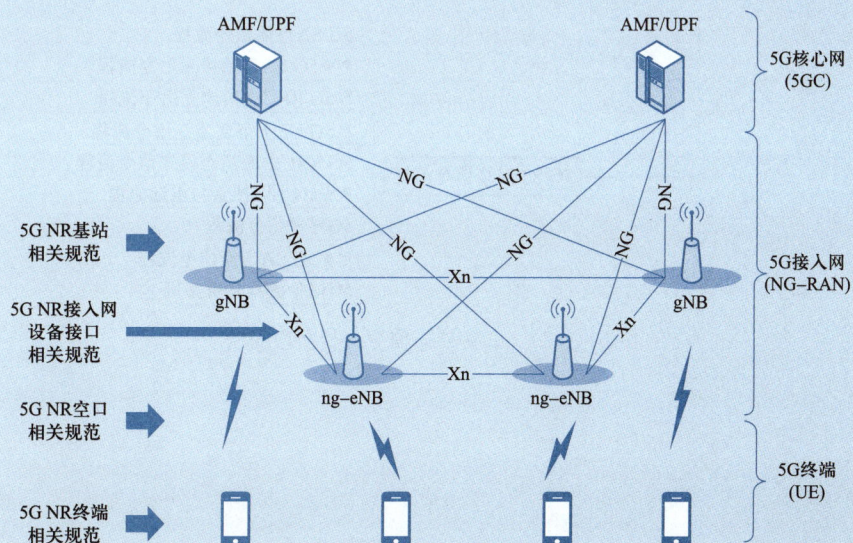

图 5-0-1　5G 协议规范与信令

- 5G 终端：协议里叫 UE，最常见的就是 5G 手机。
- 5G 接入网：协议里叫 NG-RAN，包含新一代 5G 基站 gNB，以及升级后的 4G 基站 ng-eNB。
- 5G 核心网：协议里叫 5GC，图中用 AMF/UPF 表示。其中 AMF 称为接入与移动性管理功能，是最重要的控制面网元；UPF 称为用户面功能，是核心网的用户面网元。

协议具有权威、及时与基础的特点。权威性是指发布者与发布内容权威；及时性是指发布与更新及时，新版本可以第一时间获取，按版本演进不断更新，保证技术发展的持续性与指向性；基础性是指协议作为行业规范，给出了基础性共识，同时提供了部分可选项。

知识图谱（图 5-0-2）

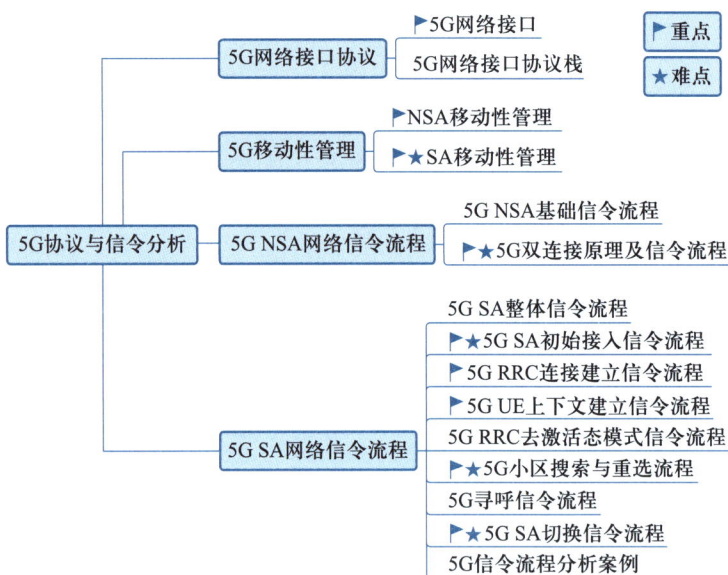

图 5-0-2　5G 协议与信令分析知识图谱

5.1 5G 网络接口协议

5G 网络接口协议是依附在网络架构上的，随着网络架构的变革，会有对应网络接口的更替，也会有对应协议栈的更新。

5.1.1 5G 网络接口

运营商现网拥有大量 4G 存量基站，使得运营商以 Option3x 为首选组网方式，逐步向 Option2 组网方式过渡。5G 网络接口是指与 5GC、gNB、UE 三类设备对接产生的接口，如图 5-1-1 所示。

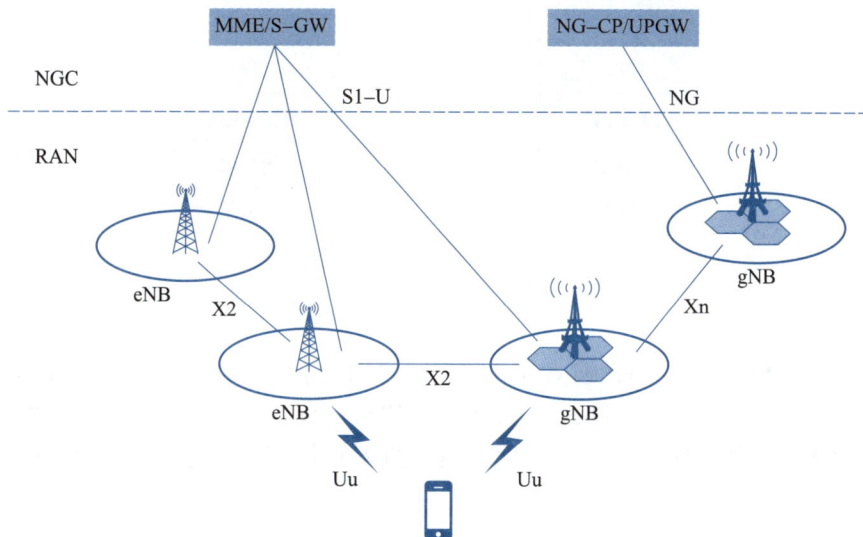

图 5-1-1　5G 网络接口

5G 网络各类接口名称与描述见表 5-1-1。

表 5-1-1　5G 网络各类接口名称与描述

接口名称	描述
NG	gNB 与 NGC 之间的接口，类似于 LTE 的 S1 接口
Xn	gNB 与 gNB/ng-eNB 之间的接口
Uu	终端与 5G 接入网之间的无线接口
X2	eNB 与 gNB 之间的接口
S1-U	LTE 与核心网之间的用户面接口

PPT
5G 网络接口协议

微课
5G 网络接口协议

拓展阅读

中国古代秦朝统一文字、货币、度量衡等标准，使得国家得到了极大的发展，社会得到了全面的进步，可见标准很重要。同样，5G 网络协议是通信设备之间信息交互的约定，相当于人与人之间交流的语言，需要一套统一的、达成共识的标准规范，通信双方严格遵循规范，真正实现高效互通。要认识到，标准是行业自主创新、跨越发展的法宝，是国家科学发展、社会和谐的保障。

由于 X2 接口和 S1-U 接口与 4G 协议中的接口协议栈一致，因此不再赘述，这里重点介绍 5G 网络中 NG、Xn、Uu 三个接口的协议栈架构。

5.1.2 5G 网络接口协议栈

1. NG 接口

NG 接口为 gNB 与 NGC 之间的接口，分为控制面（NG-C）和用户面（NG-U），目前协议规范至少支持 SCTP 和 GTP-U 协议。NG 接口协议栈架构如图 5-1-2 所示。

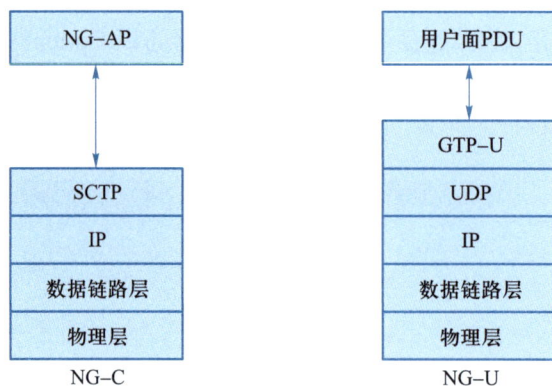

图 5-1-2　NG 接口协议栈架构

2. Xn 接口

Xn 接口是 gNB 之间，或者 gNB 与 ng-eNB 之间的接口，未来 ng-eNB 之间也可以使用该接口，Xn 控制面（Xn-C）传输层协议使用 SCTP，应用层协议栈使用 Xn-AP，Xn 用户面（Xn-U）至少支持 GTP-U 协议。Xn 接口协议栈架构如图 5-1-3 所示。

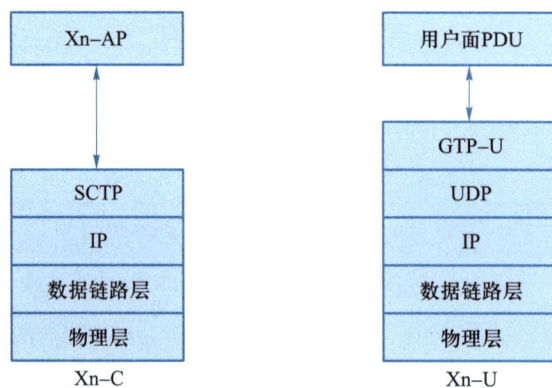

图 5-1-3　Xn 接口协议栈架构

3. Uu 接口

Uu 接口就是通常所说的空中接口，NR 空口控制面协议栈与 LTE 一致，但在用户面协议栈新增 SDAP 层，以便与 5G 核心网侧定义的 QoS 流对应起来，如图 5-1-4 所示。

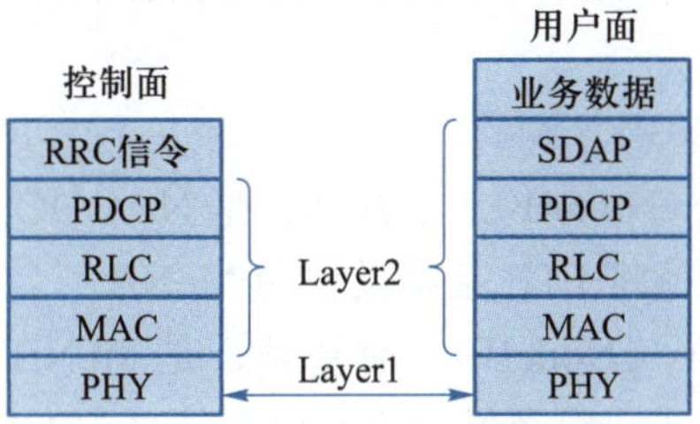

图 5-1-4　Uu 接口协议栈架构

5.2　5G 移动性管理

终端的移动性是移动通信网络的显著特征，终端在移动过程中需要不断与网络进行交互以保持业务的连续性，或者不做业务时保持与网络的连接。5G 移动性管理就是对终端在移动过程中的各类需求进行分类管理，制定一系列算法或方案来适配终端在各类场景中的动作。

5G 网络有 NSA 与 SA 架构，根据组网架构的不同，对 5G 移动性管理的分类如图 5-2-1 所示。

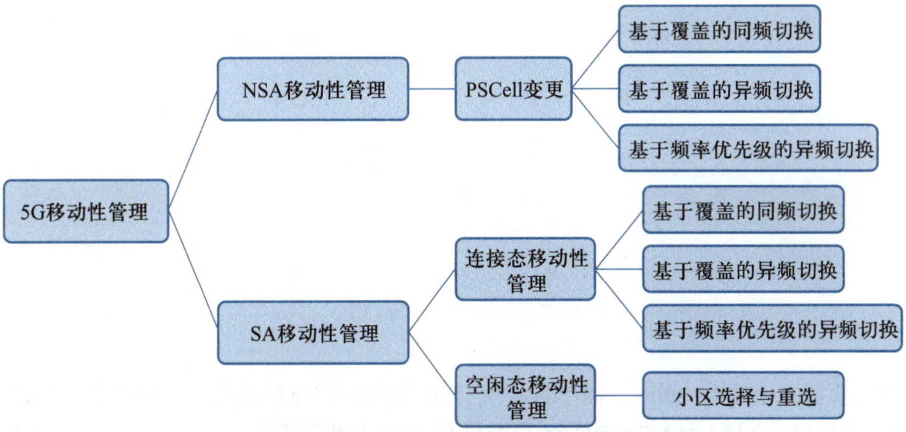

图 5-2-1　5G 移动性管理的分类

5.2.1　NSA 移动性管理

NSA 场景下的移动性管理：在 EN-DC 双连接组网架构下，具有 EN-DC 能力的终端，可同时与 LTE 基站和 5G NR 基站连接，利用两个基站的无线资源进行传输。

1. 基础概念

MeNB（MN，master eNodeB），主基站，是 NSA DC 终端驻留小区所属的 LTE 基站，现网目前版本仅支持将 LTE 基站设置为 MeNB。

SgNB（SN，secondary gNodeB），辅基站，是 MeNB 通过 RRC 连接信令配置给 NSA DC 终端的 NR 基站，现网目前版本仅支持将 NR 基站设置为 SgNB。

MCG（master cell group），主小区组，是 NSA DC 终端在 LTE 侧配置的 LTE 小区组。

SCG（secondary cell group），辅小区组，是 NSA DC 终端在 NR 侧配置的 NR 小区组。

PCell（primary cell），MeNB 的主小区，是 NSA DC 终端驻留的小区。

PSCell（primary SCG cell），SgNB 的主辅小区，是 MeNB 通过 RRC 连接信令配置给 NSA DC 终端在 SgNB 上的一个主小区，PSCell 一旦配置成功即保持激活态。

NSA 的 PCell 和 PSCell 如图 5-2-2 所示。

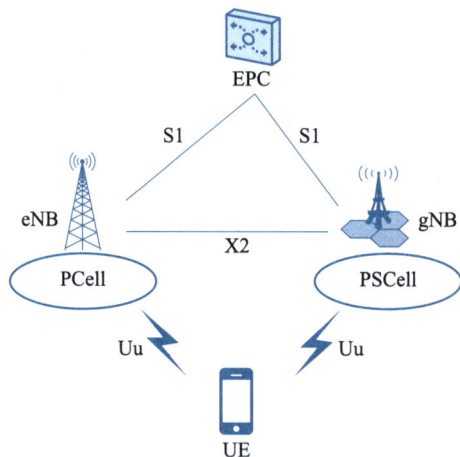

图 5-2-2　NSA 的 PCell 和 PSCell

SCell（secondary cell），辅小区，是 MeNB 通过 RRC 连接信令配置给 NSA DC 终端的辅小区，可以为 NSA DC 终端提供更多的无线资源。

SCell 没有 PUCCH 信道，PCell 和 PSCell 都有 PUCCH 信道。

2. NSA 移动性管理过程

NSA 移动性管理过程主要分为 SgNB Change（辅站变更）、MeNB HO（主站切换）两类，具体如图 5-2-3 所示。

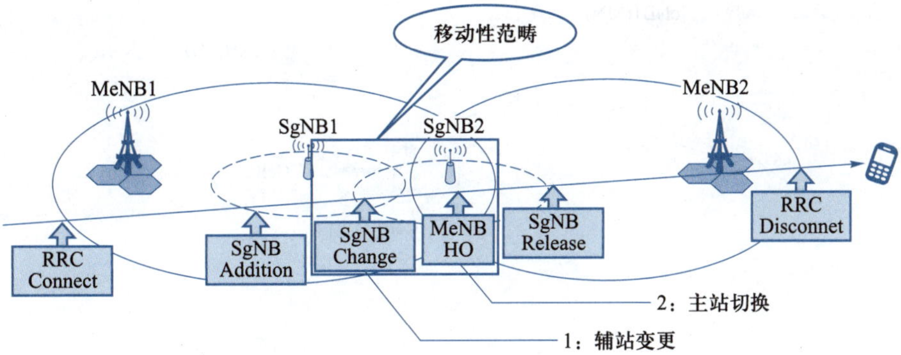

图 5-2-3　NSA 移动性管理过程

NSA 系统内移动性（前提是配置了同频邻区）：UE 在 SgNB1 服务区内向 SgNB2 或者本站其他小区移动时可能发生辅站变更。

LTE 系统内移动性：UE 在 MeNB1 和 SgNB1 的覆盖区内，已接入 LTE/NR 双连接。UE 向基站 MeNB2 移动时触发主站切换，从 MeNB1 切换到 MeNB2，此场景下源 MN 在切换之前会先发起 SN 释放流程（主站站内切换不释放）释放掉 SN，切换成功后再触发 SN 增加流程将 SN 增加到目标侧 MN。

3. NSA 移动性管理分类

NSA 移动性管理主要体现为 SgNB 变更和 PSCell 变更。

（1）SgNB 变更（SN 变更）

图 5-2-4 所示为 NSA 组网 NR 系统内移动性的 SN 变更（辅站站间）示意图。UE 已通过双连接接入 eNB1 和 gNB1，在向 gNB2 移动过程中，达到 A3（同频切换事件）测量门限，触发 A3 测量报告，gNB1 接收到 UE 的测量报告后，依据信号强度选择测量上报的邻小区列表中信号最好的小区，即 gNB2 内小区，发起 SN 变更流程。

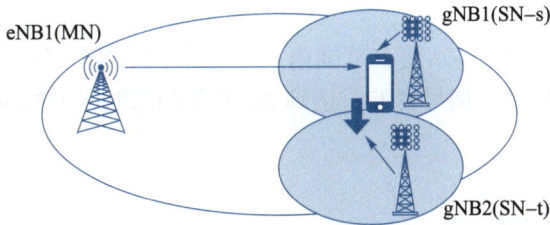

图 5-2-4　SN 变更（辅站站间）示意图

（2）PSCell 变更

图 5-2-5 所示为 NSA 组网 NR 系统内移动性的 PSCell 变更（辅站站内）示意图。UE 通过双连接接入 eNB1 和 gNB 的 Cell1，在向 Cell2 覆盖区移动过程中，达到 A3 测量门限，触发 A3 测量报告，gNB 接收到 UE 的测量报告后，选择信号质量最好的候选小区，即选中站内的 Cell2，gNB 触发 PSCell 变更流程。

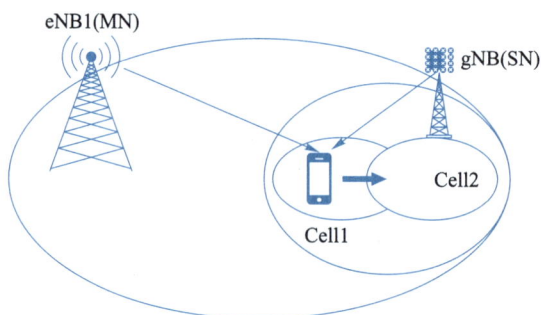

图 5-2-5　PSCell 变更（辅站站内）示意图

（3）NSA 组网 NR 系统内移动性总结

如图 5-2-6 所示，UE 在 NR 服务区内部移动时，由于覆盖的原因，检测到信号质量更好的邻区，将发生 PSCell 变换，如果变换的目标 PSCell 在本 gNB 内，称为 PSCell 变更；如果目标 PSCell 属于另一个 gNB，则称为 SN 变更。

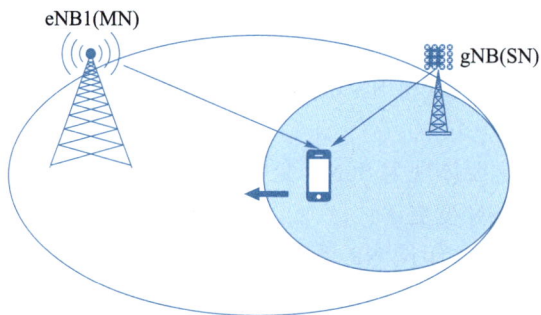

图 5-2-6　NSA 组网 NR 系统内移动性总结

如果后台 NR 配有同频邻区，才能触发上报 A3 测量报告，接下来才会触发 SN 或者 PSCell 变更流程；如果未配同频邻区，则会下发 A2（启动异频 / 异系统测量事件）测量来释放 SN。

UE 处于 LTE 和 NR 基站覆盖范围内，已建立 LTE/NR 双连接，这时 UE 向 NR 基站覆盖范围边沿移动，信号变差，达到 A2 测量门限时，上报 A2 测量报告，并触发 SN 释放流程。

5.2.2　SA 移动性管理

SA 场景下的移动性管理分为连接态移动性管理与空闲态移动性管理两类。

连接态移动性管理通常称为切换。基于连续覆盖网络，当 UE 移动到小区覆盖边缘时，服务小区信号质量变差，邻区信号质量变好，则触发基于覆盖的切换，有效防止由于小区信号质量变差造成的掉话。

空闲态移动性管理包括小区选择与重选，UE 开机时必须做小区搜索与选择，待机时随着用户的移动需要做小区重选。

PPT
SA 移动性管理

微课

SA 移动性管理

1. SA 连接态移动性管理

连接态移动性管理（即切换）的流程包含以下四个环节：

① 触发环节：判断触发原因并确定处理模式。

② 测量环节：包括测量下发和测量上报。

③ 判决环节：gNB 根据 UE 上报的测量结果进行判决，决定是否触发切换。

④ 切换环节：gNB 根据判决结果，控制 UE 切换到目标小区，完成切换。

（1）触发环节

测量触发的启动因素包括两点：① 是否配置邻频点；② 服务小区的信号质量。

根据切换前是否对邻区进行测量，切换的处理模式可以分为测量模式、盲模式两类。

（2）测量环节

测量环节包括 gNB 的测量控制下发与 UE 的测量报告上报。

UE 建立无线承载后，gNB 会根据切换功能的配置情况，通过"RRC 连接重配置"给 UE 下发测量配置消息。UE 根据测量配置消息中的指示，将测量到的满足要求的导频信号上报至 gNB。测量配置中的测量事件是决定 UE 测量的关键因素。测量事件类型见表 5-2-1。

表 5-2-1　测量事件类型

事件类型	事件定义
A1	服务小区信号质量变得高于对应门限值
A2	服务小区信号质量变得低于对应门限值
A3	邻区信号质量开始比服务小区信号质量好于一定门限值
A4	邻区信号质量变得高于对应门限值
A5	服务小区信号质量变得低于门限值 1 并且邻区信号质量变得高于门限值 2
A6	邻区信号质量开始比辅小区信号质量好于一定门限值
B1	异系统邻区信号质量变得高于对应门限值
B2	服务小区信号质量变得低于门限值 1 并且异系统邻区信号质量变得高于门限值 2

在当前的 5G 网络配置中，事件 A1、A2 用于切换功能启动判决阶段，衡量服务小区信号质量，判断是否启动或停止切换功能；其他事件（A3、A4、A5、A6 和 B1、B2）用于目标小区或目标频点判决阶段，衡量邻区的信号质量情况。

（3）判决环节

进入切换判决阶段，gNB 根据 UE 上报的测量结果进行判决，决定是否触发切换。主要流程有以下三步：

① 处理测量报告（盲切换不涉及）。

② 确定切换策略：切换 / 重定向。

③ 生成目标小区列表。

（4）切换环节

若判决执行切换，源 gNB 下发切换命令给 UE，UE 执行切换和数据转发。UE 向目标小区切换成功后，目标 gNB 返回资源释放消息给源 gNB，源 gNB 释放资源。

当切换策略为重定向时，gNB 将在过滤后的目标频点列表中选择优先级最高的频点，在"RRC 连接释放"消息中下发给 UE。

2. SA 空闲态移动性管理

SA 空闲态是指 UE 开机但未与无线网络建立 RRC 连接时的状态。对于空闲态的 UE，移动性管理主要包括以下几点：

① 小区搜索：即 UE 与小区获得时间和频率同步，得到物理小区标识，再根据物理小区标识，得到小区的信号质量和其他信息的过程。

② PLMN 选择：小区搜索完成以后，UE 开始选择 PLMN（公共陆地移动通信网），并在 PLMN 上注册。注册成功后将 PLMN 信息显示出来，并准备接受该运营商的服务。

③ 小区选择：当 UE 从连接态转移到空闲态或 UE 选择一个 PLMN 后，都需要进行小区选择，选择一个合适的小区驻留。UE 小区选择需要遵循一定的算法，通常将此算法称为 S 规则。

④ 小区重选：当 UE 正常驻留在一个小区后，会测量驻留小区和邻区的信号质量，根据小区重选规则选择一个更好的小区进行驻留。UE 小区重选需要遵循一定的算法，通常将此算法称为 R 规则。

5.3 5G NSA 网络信令流程

5.3.1 5G NSA 基础信令流程

NSA 组网模式下，从 LTE 升级到 5G，4G 基站为了能够承载 5G 的信令，升级为增强型 4G 基站，同时增加了增强型 4G 基站与 5G 基站的信令接口 X2，用以管理 5G 的用户接入和 5G 用户面数据传输。

NSA Option3 模式下，LTE eNB 要作为 NR 锚点，对 LTE eNB 处理能力要求很高。Option3x 作为 Option3 的优化方案，将 NR 作为数据汇聚和分发点，充分利用 NR 设备处理能力更强的优势，提升网络处理能力，如图 5-3-1 所示。

现网中 NSA 基础信令流程（Option3x）包含 UE 初始接入、5G 邻区测量、5G SCG（5G 基站）添加、路由更新四个步骤，如图 5-3-2 所示。

PPT
5G NSA 基础信令流程

微课
5G NSA 基础信令流程

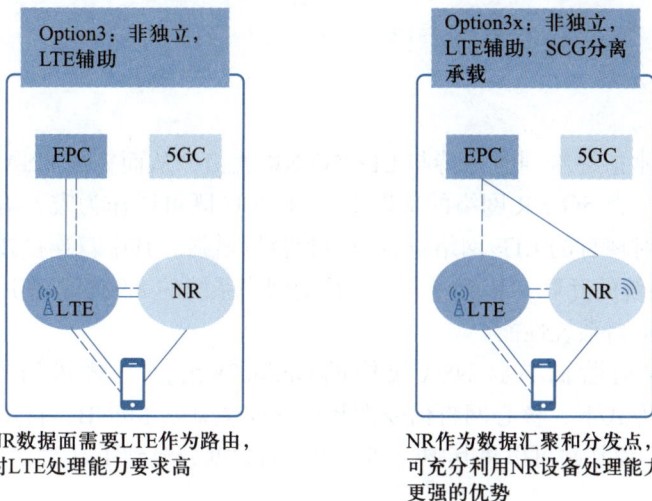

Option3：非独立，LTE辅助

EPC　5GC

LTE　NR

NR数据面需要LTE作为路由，对LTE处理能力要求高

Option3x：非独立，LTE辅助，SCG分离承载

EPC　5GC

LTE　NR

NR作为数据汇聚和分发点，可充分利用NR设备处理能力更强的优势

图 5-3-1　Option3 系列数据分流

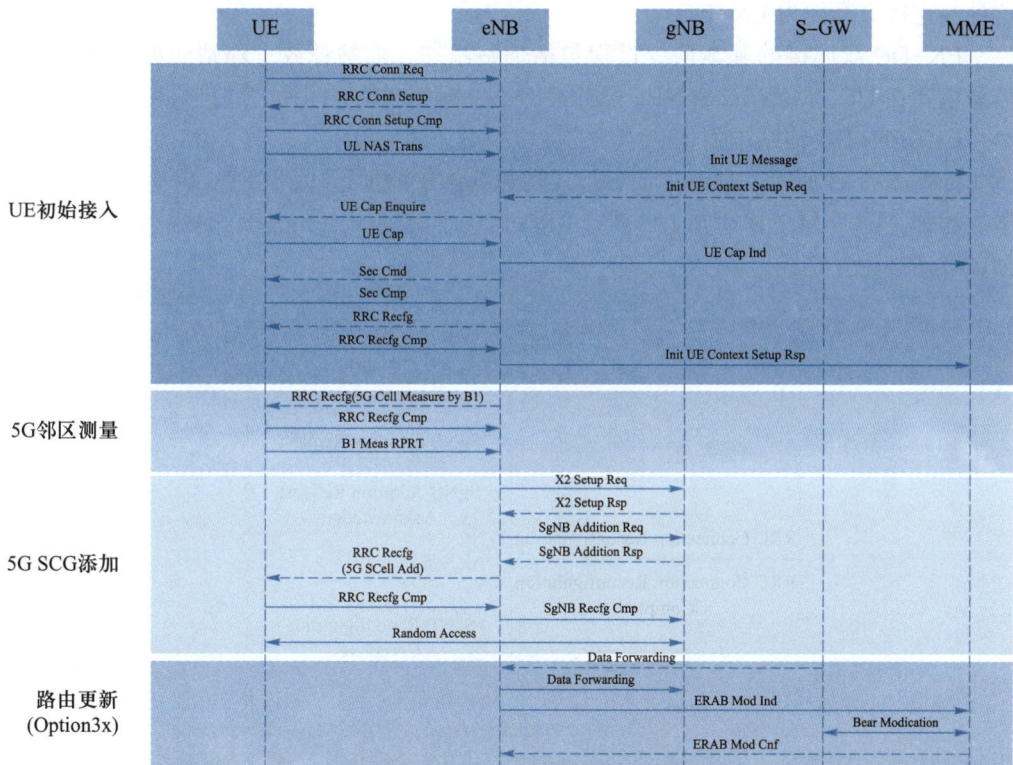

| UE | eNB | gNB | S-GW | MME |

UE初始接入

RRC Conn Req
RRC Conn Setup
RRC Conn Setup Cmp
UL NAS Trans
Init UE Message
Init UE Context Setup Req
UE Cap Enquire
UE Cap
UE Cap Ind
Sec Cmd
Sec Cmp
RRC Recfg
RRC Recfg Cmp
Init UE Context Setup Rsp

5G邻区测量

RRC Recfg(5G Cell Measure by B1)
RRC Recfg Cmp
B1 Meas RPRT

5G SCG添加

X2 Setup Req
X2 Setup Rsp
SgNB Addition Req
SgNB Addition Rsp
RRC Recfg (5G SCell Add)
RRC Recfg Cmp
SgNB Recfg Cmp
Random Access

路由更新 (Option3x)

Data Forwarding
Data Forwarding
ERAB Mod Ind
Bear Modication
ERAB Mod Cnf

图 5-3-2　Option3x 基础信令流程

5.3.2　5G 双连接原理及信令流程

1. 双连接原理

双连接技术指终端同时保持与 LTE/5G NR 通信，从而完成 NSA 组网模式下的用户业务需求。在 5G NR 网络的部署中，NR 小区既可以作为宏覆盖独立组网，也可以作为小站对现有的 LTE 网络进行覆盖和容量增强。其中双连接技术可以用来实现 4G 和 5G 系统的互联，从而提高整个移动网络系统的无线资源利用率，降低系统切换的时延，提高系统性能。

目前国内运营商首选 NSA 架构的 Option3x 组网方式进行网络建设，在 Option3x 组网方式下，核心网将信令面数据导向主基站 MeNB，将用户面数据导向辅基站 SgNB，辅基站可以将其中一部分用户面数据分流到主基站。

2. 双连接信令流程

双连接中一个作为主站 MN，一个作为辅站 SN，MN 提供到核心网的控制面连接，SN 不提供与核心网的控制面连接，只为 UE 提供额外的资源。目前运营商主要采用 Option3x 架构组网，以 LTE EPC 作为核心网，LTE 作为 MN，NR 作为 SN，这种双连接方案称为 EN-DC。

EN-DC 双连接的基本信令过程包括辅站添加、辅站释放、辅站变更等，这些信令主要在 UE、MeNB、SgNB、源 SgNB、目标 SgNB 等网元之间进行交互。

（1）EN-DC 辅站添加

如图 5-3-3 所示，MeNB 向 SgNB 发送 SgNB 添加请求，SgNB 响应请求确认本次添加，随后 MeNB 通知 UE 进行 RRC 连接重配置添加 SgNB，完成本次辅站添加，双连接建立完成。

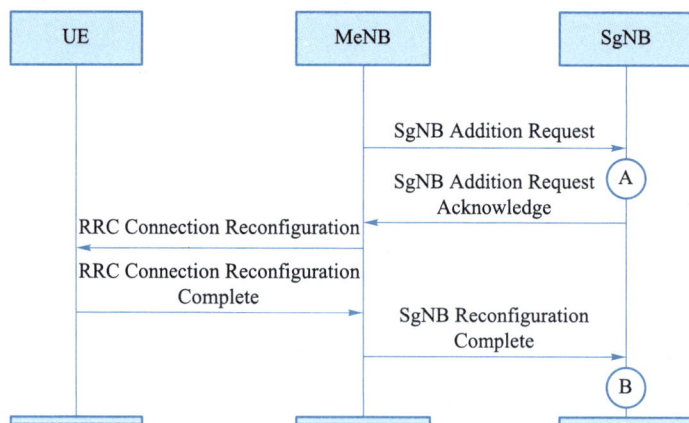

图 5-3-3　EN-DC 辅站添加流程

（2）EN-DC 辅站释放

如图 5-3-4 所示，EN-DC 辅站释放流程可以分为两类：MeNB 触发 SgNB 释放，如图 5-3-4（a）所示；SgNB 触发 SgNB 释放，如图 5-3-4（b）所示。

(a) MeNB触发SgNB释放

(b) SgNB触发SgNB释放

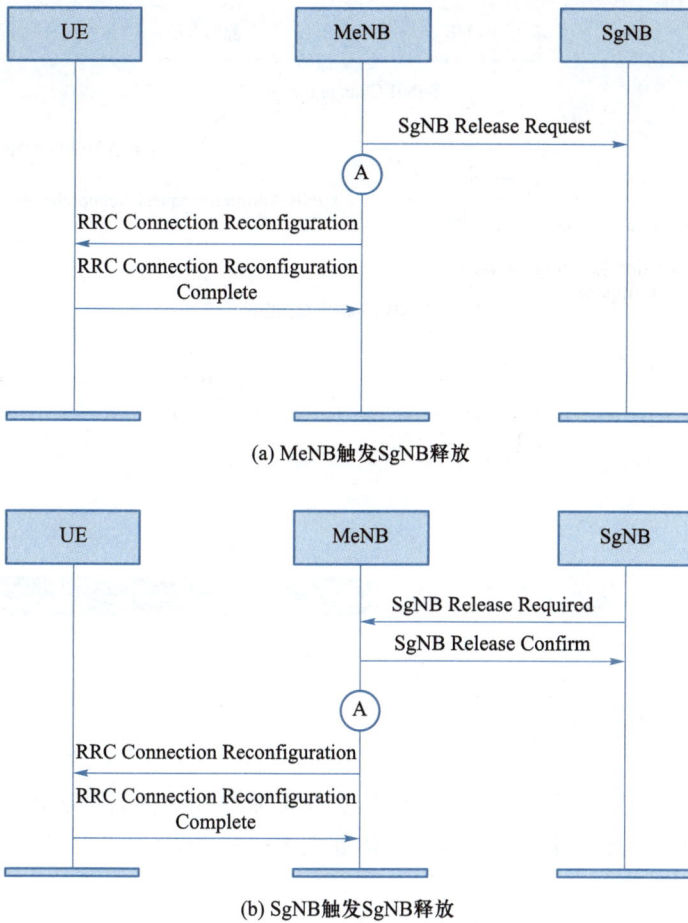

图 5-3-4　EN-DC 辅站释放流程

　　当 UE 离开 5G 覆盖范围时需要触发辅站释放流程，若由 MeNB 触发，则 MeNB 向 SgNB 发送辅站释放确认消息，随后通知 UE 进行辅站释放，UE 通过 RRC 连接重配置完成本次释放，断开与 SgNB 的连接；若由 SgNB 触发，则 SgNB 向 MeNB 发送辅站释放请求消息，随后 MeNB 向 SgNB 回复辅站释放确认消息，接着通知 UE 进行辅站释放，UE 通过 RRC 连接重配置完成本次释放，断开与 SgNB 的连接。

　　（3）EN-DC 辅站变更

　　如图 5-3-5 所示，由于辅站 SgNB 覆盖范围相对 MeNB 较小，会出现 4G/5G 覆盖不一致的情况，终端需要在源 SgNB 和目标 SgNB 之间移动，触发辅站变更流程，MeNB 向源 SgNB 发送辅站变更请求，接着向目标 SgNB 发送辅站添加请求，随后目标 SgNB 会回复辅站添加请求响应消息给 MeNB，接着 MeNB 通知 UE 进行 RRC 连接重配置添加目标 SgNB，最后 MeNB 会向源 SgNB 发送辅站变更确认信令，完成辅站变更。

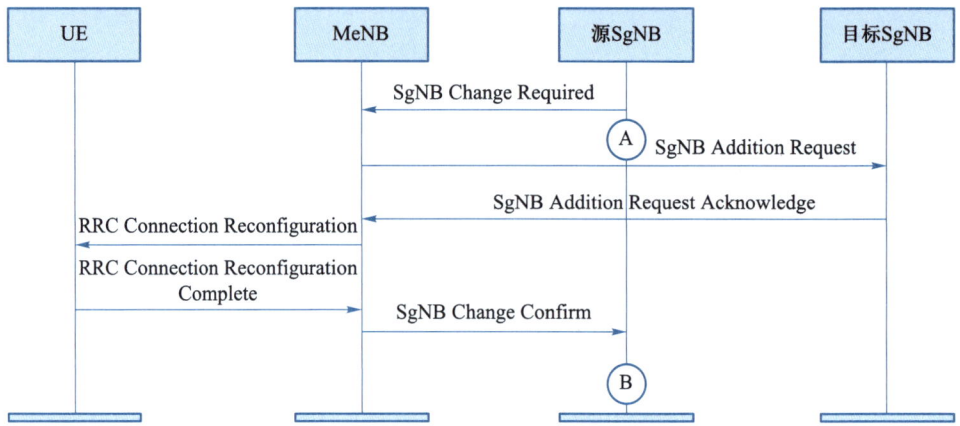

图 5-3-5　EN-DC 辅站变更流程

5.4　5G SA 网络信令流程

5.4.1　5G SA 整体信令流程

💻 PPT

5G SA 整体信令流程

▶️ 微课

5G SA 整体信令流程

　　5G SA 整体信令流程可以分为 RRC 信令类流程、连接管理类流程、会话管理类流程、移动性管理类流程四大类，具体如图 5-4-1 所示。

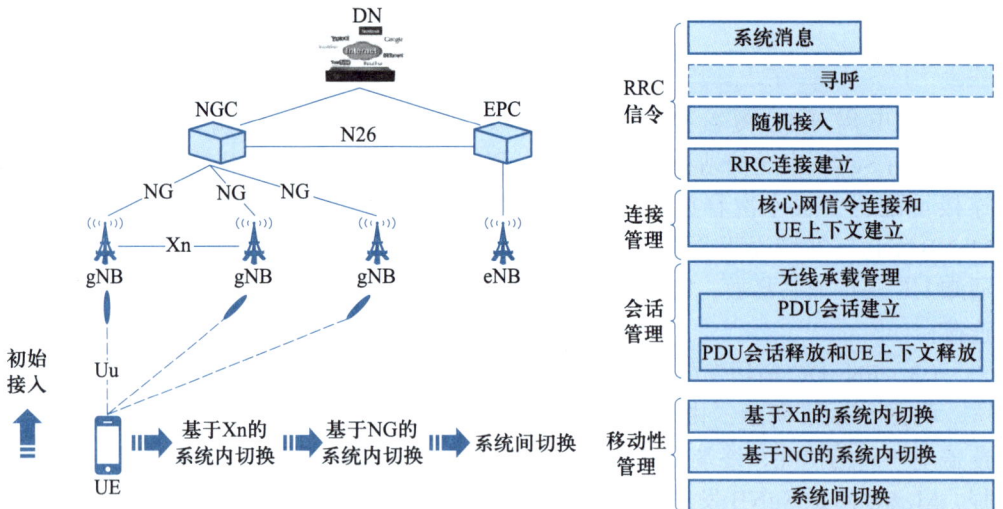

图 5-4-1　5G SA 整体信令流程

　　RRC 信令类流程主要包括：系统消息、寻呼、随机接入、RRC 连接建立。

　　连接管理类流程主要包括：核心网信令连接、UE 上下文建立。

　　会话管理类流程主要包括：无线承载管理、PDU 会话建立、PDU 会话释放和

UE 上下文释放。

移动性管理类流程主要包括：基于 Xn 的系统内切换、基于 NG 的系统内切换、系统间切换。

这里重点对 5G 移动通信网络优化分析过程中经常涉及的一些信令流程进行介绍。

5.4.2　5G SA 初始接入信令流程

5G SA 初始接入流程包括以下五个子过程：

① 小区搜索与选择：UE 开机选网，小区搜索并完成下行同步。

② 系统消息广播：UE 读取广播消息，选择合适小区进行驻留。

③ 随机接入：UE 与 gNB 建立上行同步。

④ RRC 连接建立：UE 与 gNB 建立 RRC 连接。

⑤ 注册：UE 注册到 5G 网络，网络侧开始维护该 UE 的上下文。

SA 初始接入流程如图 5-4-2 所示。

UE 开机后根据 NAS 层（非接入层）的指示，首先确定要选择的 PLMN；AS 层（接入层）根据确定的 PLMN 进行小区选择和小区重选。小区选择又有以下两种情况：

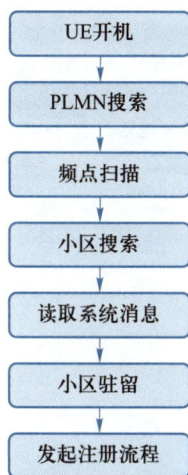

图 5-4-2　SA 初始接入流程

① 初始小区选择：UE 根据其自身支持的 NR 频段扫描所有 RF 无线信道，在每个频点上，UE 搜索信号最强的小区。

② 存储小区信息选择：根据上次存储的频点信息进行小区选择，如果找不到合适小区，则进行初始选择。

完成小区选择之后，UE 根据 SIB1 消息携带的 RACH 信道参数发起随机接入，UE 建立 RRC 连接，发起注册流程，完成注册到网络。

与 SA 初始接入流程对应的信令流程如图 5-4-3 所示。

5.4.3　5G RRC 连接建立信令流程

1. 5G RRC 状态

根据 3GPP 协议 38.300 系列定义，5G UE 的 RRC 状态有三种，分别是 RRC 空闲态（RRC_IDLE）、RRC 连接态（RRC_CONNECTED）、RRC 去激活态（RRC_INACTIVE），具体如图 5-4-4 所示。

2. RRC 连接建立信令流程

处于空闲态的 UE 需要发起业务（语音或数据业务）时，第一步就是发起 RRC 连接建立请求，触发空闲态到连接态的状态迁移，这个过程就是 RRC 连接建立过

PPT
5G SA 初始接入信令流程

微课
5G SA 初始接入信令流程

PPT
5G RRC 连接建立信令流程

微课
5G RRC 连接建立信令流程

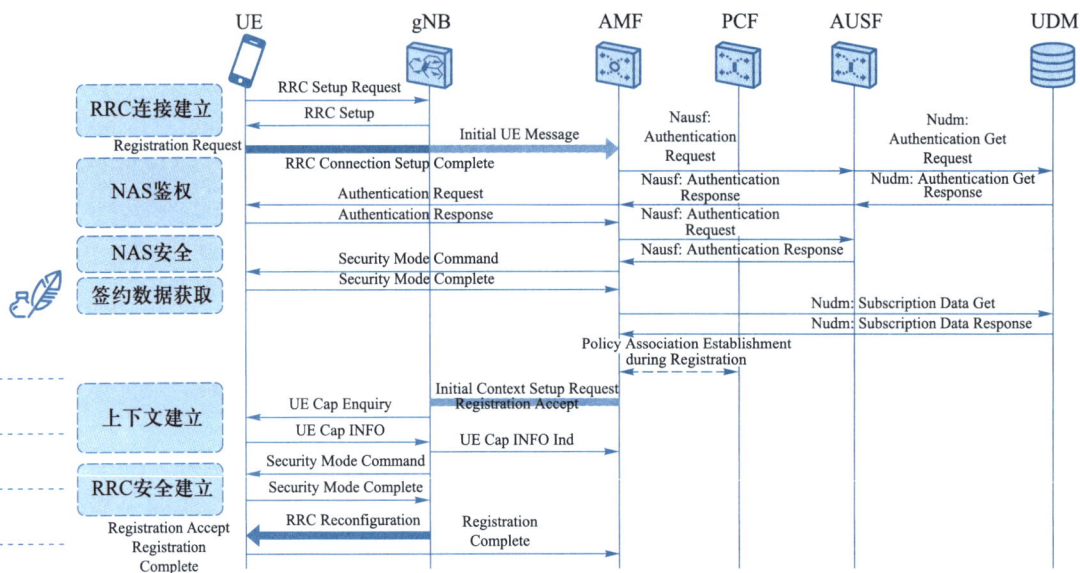

图 5-4-3　SA 初始接入信令流程

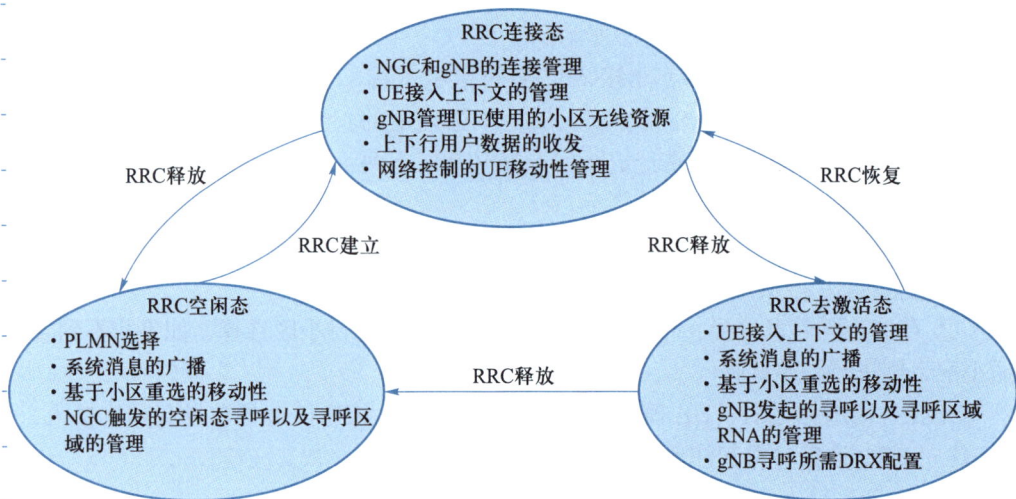

图 5-4-4　5G UE 的 RRC 状态

程。5G 系统中，RRC 连接建立过程就是建立 SRB1 的过程，具体流程如图 5-4-5 所示。

具体步骤如下：

步骤 1　UE → Network：UE 发起竞争性随机接入（Msg1）。

步骤 2　UE ← Network：gNB 回复 Msg2（RAR）。

步骤 3　UE → Network：UE 向 gNB 发送 RRC Setup Request 消息，携带 UE-Identity 和 Establishment Cause 消息，请求建立 RRC 连接，该消息对应于随机接入过程的 Msg3。

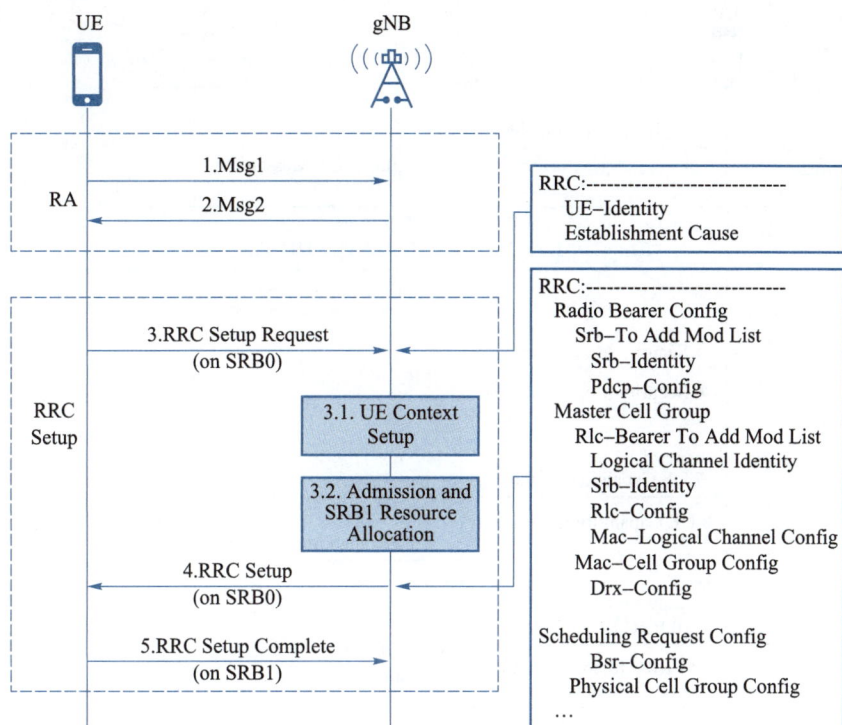

图 5-4-5   RRC 连接建立信令流程

步骤 4   UE ← Network：gNB 在 SRB0 上为 UE 分配 SRB1 承载并配置相关参数，向 UE 发送 RRC Setup 消息。

步骤 5   UE → Network：UE 在 SRB1 上向 gNB 发送 RRC Setup Complete 消息，RRC 连接建立成功。

5.4.4   5G UE 上下文建立信令流程

UE 成功建立 RRC 后，通过 Initial UE Message 触发初始上下文建立过程，具体信令流程如图 5-4-6 所示。

具体步骤如下：

步骤 1：RRC 连接建立成功后，UE 向 gNB 发送 RRC Setup Complete 消息，携带 selectedPLMN-Identity、registeredAMF、s-nssai-list 和 NAS 消息。

步骤 2：gNB 为 UE 分配专用的 RAN-UE-NGAP-ID，根据 selectedPLMN-Identity、registeredAMF、s-nssai-list 选择 AMF 节点，然后将 RRC Setup Complete 消息中携带的 NAS 消息通过 Initial UE Message 发送给 AMF。

步骤 3：gNB 透传 UE 和 AMF 之间的 NAS 直传消息，完成 IDENTITY 查询、鉴权、NAS 安全模式和注册过程。

步骤 4：AMF 向 gNB 发送 Initial Context Setup Req 消息，启动初始上下文建立过程。

PPT

5G UE 上下文建立
信令流程

微课

5G UE 上下文建立
信令流程

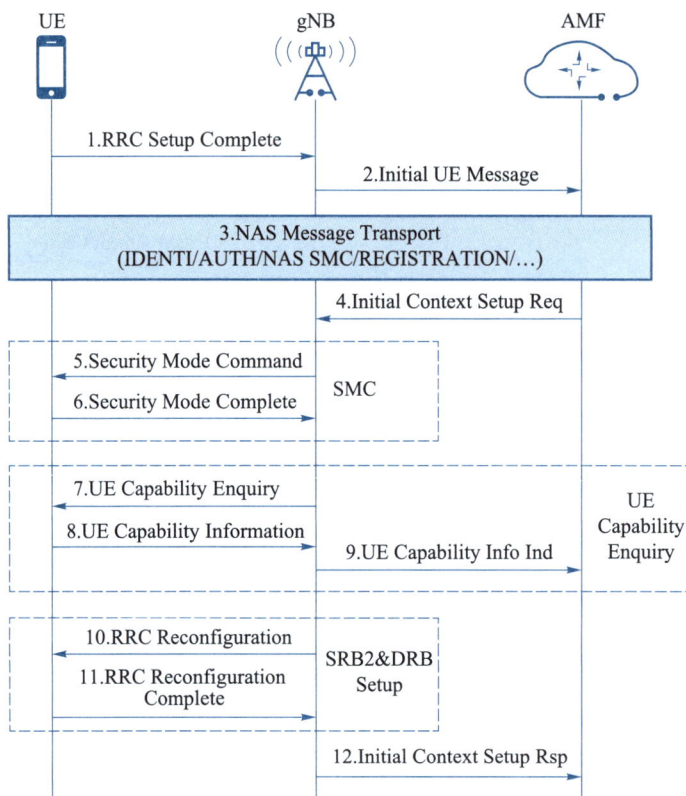

图 5-4-6　UE 上下文建立信令流程

步骤 5：gNB 向 UE 发送 Security Mode Command 消息，通知 UE 启动完整性保护和加密过程。

步骤 6：UE 根据 Security Mode Command 消息指示的完整性保护和加密算法，派生出密钥，然后向 gNB 回复 Security Mode Complete 消息。此后，启动上行加密。

步骤 7：gNB 向 UE 发送 UE Capability Enquiry 消息，发起 UE 能力查询过程。

步骤 8：UE 向 gNB 回复 UE Capability Information 消息，携带 UE 能力信息。

步骤 9：gNB 向 AMF 发送 UE Capability Info Ind 消息，透传 UE 能力。

步骤 10：gNB 向 UE 下发 RRC Reconfiguration 消息，指示建立 SRB2 和 DRB。

步骤 11：UE 收到 RRC Reconfiguration 消息后，开始建立 SRB2 和 DRB。建立成功后向 gNB 回复 RRC Reconfiguration Complete 消息。

步骤 12：gNB 向 AMF 回复 Initial Context Setup Rsp 消息。

5.4.5　5G RRC 去激活态模式信令流程

终端与网络进行通信需要交换大量的信息，因此双方需要一种控制机制来交换配置信息并达成一致，这种控制机制就是 RRC 状态。4G 系统只有空闲态和连接态两种 RRC 状态，5G NR 引入一个新状态——RRC 去激活态，引入此状态是为了节省信令开销，降低功耗，达到省电的效果。

PPT
5G RRC 去激活态模式信令流程

微课

5G RRC 去激活态模式信令流程

1. 5G RRC 去激活态概念

UE 处于 RRC 去激活态时，包含以下相关流程：

① 支持 RRC 去激活态到 RRC 连接态的双向转换。

② 支持 RRC 去激活态到 RRC 空闲的单向转换（非正常流程，只能由核心网释放触发）。

③ 移动性管理流程：

a. 当 UE 在 RNA（RAN 通知区域，用于 RRC 去激活态下的移动性管理，在 gNB 侧进行配置，通过 RRC Release 消息下发）内移动时，执行小区重选流程；

b. 当 UE 在不同 RNA 之间移动时，UE 触发 RNA 更新流程。

RRC 去激活态到 RRC 空闲态的单向转换是非正常流程，属于小区重选流程，这里不做讨论。

2. RRC 连接态到 RRC 去激活态的转换流程

RRC 连接态转换到 RRC 去激活态时，UE 会保留核心网的上下文，不会进行释放，并且在核心网侧是不知道 UE 进入 RRC 去激活态的，即该状态对于核心网是透明的，具体信令流程如图 5-4-7 所示。

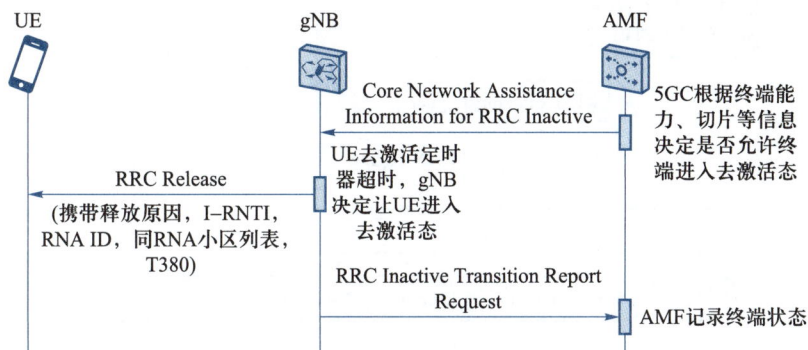

图 5-4-7 RRC 连接态到 RRC 去激活态的转换信令流程

3. RRC 去激活态到 RRC 连接态的转换流程

RRC 去激活态到 RRC 连接态的转换流程非常重要。UE 接收 gNB 的信令消息时都需要去盲检 PDCCH，以便知道信令所在的资源位置，而在进行 RRC 去激活态到 RRC 连接态的转换时，由于 UE 没有释放上下文，并且核心网侧也不需要再次分配上下文，因此减少了信令的接收。信令消息接收的减少，进一步减少了 UE 去盲检所带来的耗电以及空口传输所消耗的时间。根据触发对象不同，此类流程分为 UE 触发和网络触发两种情况，具体如图 5-4-8 和图 5-4-9 所示。

网络触发的 RRC 去激活态到 RRC 连接态的转换和 UE 触发的流程基本类似，主要差异就是其由 RAN Paging 流程触发。

4. RNA 更新流程

RNA 更新属于移动性管理类流程，当 UE 在不同 RNA 之间移动时，UE 触发 RNA 更新流程，具体信令流程如图 5-4-10 所示。

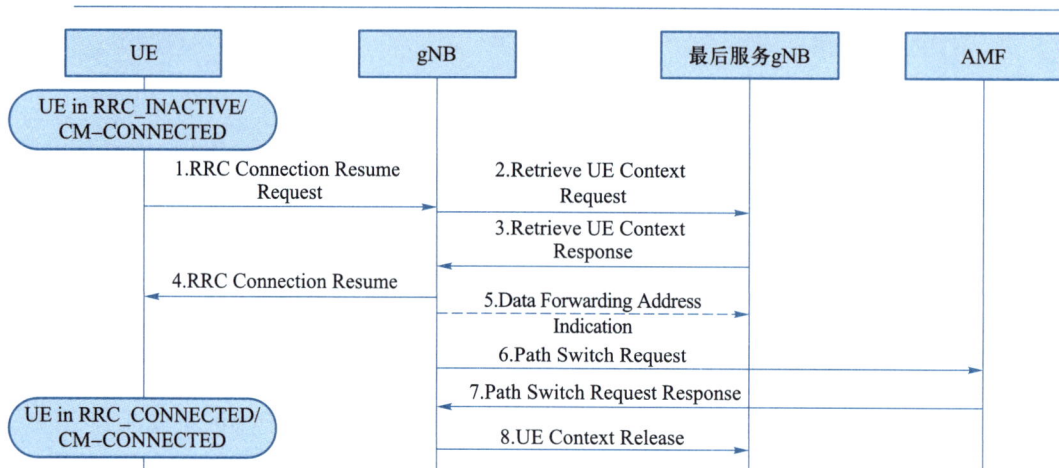

图 5-4-8　UE 触发的 RRC 去激活态到 RRC 连接态的转换信令流程

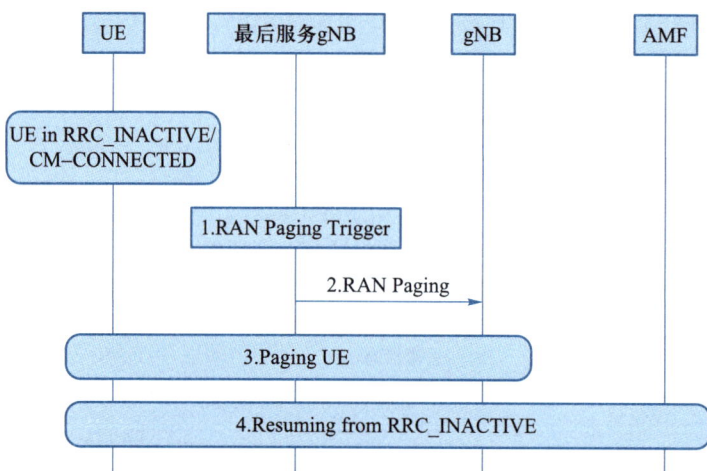

图 5-4-9　网络触发的 RRC 去激活态到 RRC 连接态的转换信令流程

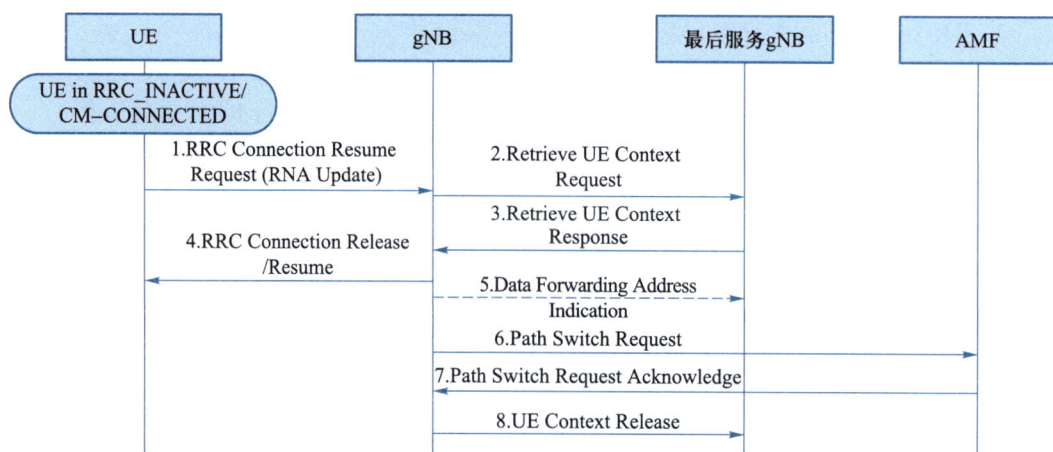

图 5-4-10　RNA 更新信令流程

步骤 1：UE 处于 RRC 去激活态时，首先通过 RRC Connection Resume Request（RRC 连接恢复请求，携带 RNA Update 字段）消息发起 RNA 更新。

步骤 2~3：当前 gNB 向 UE 最后服务的 gNB 发出 Retrieve UE Context Request（上下文恢复请求），最后服务 gNB 回复上下文恢复响应。

步骤 4~5：当前 gNB 获取到上下文后，直接在空口发起恢复流程，恢复 UE 的所有承载。

步骤 6~7：如果 gNB 有变更，则当前 gNB 向 AMF 发起 NG-U 的 Path 变更流程。

步骤 8：当前 gNB 通知最后服务 gNB 释放 UE 上下文。

5.4.6　5G 小区搜索与重选流程

1. 小区搜索流程

小区搜索是系统对空闲态 UE 进行管理的重要流程，小区搜索过程是 UE 和小区取得时间和频率同步，并检测小区 ID 的过程，具体如图 5-4-11 所示。

基本过程如下：

① UE 开机后按照 3GPP TS 38.104 定义的同步栅格（synchronization raster）搜索特定频点。

② UE 尝试检测 PSS/SSS（主同步信号 / 辅同步信号），取得下行时钟同步，并获取小区的 PCI（物理小区标识）；如果失败则转步骤①搜索下一个频点，否则继续后续步骤。

③ UE 尝试读取 MIB（主消息块），获取 SSB（同步信号和 PBCH 块）波束信息、系统帧号和广播 SIB1（系统消息块 1）的时频域信息。

④ UE 读取 SIB1，获取上行初始 BWP（部分带宽）信息、初始 BWP 中的信道配置、TDD 小区的半静态配比以及其他 UE 接入网络的必要信息等，同时获取广播 OSI（其他系统消息）的搜索空间信息。

⑤ UE 读取 OSI，获取小区的其他信息（主要是移动性相关的信息）。

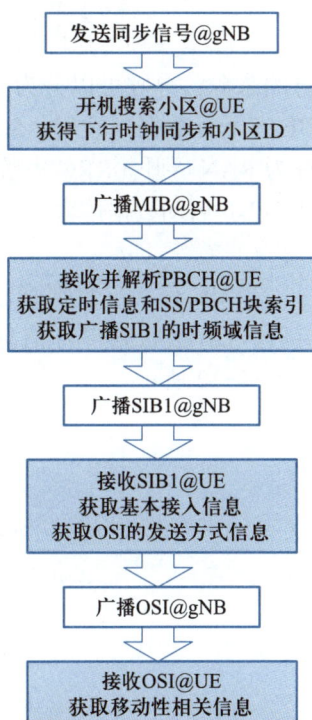

图 5-4-11　小区搜索流程

2. 小区重选流程

UE 正常驻留在一个小区后，会测量驻留小区和邻区的信号质量，根据小区重选规则选择一个更好的小区进行驻留。

同优先级小区重选流程分为以下两个步骤：

① 重选邻区测量启动判决：UE 根据服务小区 Srxlev（小区选择接收信号强度值）及邻区重选频点优先级，判断是否启动邻区测量。

② 根据邻区测量结果及小区重选规则进行小区重选。

不同优先级小区重选时，分为对高优先级小区重选和对低优先级小区重选两类。

① 对高优先级小区重选需满足以下两个条件：

a. UE 在当前服务小区超过 1 s；

b. 被评估邻区的 Srxlev 在持续 1 s 时间内大于 NRCellFreqRelation.HighPriReselThld 门限值。

② 对低优先级小区重选需满足以下三个条件：

a. 高优先级异频邻区都不满足高优先级小区重选条件；

b. UE 在当前服务小区超过 1 s；

c. 在持续 1 s 时间内，服务小区的 Srxlev 小于系统门限值，被评估邻区的 Srxlev 大于系统门限值。

5.4.7　5G 寻呼信令流程

寻呼是一种传送呼叫信号的单向个人通信，网络可通过寻呼找到 UE。按照消息的来源，寻呼可以分为两类：第一类来自 5GC，称作 5GC 寻呼。RRC 空闲态下 UE 有下行数据到达时，5GC 通过寻呼（Paging）消息通知 UE。第二类来自 gNB，称为 RAN 寻呼。RRC 去激活态下 UE 有下行数据到达时，gNB 通过 RAN 寻呼消息通知 UE 启动数据传输。最终的寻呼消息下发都是由 gNB 通过空口下发给 UE 的。

1. 5GC 寻呼

当 UE 有下行数据到达时，5GC 将通知 gNB 进行寻呼，由 gNB 发起对 UE 的寻呼，UE 接收到寻呼消息后将发起服务请求，响应核心网的寻呼消息，具体如图 5-4-12 所示。

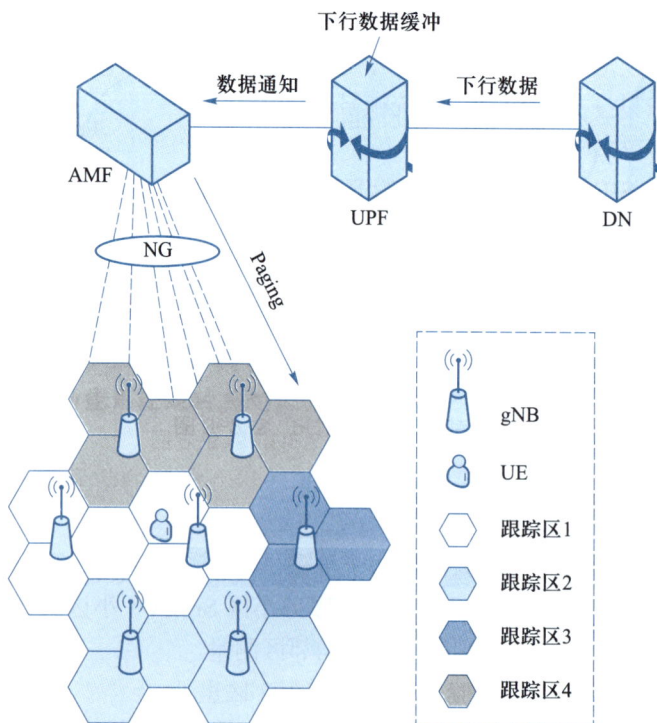

图 5-4-12　5GC 寻呼原理

根据 3GPP 协议规范，5GC 寻呼信令流程如图 5-4-13 所示。

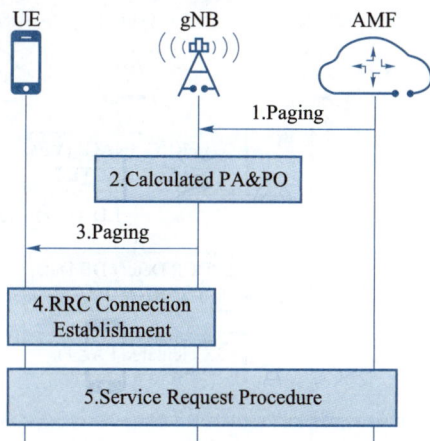

图 5-4-13　5GC 寻呼信令流程

2. RAN 寻呼

RRC 去激活态下 UE 有下行数据到达时，gNB 通过 RAN 寻呼消息通知 UE 启动数据传输，具体如图 5-4-14 所示。

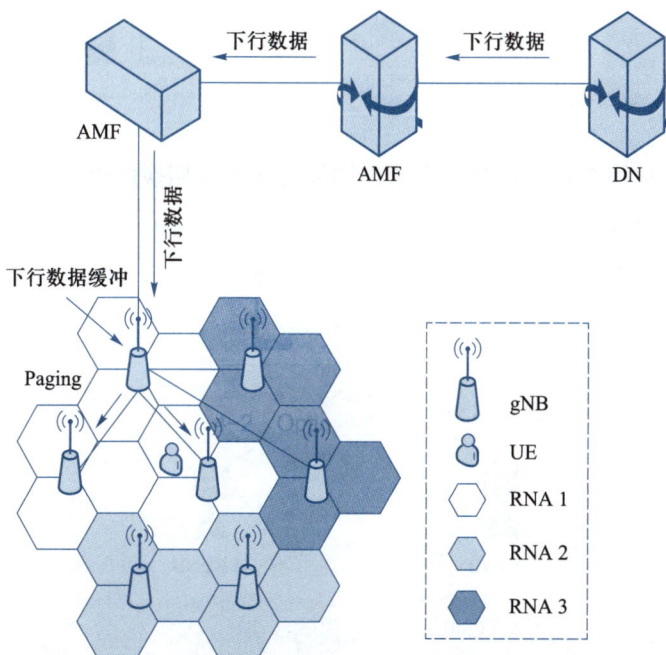

图 5-4-14　RAN 寻呼原理

根据 3GPP 协议规范，RAN 寻呼信令流程如图 5-4-15 所示。

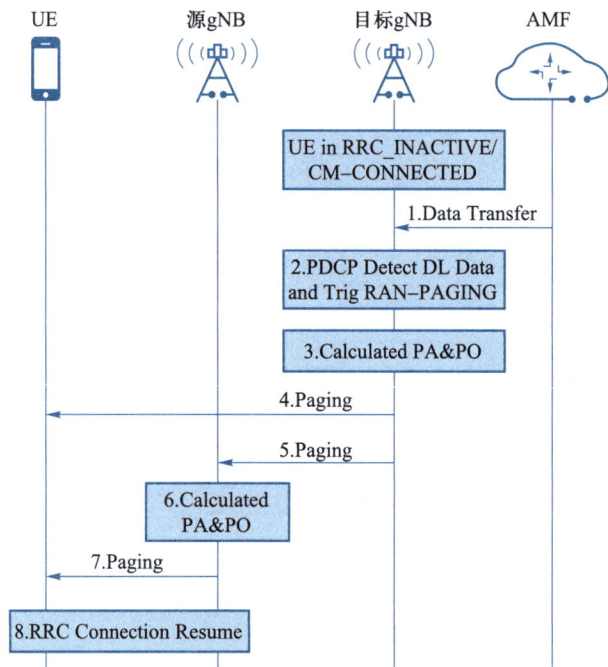

图 5-4-15　RAN 寻呼信令流程

PPT

5G SA 切换信令流程

微课

5G SA 切换信令流程

动画

5G SA 切换信令流程

5.4.8　5G SA 切换信令流程

SA 场景的切换总体上可分为系统内切换与异系统切换两类。图 5-4-16 所示为 SA 系统内切换示意图。

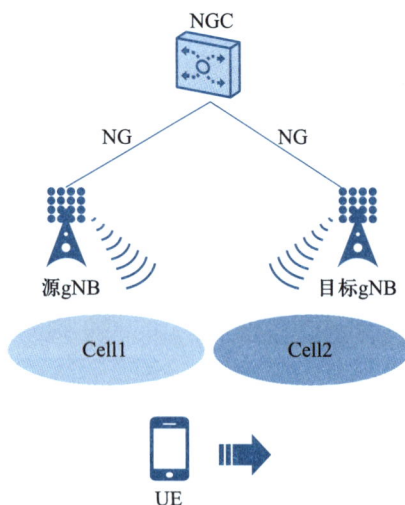

图 5-4-16　SA 系统内切换示意图

根据 3GPP 协议规范，SA 系统内切换信令流程如图 5-4-17 所示。

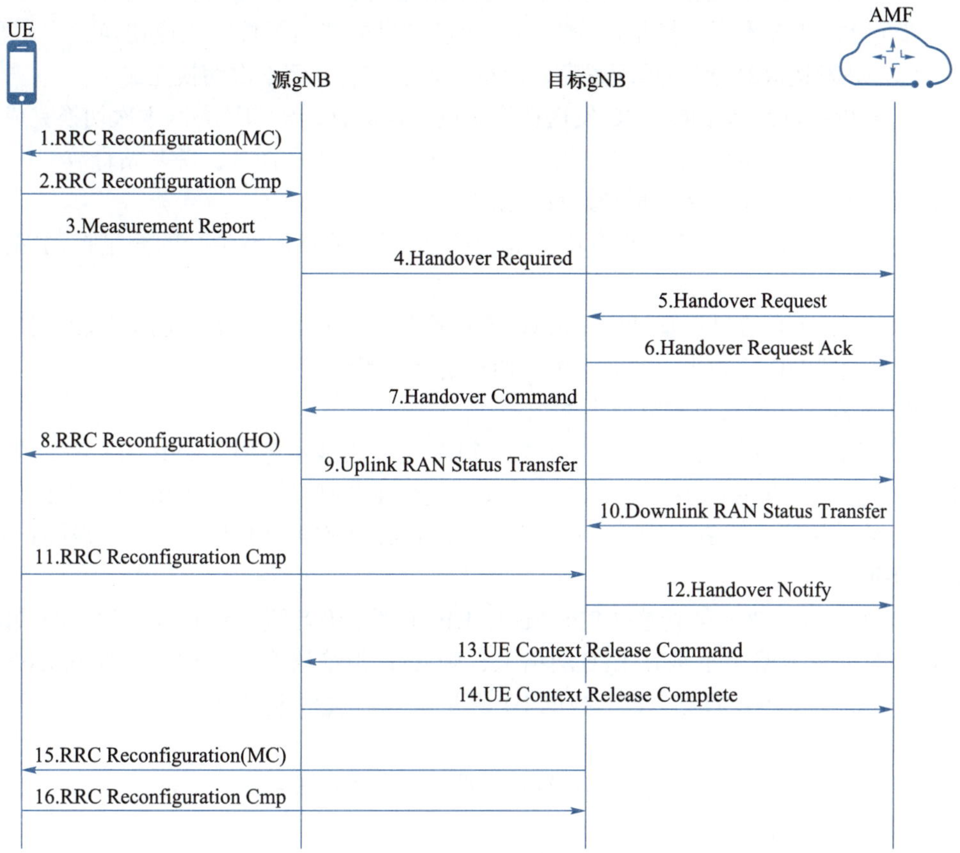

图 5-4-17　SA 系统内切换信令流程

具体步骤如下：

步骤 1：5G 源基站（源 gNB）给 UE 发送 RRC 连接重配置消息，携带测量控制配置信息。

步骤 2：UE 给源基站回复 RRC 连接重配置完成消息，表示已按照测量控制配置信息设置 UE 的测量参数。

步骤 3：UE 向源基站发送 MR（Measurement Report，测量报告）消息，上报测量到的导频信息。

步骤 4：源基站向核心网 NGC 发送切换请求消息，启动切换过程。

步骤 5：NGC 向 5G 目标基站（目标 gNB）发送切换请求消息，传递源基站的切换请求。

步骤 6：目标基站评估资源是否充足，如果有足够的资源，便会向 NGC 发送切换请求响应消息，表示目标基站支持本次切换。

步骤 7：NGC 收到响应消息后，向源基站发送切换命令，指示源基站发起切换。

步骤 8：源基站向 UE 发送携带切换指示命令的 RRC 连接重配置消息，指示

97

UE 进行切换。

步骤 9、10：源基站通过 NGC 与目标基站完成上下行无线侧状态的传送。

步骤 11：UE 收到切换指示命令后，通过在目标基站下接入完成切换过程，并向目标基站发送 RRC 连接重配置完成消息，表示在空口侧本次切换完成。

步骤 12：目标基站向 NGC 发送切换完成通知消息，告知核心网本次切换完成。

步骤 13、14：NGC 向源基站发送 UE 上下文释放指示命令，源基站释放 UE 的上下文，并将上下文释放完成消息反馈给 NGC。

步骤 15：目标基站向 UE 发送 RRC 连接重配置消息，携带新的测量控制配置信息。

步骤 16：UE 给目标基站回复 RRC 连接重配置完成消息，表示已按照测量控制配置信息设置 UE 新的测量参数，本次切换信令流程结束。

SA 异系统切换常见的有以下两类：

① 基于覆盖的切换（NR → LTE）。当 UE 建立无线承载时，gNB 向 UE 发送测量配置信息，包含 A2 测量的相关配置，UE 执行相关测量。如果 gNB 收到 A2 事件报告，则下发异系统 B2 测量及 A1 测量。如果 gNB 收到 A1 事件报告，则停止异系统切换测量。

② 基于语音业务的切换（EPS FB）。UE 在建立语音流（5QI = 1）时，如果语音业务的承载策略是承载在 LTE 网络上，则 gNB 拒绝语音流的建立，通知 UE 进行 B1 测量，当 gNB 收到 UE 上报的 B1 测量报告后会根据其携带的 PCI 找到符合条件的 LTE 小区。

根据 3GPP 协议规范，SA 异系统切换信令流程如图 5-4-18 所示。

具体步骤如下：

步骤 1：5G 源基站给 UE 发送 RRC 连接重配置消息，携带测量控制配置信息。

步骤 2：UE 给源基站回复 RRC 连接重配置完成消息，表示已按照测量控制配置信息设置 UE 的测量参数。

步骤 3：UE 向源基站发送 MR 消息，上报测量到的 4G 信号导频信息。

步骤 4：源基站向核心网 NGC 发送切换请求消息，启动切换过程。

步骤 5：NGC 向 4G 核心网 EPC 发送重定位请求消息，传递源基站的切换请求。

步骤 6：EPC 向 4G 目标基站（目标 eNB）发送切换请求消息，传递源基站的切换请求。

步骤 7：目标基站评估资源是否充足，如果有足够的资源，便会向 EPC 发送切换请求响应消息，表示目标基站支持本次切换。

步骤 8：EPC 向 NGC 发送重定位响应消息，确认 4G 基站允许本次切换。

步骤 9：NGC 收到响应消息后，向源基站发送切换命令，指示源基站发起切换。

步骤 10：源基站向 UE 发送携带切换指示命令的 RRC 连接重配置消息，指示 UE 进行切换。

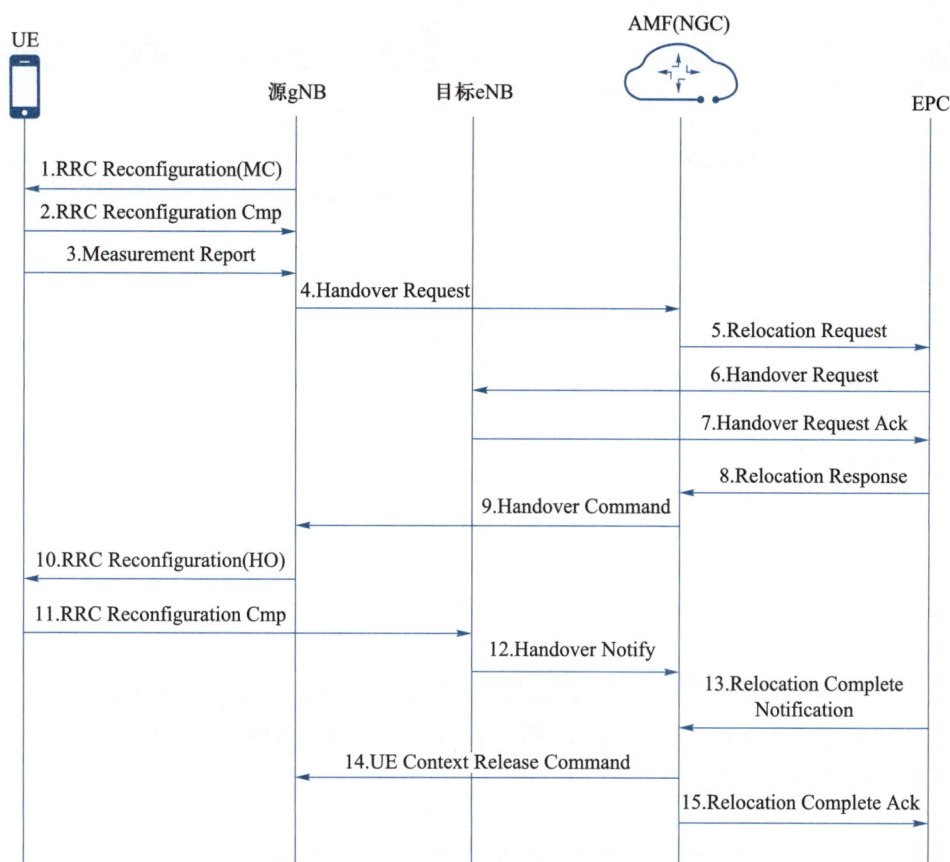

图 5-4-18　SA 异系统切换信令流程

步骤 11：UE 收到切换指示命令后，通过在目标基站下接入完成切换过程，并向目标基站发送 RRC 连接重配置完成消息，表示在空口侧本次切换完成。

步骤 12：目标基站向 NGC 发送切换完成通知消息，告知 NGC 本次切换完成。

步骤 13：EPC 向 NGC 发送重定位完成通知，表示 UE 完成异系统切换。

步骤 14：NGC 向源基站发送 UE 上下文释放命令，指示源基站释放 UE 的上下文。

步骤 15：NGC 向 EPC 发送重定位完成响应消息，表示本次切换信令流程结束。

5.4.9　5G 信令流程分析案例

进行 5G 信令流程的分析是 5G 移动通信网络优化中定位问题的有效手段之一。作为通信网络优化岗位从业人员，要提升自己处理问题的能力，熟悉各类信令流程的详细步骤，逐步分析定位问题。本节结合 5G 实际路测数据，对 NSA 移动性管理中的辅站变更（SgNB Change）流程做一个详细分析演示。4G 主站不变，5G 辅站变更的总体信令流程如图 5-4-19 所示。

PPT
5G 信令流程分析案例

微课
5G 信令流程分析案例

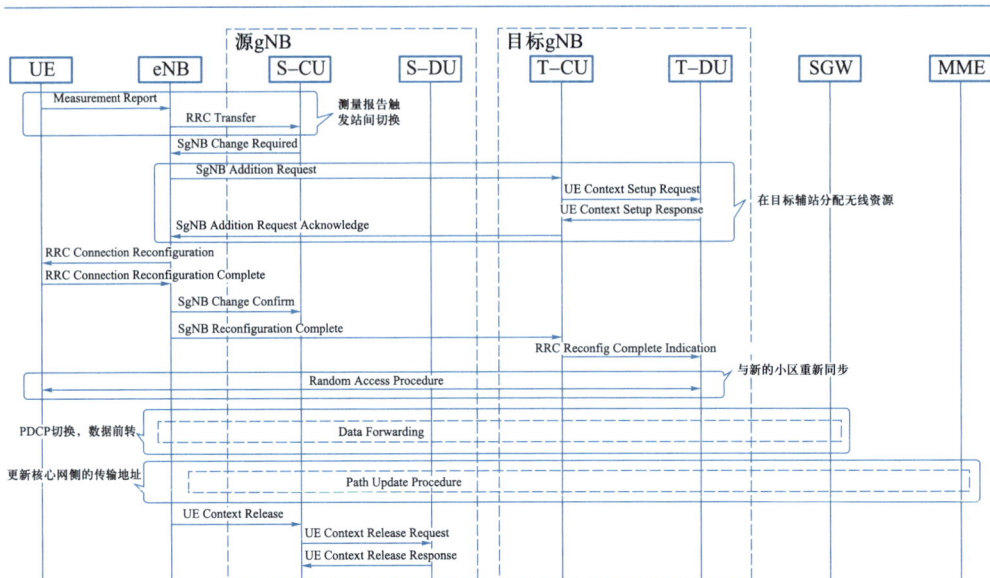

图 5-4-19　4G 主站不变，5G 辅站变更的总体信令流程

结合路测数据，对信令流程中的关键步骤进行介绍，主要有以下三步：

① UE 在 4G 锚点小区上报 A3 测量报告，包含 5G 辅小区测量信息、5G 邻区信息，如图 5-4-20 所示。

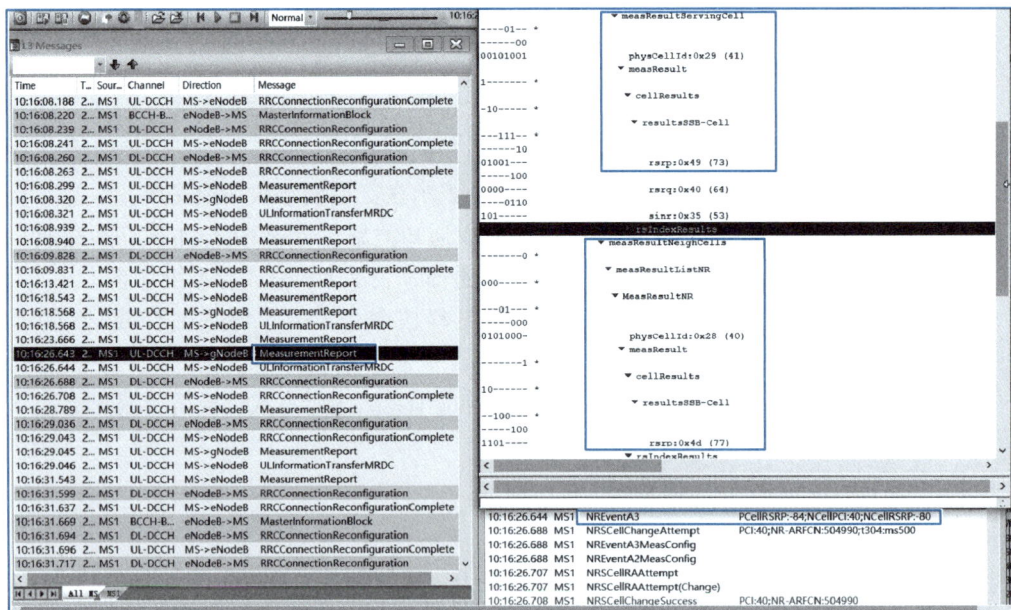

图 5-4-20　UE 上报 A3 测量报告

② eNB 发起切换指示，下发 RRC 连接重配置消息，包含目标邻区配置信息，如图 5-4-21 所示。

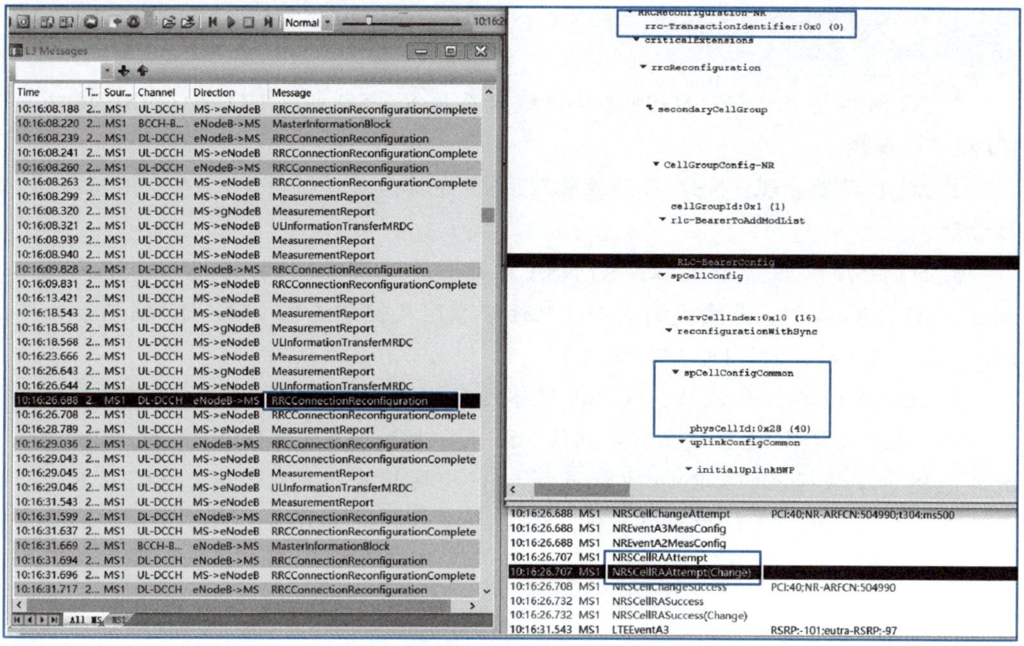

图 5-4-21　eNB 发起切换指示

③ UE 上报 RRC 连接重配置完成消息，5G 辅小区切换完成，如图 5-4-22 所示。

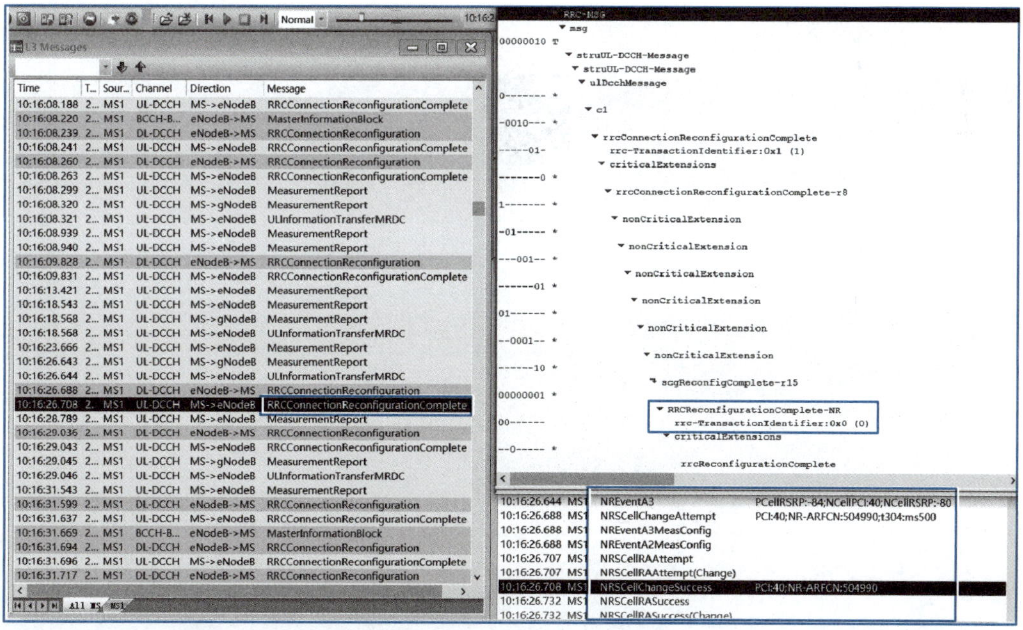

图 5-4-22　5G 辅小区切换完成

📖 知识点总结

1. 5G 网络接口协议：5G 网络接口概念及位置，5G 网络 NG 接口、Xn 接口、Uu 接口协议栈。

2. 5G 移动性管理：NSA 移动性管理，SA 连接态移动性管理，SA 空闲态移动性管理。

3. 5G NSA 网络信令流程：5G NSA 基础信令流程（UE 初始接入、5G 邻区测量、5G SCG 添加、路由更新），5G 双连接原理及信令流程（EN-DC 辅站添加、EN-DC 辅站释放、EN-DC 辅站变更）。

4. 5G SA 网络信令流程：5G SA 整体信令流程，5G SA 初始接入信令流程，5G RRC 状态及 RRC 连接建立信令流程，5G UE 上下文建立信令流程，5G RRC 去激活态概念及转换流程，RNA 更新流程，5G 小区搜索与重选流程，5GC 及 RAN 寻呼信令流程，5G SA 切换信令流程，5G 信令流程分析案例。

⚙ 思考与练习

一、客观题（扫码在线答题）

二、主观题（扫码查看题目）

5G 网络规划与优化篇 》》》》》

第 6 章

5G 无线网络规划

工作场景

5G 的到来将为运营商提供新机会，通过 Massive MIMO、网络切片、边缘计算、网络功能虚拟化（NFV）等先进技术，可以支撑智慧家庭、自动驾驶、无人机操作、远程医疗等新业务的应用。

代表先进技术的 5G 相关特性落地，对运营商的网络规划和优化提出了挑战，包括满足各种业务的网络需求、5G 频谱频段相关的限制、NSA 网络下 4G 和 5G 两种制式的紧密共存，以及如何发挥 Massive MIMO 的巨大潜力等。

现有的 5G 网络部署经验为运营商应对 5G 网络规划和优化的挑战提供了可借鉴的方法，同时也提出了 5G 网络规划解决方案，如图 6-0-1 所示。

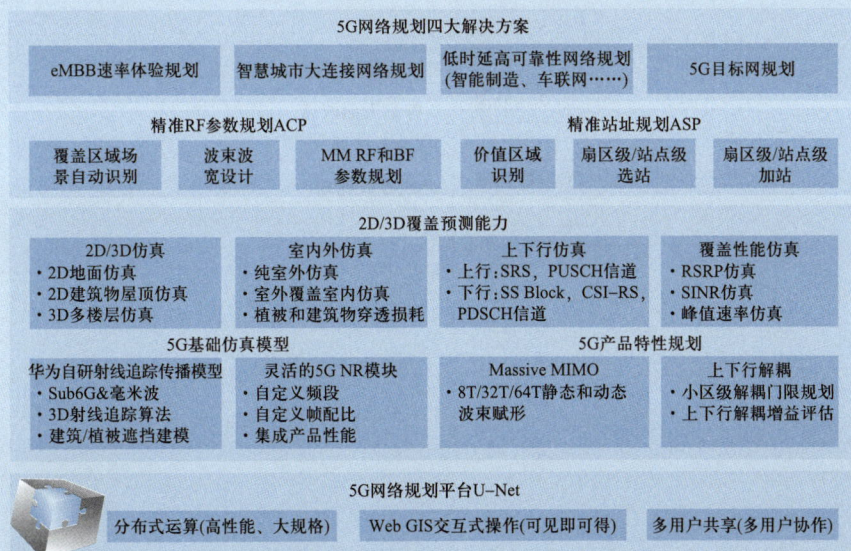

5G网络规划四大解决方案			
eMBB速率体验规划	智慧城市大连接网络规划	低时延高可靠性网络规划（智能制造、车联网……）	5G目标网规划

精准RF参数规划ACP			精准站址规划ASP		
覆盖区域场景自动识别	波束波宽设计	MM RF和BF参数规划	价值区域识别	扇区级/站点级选站	扇区级/站点级加站

2D/3D覆盖预测能力			
2D/3D仿真 ·2D地面仿真 ·2D建筑物屋顶仿真 ·3D多楼层仿真	室内外仿真 ·纯室外仿真 ·室外覆盖室内仿真 ·植被和建筑物穿透损耗	上下行仿真 ·上行：SRS，PUSCH信道 ·下行：SS Block，CSI-RS，PDSCH信道	覆盖性能仿真 ·RSRP仿真 ·SINR仿真 ·峰值速率仿真

5G基础仿真模型		5G产品特性规划	
华为自研射线追踪传播模型 ·Sub6G&毫米波 ·3D射线追踪算法 ·建筑/植被遮挡建模	灵活的5G NR模块 ·自定义频段 ·自定义帧配比 ·集成产品性能	Massive MIMO ·8T/32T/64T静态和动态波束赋形	上下行解耦 ·小区级解耦门限规划 ·上下行解耦增益评估

5G网络规划平台U-Net		
分布式运算(高性能、大规格)	Web GIS交互式操作(可见即可得)	多用户共享(多用户协作)

图 6-0-1　5G 网络规划四大解决方案

1. 以业务体验为导向规划 5G 网络

5G 使能千行百业，所以 5G 网络规划应该从评估运营商计划提供的各种业务开始，包括确定目标客户的位置、确定这些业务基于时间的消费模式以及每种业务的网络需求。由需求确定满足这些业务的体验指标，并映射到相应的网络性能指标上。

2. 利用 3D 室内外信号覆盖建模规划和优化 5G 网络

3D 室内外信号覆盖建模技术将会助力 5G 网络规划和优化，帮助运营商将 5G 站点 Massive MIMO 天线的波束覆盖和传输形态纳入考虑范围，解决 5G 目标用户因在室内和地面上高度不同而引起的各种信号覆盖差异问题。

知识图谱（图 6-0-2）

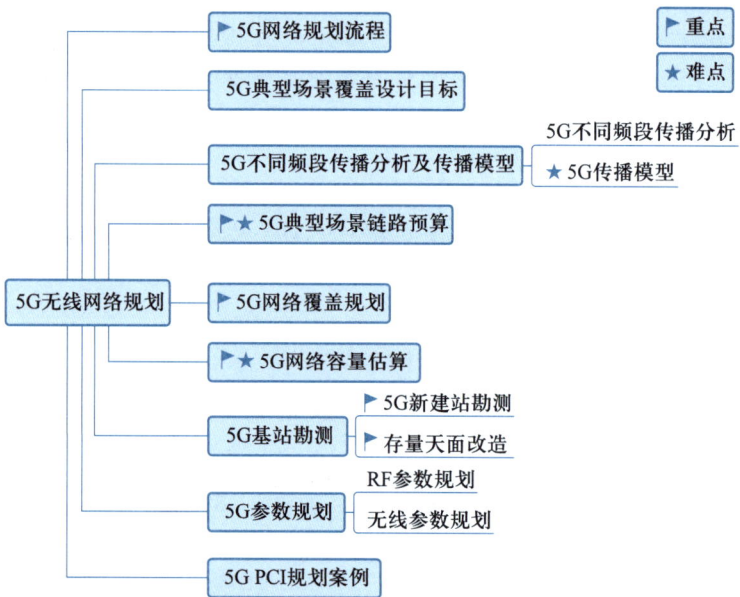

图 6-0-2　5G 无线网络规划知识图谱

6.1　5G 网络规划流程

　　5G 网络规划流程与 4G 基本一致，分为规划准备、预规划和详细规划三个阶段。但是 5G 系统新场景、新技术、新业务的引入，给网络规划带来了更大的难度与挑战。5G 网络相对于 4G 网络的规划方法，有继承，有增强，也有新增，如图 6-1-1 所示。

基础数据收集	2D覆盖仿真 (C-band)	5G NR新建小区RF 技术方案设计
5G初始站址规划	RF天馈参数规划	5G NR NSA组网接 入锚点方案设计
5G Massive MIMO波束规划 (32T32R)	5G Massive MIMO波束规划 (64T64R)	5G NR新建小区 参数详细设计
5G规划结果评审	5G规划结果调整	5G NR新建站点 系统参数详细设计
5G规划报告输出	RF勘测	RF电磁背景干扰 测试和分析
RF无线传播模型 校正数据分析 (C-band)	RF无线传播模型 校正测试 (C-band)	5G NR上下行解耦 特性参数详细设计
RF无线传播模型 校正结果验证 (C-band)	RF无线传播模型 校正数据分析 (毫米波)	RF多制式天线融合 方案设计
RF无线传播模型 校正测试 (毫米波)	RF无线传播模型 校正结果验证 (毫米波)	RF多制式天线融合 RF参数设计
价值区域选择	3D覆盖仿真 (C-band)	
2D覆盖仿真 (毫米波)	3D覆盖仿真 (毫米波)	
5G覆盖预测 (上下行解耦)	5G覆盖预测 (双连接)	
5G初始站址规划 (上下行解耦)	5G初始站址规划 (双连接)	
5G Massive MIMO站点选型		继承　新增　增强

图 6-1-1　4G/5G 网络规划差异

　　5G 网络规划相对于 4G，在基础数据收集、RF 电磁背景干扰测试和分析这些规划准备工作上是一致的；在 5G 初始站址规划、RF 天馈参数规划、5G NR 新建小

PPT
5G 网络规划流程

微课
5G 网络规划流程

动画
5G 网络规划流程

拓展阅读

做任何工作都应有规划，以明确目的，避免盲目性，使工作循序渐进，有条不紊。工作规划是提高工作效率的前提，也是完成工作任务的重要保障。

区 RF 技术方案设计、RF 勘测、RF 无线传播模型校正测试和数据分析（C-band）等规划方法，以及 5G 规划结果评审、5G 规划结果调整、5G 规划报告输出等环节上也是一致的；但在 RF 无线传播模型校正测试、数据分析、结果验证（毫米波）与 RF 天线设计等规划方法上进行了增强；而且新增了许多新环节的规划，如 Massive MIMO 相关规划、3D 覆盖仿真、5G 各类场景下的覆盖预测与站址规划等。

5G 网络规划总体流程如图 6-1-2 所示，主要分为信息收集、网络规模估算、RF 参数规划、无线参数规划等环节。

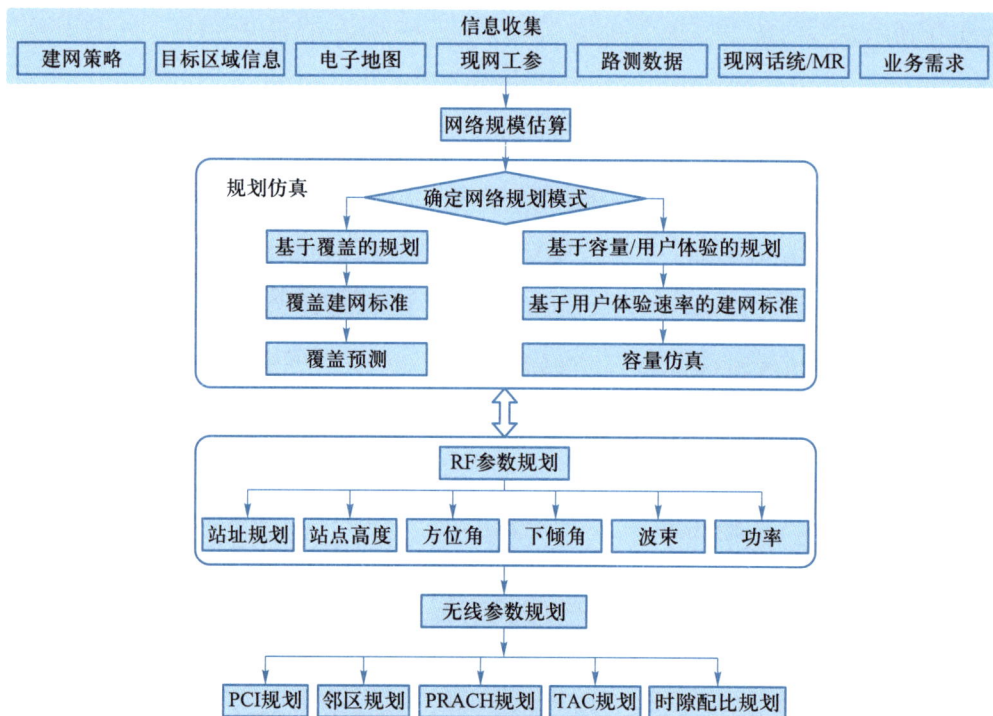

图 6-1-2　5G 网络规划总体流程

信息收集环节需要对运营商客户的建网策略、业务需求等进行深入了解，同时获取网络建设目标区域面积、电子地图等位置信息，也要从运营商现网中提取现网工参、路测数据以及现网话统 /MR 等数据，作为 5G 网络规划的参考材料。

信息收集完毕后，进入网络规模估算环节。在这一环节，主要是通过规划仿真的方法来对网络进行两种模式的规划，分别是覆盖规划与容量规划。如果基于覆盖来规划网络，需要先确定覆盖建网标准，然后通过链路预算结合传播模型来做覆盖预测；如果基于容量 / 用户体验来规划网络，需要确定基于用户体验速率的建网标准，然后通过容量仿真来进行规划。

5G 网络规模估算完成后，便确定了目标区域所需要的基站数量，此时需要对基站建站的位置进行勘测，结合勘测结果，进入每个基站的 RF 参数规划环节。在这一环节中，需要对基站的站址、高度，基站天线的方位角、下倾角，天线的波束参数设置以及基站和小区的发射功率，进行针对性的规划。

完成 RF 参数规划后，进入无线参数规划环节。在这一环节，需要完成对基站的小区参数规划，包括 PCI、邻区、PRACH、TAC、时隙配比等参数的规划。

6.2　5G 典型场景覆盖设计目标

PPT
5G 典型场景覆盖
设计目标

微课

5G 典型场景覆盖
设计目标

5G 的应用场景有 eMBB、mMTC、uRLLC。如果考虑所有场景，5G 网络规划是很复杂的。锁定典型场景目标，进而进行规划是务实的方法。5G 网络建设初期，主要以 eMBB 场景为主，因此，本节主要讨论 eMBB 场景覆盖设计。

想一想

> 无线网络规划之前要确定哪些规划目标？请分享你的答案。

要做好 eMBB 场景的覆盖，首先需要对该场景适用的业务进行全面了解。eMBB 当前的需求业务主要包括 VR、高清视频以及海外市场的家庭宽带，这些业务中对速率要求较高的是 VR 和 4K 及以上的视频。5G eMBB 场景应用类型见表 6-2-1。

表 6-2-1　5G eMBB 场景应用类型

场景	应用类型	业务	业界支持态度
eMBB	VR	赛事直播、游戏娱乐、社交、远程看房、旅游、教育 / 医疗、军事	★★★
	AR	生活辅助、购物 / 旅游、私人看诊、运动 / 游戏	★
	热点	城区、运动场 / 购物中心、高速列车、机场 / 火车站、应急场景	★★
	汽车信息娱乐	导航、计费、业务推送、车载视频、移动办公、实时 HUD（抬头显示）地图更新、远程排障 / 维护、智能停车	★

现在选取家庭宽带、高清视频、VR 三类主流业务为对象，进行覆盖设计目标分析。规划家庭宽带业务时，峰值速率的目标规划是基于竞争来设计的，忙时平均速率的目标规划是基于用户体验需求来设计的。例如，某运营商要求的用户体验为：下行峰值速率达到 1 000 Mbit/s，忙时用户的平均吞吐量需要达到下行 25 Mbit/s。在城区用户密集区域，通常采用光纤到户方式覆盖；对于郊区及农村的宽带覆盖，5G 可能是较好的选择，通过室外 CPE（客户前置设备）实现光纤级别的宽带体验，

如图 6-2-1 所示。

(a) 城区　　　　　　　　　　　　　　(b) 郊区及农村

图 6-2-1　家庭宽带业务覆盖设计目标

规划高清视频业务时，可以量化出各级别的高清视频对带宽的相应要求，见表 6-2-2、表 6-2-3。

表 6-2-2　1080P 60f/s 视频对带宽的需求

视频分辨率	1080P 视频
行像素	1 920
列像素	1 080
像素比特数 /bit	24
帧率 / (f/s)	60
每帧原始数据量 =［ 行像素 × 列像素 × 像素比特数 /（ 1 024 × 1 024 ）］/ (Mbit/f)	47.460 937 5
压缩算法	H.264
压缩率	165
点播码率 =（ 每帧原始数据量 × 帧率 / 压缩率 ）/ (Mbit/s)	17.258 522 7
网络带宽要求通常为点播码率的 1.5 倍 / (Mbit/s)	25.887 784 1

表 6-2-3　视频业务演进对带宽的需求

典型应用	关键指标	2019 年	2020—2021 年	2022—2023 年
高清视频	典型分辨率	1080P	4K	8K（ 360 全景 ）
	典型帧率 / (f/s)	30	60	60
	像素比特数 /bit	24	30	36
	典型带宽（下行）/ (Mbit/s)	13	50	450
	（ E2E 时延 / 空口时延 ）/ms	100/ 空口 10	50/ 空口 5	20/ 空口 5
终端类型	手机 / 平板 /PC			

当前 LTE 网络对于标清视频基本可以满足业务需求，但是对于 4K、8K 视频等业务，仍难以满足需求。

对于 VR 的应用，目前要满足初级的体验也需要约 1 Gbit/s 的速率，云 VR 对通信演进的需求见表 6-2-4。

表 6-2-4　云 VR 对通信演进的需求

典型应用	关键指标	2019 年	2020—2021 年	2022—2023 年
云 VR	典型分辨率	单眼 2K，双眼 4K	单眼 4K，双眼 8K	全视角 12K
	典型帧率 /（f/s）	60	60～90	90～120
	像素比特数 /bit	24	24	30
	典型带宽（下行）/（bit/s）	100M	500M	1G
	（E2E 时延 / 空口时延）/ms	80/ 空口 10	50/ 空口 5	20/ 空口 2
终端类型	VR/ 手机			

基于以上 5G eMBB 的速率设计目标，5G 下行速率的愿景为 10 Gbit/s，但这通常仅在演示及测试时可以达到，在商用网络上比较难以实现，因此不适合作为目标速率。为了体现 5G 相对于 LTE 的优势，在一些重点或热点区域，为了保障优势业务，5G 业务速率的设计可以实现 1 Gbit/s。

总体而言，50～100 Mbit/s 的连续覆盖下行速率及边缘下行速率能够满足 VR、高清视频的基础业务需求，较适合作为连续覆盖的设计目标。

6.3　5G 不同频段传播分析及传播模型

PPT
5G 不同频段传播分析及传播模型

6.3.1　5G 不同频段传播分析

目前 5G 的主用频段为 C-band，可兼顾覆盖与容量。在容量热点区域，需要利用毫米波频段进行补充。图 6-3-1 所示为 5G 不同频段（C-band 与毫米波频段）在 LOS（视距）和 NLOS（非视距）下传播的路径损耗情况。

C-band 或毫米波频段在 LOS 下的传播路径损耗都要远远低于 NLOS 下的传播路径损耗。在 LOS 或 NLOS 下，路径损耗随着频率的升高同步增大。

微课
5G 不同频段传播分析及传播模型

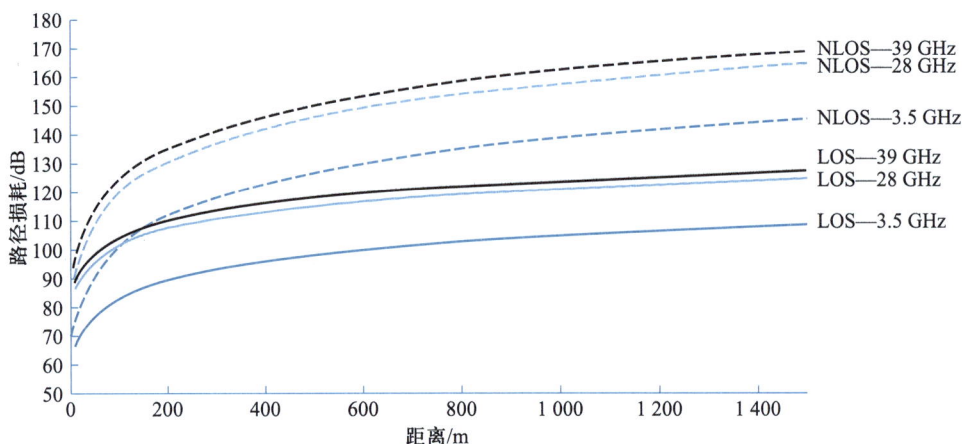

图 6-3-1 5G 不同频段在 LOS 和 NLOS 下传播的路径损耗情况

6.3.2 5G 传播模型

高频信号在传播过程中易受到各种因素影响，如果需要较准确地规划网络，需要更加准确的传播模型作为网络规划的基础。而且 5G 的覆盖更加立体，场景更加复杂，无线传播环境也更复杂且差异性大，传播模型中的各参数需要通过实际的传播模型测试与校正，以真实反映无线传播特性，进而提高无线网络规划的准确性。

5G NR 使用的传播模型基于多个场景分别定义：

① Urban Micro（UMi，城区微站）：典型高度为 10 m。

② Urban Macro（UMa，城区宏站）：典型高度为 25 m。

③ Rural Macro（RMa，郊区宏站）：典型高度为 35 m。

④ 室内：典型高度为 2~3 m（天花板或墙）。

对每个场景又分别基于如下几个维度，给出不同的选择：

① 6 GHz 以下或 6 GHz 以上；

② LOS 或 NLOS；

③ 近端或远端（主要是 6 GHz 以下）；

④ 室内场景又分办公隔间、商场类。

传播模型与应用场景具体对应关系见表 6-3-1。

表 6-3-1 传播模型与应用场景具体对应关系

传播模型	应用场景
UMa	宏站：密集城区、城区、郊区
RMa	宏站：农村
UMi	微站：密集城区、城区、郊区

例如，3GPP TR 36.873 定义的标准传播模型 3D-UMa NLOS 见表 6-3-2。

表 6-3-2　标准传播模型 3D-UMa NLOS

场景	路径损耗 /dB	标准阴影衰落 /dB	适用范围
3D-UMa NLOS	$PL = \max(PL_{\text{3D-UMa-NLOS}}, PL_{\text{3D-UMa-LOS}})$, $PL_{\text{3D-UMa-NLOS}} = 161.04 - 7.1\log_{10}(W) + 7.5\log_{10}(h) - [24.37 - 3.7(h/h_{\text{BS}})^2]\log_{10}(h_{\text{BS}}) + [43.42 - 3.1\log_{10}(h_{\text{BS}})][\log_{10}(d_{\text{3D}}) - 3] + 20\log_{10}(f_c) - \{3.2[\log_{10}(17.625)]^2 - 4.97\} - 0.6(h_{\text{UE}} - 1.5)$	$\sigma_{\text{SF}} = 6$	$10\text{ m} < d_{\text{2D}} < 5\ 000\text{ m}$ h 为建筑物平均高度，W 为街道宽度 $h_{\text{BS}} = 25\text{ m}$, $1.5\text{ m} \leqslant h_{\text{UE}} \leqslant 22.5\text{ m}$, $W = 20\text{ m}$, $h = 20\text{ m}$ 适用范围： $5\text{ m} < h < 50\text{ m}$ $5\text{ m} < W < 50\text{ m}$ $10\text{ m} < h_{\text{BS}} < 150\text{ m}$ $1.5\text{ m} \leqslant h_{\text{UE}} \leqslant 22.5\text{ m}$

该模型适用于 UMa 即宏站场景，NLOS 传播环境即典型的城区覆盖。站点高度和建筑物平均高度不超过 50 m，街道平均宽度不大于 50 m，UE 的高度在 1.5 m 与 22.5 m 之间。

3GPP 标准模型的局限性导致其在实际测试中有时不够准确，其局限性体现在：

① 接收机高度范围小，未考虑低空覆盖（如无人机）；

② 无有效因子以考虑具体的路宽、楼高、植被衰耗等因素。

在实际规划过程中，需要考虑对传播模型做适当的修正，尤其是在 CBD、商业街、高端别墅区、园区等场景。由此引入 5G 新一代传播模型——射线跟踪模型，如图 6-3-2 所示，其在精确规划中的应用不可替代（直射、绕射、反射、散射）。

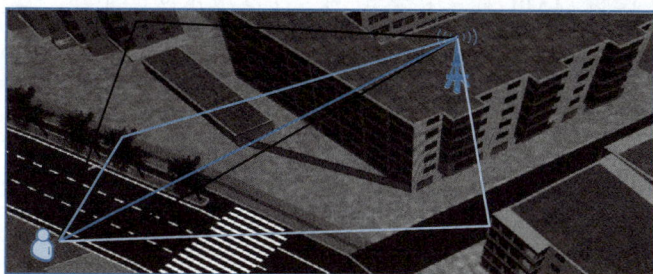

📷 图片

射线跟踪模型

——直射　——绕射　——反射　——散射

图 6-3-2　射线跟踪模型

射线跟踪模型的优点如下：

① 电平预测准确性更高；

② 对于 Massive MIMO 可以更精准地建模。

射线跟踪模型仿真效果如图 6-3-3 所示。

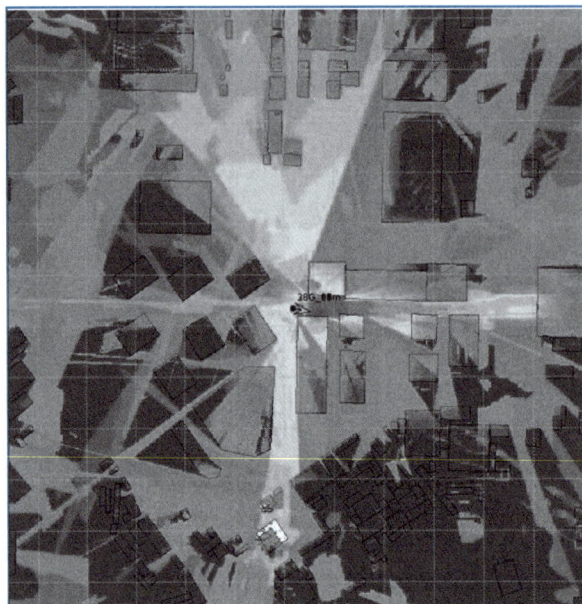

图 6-3-3　射线跟踪模型仿真效果

图片

射线跟踪模型仿真效果

6.4　5G 典型场景链路预算

PPT

5G 典型场景链路预算

微课

5G 典型场景链路预算

链路预算通常是计算出小区的 MAPL（maximum allowed path loss，最大允许路径损耗），然后将 MAPL 代入传播模型，计算出小区的半径，从而得到小区的面积。

以图 6-4-1 中无线电波能量从基站侧向终端侧的传播方向为例，列出路径损耗的算法公式如下：

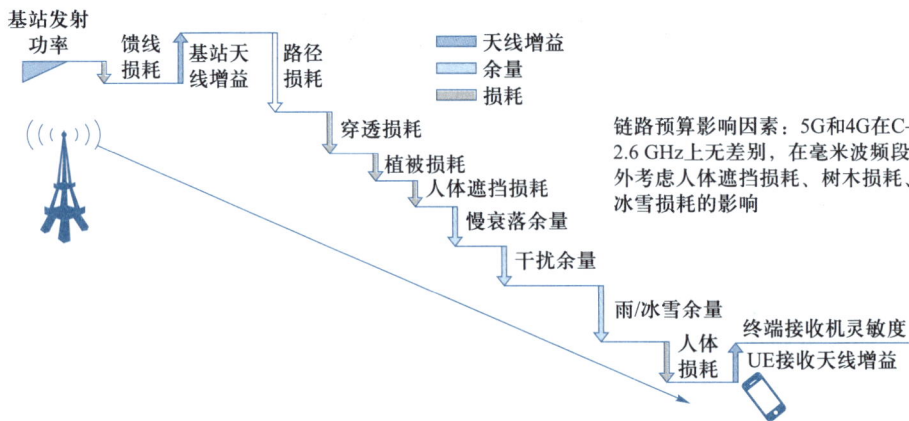

图 6-4-1　5G 链路预算

路径损耗（dB）= 基站发射功率（dBm）−10×log10（子载波数）−馈线损耗（dB）+基站天线增益（dBi）−穿透损耗（dB）−植被损耗（dB）−人体遮挡损耗（dB）−慢衰落余量（dB）−干扰余量（dB）−雨/冰雪余量（dB）−人体损耗（dB）+UE 接收天线增益（dB）−终端接收机灵敏度（dBm）

链路预算中有以下两大类因素：

① 确定性因素：一旦产品形态及场景确定了，相应的参数也就确定了，如功率、天线增益、噪声系数、解调门限、穿透损耗、人体损耗等。

② 不确定性因素：链路预算还需要考虑一些不确定性因素的影响，如慢衰落余量、雨/冰雪余量、干扰余量，这些因素不是随时随地都会发生，可当作链路余量考虑。

在 5G 建网初期，以 eMBB 业务典型场景为例，介绍 MAPL 的计算原理，如图 6-4-2 所示。

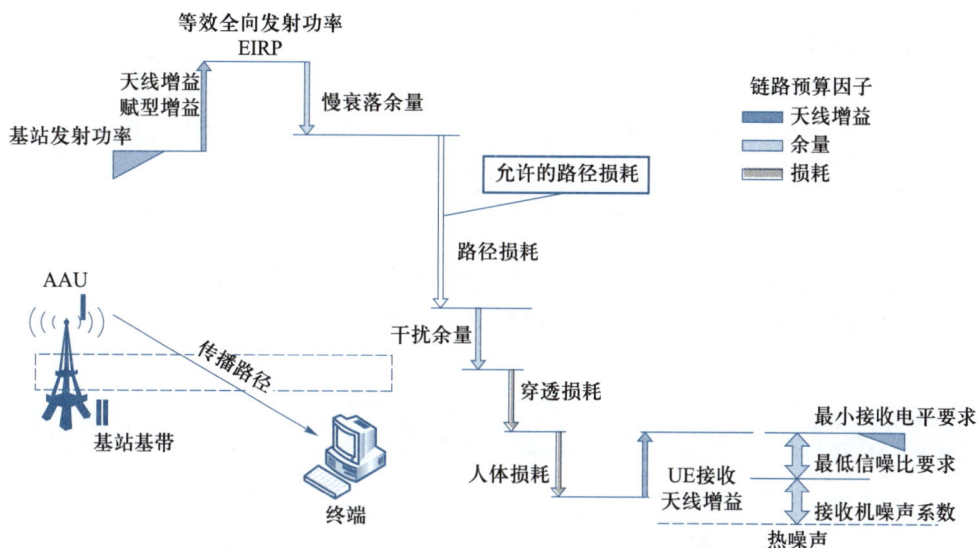

图 6-4-2　eMBB 业务典型场景 MAPL 计算原理

MAPL（dB）=基站发射功率（dBm）+天线增益/赋型增益（dBi）−慢衰落余量（dB）−干扰余量（dB）−穿透损耗（dB）−人体损耗（dB）+UE 接收天线增益（dB）−最小接收电平（dBm）

下面来分析链路预算各因子的取值。

① 基站发射功率。以目前一线项目常用的 AAU5613 为例，其发射功率等各项指标见表 6-4-1。

表 6-4-1　AAU5613 各项指标

指标	3.5 GHz	4.9 GHz
频段 /GHz	3.4~3.6	4.8~5.0
TRx	64T64R	64T64R

续表

指标	3.5 GHz	4.9 GHz
（瞬时带宽 / 占用带宽）/MHz	200	200
最大输出功率 /W	200	200

② 天线增益 / 赋型增益。发射功率和单通道天线增益典型值见表 6-4-2。

表 6-4-2　发射功率和单通道天线增益典型值

天线配置		基站最大功率 /dBm	天线增益 / 端口 /dBi	波束赋形增益 /dB	馈线损耗 /dB
C-band/2.6 GHz	64T64R AAU	53	10	14	0
	32T32R AAU	53	12	12	0
	16T16R AAU	53	15	9	0
	8T8R RRU	53.8	16	5	0.5
毫米波	4T4R	34	28	3	0

③ 最小接收电平。基本原则：最小接收电平 /（热噪声 + 噪声系数）≥ 最小 SINR。根据此原则可推算出最小接收电平值，见表 6-4-3。

表 6-4-3　最小接收电平值

功率项	取值
热噪声 /Hz	−174 dBm
热噪声 /RE	−129.2 dBm
热噪声 /RB	−118.4 dBm
热噪声 /100 MHz	−94 dBm
噪声系数（下行）	7 dB
SINR	5 dB
最小接收电平 /RE（30 kHz）	−117.2 dBm

④ UE 接收天线增益。需要根据终端的配置来决定。

⑤ 链路预算其他因子取值可参考表 6-4-4。

表 6-4-4　链路预算其他因子取值

链路预算其他因子	取值
穿透损耗	30 dB
人体损耗	5 dB
干扰余量（预留）	10 dB
慢衰落余量 @95%	5 dB

6.5　5G 网络覆盖规划

PPT

5G 网络覆盖规划
与容量估算

微课

5G 网络覆盖规划
与容量估算

　　5G 网络覆盖规划的目的是得出满足覆盖要求的站点数，而 5G 网络建设最终的站点数除了需要从覆盖规划层面来计算之外，还需要从容量规划层面来估算。满足容量的 5G 站点数计算将在 6.6 节中学习，本节主要介绍如何从覆盖规划层面得出 5G 站点数。

　　前面学习了链路预算方法，在覆盖规划过程中，链路预算是极其重要的一环，是计算 5G 站点数的必备前提。5G 网络覆盖规划流程如图 6-5-1 所示。

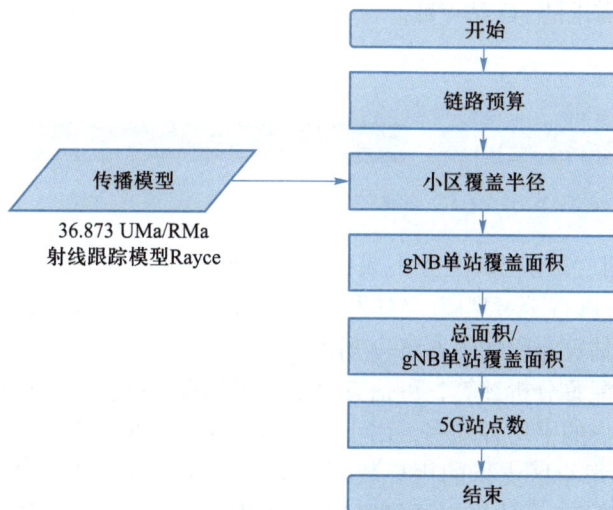

图 6-5-1　5G 网络覆盖规划流程

　　根据之前的链路预算流程，得出链路的 MAPL，代入合适的传播模型（通常会选取 3GPP 协议定义的典型传播模型，如 36.873 UMa/RMa 等，以及针对 5G 系统适配的射线跟踪模型 Rayce）中，可算出小区覆盖半径。由小区覆盖半径，根据站型的不同，通过几何计算方法（见图 6-5-2）可得出 gNB 单站覆盖面积。

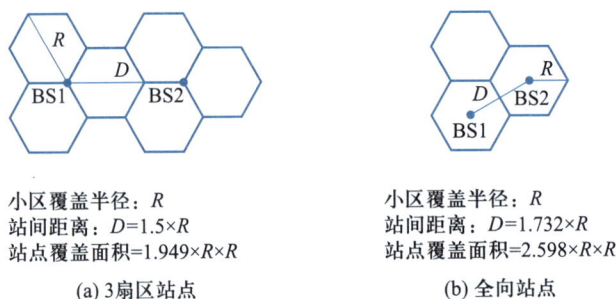

小区覆盖半径：R
站间距离：$D=1.5×R$
站点覆盖面积：$1.949×R×R$

(a) 3扇区站点

小区覆盖半径：R
站间距离：$D=1.732×R$
站点覆盖面积：$2.598×R×R$

(b) 全向站点

图 6-5-2　gNB 单站覆盖面积几何计算方法

计算 gNB 单站覆盖面积的过程中，有两类情况需要考虑。第一种情况，如图 6-5-2（a）所示，当基站为 3 扇区站点时，基站位于三个蜂窝正六边形的交点位置，如果小区覆盖半径为 R，依据几何原理，可算出站间距为 $1.5R$，此时站点覆盖面积为三个正六边形的面积，进一步算出站点覆盖面积为 $1.949R^2$；第二种情况，如图 6-5-2（b）所示，当基站为全向站点时，基站位于每个蜂窝正六边形的中心，如果小区覆盖半径为 R，依据几何原理，可算出站间距为 $1.732R$，此时站点覆盖面积为一个正六边形的面积，进一步算出站点覆盖面积为 $2.598R^2$。

得出 gNB 单站覆盖面积后，从运营商处可获取对应覆盖规划区域的总面积，利用覆盖规划区域总面积除以 gNB 单站覆盖面积，就可以得出满足覆盖需求的 5G 站点数。将从覆盖规划层面得出的 5G 站点数应用于容量规划层面流程中，最终可得出满足系统总体需求的 5G 站点数。

6.6　5G 网络容量估算

5G 部署初期，很多 5G 业务不成熟，话务模型也不成熟，目前仅从理论上对 5G 网络容量分析进行学习理解。5G 网络容量估算旨在计算满足系统容量所需要的 gNB 数量，具体估算流程如图 6-6-1 所示。

通过网络的配置分析计算，可估算出小区平均吞吐率基线。再结合话务模型分析，得出每个用户的平均吞吐率，用小区平均吞吐率基线除以每个用户的平均吞吐率，便可以得出每小区支持的用户数。再结合覆盖规划得出的 gNB 数量（常取 1 个 gNB＝3 个小区），可估算出网络可容纳的用户数量。用此数量去跟总用户数做比较，如果满足容量需求，则满足容量的 gNB 数量就是覆盖规划得出的 gNB 数量；如果不满足容量需求，则需要再调整 gNB 数量来满足总用户数，最终得出满足容量需求的 gNB 数量。

由容量估算流程可知，最重要的是算出小区平均吞吐率基线以及每小区支持的用户数，由于目前 5G 话务模型分析不成熟，因此这里主要分析小区平均吞吐率基线的估算方法。5G 小区平均吞吐率基线估算流程如图 6-6-2 所示。

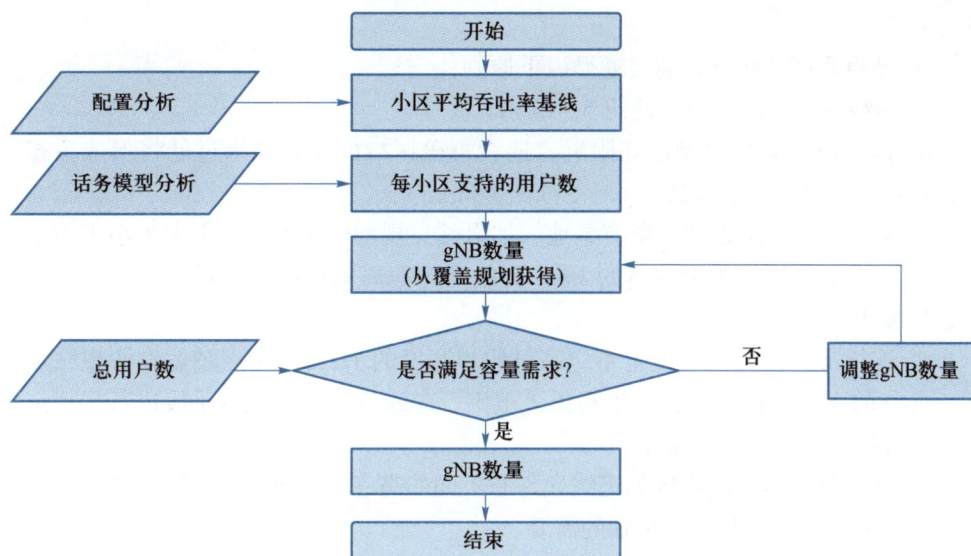

图 6-6-1　5G 网络容量具体估算流程

图 6-6-2　5G 小区平均吞吐率基线估算流程

主要步骤有以下两步：

① 基于场景建模，考虑用户在覆盖范围内呈现均匀分布，仿真得到信号覆盖及 SINR 分布。

② 根据 SINR 与吞吐率的关联分析，得到小区平均吞吐率基线。

5G 小区平均吞吐率基线受到多个因素的影响，具体如下：

① 覆盖区域的特点：如高楼密集城区、典型城区、郊区、农村等。

② 用户及话务的分布。

根据上述方法可估算出 5G C-band TDD 小区平均吞吐率基线为：下行，700 Mbit/s~1.5 Gbit/s；上行，100~200 Mbit/s。

6.7　5G 基站勘测

PPT

5G 基站勘测

6.7.1　5G 新建站勘测

新建站址应尽量按网孔布局，其偏差不应大于基站半径的 1/8。力求规则蜂窝布局，密度逐渐变化，避免忽高忽低。建网初期选择的站址应尽量靠近话务热点，并保证重点地区有良好的覆盖。

在基站勘测过程中，基站的天线高度勘测尤其重要，具体勘测原则有以下

微课

5G 基站勘测

几点：

① 站点高度的选取，需要遵循以下原则：

a. 天线应高于周围主要建筑 5~15 m。

b. 挂高应在假想典型站高附近，连续覆盖区域的站点如果过低将形成覆盖空洞，过高将形成越区和干扰。

c. 考虑到优化调整需要留有余地，如果站点规划中所留余量不大（小于 10%），则站点高度不应低于假想站高的 1/4，且站点越偏离假想站点位置，允许降低的站高幅度越小。

d. 连续覆盖区域内高度也不应高过假想高度的 1/2，且站点越偏离假想站点位置，允许的高度变化越小，如果高出该范围，应通过模拟测试等手段进行干扰定量分析，并探讨特殊天线的应用。

② 同一基站下不同小区的天线允许有不同的高度，这可能是受限于某个方向上的安装空间，也可能是小区规划的需要。

③ 对于地势较平坦的市区，一般天线相对于地面的有效高度为 25~30 m。

④ 对于郊县基站，天线相对于地面的有效高度可适当提高，一般为 40~50 m。

⑤ 孤站高度不要超过 70 m。

⑥ 天线高度过高会降低天线附近的覆盖电平（俗称"塔下黑"），特别是对于全向天线该现象尤为明显。

⑦ 天线高度过高容易造成严重的越区覆盖、同 / 邻频干扰等问题，影响网络质量。

⑧ 新建站需注意站址天线高度，为获得最理想的覆盖范围，天线周围净空要求 50~100 m，天线高度建议见表 6-7-1。

表 6-7-1 新建站天线高度建议   单位：m

场景	与周边平均建筑物相对高度		与地面相对高度		
	推荐值	最大值	最小值	推荐值	最大值
密集城区	1	2	15	20	25
一般城区	2	4	20	25	30
郊区	4	8	20	30	35
农村	30	40	20	40	50

除此之外，勘测人员还需注意，以下地点一般不适合作为建站地点：

① 覆盖区域过大的地点：如市区很高的大楼或城市郊区海拔很高的山峰。

② 外部干扰较大的地点（影响业务质量，且很难改善）：大功率无线发射台（如广播电台）、雷达站、发电站或其他干扰源附近。

③ 树林附近：植物的遮挡将造成信号的快衰落。

④ 小区覆盖边缘正好处于用户密集区域：这将造成小区负荷过大，且容易

掉话。

6.7.2　存量天面改造

运营商为了应对 5G 的快速布局以及"降本增效"，5G 建设初期主要通过现有站址进行共址天面改造建设。天面改造主要通过将存量站址天面收编成与 5G 系统共天面，腾出空余安装位置，通过 5G 反向开通 4G 的形式实现 5G 与 4G 的 D 频段共覆盖，如图 6-7-1 所示。

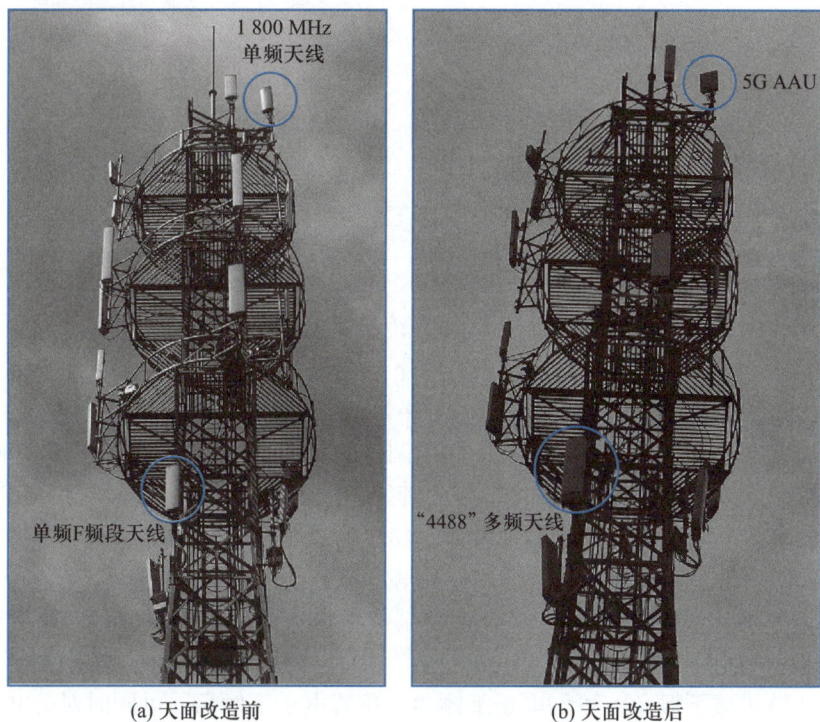

(a) 天面改造前　　　　　(b) 天面改造后

图 6-7-1　5G 天面改造前后对比

5G AAU 因其技术特性需单独占用一副天面，现网存在空间受限等问题，因此需对 4G/5G 天馈系统协同考虑进行整合收编。现网 D 频段或 3D MIMO 为独立天线，优先替换为 4G/5G 共模 AAU，新增 5G 独立抱杆；若 900 MHz、1 800 MHz 为独立天线，可整合为"4＋4"900/1 800 MHz 天线；通过"4488"多频天线，可对现有FDD 和 TDD F 频段天线进行整合。具体整合及改造方案有以下几点：

1. 室外天面整合方式
① 直接替换现网 D 频段天线。
② 整合现网天线。
③ 改造现网天线安装资源。

2. 室外天面改造方案
① 在保持网络竞争优势和现网网络质量的前提下，现网天馈融合改造过程中应

兼顾工程改造量和实施难度，以降低建设成本，减少现网系统割接量，如可利用现网天线的，则尽量不采用新增替换方式。

② 原则上不新增天面，优先采用多频多端口电调天线整合现有系统，为 5G 腾出位置，且保证 4G 主要网络质量稳定的基本原则。

③ 天面整合顺序：在满足天面原则和目标的基础上，优先整合 FDD。

6.8 5G 参数规划

6.8.1 RF 参数规划

5G 网络的 RF（radio frequency，射频）参数，是指与无线电波传送直接相关的射频参数，如天线下倾角、方位角等。

1. 5G 下倾角规划

（1）5G 下倾角基本概念

5G Massive MIMO 波束下倾角和 LTE 传统宽波束不同，分为机械下倾角、预置电子下倾角、可调电子下倾角和波束数字下倾角四种，最终的下倾角是上述四种下倾角组合在一起的结果。不同下倾角的网络性能如下：

① 预置电子下倾角和可调电子下倾角调整的是阵子相位，不会引起波形畸变；

② 机械下倾角度数调整较大时，会引起方向图畸变（法线天线增益下降）；

③ 波束数字下倾角仅影响广播波束，属于场景化波束优化。

（2）下倾角差异引起控制信道和业务信道覆盖的差异

① 调整波束数字下倾角，仅调整控制信道波束，影响公共信道 / 控制信道覆盖，影响用户在网络中的驻留。

② 调整机械下倾角、可调电子下倾角及预置电子下倾角，可同时对公共波束和业务波束进行调整。

传统天线与 5G Massive MIMO 天线业务波束和公共波束覆盖的对比如图 6-8-1 所示。

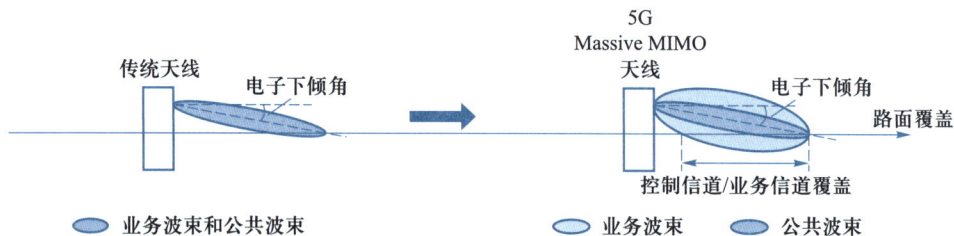

图 6-8-1 传统天线与 5G Massive MIMO 天线业务波束和公共波束覆盖的对比

（3）5G 下倾角规划原则

① PDSCH 业务信道覆盖最优原则。

② 控制信道与业务信道同覆盖原则：默认控制信道下倾角与业务信道下倾角一致，通过调整波束数字下倾角来优化控制信道覆盖范围。

③ 下倾角调整优先级：设计合理的预置电子下倾角→调整可调电子下倾角→调整机械下倾角→调整波束数字下倾角。

最大增益方向指向边缘示意图如图 6-8-2 所示。

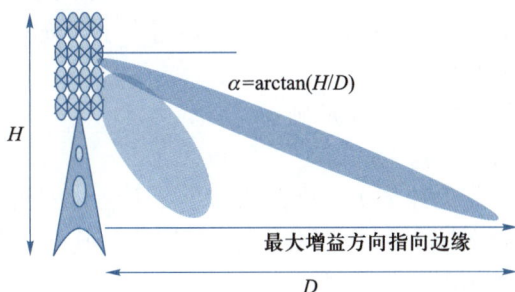

图 6-8-2　最大增益方向指向边缘示意图

2. 5G 方位角规划

（1）5G 方位角定义

5G 方位角：按照外包络 3 dB 水平波宽中间指向定义。

（2）5G 方位角规划原则

5G 方位角的规划可以按照不同的场景来区别对待，具体如下：

① 拉网路测场景：5G 建网初期覆盖目标主要针对拉网路测覆盖，拉网路测场景的目标是街道覆盖最优，由于存量 3G/4G 站点的方位角均为瞄准连续组网设置，因此不能简单和 3G/4G 共方位角，方位角规划需要专门瞄准街道覆盖。

② 连续组网场景，有以下几个原则：

a. 对于已有 3G/4G 网络运营商，预规划时共站比例都很高，一般客户都要求参考现网 3G/4G 天线指向进行初始方位角设置。

b. 对于预规划时共站比例低的已有 3G/4G 网络或新兴的运营商，初始天线指向考虑标准指向（三叶草形状），初始方位角考虑采用 30°/150°/270° 的天线指向，以尽可能避免长直街道带来的波导效应。

c. 天线方位角的设计应从整个网络的角度考虑，在满足覆盖的基础上，尽可能保证市区各基站的三扇区方位角一致，局部微调。

d. 天线的主瓣方向指向高话务密度区，可以加强该地区信号强度，提高通话质量；演示场景下，天线的主瓣方向尽量指向街道，可以提升拉网信号质量。

6.8.2　无线参数规划

无线参数是指 PCI、邻区、PRACH 等小区级的参数，在 5G 系统中，各类小区参数的规划也需要遵循一定原则，下面以 PCI 和邻区为例，阐述其具体规划流程。

1. PCI 规划

（1）5G PCI 概念

PCI（physical cell identifier）表示物理小区标识，用于区分不同小区，在终端下行同步时使用。PCI 是 5G 小区的重要参数，每个 5G 小区对应一个 PCI，用于在无线侧区分不同的小区，影响下行信号的同步、解调及切换。为 5G 小区分配合适的 PCI，对 5G 无线网络的建设、维护有重要意义。

PCI 由主同步序列（PSS，3 种不同取值）和辅同步序列（SSS，336 种不同取值）组成，共计有 1 008 个 PCI。PCI 规划的结果是给每个小区分配一个 PCI。

（2）5G PCI 规划原则

5G PCI 规划需要遵循以下三个原则：

① 避免 PCI 冲突和混淆。

a. collision-free（避免冲突）原则：相邻小区不能分配相同的 PCI。若分配相同的 PCI，会导致重叠区域中初始小区搜索只能同步到其中一个小区，但该小区不一定是最合适的，这种情况称为冲突。

b. confusion-free（避免混淆）原则：一个小区的两个相邻小区不能分配相同的 PCI。若分配相同的 PCI，如果 UE 请求切换，基站侧会不知道哪个为目标小区，这种情况称为混淆。

② PCI 复用要求。

a. 复用距离：使用相同 PCI 的两个小区之间的距离需要满足最小复用距离。

b. 复用层数：复用层数为使用相同 PCI 的两个小区之间间隔的基站数量。

③ 避免 PCI 模干扰。

5G 网络是基于不同物理信号（PSS、DMRS、SRS）、物理信道（PUSCH、PUCCH）和时域分配设计的。PCI 规划时须考虑以下模（MOD）的影响，减少相互干扰。根据规划原则，UE 不应同时接收以下模的多个 PCI：

a. PCI MOD3：邻区间 PCI MOD3 相同，其 PSS 相等，将影响同步信号解调和用户感知。

b. PCI MOD4：邻区间 PCI MOD4 相同，其 DMRS 之间将相互干扰。

c. PCI MOD30：因为根序列与 PCI 相关，邻区间 PCI MOD30 相同，将产生上行干扰。

2. 邻区规划

（1）5G 邻区分类

邻区规划的主要目的是保证在小区服务边界的手机能及时切换到信号最佳的邻小区，以确保通话质量和整网的性能。5G 邻区有三种类型，如图 6-8-3 所示。

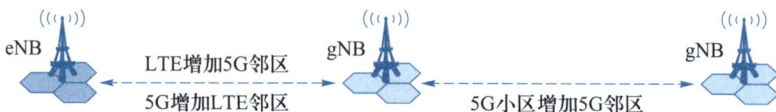

eNB　　LTE增加5G邻区　　gNB　　　　　　　gNB

5G增加LTE邻区　　　　5G小区增加5G邻区

图 6-8-3　5G 邻区类型

5G 邻区应用场景见表 6-8-1。

表 6-8-1　5G 邻区应用场景

服务小区	邻区	NSA 组网下使用邻区关系的场景	SA 组网下使用邻区关系的场景	每小区最大邻区规格
NR 小区	NR 邻区	EN-DC SCG Cell Change	NR 小区间切换	384
NR 小区	E-UTRAN 邻区	N/A	NR 到 E-UTRAN 切换	384
E-UTRAN 小区	NR 邻区	EN-DC SCG Cell Addition	LTE 到 NR 切换	128

（2）5G 邻区规划原则

在 5G 系统中，如果因远离服务小区导致信号减弱，又不能及时切换到最佳服务小区，则基站和移动台都需要加大发射功率来克服干扰，以满足服务质量要求。当功率增加到最大，依旧无法满足服务质量时，就会发生掉话；同时，在增大发射功率的过程中，整网干扰增加，会导致网络容量及覆盖能力下降。因此，要保证稳定的网络性能，就需要很好地进行邻区规划。

5G 邻区规划需要遵循以下四个原则：

① 邻近原则：同站邻区及地理位置上相邻的小区一般作为邻区。

② 互易性原则：如果小区 A 在小区 B 的邻区列表中，那么小区 B 一般也要在小区 A 的邻区列表中。在一些特殊场合，处理孤岛覆盖时为了减少掉话，可以只配置单向邻区。

③ 百分比重叠覆盖原则：如果两个小区重叠覆盖区域的比例达到一定程度（如20%），则互相添加为邻区。

④ 经验原则：对于密集城区和普通城区，由于站间距比较近（0.5~1.5 km），邻区应该多规划一些；对于市郊和郊县的基站，一定要把位置上相邻的小区作为邻区，保证能够及时切换，避免掉话。

在 5G 网络建网初期，考虑到邻区关系变化频繁，通常采用手工配置；在 5G 网络成熟运营以后，可考虑采用 ANR（automatic neighbor relations，自动邻区关系）进行邻区关系优化。

6.9　5G PCI 规划案例

5G PCI 规划设计需要用到各类辅助软件，这里以华为的 PCI 规划软件为工具，介绍 5G PCI 规划的一个典型案例。

华为用于规划评估 PCI 的工具为 U-Net，应用其对 PCI 进行评估调整的步骤如下：

步骤1：设定 PCI 复用层数和复用距离。

步骤2：通过工具筛选不满足 PCI 复用条件的小区。

步骤3：使用预留的 PCI（或 PCI 组）对不满足复用条件的小区进行替换。

步骤4：调整后再次进行评估，确保满足要求。

对 PCI 进行调整替换的注意事项有以下四点：

① 如果一个 RRU 分裂出 2~3 个覆盖区域，但仍为 1 个扇区，PCI 的分配应充分考虑到所有天线的方位角和覆盖区域；

② 替换后的 PCI MOD3 结果不变；

③ 保证替换后站内小区的 PCI 还处于同一个 PCI 组；

④ 尽量修改小区数量少的站点 PCI。

下面参考以上原则，对 A 市的一组 PCI 进行规划调整。

A 市设定的 PCI 复用层数为 32，复用距离为 2 km。预留 PCI 为 126~167。通过 U-Net 工具评估，结果见表 6-9-1。

表 6-9-1　PCI 规划结果

小区名	PCI	目标小区名	复用距离 /km
YTHKC_1	80	1055_1	1.467 51
YTHKC_2	79	1055_2	1.467 51
1055_1	80	YTHKC_1	1.467 51
1055_2	79	YTHKC_2	1.467 51

从表 6-9-1 中可看出，YTHKC 和 1055 站点的 PCI 复用距离不满足要求。因此，对 YTHKC 的 PCI 进行替换。在预留的 PCI 里选择对应的 PCI 组。

调整过程如下：

① 查询 YTHKC 和 1055 站点包含的小区数：YTHKC 站点包含 3 个小区，1055 站点包含 2 个小区。

② 考虑 1055 站点的小区数量少，故更改优化方案为：修改 1055 站点上小区的 PCI。

a. 计算 1055_1 和 1055_2 的 MOD3 分别为 2 和 1。

b. 在预留 PCI（126~167）里，选择 MOD3 与 1055 匹配的 PCI 组，将 1055_1 的 PCI 改为 128，1055_2 的 PCI 改为 127。

调整完毕后，在后台网管对应位置（"物理小区标识"微调框）更新配置，如图 6-9-1 所示。

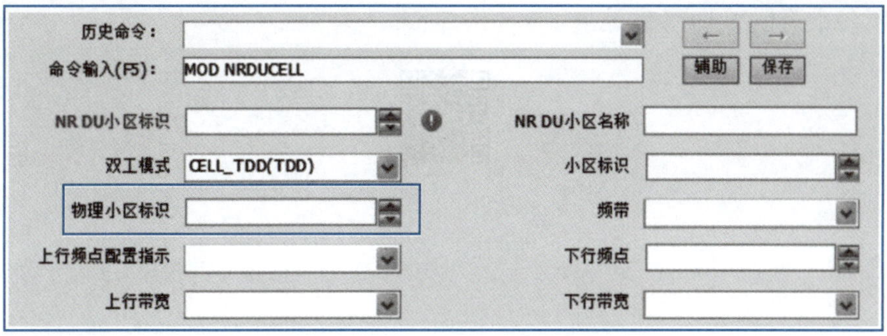

图 6-9-1　网管 PCI 相关配置

📖 知识点总结

1. 5G 网络规划流程：4G/5G 网络规划差异，信息收集，网络规模估算，RF 参数规划，无线参数规划。

2. 5G 典型场景覆盖设计目标：eMBB 场景业务概述，家庭宽带业务覆盖设计目标，高清视频业务覆盖设计目标，VR 业务覆盖设计目标。

3. 5G 不同频段传播分析及传播模型：C-band 与毫米波传播分析，UMi/UMa/RMa 传播模型，射线跟踪模型。

4. 5G 典型场景链路预算：5G 链路预算流程，eMBB 场景中的 MAPL 计算，链路预算各因子分析。

5. 5G 网络覆盖规划：链路预算 MAPL，传播模型，小区覆盖半径，gNB 单站覆盖面积，满足覆盖需求的 5G 站点数。

6. 5G 网络容量估算：小区平均吞吐率基线，每小区支持的用户数，满足容量需求的 gNB 数量。

7. 5G 基站勘测：5G 新建站勘测→基站高度选取，存量天面改造→室外天面整合、室外天面改造。

8. 5G 参数规划：5G 下倾角、5G 方位角等 RF 参数规划，5G PCI、5G 邻区等无线参数规划。

9. 5G PCI 规划案例：PCI 评估调整步骤，PCI 调整替换注意事项，PCI 规划调整案例。

📋 思考与练习

一、客观题（扫码在线答题）

二、主观题（扫码查看题目）

第 7 章

5G 无线网络测试

　　随着 5G 网络建设进程的加快，为了确保站点的各项性能满足使用需求，需对已入网站点进行系统的评估测试。5G 无线网络测试是指通过现场测试，经由数据采集、数据分析等手段找出网络运行中的问题，通过优化调整使网络结构更加合理，性能更加稳定。

　　无线网络测试通常要借助 DT（drive test，驱车路测，简称路测）、CQT（call quality test，呼叫质量测试）和扫频测试来进行，通过测试终端、ATU（auxiliary test unit，辅助测试单元）、扫频仪等路测工具和测试软件来记录指定道路或定点区域的信号情况，如图 7-0-1 所示。5G 网络测试是 5G 网络优化的重点工作之一。

| 测试软件 | CQT | DT |

图 7-0-1　无线网络测试内容

知识图谱（图 7-0-2）

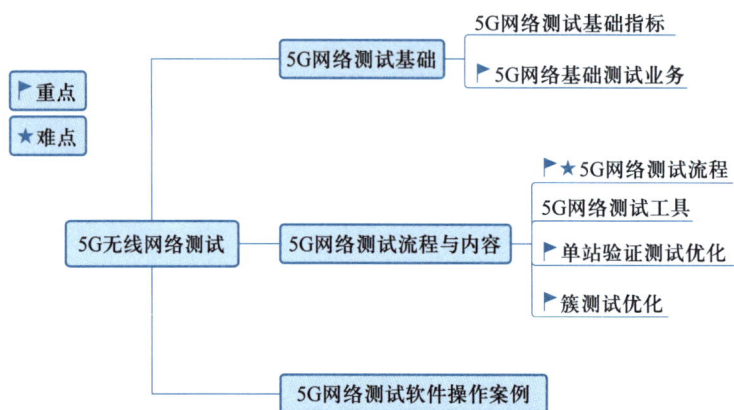

图 7-0-2　5G 无线网络测试知识图谱

7.1　5G 网络测试基础

PPT

5G 网络测试基础

微课

5G 网络测试基础

拓展阅读

无线网络测试是对验证站点、现网运行站点和特定区域网络进行的测试，主要是沿着设定的路线或特定场景，通过测试手机、仪器等对网络的主要性能指标（包括信号电平、信号质量、小区切换、小区重选、数据上传、数据下载、呼叫统计等）进行测试，获取用于进行网络性能分析的数据，从而达到预定的测试目的。

7.1.1　5G 网络测试基础指标

在 NR 中，RSRQ 和 RSRP 是基于 SSB（同步信号块，包括同步信号和 PBCH 块）和 CSI-RS（信道状态信息参考信号）定义的。其中，SSB 在空闲态和连接态同时发送，影响终端的接入和移动性测量；CSI-RS 仅在连接态发送，影响终端的 CQI（信道质量指示）/PMI（预编码矩阵指示）/RI（秩指示）测量等。SSB 主要影响测试终端的服务小区选择，SS-RSRP/SINR 体现了广播信道的覆盖与可接入能力；CSI-RS 主要影响业务信道质量评估，CSI-RSRP/SINR 体现了业务信道的能力。

根据每个信道特点的不同，当前 5G 网络一般只采用 SSB 的 RSRP 和 SINR 作为覆盖评估的主要指标。在下文中，如无特别说明，RSRP 和 SINR 均指 SSB 的 RSRP 和 SINR。

从"占得上、驻留稳、体验优"三个维度上，共计梳理出 23 个主要的 5G 网络测试基础指标，用于整体评估 5G 网络质量及业务体验，见表 7-1-1。

表 7-1-1　5G 网络测试基础指标

用户感知	指标	指标定义
占得上	5G 网络测试覆盖率	SS-RSRP ≥ -93 dBm 且 SS-SINR ≥ -3 dB 的采样比例
	5G 网络综合覆盖率	5G 网络测试覆盖率（RSRP ≥ -93 dBm 且 SINR ≥ -3 dB）（采样点覆盖率）×5G 时长驻留比
	SA 连接成功率	成功完成连接建立次数 / 终端发起分组数据连接建立请求总次数 ×100%
	LTE 锚点覆盖率	锚点频点 RSRP ≥ -95 dBm 且 SINR ≥ -3 dB 的采样比例，锚点频点 RSRP ≥ -108 dBm 且 SINR ≥ -3 dB 的采样比例
	SgNB 添加成功率	辅站链路成功增加次数 / 辅站链路尝试增加次数 ×100%
	Ping 成功率	Ping 响应次数 / Ping 申请次数
	Ping 时延	终端收到 Ping 响应时间与终端发起 Ping 申请的时间差

2019 年 5 月 18 日，面对日本媒体和学者，在被问及在珠穆朗玛峰建设基站时，任正非说："珠穆朗玛峰无论南坡还是北坡，基站基本都是我们安装的。珠穆朗玛峰上基本没有人，能赚什么钱？但可能有了网络就能挽救登山者的生命。" 70 多亿人生活在地球上，很多人终其一生，都无法到达珠穆朗玛峰。正是默默奉献的通信人，为我们在珠穆朗玛峰撑起 5G 网络，让我们得以目睹珠穆朗玛峰的真容，欣赏世界屋脊的巅峰。在喜悦的背后也应该看到，在高海拔、高缺氧、气候变化莫测的极端环境，以及建设施工难度超乎想象的情况下，设备商、运营商们靠"摸爬滚打"和坚强意志战胜了自然，建成了 5G，从中可以感受到的是中国速度、中国力量！

用户感知	指标	指标定义
驻留稳	5G 时长驻留比	占用 NR 总的时长 / 总连接态时长 ×100%（仅考虑数据业务，不考虑 EPS FB）
	SA 时长占比	SA 占用时长 / 总测试时长 ×100%
	SA 掉线率	掉线次数 / 成功完成连接建立次数 ×100%
	SA 切换成功率	切换成功次数 / 切换尝试次数 ×100%
	NSA 切换成功率	（辅站站内链路成功变更次数 + 辅站站间链路成功变更次数）/（辅站站内链路尝试变更次数 + 辅站站间链路尝试变更次数）×100%
	NSA 切换控制面时延	从 UE 收到 RRC Connection Reconfiguration 信令开始到 UE 向目标小区发送 RRC Connection Reconfiguration Complete 完成
体验优	用户路测 4G/5G 下行平均吞吐率	应用层下载总流量 / 下载总时间
	用户路测 4G/5G 上行平均吞吐率	应用层上传总流量 / 上传总时间
	路测 4G/5G 上行低速占比（低于 5 Mbit/s）	路测上行速率低于 5 Mbit/s 采样点数 / 路测上行速率总采样点数
	路测 4G/5G 下行低速占比（低于 100 Mbit/s）	路测下行速率低于 100 Mbit/s 采样点数 / 路测下行速率总采样点数
	路测 4G/5G 上行高速占比（大于 160 Mbit/s）	路测上行速率高于 160 Mbit/s 采样点数 / 路测上行速率总采样点数
	路测 4G/5G 下行高速占比（大于 800 Mbit/s）	路测下行速率高于 800 Mbit/s 采样点数 / 路测下行速率总采样点数
	EPS FB 接通率	EPS FB 成功次数 /EPS FB 尝试次数（只统计主叫侧）
	EPS FB 呼叫时延	主叫： 时延统计起点：UE 在 NR 侧发送 Invite 消息； 时延统计终点：UE 在 LTE 侧接收 180 Ringing 消息
	EPS FB 挂机后快速返回时延小于 3 s 的概率	时延统计起点：iRAT L->NR Redirect Request； 时延统计终点：NR TAU Success
	LTE 锚点接入成功率	RRC 建立成功率 ×E-RAB 建立成功率 ×100%

7.1.2　5G 网络基础测试业务

结合 5G 网络测试基础指标，需要开展的测试业务类型包括覆盖业务测试、接入业务测试、Ping 业务测试、语音业务测试、数据业务测试以及移动性业务测试（包括 NR 小区切换业务测试和 5G 辅站变更业务测试）等。

1. 覆盖业务测试

覆盖业务测试（见图 7-1-1）主要通过路测来检测站点的覆盖性能是否达到设计要求，主要测试 UE 接收信号 SS-RSRP/SS-SINR 是否异常，确认天线连接是否异常、天线安装位置是否合理、周边无线环境是否存在建筑阻挡、硬件安装时方位角以及下倾角是否与设计一致等。

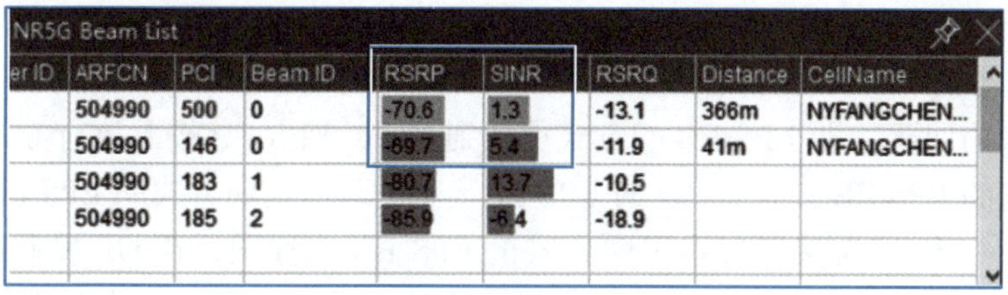
NR5G Beam List

er ID	ARFCN	PCI	Beam ID	RSRP	SINR	RSRQ	Distance	CellName
	504990	500	0	-70.6	1.3	-13.1	366m	NYFANGCHEN...
	504990	146	0	-69.7	5.4	-11.9	41m	NYFANGCHEN...
	504990	183	1	-80.7	13.7	-10.5		
	504990	185	2	-85.9	-6.4	-18.9		

图 7-1-1　覆盖业务测试

该项测试需要按照选定路线对待测小区进行信号测试，建议采用数据业务测试方法，尽可能遍历基站周边主要道路。根据测试的信号输出区域站点覆盖图，对比各小区 SS-RSRP/SS-SINR 覆盖情况，分析是否与覆盖预期一致。

2. 接入业务测试

通过接入业务测试（见图 7-1-2），可以检测待测站点下的 5G 用户是否能够正常接入 5G 站点，5G 用户接入 LTE 的功能是否正常且尝试添加并驻留 5G NR 小区是否成功。

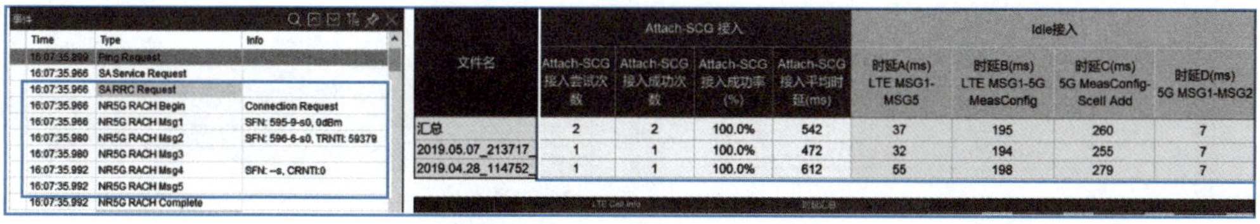
Time	Type	Info
16:07:35.299	Ping Request	
16:07:35.966	SA Service Request	
16:07:35.966	SA RRC Request	
16:07:35.966	NR5G RACH Begin	Connection Request
16:07:35.966	NR5G RACH Msg1	SFN: 595-9-s0, 0dBm
16:07:35.980	NR5G RACH Msg2	SFN: 596-6-s0, TRNTI: 59379
16:07:35.980	NR5G RACH Msg3	
16:07:35.992	NR5G RACH Msg4	SFN: --s, CRNTI:0
16:07:35.992	NR5G RACH Msg5	
16:07:35.992	NR5G RACH Complete	

文件名	Attach-SCG 接入				Idle接入			
	Attach-SCG 接入尝试次数	Attach-SCG 接入成功次数	Attach-SCG 接入成功率(%)	Attach-SCG 接入平均时延(ms)	时延A(ms) LTE MSG1-MSG5	时延B(ms) LTE MSG1-5G MeasConfig	时延C(ms) 5G MeasConfig-Scell Add	时延D(ms) 5G MSG1-MSG2
汇总	2	2	100.0%	542	37	195	260	7
2019.05.07_213717_	1	1	100.0%	472	32	194	255	7
2019.04.28_114752_	1	1	100.0%	612	55	198	279	7

图 7-1-2　接入业务测试

图片

接入业务测试

3. Ping 业务测试

通过 Ping 业务测试（见图 7-1-3），可以检测 5G 小区的 Ping 时延是否正常。采用计算机网络进行测试时，“网络连接类型”选择“当前网络”；采用手机上的 UE Manager 进行测试时，则选择“APP 测试”。根据测试要求配置“测试地址”“包大小”等相关配置项，要注意不同服务器对包大小的限制，如百度要求不超过 1 400 Byte。

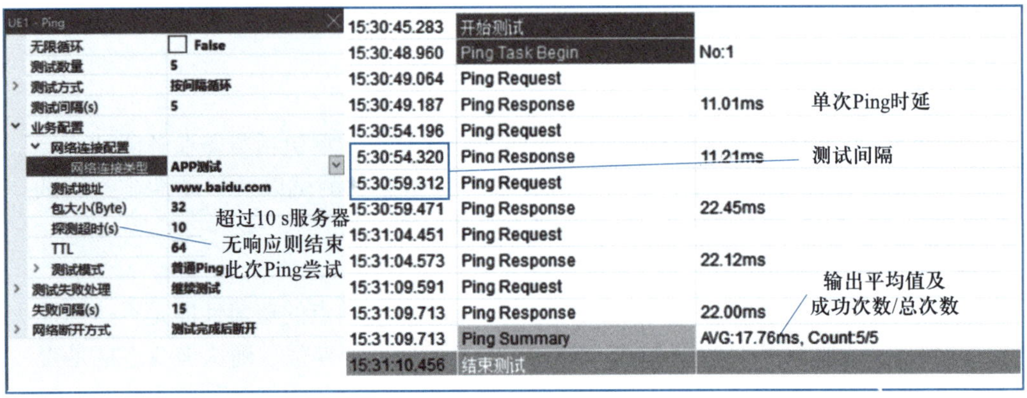

图 7-1-3　Ping 业务测试

4. 语音业务测试

当 5G 网络 VoNR 业务还没有全网商用（即 NR 还无法提供语音业务承载）时，语音业务采用回落，即 EPS FB 的方式承载到 LTE。EPS FB 按照执行方式分为基于测量重定向的 EPS FB、基于 HO 的 EPS FB、基于盲重定向方式的 EPS FB。

图 7-1-4 所示为基于盲重定向方式的 EPS FB 流程图，在 UE 发起语音 SR 及 SIP Invite 消息后，gNB 直接发起 EPS FB，不执行测量阶段，则为基于盲重定向方式的 EPS FB。UE 发起 SR 及 SIP Invite 消息后，无异系统测量过程，gNB 直接发送 RRC Release（其中携带 LTE 频点）消息执行 EPS FB。

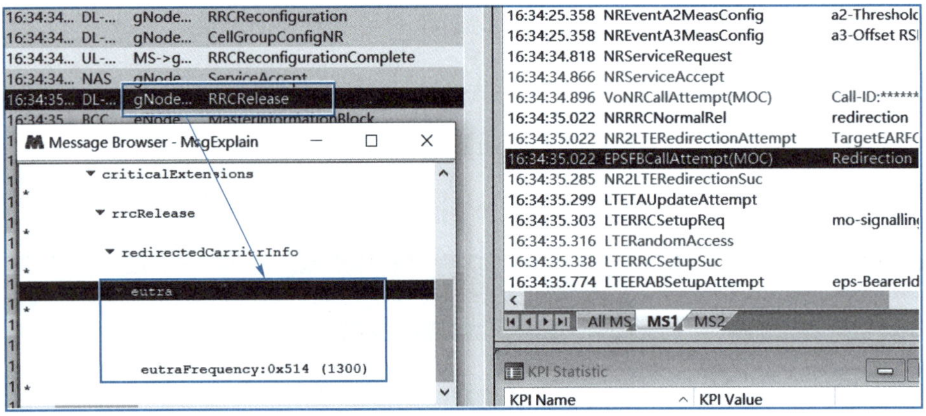

图 7-1-4　基于盲重定向方式的 EPS FB 流程图

5. 数据业务测试

数据业务测试（见图 7-1-5）是 DT 和 CQT 中最主要的测试内容，测试速率的方法主要是 FTP 测试。对于速率测试，可以根据实际项目需要进行定点或移动测试。要注意，在 FTP 测试前，需对 FTP 服务器性能进行验证，确保满足峰值速率需求，同时确保测试硬件配置符合要求，避免因为服务器或测试设备的问题对测试结果造成影响。

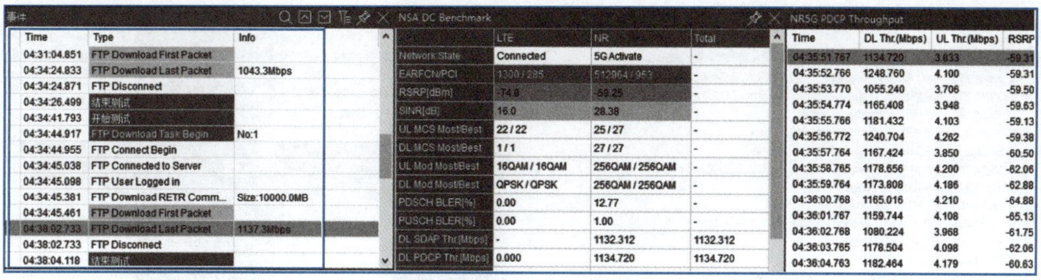

事件

Time	Type	Info
04:31:04.851	FTP Download First Packet	
04:34:24.833	FTP Download Last Packet	1043.3Mbps
04:34:24.871	FTP Disconnect	
04:34:26.499	结束测试	
04:34:41.793	开始测试	
04:34:44.917	FTP Download Task Begin	No:1
04:34:44.955	FTP Connect Begin	
04:34:45.038	FTP Connected to Server	
04:34:45.098	FTP User Logged in	
04:34:45.381	FTP Download RETR Comm...	Size:10000.0MB
04:34:45.461	FTP Download First Packet	
04:38:02.733	FTP Download Last Packet	1137.3Mbps
04:38:02.733	FTP Disconnect	
04:38:04.118	结束测试	

NSA DC Benchmark

	LTE	NR	Total
Network State	Connected	5G Activate	-
EARFCN/PCI	1300 / 285	512964 / 953	-
RSRP[dBm]	-74.8	-59.25	-
SINR[dB]	16.0	28.38	-
UL MCS Most/Best	22 / 22	25 / 27	-
DL MCS Most/Best	1 / 1	27 / 27	-
UL Mod Most/Best	16QAM / 16QAM	256QAM / 256QAM	-
DL Mod Most/Best	QPSK / QPSK	256QAM / 256QAM	-
PDSCH BLER[%]	0.00	12.77	-
PUSCH BLER[%]	0.00	1.00	-
DL SDAP Thr[Mbps]	-	1132.312	1132.312
DL PDCP Thr[Mbps]	0.000	1134.720	1134.720

NR5G PDCP Throughput

Time	DL Thr.(Mbps)	UL Thr.(Mbps)	RSRP
04:35:51.767	1134.720	3.633	-59.31
04:35:52.766	1248.760	4.100	-59.31
04:35:53.770	1055.240	3.706	-59.50
04:35:54.774	1165.408	3.948	-59.63
04:35:55.766	1181.432	4.103	-59.13
04:35:56.772	1240.704	4.262	-59.38
04:35:57.764	1167.424	3.850	-60.50
04:35:58.765	1178.656	4.200	-62.06
04:35:59.764	1173.808	4.186	-62.88
04:36:00.768	1165.016	4.210	-64.88
04:36:01.767	1159.744	4.108	-65.13
04:36:02.768	1080.224	3.968	-61.75
04:36:03.765	1178.504	4.098	-62.06
04:36:04.763	1182.464	4.179	-60.63

图 7-1-5　数据业务测试

图片

数据业务测试

6. NR 小区切换业务测试（SA）

NR 小区切换业务测试（见图 7-1-6）主要是对网络移动性能进行评估。因为小区切换是发生在业务状态下的，因此建议采用数据业务测试方法，通过信令事件观察小区切换是否正常。切换开始事件为 SA HO Request，结束事件为 SA HO Success。

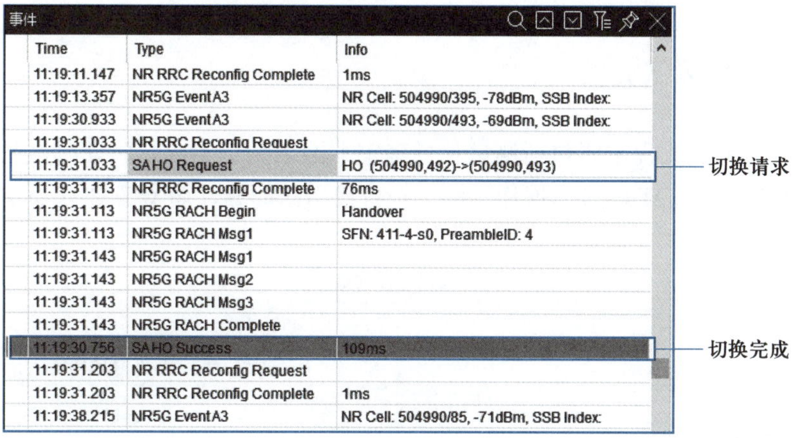

事件

Time	Type	Info
11:19:11.147	NR RRC Reconfig Complete	1ms
11:19:13.357	NR5G Event A3	NR Cell: 504990/395, -78dBm, SSB Index:
11:19:30.933	NR5G Event A3	NR Cell: 504990/493, -69dBm, SSB Index:
11:19:31.033	NR RRC Reconfig Request	
11:19:31.033	SA HO Request	HO (504990,492)->(504990,493)
11:19:31.113	NR RRC Reconfig Complete	76ms
11:19:31.113	NR5G RACH Begin	Handover
11:19:31.113	NR5G RACH Msg1	SFN: 411-4-s0, PreambleID: 4
11:19:31.143	NR5G RACH Msg1	
11:19:31.143	NR5G RACH Msg2	
11:19:31.143	NR5G RACH Msg3	
11:19:31.143	NR5G RACH Complete	
11:19:30.756	SA HO Success	109ms
11:19:31.203	NR RRC Reconfig Request	
11:19:31.203	NR RRC Reconfig Complete	1ms
11:19:38.215	NR5G Event A3	NR Cell: 504990/85, -71dBm, SSB Index:

图 7-1-6　NR 小区切换业务测试

7. 5G 辅站变更业务测试（NSA）

5G 辅站变更业务测试（见图 7-1-7）主要考虑的是主站 LTE 覆盖不变，辅站 NR 发生变化。由于切换发生在 RRC 连接态下，建议采用数据业务上传或下载的测试方法配置相应测试任务。当 NR 小区发生变化时，5G 终端在 4G 锚点小区上报 A3 测量报告，包含 5G 辅小区邻区信息；eNB 发起切换，下发重配置消息，包含目标小区信息，之后终端发送重配置完成消息并在目标小区随机接入完成。

可通过测试软件切换事件判断变更是否成功，通过软件报表最终统计辅站变更成功率。

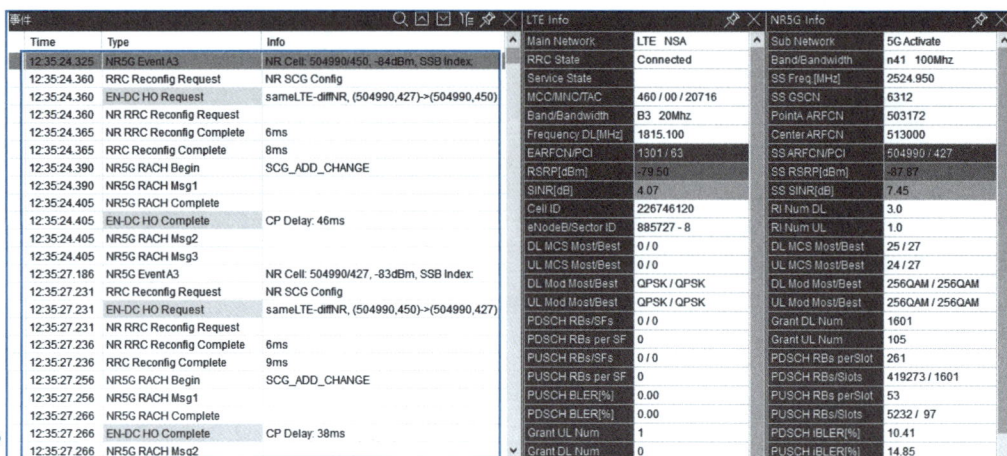

图 7-1-7　5G 辅站变更业务测试

7.2　5G 网络测试流程与内容

7.2.1　5G 网络测试流程

5G 网络测试流程主要包括测试目标确定、网络测试（单站验证测试与簇测试）准备、网络测试（DT/CQT）操作、测试报告输出四部分，如图 7-2-1 所示。

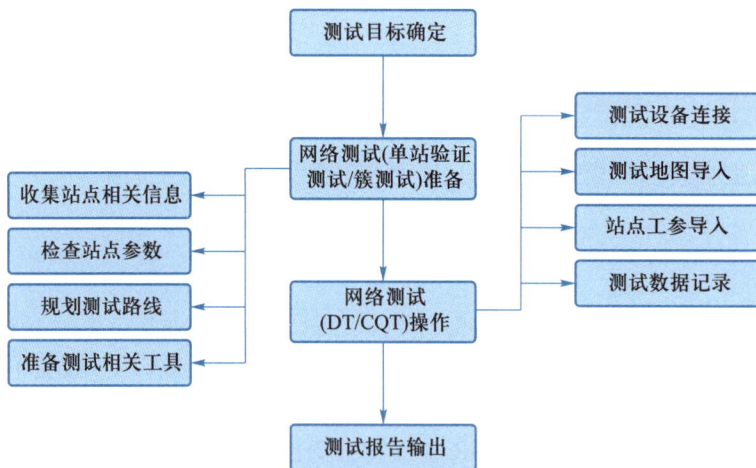

图 7-2-1　5G 网络测试流程

1. 测试目标确定

结合客户下发的特定站点或者特定区域网络平稳运行应该达到的 KPI 考核指标，对相关区域进行定期或者不定期的拉网检查，通过拉网数据评估相关指标是否达标。若不达标，需对出现异常或者不达标的指标进行针对性的分析、优化处理。

如此，不断进行"测试→评估→分析优化→测试"的循环，直到网络运行指标达到考核值。

KPI 考核指标定义：如簇测试优化（簇 A）要求"5G 网络测试覆盖率（SS-RSRP ≥ -93 dBm 且 SS-SINR ≥ -3 dB 的采样比例）"指标达到 97.50%。

2. 网络测试（单站验证 / 簇测试）准备

（1）收集站点相关信息

① 基础信息，具体包括：经纬度信息、站点在地图中的具体位置、站点周边环境及站点联系人信息。

② 基站安装信息，具体包括：天线类型（AAS、8T8R、4T4R 等）、工程参数、天面位置、天线安装位置、天线方位角和机械下倾角等信息。

③ 基站告警信息：确认基站无告警，工作运转正常。

（2）检查站点参数

检查 5G 站点小区的频点、PCI、功率、重选参数、选择参数、切换参数、5G 系统内邻区以及与锚点小区间的邻区配置。

（3）规划测试线路

进行单站验证测试时，由于要在站点覆盖范围内进行测试，因此要提前对周围道路情况进行分析，为定点测试确定候选位置区域，为移动性测试选择符合测试要求的线路。

对于簇测试，测试路线需要包括行车道路的相关区域，且尽量穿越该簇区域所有站点小区，需要设置双向测试。

（4）准备测试相关工具

规划测试路线之后，需要根据测试要求，准备相关测试工具，主要包括测试笔记本式计算机（已安装测试软件）、测试终端、GPS、核心网服务器（用作 FTP 上传 / 下载服务器）、测试卡、车载逆变器、测试车辆等。

3. 网络测试（DT/CQT）操作

在测试数据采集期间，测试软件可同时采集 GPS 信号，能确切地定位到具体的道路和地点；通过测试可获得对应区域的网络测试数据，并准确地发现网络中存在的问题，这一点依靠信令仪表和后台统计数据是无法实现的。

（1）网络测试方法

① DT，即驱车路测，也称为驱车覆盖测试，是在驱车沿一定道路行驶的过程中测试无线网络性能的一种方法。在 DT 中可模拟实际用户，进行不同类型的呼叫，不断上传或下载文件，记录测试数据，通过测试软件的统计分析，获得网络性能的一些指标。测试时主要关注下行信号电平、下行信号质量、小区切换、小区重选、呼叫统计等路测 KPI 指标，测试后需整理测试报告，以备后续进行网络问题分析。

② CQT，即呼叫质量测试，是在固定的地点测试无线网络性能的一种方法。这种测试方式比较常用，就是使用终端在一些地点进行拨叫，主叫、被叫各占一定比例，最后对测试结果进行统计分析，完成主观评判，以便对网络运行情况有直观了解。CQT 除了可以有针对性地对指定的室内区域进行测试以外，还可以用来查找室内覆盖的盲点。

（2）测试软件操作步骤

以 DT 为例，5G 网络测试软件的操作主要包括测试设备连接、测试地图导入、站点工参导入、测试数据记录四个步骤。

① 测试设备连接：将测试终端、GPS 以及硬件加密狗等硬件设备与测试笔记本式计算机相连接，然后打开测试软件，将相关硬件设备与 5G 测试软件连接起来。

② 测试地图导入：完成测试设备、测试笔记本式计算机以及软件的连接后，通过测试软件的"地图导入"功能导入在线地图和提前绘制好的测试路线（预定义测试轨迹）。这样，测试小区信号采样点才会确切地定位到具体的道路和地点。

③ 站点工参导入：为了更加直观地呈现不同路段周边 5G 小区的布置情况，需要通过测试软件的"基站导入"功能导入 5G 站点工参。

④ 测试数据记录：完成以上三步后，需要结合本次测试业务的类型（包括覆盖业务、接入业务、上传/下载业务等）配置匹配的测试计划。完成测试计划的配置后，执行测试计划，同步记录测试数据。这时，测试软件上就会动态出现如图 7-2-2 所示的路测数据轨迹。

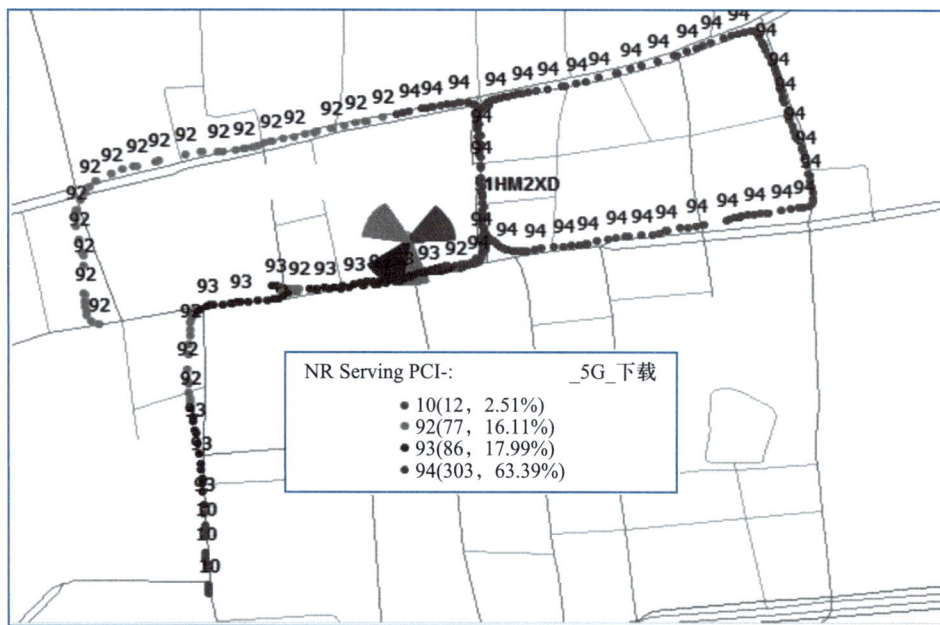

图 7-2-2　路测数据轨迹

完成预定的测试路线测试，或完成特定的站点、区域测试后，便可停止记录测试数据，依次在软件上断开设备连接，并断开硬件设备与测试笔记本式计算机的连接。

4. 测试报告输出

测试人员完成测试任务后，需要结合测试软件进行指标报表统计，整理相关测试区域的 KPI 指标情况，并与测试开始时的目标值进行比对，撰写测试报告。测试报告中应该包括：本次测试的单站或簇区域、测试的业务、性能指标情况、与目标值之间的对比、存在的问题、后续跟进计划等。

7.2.2　5G 网络测试工具

目前，网络测试常采用测试笔记本式计算机（含测试软件）+ 测试终端的方式，随着智能手机终端的发展，手持终端测试也变得越来越常见。这两种测试方式仅针对测试量较小、测试网络相对简单的场景。随着 5G 网络的建设，运营商的组网变得更加复杂，多制式、多频率组网给测试带来了挑战。为了应对大规模的网络测试评估，目前运营商多采用自动路测仪来完成测试工作，集成多制式网络，可同时完成 2G/3G/4G/5G、移动 / 联通 / 电信多家运营商的对比同步测试。下面具体介绍日常使用的 5G 网络测试工具。

1. 测试软件

目前各运营商优化合同中采购的常见测试软件有 SPark（万思维）、Pioneer（鼎利）、GENEX Probe/Assistant（华为）。各软件实现的功能大同小异，均能够适配市面上主流的测试及商务终端。常见测试软件如图 7-2-3 所示。

2. 测试笔记本式计算机

测试笔记本式计算机是安装了测试软件的笔记本式计算机，需与测试终端搭配使用，一起进行网络测试，如图 7-2-4 所示。

图 7-2-3　常见测试软件

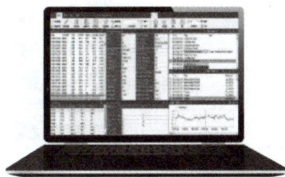

图 7-2-4　测试笔记本式计算机

3. 测试终端

早期的 5G 测试主要采用华为 CPE，它集成了路由器和 5G Modem 的功能，提供 Wi-Fi 及 5G 无线接入。随着手机厂商 5G 终端的发布，目前的测试终端包括了市面上主流的商务终端。常见测试终端如图 7-2-5 所示。

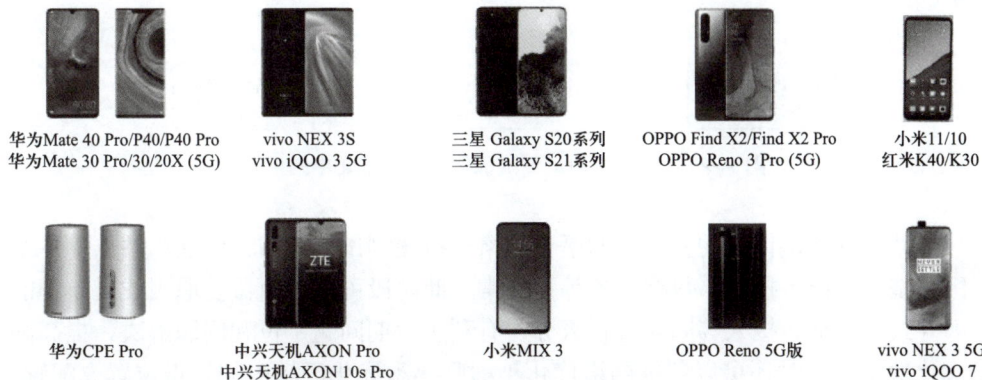

华为Mate 40 Pro/P40/P40 Pro
华为Mate 30 Pro/30/20X (5G)

vivo NEX 3S
vivo iQOO 3 5G

三星 Galaxy S20系列
三星 Galaxy S21系列

OPPO Find X2/Find X2 Pro
OPPO Reno 3 Pro (5G)

小米11/10
红米K40/K30

华为CPE Pro

中兴天机AXON Pro
中兴天机AXON 10s Pro

小米MIX 3

OPPO Reno 5G版

vivo NEX 3 5G
vivo iQOO 7

图 7-2-5　常见测试终端

4. 手持终端

手持终端是安装有测试 App 的手机，可以单独使用，进行网络测试，如图 7-2-6 所示。

5. 自动路测仪

自动路测仪采用嵌入式处理平台和模块化设计，集成度高，体积小，如图 7-2-7 所示。它内置多个专业无线模块，支持 2G/3G/4G/5G 多种制式、多种频段，有独立的测试通道设计，主要用于日常网络优化和网络评估测试。自动路测仪的远程控制和管理模式可提高效率，降低人工成本；其不间断的测试和海量数据采集可帮助运营商更全面地捕捉网络异常。

6. GPS

GPS 的主要作用是利用卫星定位采集站点经纬度，如图 7-2-8 所示。室外道路测试中的测试轨迹就是依赖 GPS 打点生成的。

7. 扫频仪

扫频仪的主要作用是按频率输出测试区域信号强度，多用于网络初始建设阶段的清频工作、干扰排查等，如图 7-2-9 所示。

图 7-2-6　手持终端　　图 7-2-7　自动路测仪　　图 7-2-8　GPS　　图 7-2-9　扫频仪

7.2.3　单站验证测试优化

单站验证测试优化是指在基站硬件安装调试完成后，对单个站点的设备功能和覆盖能力进行自检和验证。单站验证测试优化在网络优化中的位置如图 7-2-10 所示。

图 7-2-10　单站验证测试优化在网络优化中的位置

单站验证测试优化的主要目的是在网络进行簇测试优化前，保证单站点下各个小区的基本功能（接入、数据业务等）正常。此阶段可以将由覆盖原因或设备功能原因导致的掉话、接入等问题进行区分，有利于后期问题定位和问题解决，提高网络优化效率；同时还可以帮助网络优化工程师熟悉优化区域内的站点位置、配置、周围无线环境等信息，为下一步的优化打下基础。

单站验证测试优化工作主要涉及站点状态核查、工程参数验证、无线参数验证、测试路线规划、定点业务性能验证、路测覆盖验证、问题记录与解决和单站验证报告输出等环节。

1. 站点状态核查

开展单站验证测试优化工作前，应首先与后台工程师确认所需要验证的站点已经开通、邻区添加完毕并且不存在影响测试的告警，之后方可进行单站验证测试优化工作。需要对已开通站点的运行状态及驻波情况进行核查，对于故障站点，应及时通知产品督导进行处理；对于正常运行状态站点，应将其纳入单站优化测试计划。

2. 工程参数验证

检查站点经纬度、天线方位角、下倾角等是否与规划数据一致，主覆盖方向是否存在高大建筑物阻挡等问题。对于 NSA 基站，5G 小区的方位角、机械下倾角和电子下倾角应尽量和 4G 锚点小区一致，以保证 5G 小区覆盖和 4G 锚点小区覆盖基本一致。如有例外情况，如 5G 小区的天线位置和 4G 锚点小区的天线位置差异较大，则需要根据实际天面的情况，调整 5G 方位角和下倾角。5G 工参的调整目标是保证 5G 小区覆盖和 4G 锚点小区覆盖基本一致。

3. 无线参数验证

检查站点小区的频点、LAC（位置区码）、TAC（跟踪区码）、CID（基站编号）、PCI、PRACH、发射功率等参数是否与规划数据一致。

4. 测试路线规划

按照待验证站点的覆盖场景，基本可以将站点划分为三类：城市站点、远程站点、高速公路站点。针对每类测试站点，设计测试路线时的要求各有不同，但应为每个站点定义一个以站点为圆心的测试圈。此外，测试线路需要连接同一站点下各扇区的测试点，要求测试路线上尽量避免建筑物信号阻挡。测试路线应尽可能涵盖待测基站各扇区覆盖方向上的公路；测试路线应当超过测试圈的规定区域，且直到测试到邻区站点发生切换为止。单站验证测试优化定点测试位置选择与测试路线规划如图 7-2-11 所示。

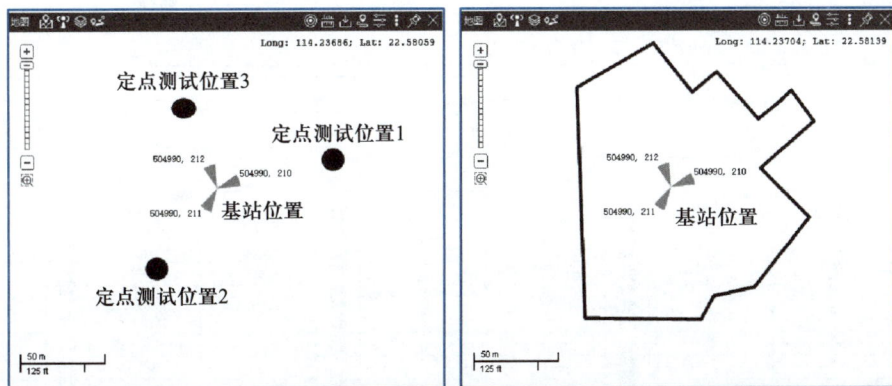

图 7-2-11　单站验证测试优化定点测试位置选择与测试路线规划

5. 定点业务性能验证

单站验证测试优化业务主要包括覆盖业务、接入功能业务、上传业务、下载业务、EPS FB 业务、Ping 业务、切换业务以及移动性业务等。应选择在定点强场下，进行双连接接入、上传和下载业务，验证测试结果是否达标。定点强场标准：在 SSB 时域 / 频域位置相同，强碰撞的情况下，SS-RSRP 大于 −80 dBm，同时 SS-SINR 大于 10 dB。

单站验证测试点信道条件要求如下：

① 极好点：SS-RSRP ≥ −70 dBm 且 SS-SINR ≥ 25 dB。

② 好点：−80 dBm ≤ SS-RSRP < −70 dBm 且 15 dB ≤ SS-SINR < 20 dB。

③ 中点：−90 dBm ≤ SS-RSRP < −80 dBm 且 5 dB ≤ SS-SINR < 10 dB。

④ 差点：−100 dBm ≤ SS-RSRP < −90 dBm 且 −5 dB ≤ SS-SINR < 0 dB。

6. 路测覆盖验证

进行站点的绕圈覆盖路测，验证站点三扇区覆盖范围是否合理，是否存在天馈接反的情况，是否存在越区覆盖，切换功能是否正常。

7. 问题记录与解决

对于单站验证测试优化过程中发现的问题，需要在单站验证报告中详细记录，并对问题进行简单分析、解决和再次验证。

8. 单站验证报告输出

在满足单站验证指标目标值后，NR 基站满足入网条件，需要输出基站的单站验证报告，报告内容包括：

① NR 基站基础参数，包括核实的经纬度，小区的方位角、下倾角、PCI 等。

② NR 基站覆盖指标，包括 NR 辅站峰值速率、Ping 时延指标、NR 辅站建立成功率、NR 的 SS-RSRP 和 SS-SINR 覆盖打点图等。

单站验证报告模板（部分）如图 7-2-12 所示。

中国移动通信 CHINA MOBILE 移动信息专家

5G单站优化报告（室外站）

基站描述

站名：	亦庄宝善村西	日期：	2019/6/25
站号：	RBJ303063-1	地市：	北京市
区县：	大兴区	站型：	室外宏站
地址：	亦庄宝善村西	配置：	S111
设备类型：	RBS6601		

参数优化

基站参数	规划数据	综资数据	验证通过	备注
经度（度）	116.49017	116.49017		精确到小数点后6位，不考核
纬度（度）	39.77001	39.77001		精确到小数点后7位，不考核
NR TAC	4302	4302	通过	
NR gNBID	700181	700181	通过	

小区参数	RBJ303063-1A			RBJ303063-1B			RBJ303063-1C			备注
	规划数据	综资数据	结果	规划数据	综资数据	结果	规划数据	综资数据	结果	
NCI	11471765515	11471765515	通过	11471765525	11471765525	通过	11471765535	11471765535	通过	
NR PCI	489	489	通过	490	490	通过	491	491	通过	
频段	78	78	通过	78	78	通过	78	78	通过	
NR SSB频点	636672	636672	通过	636672	636672	通过	636672	636672	通过	
NR带宽(MHz)	100000	100000	通过	100000	100000	通过	100000	100000	通过	
NR子载波间隔(kHz)	30	30	通过	30	30	通过	30	30	通过	
天线挂高（米）	40	40	通过	40	40	通过	40	40	通过	
方位角（度）	0	0	通过	120	120	通过	240	240	通过	
总下倾角（度）	0	0	通过	0	0	通过	0	0	通过	
预制电下倾（度）	0	0	通过	0	0	通过	0	0	通过	
机械下倾角（度）	0	0	通过	0	0	通过	0	0	通过	
天线垂直半功率角（度）	15	15	通过	15	15	通过	15	15	通过	
天线水平半功率角（度）	65	65	通过	65	65	通过	65	65	通过	
天线厂家			通过			通过			通过	
天线型号			通过			通过			通过	

图 7-2-12　单站验证报告模板（部分）

7.2.4　簇测试优化

当特定优化区域所有小区通过单站验证测试优化，表明站点不存在功能性问题，单站验证测试优化阶段结束后，就进入簇测试优化阶段。簇测试优化是 5G 无线网络优化的重要组成部分，需要在单站验证测试优化后和全网测试优化前实施，如图 7-2-13 所示。

图 7-2-13　簇测试优化在网络优化中的位置

通过簇测试优化，可检查对应区域 5G 小区存在的覆盖问题（包括越区覆盖、重叠覆盖、弱覆盖、SINR 异常）、接入问题、切换问题、速率问题，以便及时进行处理及优化。

一般来说，根据基站开通情况，对于密集城区和一般城区，应选择开通基站数量大于 95% 的簇进行测试优化。在簇测试优化开始之前，除了要确认基站已经开通外，还需要检查簇内所有基站是否存在影响业务的告警，确保进行测试优化的基站正常工作。

1. 簇划分原则

簇测试优化前需要把目标区域划分成不同的簇。合理的簇划分能够提升路测和优化效率，并能充分考虑邻区的影响。簇划分需要与客户协商达成一致，关于划分原则有以下建议：

① 簇内站点数量应根据实际情况，以 20~30 个站点为一簇，不宜过多或过少。

② 同一簇不应跨越不同类型的区域，如城区和郊区要分开。

③ 可参考运营商 LTE 现网的簇划分。

④ 需考虑地形因素影响：山脉会阻碍信号传播，是簇划分的天然边界。河流会导致无线信号传播得更远，对簇划分的影响是多方面的：如果河流较窄，需要考虑河流两岸信号的相互影响，如果交通条件许可，应当将河流两岸的站点划分在同一簇中；如果河流较宽，更应关注河流上下游间的相互影响，并且这种情况下通常两岸交通不便，需要根据实际情况以河道为界划分簇。

⑤ 需考虑路测工作量因素影响：在划分簇时，需要考虑每一簇中的路测可以在一天内完成，通常以一次路测时间为 3~4 h 为宜。

2. 簇测试路线规划

在制定簇测试路线的过程中，要重点关注 VIP 区域的网络情况，注意是否存在明显或较严重的问题点，对这些问题点要优先分析解决。

规划簇测试路线时应考虑以下因素：

① 测试路线必须涵盖主要街道、重要地点和 VIP/VIC。

② 为了保证优化效果，测试路线应涵盖所有小区。

③ 考虑到后续全网优化，测试路线应包括相邻簇的边界部分。

④ 往返双向测试有利于问题的暴露。基于风险及工作量考虑，一般路段可以采用单向测试，VIP 路段建议采用双向测试。

⑤ 车速要求，一般路测建议车速控制为 30～40 km/h。

⑥ 在确定测试路线时，要考虑诸如单行道、转弯限制等实际情况的影响，应遵守当地交通规则。

⑦ 重复测试路线要区分表示。在规划测试路线时，会不可避免地出现交叉和重复情况，可以用带方向的不同颜色线条进行标注。

3. 簇测试项目及说明

簇测试项目及说明见表 7-2-1。

表 7-2-1　簇测试项目及说明

测试类型	测试项目	测试说明
FTP 大包持续上传 / 下载	全网覆盖率（SS-RSRP 及 SS-SINR）	指 SS-RSRP 及 SS-SINR 同时高于一定门限值的比例，具体门限值按照网络建设需求确定
	用户平均吞吐量	持续进行 FTP 上传 / 下载，完成测试后统计上传 / 下载平均速率
	切换成功率	持续进行 FTP 下载，统计切换性能，切换成功率 =（切换成功次数 / 切换尝试次数）×100%
	切换时延	包括切换控制面时延及切换用户面时延
FTP 小包间隔循环上传 / 下载	掉线率	掉线率 =（掉线次数 / 成功完成连接建立次数）×100%
	连接建立成功率	连接建立成功率 =（成功完成连接建立次数 / 终端发起分组数据连接建立请求总次数）×100%
	连接建立时延	连接建立时延等于从终端发出 RRC Connection Reconfiguration Complete 到终端发出第一条 RACH Preamble 的时间
	寻呼成功率	寻呼成功率 =（成功完成寻呼次数 /EPC 发起寻呼请求总次数）×100%
VoLTE 循环短呼	EPS FB 端到端成功率	5G 终端的 VoLTE 呼叫成功率
	EPS FB 呼叫时延	5G 终端的 VoLTE 呼叫时延

4. 簇测试优化报告输出

簇测试结束后，测试人员需要及时对采集好的数据进行各项测试指标统计，并结合相关统计结果，撰写测试报告。再针对簇测试发现的覆盖问题、切换问题、接入问题、掉话问题等网络问题，进行针对性的分析，并优化处理，最后输出簇测试优化报告。

簇测试优化报告需包括以下几方面内容：

① 簇区域基本情况简介，包括网络结构、地理环境、业务环境；

② 簇区域基站开通运行情况、功能开启情况，例如某区域已开通基站分布情况；

③ 测试路线及测试区域描述；

④ 优化前指标情况；

⑤ 问题点汇总；

⑥ 各问题点详细分析和解决建议；

⑦ 各问题点调整后情况；

⑧ 后续优化建议；

⑨ 遗留问题汇总。

7.3　5G 网络测试软件操作案例

PPT
5G 网络测试软件
操作案例

微课

5G 网络测试软件
操作案例

1. 5G 网络测试软件概述

SPark 是基于 PC 系统的 5G/IoT 等多网络多制式路测系统，它集网络测试、网络评估、问题分析、优化建议等功能于一体，具备灵活可配置的自动化测试、数据汇聚、数据管理和数据后处理特性，是一种适用于无线网络覆盖评估、业务模拟测试、故障处理、验证、优化和维护等全生命周期的理想化工具。SPark 软件操作界面如图 7-3-1 所示。

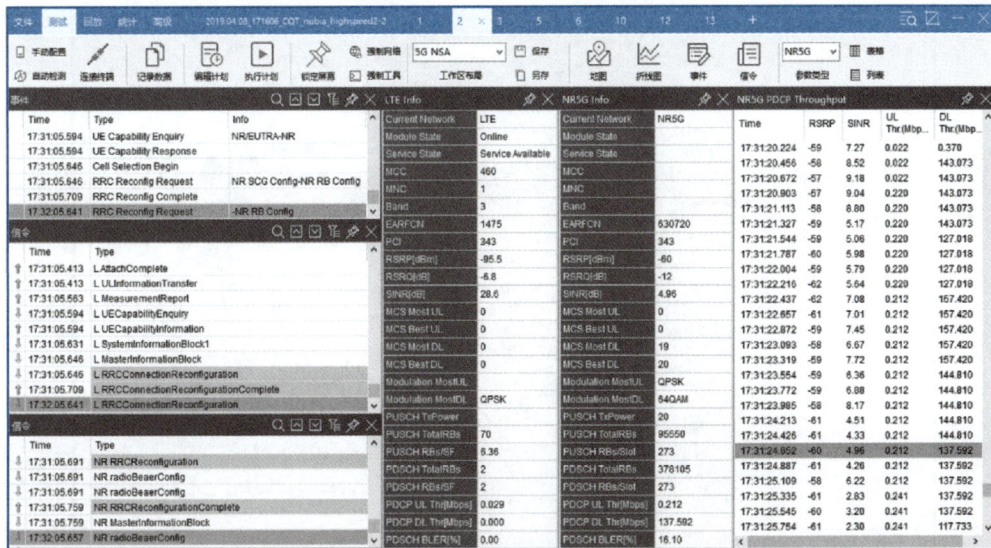

图 7-3-1　SPark 软件操作界面

2. SPark 软件测试操作示例（DT）

（1）接入设备连接终端

将测试笔记本式计算机、硬件加密狗进行物理连接，然后打开 SPark 软件，连接测试终端。SPark 设备连接如图 7-3-2 所示。

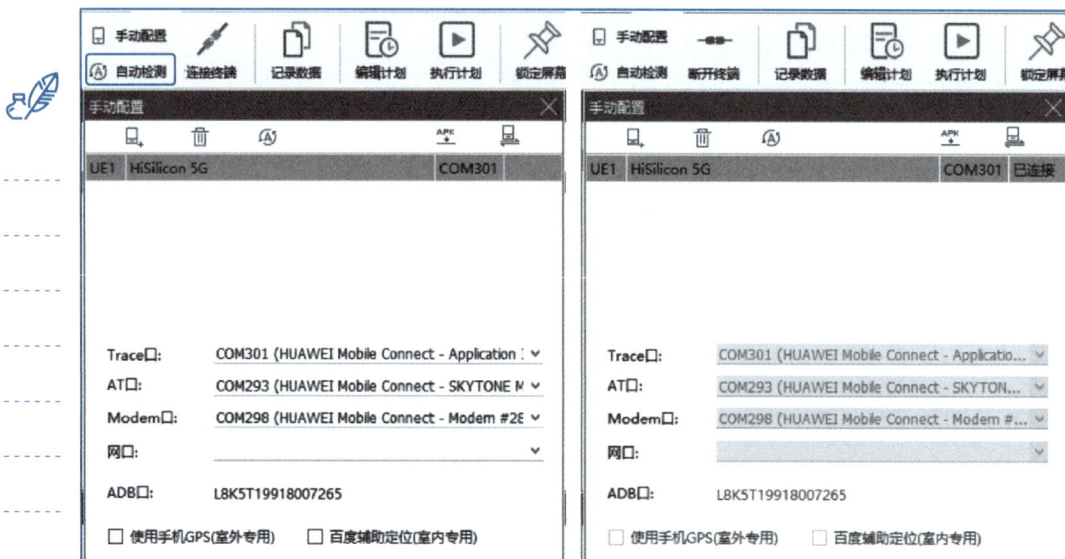

图 7-3-2　SPark 设备连接

（2）选择在线地图 / 导入计划路线

如图 7-3-3 所示，选择需要显示的在线地图，导入测试计划路线。

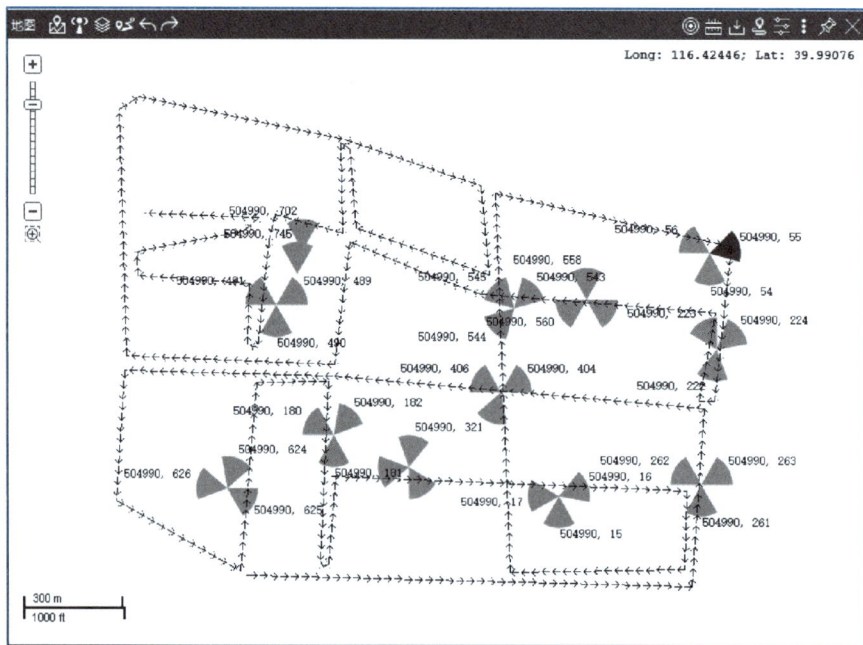

图 7-3-3　选择在线地图 / 导入计划路线

（3）导入工参

如图 7-3-4 所示，按照工参模板制作最新的站点工参，一般包括经纬度、基站名称、小区名称、频点、PCI、天线方位角、天线下倾角等参数信息，通过"基站导入"功能导入工参。

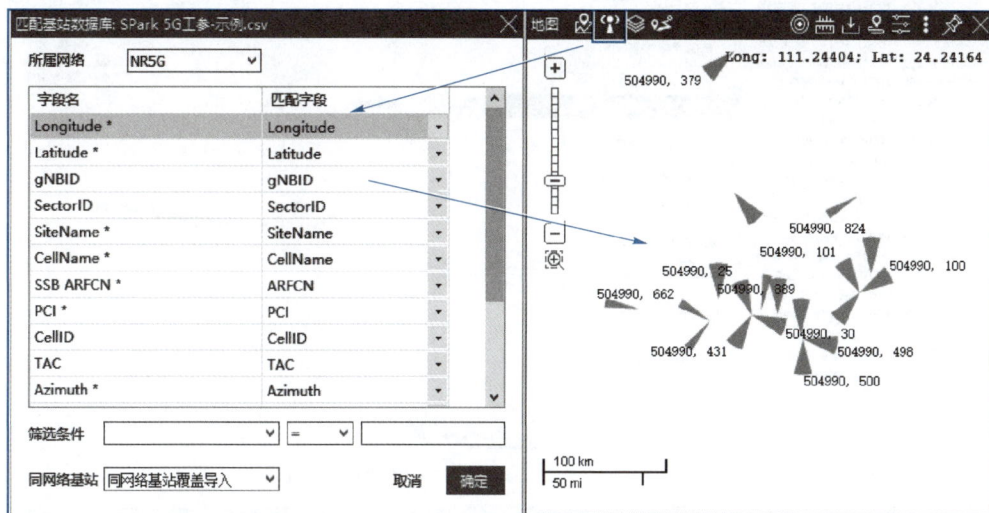

图 7-3-4　导入工参

（4）设置图例

如图 7-3-5 所示，单击图例中的▤按钮，可自定义当前图例参数。选中多个参数左侧的复选框，可同时在地图窗口中显示多个参数，通常设置显示 RSRP 和SINR 这两个参数。

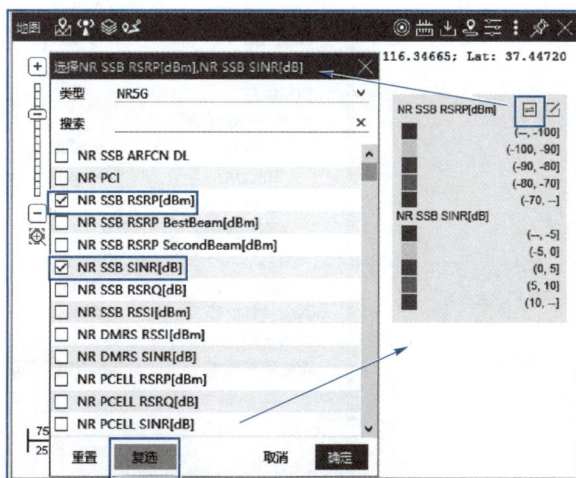

图 7-3-5　设置图例

（5）预设窗口

如图 7-3-6 所示，可预先将异常事件设定成图标，在地图窗口中显示，方便测试过程中留意，如 SCG Failure NR 事件等。

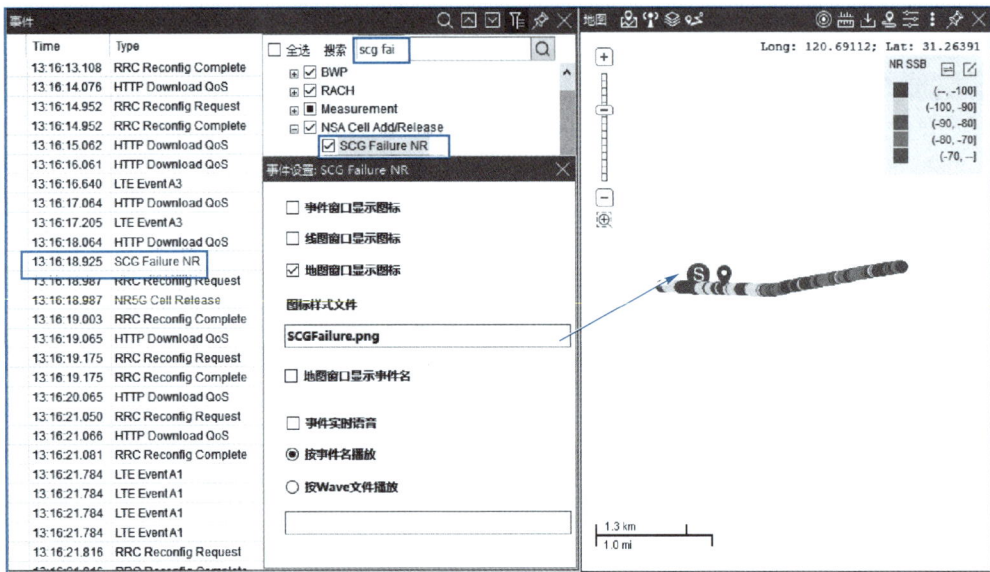

图 7-3-6　预设窗口

（6）配置测试计划

编辑测试计划，选择需要的测试业务计划，如 Ping、语音等，如图 7-3-7 所示。

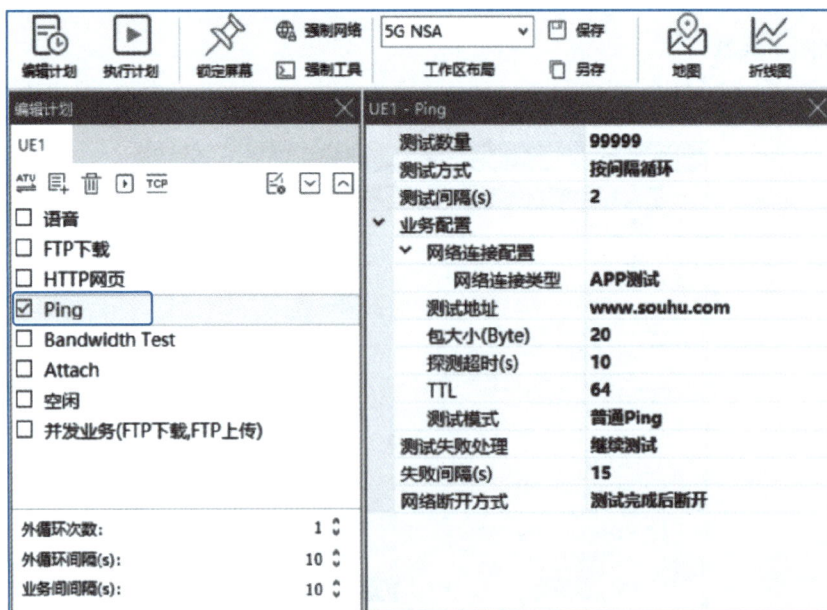

图 7-3-7　配置测试计划

（7）记录数据并执行计划

配置测试计划后，单击"记录数据"按钮，会弹出"记录数据"对话框，需要对测试数据进行命名，数据名一般包括测试时间与地点，如图 7-3-8 所示。单击"确定"按钮后开始记录数据，再单击"执行计划"按钮执行测试计划，测试完毕会保存数据。

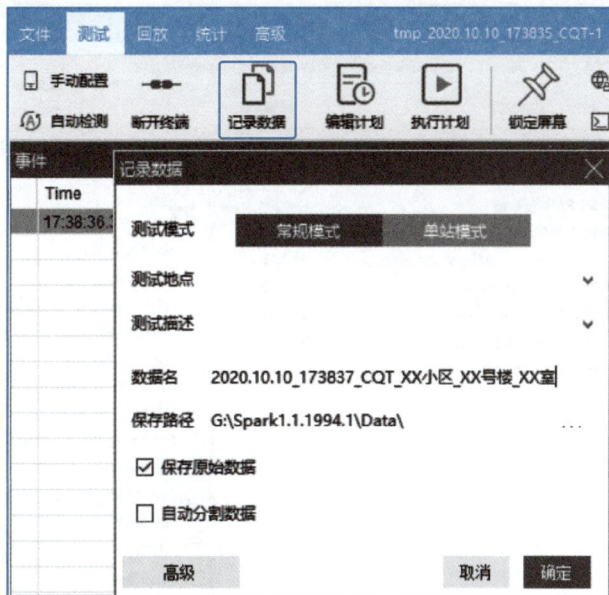

图 7-3-8　记录数据

（8）查看实时 KPI 及参数

如图 7-3-9 所示，用户可在实时 KPI 窗口中查看测试总里程、平均车速、测试总时长等信息，测试过程中，这些指标会实时累计。

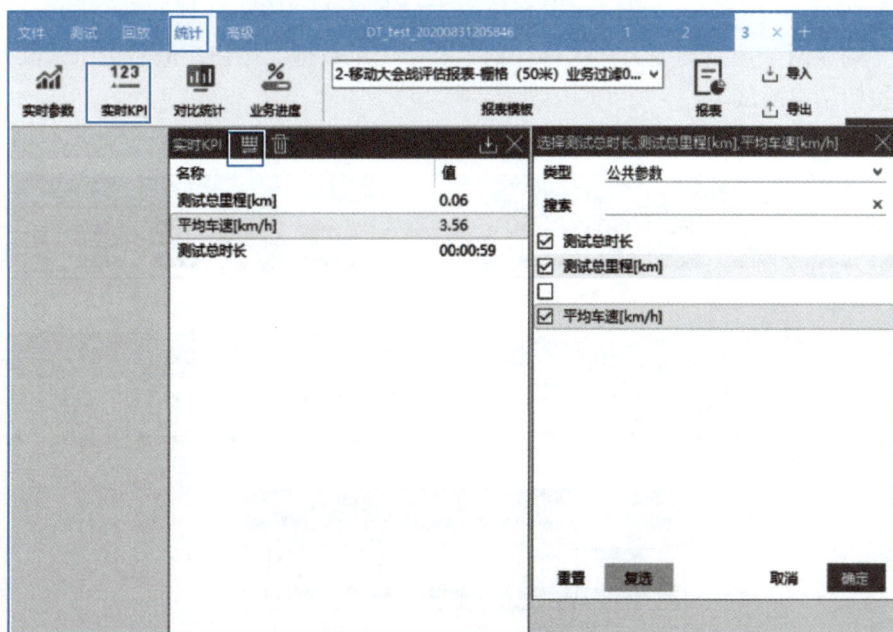

图 7-3-9　查看实时 KPI

如图 7-3-10 所示，用户可在实时参数窗口中自定义查看各类指标，显示结果会对所有采样点进行统计，实时计算平均值，即每增加一个采样点，都会进行累计并求平均值。

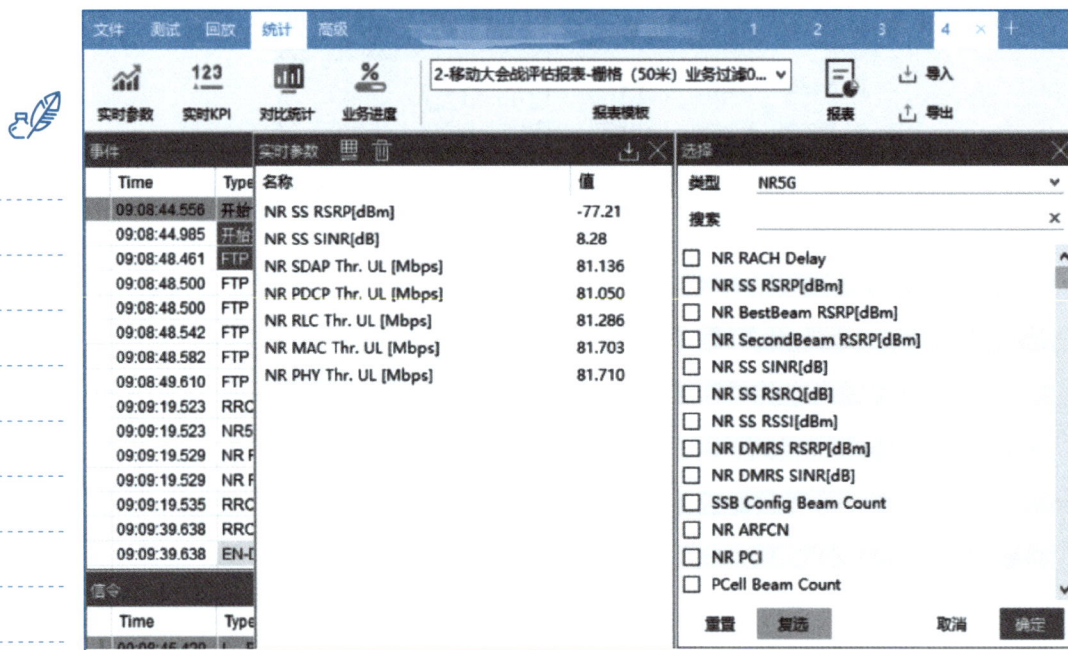

图 7-3-10　查看实时参数

（9）结束测试

如图 7-3-11 所示，测试结束到达终点后，单击"终止计划"和"结束记录"按钮，则这两个按钮会变为"执行计划"和"记录数据"按钮，最后单击"断开终端"按钮结束测试。

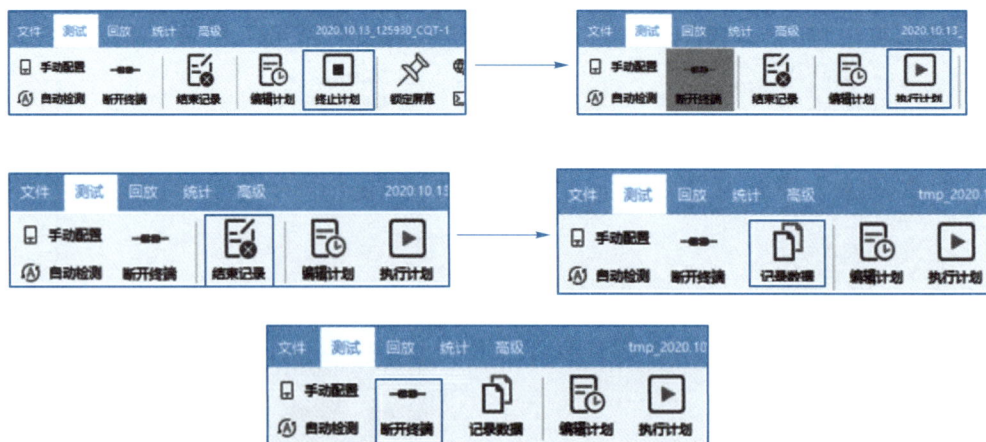

图 7-3-11　结束测试

📖 知识点总结

1. 5G 网络测试基础指标：SS-RSRP、SS-SINR，另外从"占得上、驻留稳、体验优"三个维度共计梳理出 23 个主要指标。

2. 5G 网络基础测试业务类型：覆盖业务测试、接入业务测试、Ping 业务测试、语音业务测试、数据业务测试、移动性业务测试（包括 NR 小区切换业务测试和 5G 辅站变更业务测试）。

3. 5G 网络测试流程：测试目标确定，网络测试（单站验证测试与簇测试）准备，网络测试（DT/CQT）操作，测试报告输出。

4. 5G 网络测试工具：测试软件、测试笔记本式计算机、测试终端、手持终端、自动路测仪、GPS、扫频仪。

5. 单站验证测试优化：站点状态核查，工程参数验证，无线参数验证，测试路线规划，定点业务性能验证，路测覆盖验证，问题记录与解决，单站验证报告输出。

6. 簇测试优化：簇划分原则，簇测试路线规划，簇测试项目及说明，簇测试优化报告输出。

7. 5G 网络测试软件操作案例：5G 网络测试软件介绍，SPark 软件测试操作案例（DT）。

⚙️ 思考与练习

一、客观题（扫码在线答题）

二、主观题（扫码查看题目）

第8章

5G 无线网络优化

随着5G网络的大规模建设，为满足三大应用场景高速率、大连接、高可靠、低时延的性能需求，网络质量面临着前所未有的挑战。5G网络主要包括交换传输系统和无线基站系统两部分，其中无线基站系统部分具有诸多不确定因素，对5G网络的影响很大，其性能优劣常常成为影响5G网络质量的决定性因素。当网络运营商发现5G网络中存在诸如覆盖不好、语音质量差、掉话、网络拥塞、切换成功率低、未开通某些新功能等问题时，需要对5G网络进行优化。通过反复持续地进行5G网络优化（见图8-0-1），可减少网络呼叫建立时间，减少掉话次数，提升覆盖率、接通率和切换率，改善通话语音质量，使5G网络拥有较高可用性和可靠性，减少用户投诉。

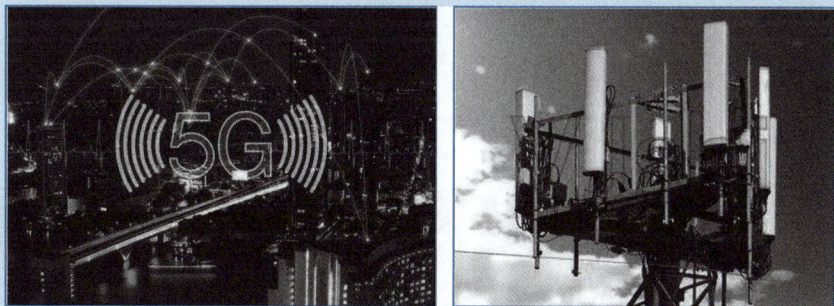

图 8-0-1　5G 网络优化

知识图谱（图 8-0-2）

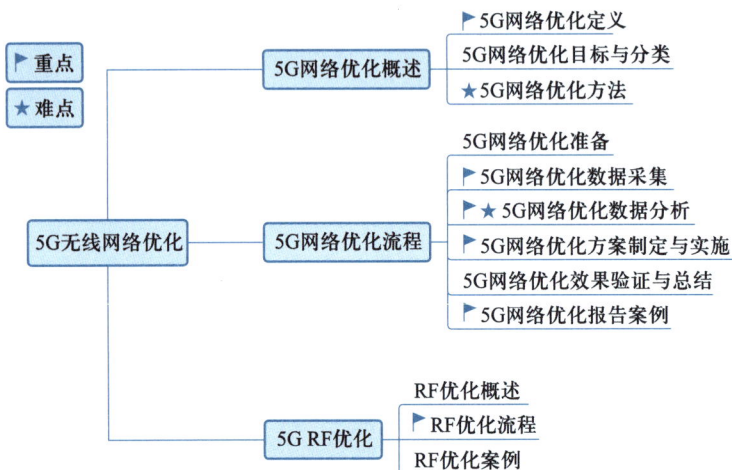

图 8-0-2　5G 无线网络优化知识图谱

8.1　5G 网络优化概述

8.1.1　5G 网络优化定义

所谓 5G 网络优化，是指对正式投入运行的 5G 网络进行数据采集、数据分析，找出影响 5G 网络运行质量的原因，并通过对系统参数的调整和对系统设备配置的调整等技术手段，使 5G 网络达到最佳运行状态，使现有 5G 网络资源获得最佳效益，同时也对 5G 网络今后的维护及规划建设提出合理建议。

8.1.2　5G 网络优化目标与分类

5G 网络优化的目标是最大化用户价值，实现覆盖、质量、容量和投入成本的最佳组合。通过 5G 网络优化，运营商可以提高利润率，节省成本，提高网络运营指标和运营质量，消除隐患，使网络处于最佳运行状态；用户可以获得更好的体验和感知度，享受超高速率、超低时延、海量连接的多场景一致性体验。

5G 网络优化按网络所处的阶段分为 5G 网络工程优化和 5G 网络日常优化。

1. 5G 网络工程优化

5G 网络工程优化主要是在网络建设初期进行的，其目的是解决工程建设导致的问题，优化的重点在天馈系统和解决设备故障以达到相应考核指标。工程优化主要涉及站点的开通、验收过程，目标是确保站点顺利入网，达到预期的覆盖以及业务需求。工程优化一般由各设备厂商进行。

5G 网络建设初期的工程优化，包括单站验证、簇优化和全网优化，是一个从点到线再到面的循序渐进的优化过程，如图 8-1-1 所示。工程优化的目的是逐步优化、完善新建网络，直至其满足验收标准。

图 8-1-1　工程优化过程

① 单站验证：单站验证是工程优化的基础工作，目的是保证站点各个小区的信号覆盖和业务正常，保证工程安装、参数配置与规划方案一致，为后续的网络优化打下基础。单站验证是针对单个站点的优化评估过程，是网络优化的基础，单站验证无法体现网络的整体运行状况。

② 簇优化：簇优化是工程优化的重要组成部分，在单站验证完成后、全网优化前进行。当基站簇中 80% 以上的 NR 基站开通后，即可开始对该簇进行整体测试和优化工作。每个簇通常包含 20～30 个 NR 站点，主要依据地形地貌、业务分布、相同的 TAC 区域等信息进行簇划分。簇优化针对的是一片区域，相比单站验证范围扩大，但是仍然无法体现网络的整体运行状态。

③ 全网优化：在簇优化的基础上开展全网优化，扩大测试范围，过程中需要同时关注路测指标和网管性能指标，其中网管性能指标是需要关注的重点指标。

这里重点介绍簇优化的内容。

簇优化是工程优化的主要阶段之一，目的是在优化信号覆盖的同时提升信号质量，梳理切换关系，提高切换成功率，保证全网优化时无线信号的分布正常。簇优化的主要工作如图 8-1-2 所示。

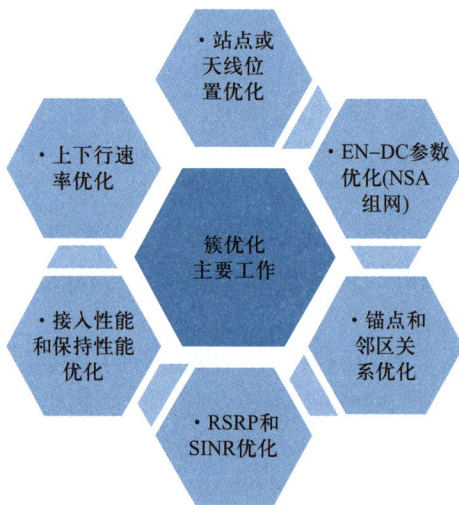

图 8-1-2 簇优化的主要工作

① 无线覆盖（RSRP）优化：优化信号覆盖，保证目标区域的 RSRP 满足建网的覆盖标准，解决路测过程中发现的 RF 问题，如弱覆盖、越区覆盖、乒乓切换、切换带不合理等，优化覆盖区域和切换带。

② 干扰（SINR）优化：优化信号质量，确保目标区域的 SINR 满足覆盖标准，解决路测过程中发现的质量问题，如 PCI 冲突、重叠覆盖、越区覆盖、频率重叠等。

③ 锚点关系优化：评估 LTE 锚点小区和 NR 小区的覆盖情况，调整 NR 和 LTE 的 X2 关系，优化锚点小区和 NR 小区与周边小区的切换带。

④ 站点或天线位置优化：主要核查站点位置、方位角、下倾角等的设置是否与规划一致，结合测试以及现场实际情况进行调整优化。

⑤ 接入性能优化：接入性能包括 RRC 连接建立成功率、NG 接口信令连接建立成功率、QoS Flow 建立成功率，主要是指空口阶段的信令流程分析优化。

⑥ 保持性能优化：主要指测试过程中的异常事件分析，包括掉线率、语音回落成功率等。

⑦ 邻区关系优化：主要指切换关系优化，包括同频、异频、异系统的切换问题的优化。

⑧ EN-DC 参数优化（NSA 组网）：主要包括辅站添加、辅站变更、主站切换等问题的优化。

⑨ 上下行速率优化：主要包括峰值速率、平均速率的优化，涉及空口质量、资源调度、MCS（modulation and coding scheme，调制与编码策略）、RANK（数据流）、IBLER（初传误块率）等问题的排查优化。

2. 5G 网络日常优化

5G 网络日常优化是在网络建设完成、网络正常运行后进行的，其目的是确保网络运行的性能和质量，优化的重点是全网的性能指标。目前各运营商的日常优化主要通过第三方优化公司进行，主要的工作包括但不限于网管性能分析、集中投诉处理、网络测试、网络结构分析优化、集中测试分析优化、端到端信令优化，如图 8-1-3 所示。

① 网管性能分析：通过网管性能分析来维护网络性能指标的稳定，进行劣化小区的及时处理，从而提升网络的接入性、完整性、保持性，改善网络质量和客户感知。

② 集中投诉处理：以保障用户感知和降低总体投诉量的目标入手，结合话统指标、故障告警、实地测试、干扰分析、信令回溯等方面全方位地定位投诉问题，并跟进问题的处理进度，推动问题解决，促进网络质量改善，对客户进行关怀回访，做到从开环到闭环的全程跟踪，提升用户感知。

③ 网络测试：包括日常的场景测试、网络质量测试、交通干线测试、室分测试、性能验证等测试工作。

④ 网络结构分析优化：通过网络结构的整治和优化有效减少网络中"四超"（超高、超低、超远、超近）小区比例，降低重叠覆盖小区和过覆盖小区比例，保障网络的覆盖连续和网络质量的提升。

⑤ 集中测试分析优化：通过测试→分析→优化→再分析的循环过程，实现各项测试指标的提升、网络投诉的下降、测试区域的连续覆盖和用户感知的提升。

⑥ 端到端信令优化：通过端到端信令优化解决影响用户使用感知的各种问题，提升客户体验，改善网络质量。

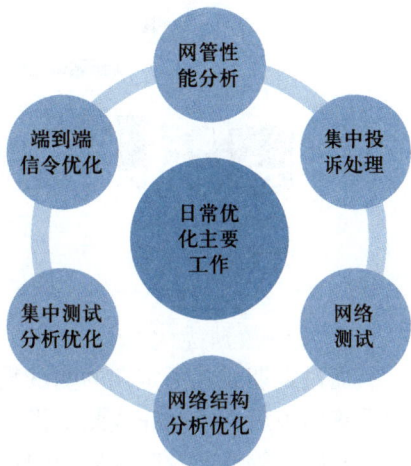

图 8-1-3　日常优化的主要工作

8.1.3　5G 网络优化方法

5G 网络优化是一个动态的过程，它主要通过路测数据优化、用户投诉优化、OMC（网管）性能优化、基站综合管理系统对站点硬件故障监控优化，以及端到端信令跟踪优化等方法来实现，如图 8-1-4 所示。

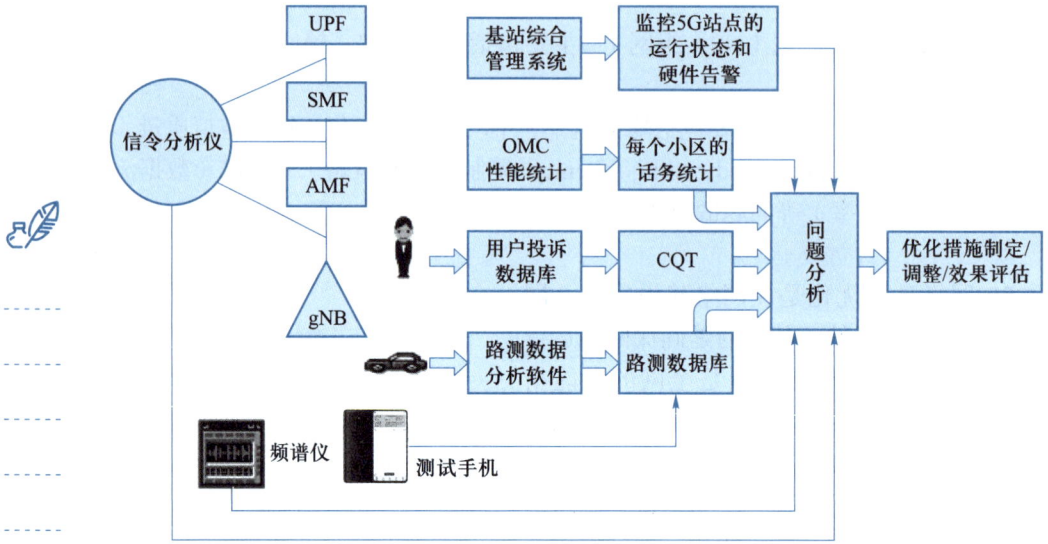

图 8-1-4　5G 网络优化方法

1. 路测数据优化

通过定期或者不定期的测试数据采集，对移动网络运行情况进行动态评估。每次采集结束后，及时完成测试指标统计，对覆盖异常、速率异常、切换异常以及接入异常路段等情况及时开展问题点分析优化，制定优化措施，及时实施调整，进行复测验证，恢复网络高质量运行。

2. 用户投诉优化

目前运营商关注的一个重点指标是客户满意度，主要涉及用户投诉的处理。用户投诉反馈的问题往往都比较直接，如"信号差""信号不好""上网慢""上网卡""有信号却上不了网""手机没有 5G 信号"等。通常有用户投诉说明用户所处网络出现了故障，导致用户无法正常使用。对于用户投诉的处理一般采用现场测试与网管性能分析相结合的方法，通过投诉平台来实现并流转处理。

3. OMC（网管）性能优化

网络性能 KPI 是了解网络性能指标的一个重要途径，它反映了无线网络的实际运行状态。通过对采集到的参数进行分类处理，可以形成便于分析网络质量的报告。通过各项 KPI 指标 (移动性 KPI、服务完整性 KPI、资源利用率 KPI、业务量 KPI 等)，可以了解无线基站的运行情况，及时发现网络异常，并结合其他手段，分析网络逻辑或物理参数设置不合理、网络结构不合理、话务量不均、频率干扰及硬件故障等问题。

网络性能 KPI 的获取主要依赖于各设备厂商搭建的网络运营维护网管以及相应的指标 KPI 平台。以移动运营商为例，其具有专门的 3.0 指标平台，能够实时更新网络基站运行指标概况。

4. 基站综合管理系统对站点硬件故障监控优化

站点小区状态和设备正常运行是 5G 终端能正常进行各项业务的前提。基站综合管理系统可以及时监控 5G 站点的运行状态和硬件告警，保证基站维护人员及时了解站点硬件故障情况，第一时间进行修复，恢复网络高质量运行。

5. 端到端信令跟踪优化

信令过程是移动通信网络中十分重要的概念，在呼叫建立和呼叫拆除过程中，UE 与 gNB 之间、gNB 与 5GC 之间以及 gNB 与 gNB 之间都要交互一些控制信息，以创建对等的协议实体并协调相互的动作，这些控制信息称为信令，这个交互过程就是信令过程。遵循 3GPP 协议规范，通信双方先交互信息，创建控制面对等的协议实体，然后通过控制面实体，进一步交互信息，创建用户面对等的协议实体，后续通过用户面实体进行数据传输。依赖信令跟踪平台可以对历史会话信令进行查询，从信令层面分析问题、解决问题。

8.2　5G 网络优化流程

完整的 5G 网络优化流程主要包括优化准备、优化数据采集、优化数据分析、优化方案制定、优化方案实施、优化效果验证、优化总结、优化报告输出等步骤，如图 8-2-1 所示。

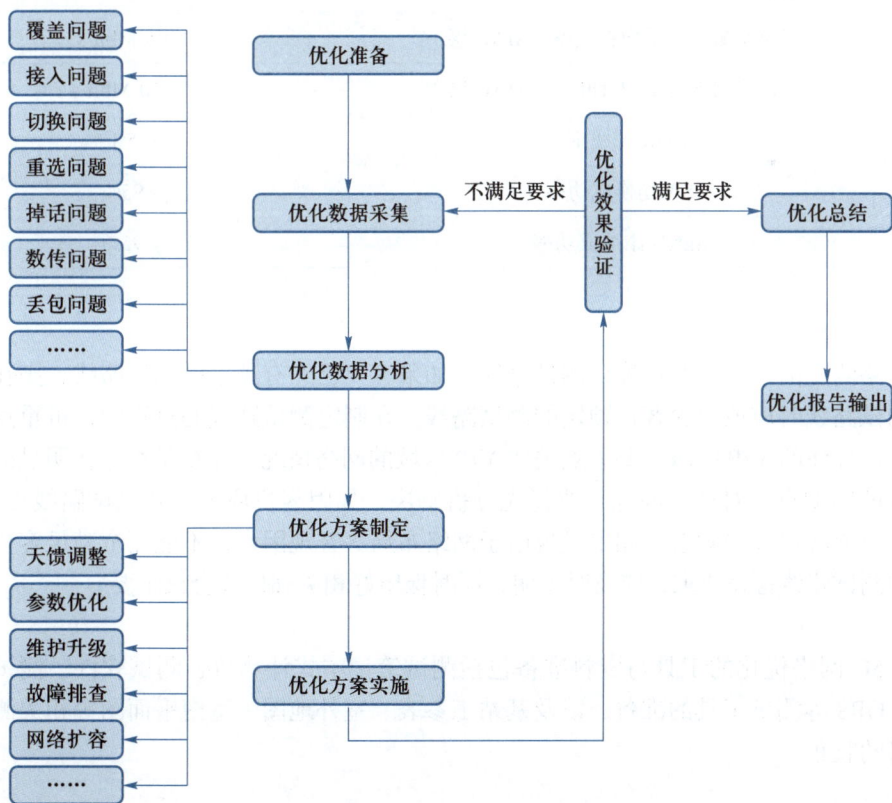

图 8-2-1　5G 网络优化流程

5G 网络优化流程

8.2.1　5G 网络优化准备

如前所述，5G 网络优化的常见方法有路测数据优化、用户投诉优化、OMC（网管）性能优化、基站综合管理系统对站点硬件故障监控优化，以及端到端信令跟踪优化。其中，路测数据优化是最常见也是最普遍的方法。

本节主要针对前台优化测试的准备工作进行介绍，充分的准备工作可以为后续测试数据的顺利采集打下良好的基础。

1. 确定优化目标

目前，5G 拉网路测主要是针对 5G 网络测试覆盖率（RSRP ≥ -93 dBm 且 SINR ≥ -3 dB）、用户路测上行平均吞吐率（MAC 层）、用户路测下行平均吞吐率（MAC 层）、NR 掉线率、SA 切换成功率以及 SgNB 添加成功率等指标进行评估，并设计达标值。每次区域拉网测试完成，都需要对未达标区域 / 路段进行针对性的分析，制定优化措施，及时实施调整，进行复测验证。优化目标举例见表8-2-1。

表 8-2-1　优化目标举例

路测基础指标	达标值
5G 网络测试覆盖率（RSRP ≥ -93 dBm 且 SINR ≥ -3 dB）	> 95%
用户路测上行平均吞吐率（MAC 层）	> 45 Mbit/s
用户路测下行平均吞吐率（MAC 层）	> 550 Mbit/s
NR 掉线率	< 5%
SA 切换成功率	> 95%
SgNB 添加成功率	> 95%

2. 制定测试路线

路测之前，应与客户确认测试路线。如果客户已经有预定的测试路线，则在确定测试路线时应该包含客户预定的测试路线。在制定测试路线的过程中，可重点了解客户关注的 VIP 区域，要重点关注 VIP 区域的网络情况，注意是否存在明显或较严重的问题点，对这些问题点要优先分析解决，如因客户原因导致测试路线更改，应及时向客户预警知会。如果发现由于网络布局等客观因素，不能完全满足客户预定的测试路线覆盖要求，应及时说明，同时保留好相关邮件或会议纪要。

3. 准备工具与资料

5G 网络优化的工具与资料准备包括测试笔记本式计算机、测试软件、测试终端、GPS 等测试工具的准备，以及基站工参表、室外地图、室内平面图等相关测试资料的收集。

8.2.2　5G 网络优化数据采集

1. 网管话统数据采集

网管话统数据从统计的观点反映了整个网络的运行质量。一般来说，电信运营商将 KPI 作为评估网络性能的主要依据。话统数据里包含详细的统计指标和计数点，这些指标有的是以全网范围为基准进行统计的，有的则是以每个扇区为基准进行统计的，可以根据具体需要提取这些数据。

2. 告警数据采集

告警是对设备使用或网络运行中的异常状况或疑似异常状况的集中体现。在网络优化期间，应该持续关注并查看告警信息，以便及时发现预警信息或已经发生的问题，避免发生网络事故。

3. 路测数据采集

完成测试准备后，需要依据测试流程及注意事项开展对应业务的遍历测试。在得到测试日志文件后，要对测试的完整性进行检查，便于在后续分析中全面发现和解决网络问题。检查内容包括：

① 规划的测试道路是否完整遍历；

② 测试终端是否连接正常、工作正常、有测试信息记录；

③ 对测试日志的汇总报告进行审核，测试到的小区、测试距离、测试时间、采样点数量应满足最低要求（100 个采样点）。

4. 参数配置信息采集

系统配置数据和无线参数与网络的运行性能直接相关，网络优化的重要手段就是调整系统配置数据和无线参数。在检查网管话统数据、告警数据、路测数据之后，若仍然存在网络问题，应该及时从系统配置数据和无线参数这两个方面分析原因。

8.2.3　5G 网络优化数据分析

5G 网络优化数据分析是指对采集的网管话统数据、告警数据、路测数据、参数配置信息等进行指标和异常事件统计并分析定位问题原因。结合 5G 网络特征和业务特点，常见的网络异常问题类型如图 8-2-2 所示。

针对这些常见的网络异常问题，可结合测试数据回放，分别从 5G 邻区漏配、4G/5G 邻区漏配、弱覆盖、越区覆盖、重叠覆盖、乒乓切换、小区间回切以及 SINR 异常等方面，对可能导致异常事件发生和指标劣化的网络原因进行分析定位。结合回放的测试日志，相关网络问题判定原

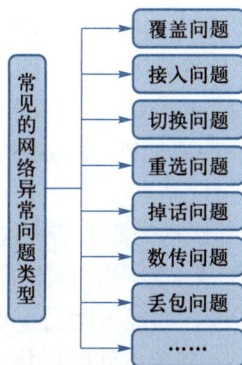

图 8-2-2　常见的网络异常问题类型

161

则如下：

① 5G 邻区漏配问题判定：在 SA 业务道路测试中，终端持续上报至目标小区 MR 请求，网络侧一直无响应。

② 4G/5G 邻区漏配问题判定：在 NSA 业务道路测试中，终端占用 4G 锚点小区不断向 SN（5G 辅站）发送添加请求后，网络侧无响应或添加的 SN（5G 辅站）为非最强 SN（5G 辅站）。

③ 弱覆盖问题判定：弱覆盖区域指测试数据显示的 RSRP 低于 −100 dBm 的采样点区域。

④ 越区覆盖问题判定：越区覆盖是指小区覆盖至其他站下或超出该站点覆盖范围。

⑤ 重叠覆盖问题判定：若服务小区（RSRP > −110 dBm）和邻区的 RSRP 差值小于 6 dB 且小区数大于或等于 3 个，则该区域存在重叠覆盖问题。

⑥ 乒乓切换问题判定：乒乓切换即小区 1 和小区 2 电平相近导致两个小区之间频繁切换。

⑦ 小区间回切问题判定：同乒乓切换类似，回切即从小区 1 切换至小区 2，随后又从小区 2 切换回小区 1，多一次切换即多一分风险。

⑧ SINR 异常问题判定：SINR 优化提升过程中，要先解决弱覆盖、重叠覆盖度高、无主覆盖以及切换类问题，然后重点进行 SINR 差梳理及优化调整。现场应将 SINR 小于 5 dB 的采样点区域优先筛选出来，重点进行分析，SINR 差一般是由于邻区干扰导致的。

8.2.4 5G 网络优化方案制定与实施

对异常事件完成 5G 邻区漏配、4G/5G 邻区漏配、弱覆盖、越区覆盖、重叠覆盖、乒乓切换、小区间回切以及 SINR 异常等原因定位后，需结合以下排查流程制定可落地的优化方案。

（1）5G 邻区漏配问题优化方案制定

① 距离原则：除同站 3 个扇区添加邻区外，两圈内以及对打的第三圈小区建议均配置为邻区，可直接将 FDD 锚点对应的 NR 小区均配置为邻区关系。

② 基于路测数据添加：根据实测情况，进行邻区相应优化，避免因经纬度等信息错误导致邻区添加错误。

（2）4G/5G 邻区漏配问题优化方案制定

① 距离原则：添加 5G 站点周边锚点小区（包含 4G/5G 共站邻区）两圈，如果锚点与 5G 站点 1 比 1 建设，则可以直接继承共扇区邻区，即某锚点小区的所有同频 4G 邻区均需添加与该锚点小区同扇区的 5G 小区为 4G/5G 邻区。

② 基于路测数据添加：作为 4G/5G 邻区的补充，主要通过路测数据，针对漏配的邻区，如经纬度错误导致的邻区漏配等进行添加。

（3）弱覆盖问题优化方案制定

① 方位角核查：需保证天线主瓣方向覆盖道路，禁止采用旁瓣覆盖道路。

② 下倾角优化调整：通过上抬电子下倾角来提升覆盖，即当机械下倾角小于或等于 15° 时，优先通过调整电子下倾角来提升覆盖；当电子下倾角小于 −5°，而覆盖依然偏弱时，可通过上抬机械下倾角来提升覆盖。

③ 站点整改：对于美化罩等原因导致的天馈无法调整而造成的弱覆盖区域，需要第一时间推动运营商进行整改，避免因天馈无法调整导致弱覆盖。

④ 加站补点：对于站间距过大或周边存在阻挡，现场优化后依然无法解决的弱覆盖点，需要加站补点。对于站间距超过 800 m 的区域，建议在中间位置直接加宏站；对于存在阻挡且弱覆盖距离较小（如 100 m 以内）的，可采用微站方案解决，有条件的优先通过普通宏站解决。

（4）越区覆盖问题优化方案制定

① 方位角核查：上站进行天馈覆盖方向核查，确定方位角合理，即 AAU 主覆盖方向为两个小区切换带区域。

② 下倾角优化调整：在保证方位角合理性的前提下，优先通过下压机械下倾角来缩小越区小区的覆盖范围；对于美化罩或无法上站进行天馈调整的，通过下压电子下倾角来缩小覆盖范围。

③ 站点整改：对于美化罩等原因导致的天馈无法调整而造成的越区覆盖，尤其是需要进行方位角调整的站点，需要第一时间推动运营商进行整改，避免因天馈无法调整导致越区覆盖。

④ 功率调整：对于越区覆盖的小区，原则上禁止通过降低功率来缩小该小区的覆盖范围，必须通过天馈调整来解决问题，因为功率降低后，整体业务信道也随之降低，在 MU 空分下对性能影响较大。

（5）重叠覆盖问题优化方案制定

① 主导小区判断与覆盖增强：基于距离原则同时结合现场测试（如主覆盖小区存在阻挡，需要寻找次优路径小区作为主覆盖小区），判断此区域的主覆盖小区，若主覆盖小区电平低于 −100 dBm，按照"弱覆盖"优化思路提升覆盖，即优先通过调整方位角来保证 AAU 正对道路覆盖，然后通过调整下倾角来提升覆盖。

② 非主覆盖小区干扰规避：对非主覆盖小区进行现场勘察，若无道路覆盖需求，可现场通过方位角的优化调整，来主覆盖居民区、厂区等非道路区域，避免该小区主覆盖道路时导致重叠覆盖度高的问题；如果有其他道路覆盖要求，需要通过优化方位角和下倾角来覆盖其他道路。

③ 功率调整：对于主覆盖和非主覆盖小区，原则上可以增大小区发射功率，但禁止降低功率。对于无法优化调整或通过后台调整电子下倾角依然无法解决的，可适当降低功率，但功率不得低于 12 dBm。

（6）乒乓切换问题优化方案制定

① 天线方位角核查：上站针对乒乓切换的两个小区方位角进行核查，确定站点主瓣方向未偏移至该站点规划的覆盖范围，禁止出现小区 1 的天线主瓣朝向小区 2 站下覆盖，小区 2 的天线主瓣朝向小区 1 站下覆盖的情况，需保证小区天馈沿着规划的切换带覆盖。

② 下倾角优化调整：在保证方位角合理的条件下，当主服务小区覆盖低

于 −100 dBm 时，需要根据测试情况上抬电子下倾角，提升覆盖；当站间距较近（如 300 m 以内），且旁瓣覆盖均较强时，可优先通过下压机械下倾角来控制覆盖，避免乒乓切换。

③ 功率调整：对于功率类的优化调整，原则上可以增大小区发射功率，但禁止降低功率，对于无法优化调整或通过后台调整电子下倾角依然无法解决的，可适当通过降低某一个小区的功率来缩小覆盖范围，避免乒乓切换，但功率调整不得影响道路覆盖。

（7）小区间回切问题优化方案制定

① 方位角核查：上站确定回切的两个小区的方位角是否合理，禁止出现小区 1 的天线主瓣朝向小区 2 站下覆盖，小区 2 的天线主瓣朝向小区 1 站下覆盖的情况，需保证小区天馈沿着规划的切换带覆盖。

② 下倾角优化调整：在保证方位角合理的条件下，当主服务小区覆盖低于 −100 dBm 时，需要根据测试情况上抬电子下倾角，提升覆盖，避免因主服务小区覆盖弱导致的回切，同时适当下压干扰小区的机械下倾角，缩小覆盖范围，避免回切现象。

③ 功率调整：对于功率类的优化调整，原则上可以增大小区发射功率，但禁止降低功率，对于无法优化调整或通过后台调整电子下倾角依然无法解决的，可适当降低小区 2 的功率，但不能影响小区 2 的道路覆盖。

（8）SINR 异常问题优化方案制定

① 干扰小区确定与调整：根据测试日志和现场勘察，确定主覆盖小区内干扰小区，对干扰小区进行现场勘察，确定方位角是否合理，即方位角是否主覆盖规划的道路，同时适当下压机械下倾角来缩小干扰小区的覆盖范围，尽可能降低对主覆盖小区的干扰。

② 非覆盖道路小区优化：将非覆盖道路的小区调整至覆盖居民区，以降低对覆盖道路小区的干扰。

③ 切换带 SINR 优化：要求相邻小区 RSRP 减去服务小区 RSRP 在正负 3 dB 的采样点不得超过 5 个，相邻小区 RSRP 减去服务小区 RSRP 在正负 5 dB 的采样点不得超过 10 个，尽量降低切换带重叠覆盖度过高对 SINR 的影响。

最后，需要对优化方案中的无线参数调整、天线调整、规划站点建设等方案进行落地实施。

PPT
5G 网络优化验证
与报告

8.2.5 5G 网络优化效果验证与总结

1. 优化效果验证

优化措施落地后，要对问题路段、问题区域进行针对性的优化效果验证测试。若复测验证指标满足初期预定值，则可以进行优化总结；若不满足，则需要继续对复测数据进行问题分析，再次优化调整，直至问题解决。

微课

5G 网络优化验证
与报告

2. 优化总结

网络优化总结的主要方式为优化报告的输出，优化报告需要包括如下内容：

① 网络优化基本情况简介，包括网络结构、地理环境、业务环境；
② 基站开通运行情况、功能开启情况；
③ 测试情况描述，含优化前指标情况；
④ 各问题点分析与汇总；
⑤ 各问题点优化措施建议；
⑥ 各问题点调整后复测效果；
⑦ 优化总结，推广及应用建议。

8.2.6　5G 网络优化报告案例

5G 网络优化报告需先阐述问题区域的网络结构、地理环境、无线环境，进而对问题区域进行 CQT 和 DT，采集测试数据，通过测试软件回放测试数据，分析数据，进行问题分析。

网络优化报告需包含如下内容：

1. 测试概述

描述本次测试的目标、测试区域等情况，以及针对本次测试目标需要采取的测试方法等。不同测试设备的测试结果可能存在差异，因此需要说明本次测试采用的测试设备情况，包括测试终端、测试笔记本式计算机、测试软件等。测试概述内容见表 8-2-2。

表 8-2-2　测试概述内容

测试时间	××××年××月××日
测试人员	张三
测试目标	对网格 A 进行语音与数据业务测试
测试设备	华为 Mate 30+PC+SPark
测试方法	VoLTE 测试（通话时长 180 s，通话间隔 20 s），数据测试循环下载 500 Mbit/s
测试区域	×××

2. 站点情况

站点情况包括测试区域内 4G/5G 站点的开通情况、测试区域是否存在站点故障、站点的参数配置等。建议提供地理软件截图，以方便直观地查看测试区域站点情况。站点情况示例如图 8-2-3 所示。

3. 测试情况

测试情况包括测试指标以及测试截图。测试指标包含本次优化目标所需的指标，如覆盖率、接通率、上下行平均速率等，测试截图需要包括覆盖截图、质量截图、速率截图等，以方便直观地感受测试结果。覆盖截图以及测试指标示例如图 8-2-4 和表 8-2-3 所示。

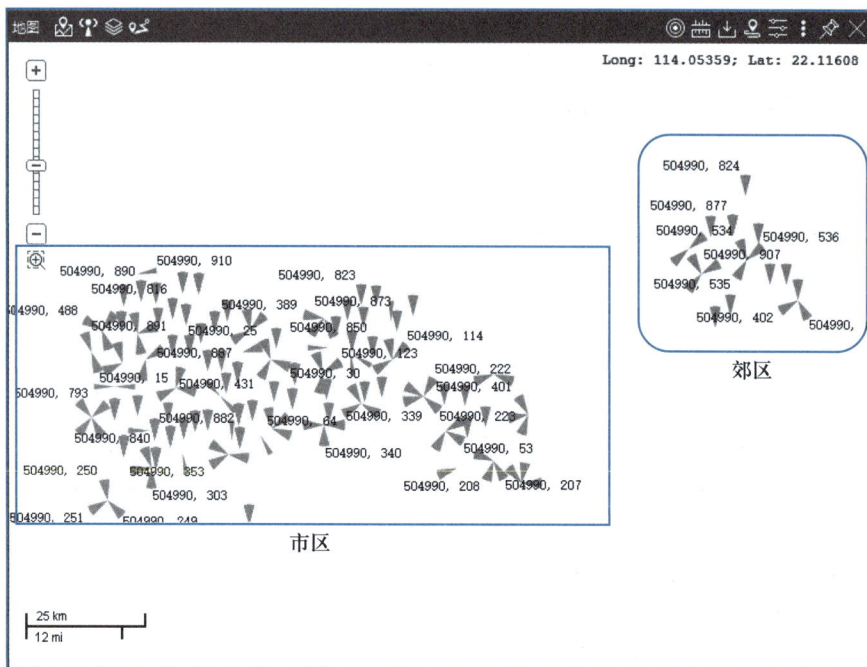

图 8-2-3　站点情况示例

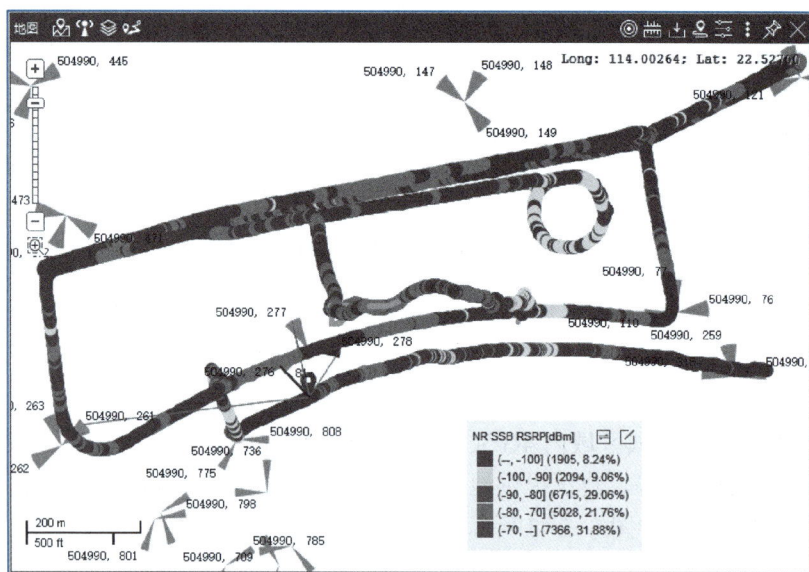

图 8-2-4　覆盖截图示例

表 8-2-3　测试指标示例

测试基础信息		覆盖类指标			驻留稳							体验优			
道路渗透率	测试车速均值/(km/h)	平均SS-RSRP/dBm	平均SS-SINR/dB	综合覆盖率(SS-RSRP>-93dBm且SS-SINR>-3dB)	SA连接成功率	SA驻留比	SA掉线率	SA切换成功率	SA切换比	4G/5G应用层下载速率/(Mbit/s)	4G/5G应用层上传速率/(Mbit/s)	4G/5G应用层路测上行低速率占比	4G/5G应用层路测下行低速率占比	4G/5G应用层路测上行高速率占比	4/5G应用层路测下行高速率占比
测试遍历道路里程里程/网格内1~4级道路里程	测试里程/测试时间	测试时间段内，所有SS-RSRP采样点求均值	测试时间段内，所有SS-SINR采样点求均值		SA连接成功次数/SA连接请求次数×100%	占用5G时长/SA总的测试时长×100%	掉线次数/RRC连接次数×100%	切换成功次数/切换请求次数×100%	测试里程/每千米5G变更次数	应用层下载总流量/下载总时间；记录和统计路测中UE的应用层下行吞吐量并计算平均各吞吐率	应用层上传总流量/上传总时间；记录和统计路测中UE的应用层上行吞吐量并计算平均各吞吐率	应用层上行传速率小于5Mbit/s采样占比	应用层下行传速率小于100Mbit/s采样占比	应用层上行传速率大于160Mbit/s采样占比	应用层下行传速率大于800Mbit/s采样占比
16.69		-74.54	8.17	87.17%	100.00%	100.00%	0.00%	100.00%	4.48	817.91		0.00%	0.12%	0.00%	58.72%
16.69		-74.54	8.17	87.17%	100.00%	100.00%	0.00%	100.00%	4.48	817.91		0.00%	0.12%	0.00%	58.72%

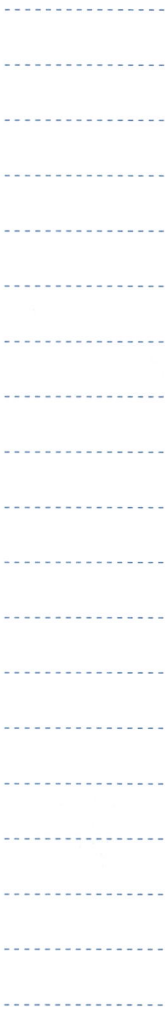

4. 问题分析

问题分析一般以单个问题点案例的形式呈现，需要包含针对单个问题点的问题描述、问题分析、优化措施、优化效果四要素。

5. 优化措施

从测试的整体情况出发分析网络中存在的共性问题，是对前一步"问题分析"内容的总结。例如，针对某区域网格测试，共计发现弱覆盖问题多少处、需要天线调整多少个、参数调整多少处，同时为了提升网络的整体覆盖，需要补点多少处等。

6. 优化效果

优化措施落地后，要对问题路段、问题区域进行针对性的优化效果验证测试，评估优化效果。如果复测验证指标满足要求，则进行优化总结；如果未达到要求，需对复测数据进一步分析并优化调整，直至达到要求为止。

7. 优化总结

针对本次网络优化进行总结，需分析本次网络优化是否达到优化目标，梳理各项基础指标的达标情况，给出典型问题点的推广及应用建议，并记录遗留问题的跟进人及方案落地计划。

8.3 5G RF 优化

8.3.1 RF 优化概述

RF 优化是实际网络中最常用的优化手段，是大部分专题优化的基础。其目的是优化信号覆盖、改善切换和提升小区吞吐量等。RF 优化主要是针对空中接口的优化，最典型的是对覆盖问题进行优化，包括弱覆盖、越区覆盖、重叠覆盖，由覆盖问题衍生出切换、速率等空中接口性能问题。RF 优化的主要内容包括工程优化和后台参数优化。

PPT
5G RF 优化概述与流程

微课

5G RF 优化概述与流程

1. 工程优化

常见的工程优化包括天线方位角调整、天线下倾角调整、天馈线核查、站点整治、增补站点等。

① 天线方位角调整：需保证天线主瓣方向覆盖，应加强覆盖，禁止采用旁瓣覆盖。

② 天线下倾角调整：包括机械下倾角和电子下倾角的调整。对于弱覆盖区域，优先通过调整电子下倾角来优化，若电子下倾角正常但覆盖依然偏弱，可通过上抬机械下倾角来提升覆盖。

③ 天馈线核查：需要核查同站各小区天线馈线 / 光纤是否接错，主要在单站验证时通过路测检查小区 PCI 的方式进行核查。若使用多天线，需要在工程施工时核查多天线各端口连接是否正确，连接错误会严重影响多天线的网络性能（如波束赋形等）。

④ 站点整治：对于天面美化罩阻挡、站点挂高高度过低、天馈被卡住等原因导

致天馈无法调整而造成的弱覆盖区域，需要第一时间进行天面整改，避免因天馈无法调整而导致弱覆盖。

⑤ 增补站点：对于站间距过大或周边存在阻挡，现场优化后依然无法解决的弱覆盖点，需要加站补点。站间距超过 800 m 的，建议在中间位置直接新建宏站。存在阻挡且弱覆盖距离较小（如 100 m 以内）的，可采用微站方案解决，有条件的优先通过普通宏站解决。

2. 后台参数优化

后台参数优化主要包括功率调整、PCI 调整、邻区优化、互操作参数优化、4G/5G 协同参数优化等。

① 功率调整：针对不同的 5G 设备型号设置对应的功率值，通过增大功率可以提升小区的覆盖范围，通过降低功率能够有效地缩小小区的覆盖范围。日常优化中针对覆盖类问题可以通过调整发射功率快速完成优化。

② PCI 调整：根据 PCI 规划原则，相邻小区不能使用相同的 PCI，同时相邻小区需要避开 MOD3/MOD4/MOD30。对 PCI 使用不合理的小区需要通过 PCI 调整来进行优化。

③ 邻区优化：相邻站点小区均需要配置合理的邻区关系，邻区关系的缺失易导致切换失败的发生。日常优化中出现切换不及时、无法切换等情况时，首先要考虑邻区关系是否配置完整。

④ 互操作参数优化：涉及切换重选等移动性管理，包括切换事件、时延、切换门限、重选优先级等，需要核实并依据现场情况合理配置。

⑤ 4G/5G 协同参数优化：5G 参数优化中需合理设置 B1/A2 的门限，避免加 NR 辅站不及时或者过早地删除 NR 辅站。B1/A2 的门限设置参考原则为：B1，$-100 \sim -105$ dBm；A2，$-105 \sim -110$ dBm；B1-A2 在 5 dB 左右。在 NSA 的部署下需重点核查锚点优先策略，保障 NSA 用户尽可能地占用到锚点载频，并对 4G/5G 邻区进行优化，包括锚点邻区和 5G 邻区的优化。

8.3.2　RF 优化流程

RF 优化包括确立优化目标、测试准备、数据采集、故障及干扰核查、问题分析、输出优化建议方案、调整实施七个阶段。其中，数据采集、故障及干扰核查、问题分析、输出优化建议方案、调整实施阶段需要根据优化目标要求和实际优化现状反复进行，直至网络情况满足优化目标 KPI 要求为止。

RF 优化流程如图 8-3-1 所示。其中，RF 优化分析主要包括以下几个步骤：

① 故障告警核查：站点状态直接影响网络覆盖，在进行网络测试以及测试数据分析时，首先要对站点状态进行核查，核实站点是否存在退服告警以及其他影响性能的故障。

② 站点干扰核查：干扰指标直接影响站点小区的接通、切换、吞吐率等性能，进行网络问题分析时需要优先排除干扰因素的影响，有干扰需优先处理。

③ 覆盖问题分析：这是 RF 优化最主要的内容，良好的覆盖基础是网络性能的

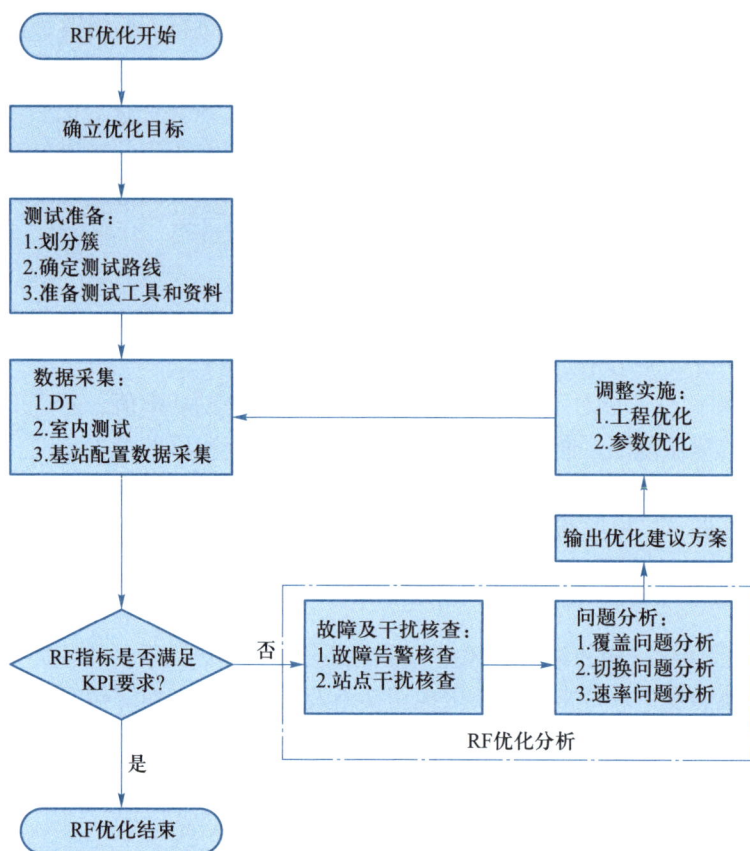

图 8-3-1 RF 优化流程

保证，绝大多数 RF 优化工作都是围绕覆盖优化进行的。

④ 切换问题分析：主要是由覆盖衍生出来的对于移动性能的分析，首先需要关注覆盖问题，其次是切换参数配置等。

⑤ 速率问题分析：作为 RF 优化性能分析的主要内容，速率问题分析是建立在覆盖与切换问题已解决的基础上对网络深层次的优化。

RF 的主要优化手段包括现场工程优化（天线方位角/下倾角/挂高/移位等工程调整优化）和后台参数优化（功率/重选/切换等参数优化）。

8.3.3 RF 优化案例

1. 案例一：小区下倾角设置不合理导致弱覆盖优化

（1）问题描述

测试车辆在 SZW 海路 D-HRH 站点附近道路上行驶，UE 占用主服务小区 SZW 海路 D-HRH-3 信号（SS-RSRP = -105.8 dBm，SS-SINR = 2.5 dB）和 SZW 海路 D-HRH-1 信号（SS-RSRP = -99.5 dBm，SS-SINR = 1.5 dB），站点三个主覆盖小区方向均有 200 m 左右连续弱覆盖路段，如图 8-3-2 所示。

PPT
5G RF 优化案例

微课
5G RF 优化案例

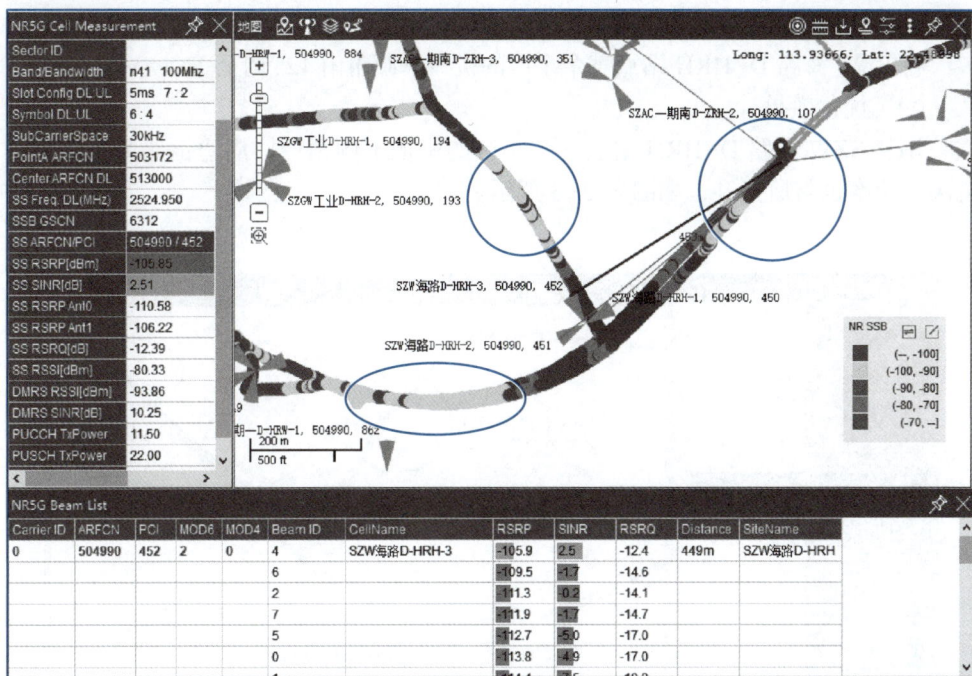

图 8-3-2　RF 优化案例一：优化前

（2）问题分析

① 故障告警核查：针对 RF 优化，首先进行的是故障告警的核查。通过工参获取本次测试区域站点的信息，联系后台优化工程师通过网管核实站点实时状态，包括站点解闭塞情况，并获取站点告警信息，查看是否存在影响覆盖以及业务告警。经网管核实，本案例中 SZW 海路 D-HRH 小区状态正常，无故障告警。

② 站点干扰核查：上行干扰严重影响业务，在分析过程中需要排除干扰因素的影响。针对测试问题出现的时间，通过指标平台核实测试时段是否存在上行干扰。经核实，SZW 海路 D-HRH 站点在测试时段上行平均干扰水平为 -115 dB，站点无干扰。

③ 问题分类：常见的 RF 优化问题包括覆盖、切换、速率。根据回放测试日志，发现在 SZW 海路 D-HRH 站点附近，该站点主占小区平均电平为 -105 dBm，可初步判断为弱覆盖问题（一般路测 SS-RSRP 电平小于 -100 dBm 可认为是弱覆盖，地图信号强度轨迹显示为红色路段）。

④ 参数优化：由于参数调整较快，日常 RF 优化工作中可以优先进行参数核查。本案例中核查 SZW 海路 D-HRH 站点功率、电调均配置合理，无异常。

⑤ 工程优化：在核实参数配置正常无须调整后，核查是否需要进行工程优化调整，现场核实站点的工程参数是否与设计安装一致。现场上站核实，发现 SZW 海路 D-HRH 站点方位角为 0°/120°/240°，覆盖方向与设计一致，机械下倾角均安装为 12°。

⑥ 问题定位：SZW 海路 D-HRH 站点机械下倾角均安装为 12°，导致主覆盖方向覆盖不足，道路测试弱覆盖，不符合当前道路覆盖实际需求。

（3）优化措施

将 SZW 海路 D-HRH 站点三个小区的机械下倾角由 12° 调至 3°。

（4）优化效果

调整 SZW 海路 D-HRH 站点三个小区的机械下倾角后，周边道路弱覆盖现象解决，速率也有所提升，如图 8-3-3 所示。

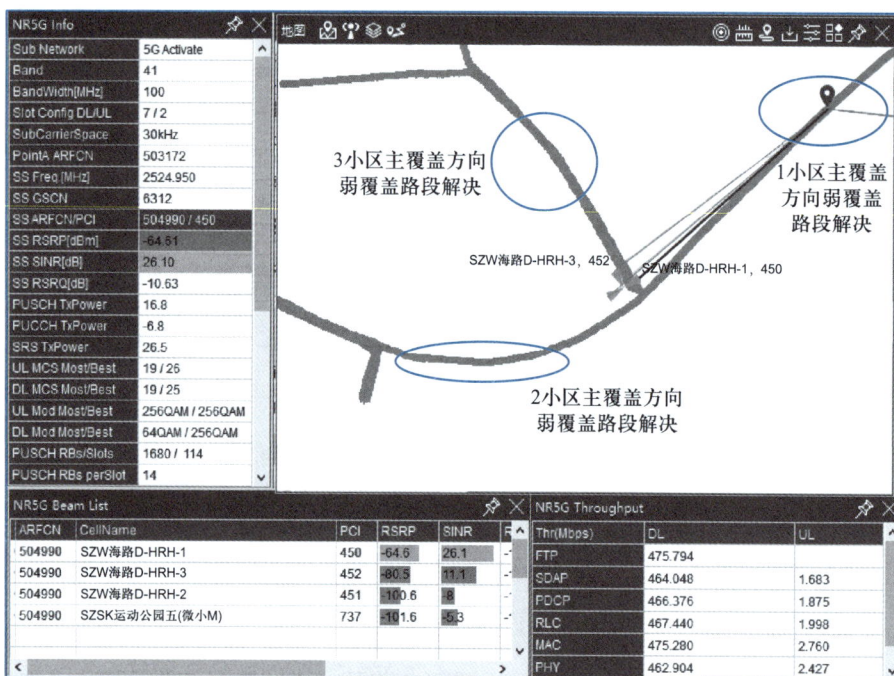

图 8-3-3　RF 优化案例一：优化后

2. 案例二：邻区漏配导致弱覆盖优化

（1）问题描述

车辆行驶至某县联华北路附近时，UE 占用 NYXX 旅游集散中心 -E5H-2613 小区这个较远小区（站点距离当前路段 924 m），RSRP ＝ -103.8 dBm，SINR ＝ -11.1 dB，持续占用该小区时出现连续弱覆盖现象。RF 优化案例二如图 8-3-4 所示。

（2）问题分析

弱覆盖路段占用距离较远的 NYXX 旅游集散中心 -E5H-2613 小区，查看邻区列表中存在信号强度较好的 NYXX 北小河 -E5H-2611 小区，信令窗口一直上报大量测量报告，未能及时切换至此更好的小区。核查后台参数发现这两个小区未配置邻区关系，邻区漏配导致持续占用距离较远小区后，出现连续弱覆盖情况，影响 UE 的正常使用，因此需要添加邻区关系。另外，邻区中的 NYXX 北小河 -E5H-2611 小区与 NYXX 五里桥路口 -E5H-2611 小区存在 MOD3 干扰（两个小区 PCI 的 MOD3 值都为 0），导致 SINR 低。

事件　🔍 📥 ☑ ⥧ 📌

Time	Type	Info
22:20:09.462	SAHO Success	78ms
22:21:04.107	NR RRC Reconfig Request	
22:21:04.107	SAHO Request	HO (504990,9)->(504...
22:21:04.145	NR RRC Reconfig Complete	27ms
22:21:04.145	NR5G RACH Begin	Handover
22:21:04.145	NR5G RACH Msg1	SFN: 865-9-s1, Pream...
22:21:04.158	NR5G RACH Msg2	SFN: 866-1-s1, TRNTI...
22:21:04.158	NR5G RACH Msg3	
22:21:04.158	NR5G RACH Msg4	
22:21:04.158	NR5G RACH Msg5	
22:21:04.158	NR5G RACH Complete	
22:21:04.158	SAHO Success	45ms
22:21:23.269	NR RRC Reconfig Request	

信令　🔍 📥 ☑ ⥧ 📌

Time	Type
⬆ 22:21:21.947	NR MeasurementReport
⬆ 22:21:22.076	NR MeasurementReport
⬆ 22:21:22.187	NR MeasurementReport
⬆ 22:21:22.315	NR MeasurementReport
⬆ 22:21:22.426	NR MeasurementReport
⬆ 22:21:22.546	NR MeasurementReport
⬆ 22:21:22.688	NR MeasurementReport
⬆ 22:21:22.787	NR MeasurementReport
⬆ 22:21:22.896	NR MeasurementReport
22:21:23.025	NR MeasurementReport

NR5G Beam List

ARFCN	PCI	MOD3	M.	Bea.	RSRP	SINR	Distance	CellName
504990	230	2	2	0	-103.8	-11.1	924m	NYXX 旅游集散中心-E5H-2613
504990	87	0	0	0	-93.3	2.4	322m	NYXX 北小河-E5H-2611
504990	51	0	0	0	-97.4	-4.0	856m	NYXX 五里桥路口-E5H-2611
504990	240	0	0	0	-101.9	-7.8	1012m	NYXX 仲景大厨房-E5H-2611
504990	242	2	2	0	-121.3	-14.5	1012m	NYXX 仲景大厨房-E5H-2613

图 8-3-4　RF 优化案例二

（3）优化措施

① 添加 NYXX 旅游集散中心 -E5H-2613 小区与 NYXX 北小河 -E5H-2611 小区的邻区关系，使得在问题路段可以尽早切换到 NYXX 北小河 -E5H-2611 这个信号质量更好的小区。

② 修改 NYXX 北小河 -E5H-2611 这个小区的 PCI＝87＋4＝91，此时 MOD3 值为 1，周边其他小区的 MOD3 值为 2 或 0，于是完成切换并占用 NYXX 北小河 -E5H-2611 小区后也不会出现新的问题（MOD3 干扰）。

⚙ 想一想

学习了 5G 网络优化后，请同学们思考一下：实际网络中最常用的优化手段是什么？该优化的目的是什么？

知识点总结

1. 5G 网络优化概述：5G 网络优化定义，5G 网络优化分类（工程优化、日常优化），5G 网络优化方法［路测数据优化、用户投诉优化、OMC（网管）性能优化、基站综合管理系统对站点硬件故障监控优化、端到端信令跟踪优化］。

2. 5G 网络优化流程：5G 网络优化准备，5G 网络优化数据采集，5G 网络优化数据分析，5G 网络优化方案制定与实施，5G 网络优化效果验证与总结，5G 网络优化报告案例。

3. 5G RF 优化：RF 优化主要内容（工程优化、后台参数优化），RF 优化流程（确立优化目标、测试准备、数据采集、故障及干扰核查、问题分析、输出优化建议方案、调整实施），RF 优化案例。

思考与练习

一、客观题（扫码在线答题）

二、主观题（扫码查看题目）

第 9 章

5G 网络性能指标 KPI

工作场景

通信系统性能管理是评估系统性能和保障系统稳定运营的手段，主要包括对系统资源运行状况的评估和对系统通信效率的评估等。

5G RAN（radio access network，无线接入网）性能管理主要针对 5G 网络运行 KPI（key performance indicator，关键性能指标，如无线接入及移动性 KPI、服务完整性 KPI、资源利用率 KPI、业务量 KPI、5G 锚点 LTE 小区性能 KPI 等）及运行状态等方面进行综合评估，诊断网络当前运行状况，生成维护和性能日志。网络优化人员通过对相关信息的评估、分析，及时了解网络运行状态，开展异常指标的优化和维护，从而保障通信系统健康稳定运营。5G 网络性能监控平台如图 9-0-1 所示。

图 9-0-1　5G 网络性能监控平台

知识图谱（图 9-0-2）

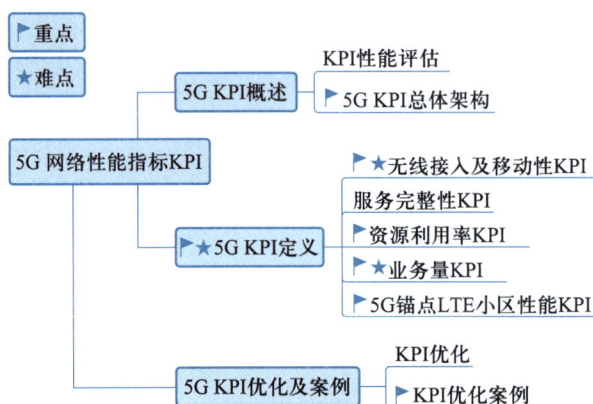

图 9-0-2　5G 网络性能指标 KPI 知识图谱

9.1　5G KPI 概述

PPT

5G KPI 概述

微课

5G KPI 概述

拓展阅读

通过 5G 的各项 KPI，可以从不同的角度去了解当前 5G 网络的运行状态，进一步指导 5G 网络优化的具体方向。通过国家统计局的基站统计情况，可以了解到我国 5G 基站的已建设情况、5G 基站新一年的建设计划，以及 5G 在建设、应用、产业一体化上的推进方向，进而了解到我国 5G 事业的辉煌成就，愿意为进一步推动 5G 事业的前进而贡献自己的力量。

　　5G KPI 是通过 5G 网管后台采集的各类通信事件计数器（counter，对应 5G 网络的各种事件）统计而得，真实反映网络某项性能的情况，用于评估 5G 网络运行状态，及时排查问题，实施优化调整。例如，网络运营商通过 RRC 连接建立成功率、切换成功率等指标来评估 5G 网络的无线接入及移动性是否达到预期网络 KPI 要求，如未达到要求，则须进一步优化调整。

9.1.1　KPI 性能评估

　　无线网络设定 KPI 后，通过定期、不定期的 KPI 性能评估，可以在以下方面发挥作用：

　　① 进行网络质量考核预测和评判，检验当前网络运行水平与设定目标之间的差距情况；

　　② 发现网络运行中基站设备存在的故障问题（如站点小区退服、光口故障等），及时进行处置、修复；

　　③ 对监控发现的接通、掉线、切换等网络问题，及时进行分析、优化提升。

　　KPI 性能评估的作用如图 9-1-1 所示。

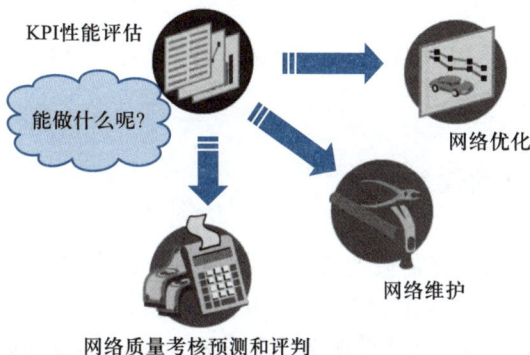

图 9-1-1　KPI 性能评估的作用

9.1.2　5G KPI 总体架构

　　结合 5G 网络 NSA 和 SA 组网共存的特性，5G KPI 主要包括无线接入及移动性 KPI、服务完整性 KPI、资源利用率 KPI、业务量 KPI、5G 锚点 LTE 小区性能 KPI 等。

　　如图 9-1-2 所示，无线接入及移动性 KPI 包括 RRC 连接建立成功率、NG 接口信令连接建立成功率、QoS Flow 建立成功率、切换成功率等指标；服务完整性 KPI 包括上 / 下行用户平均吞吐率、上 / 下行小区平均吞吐率等指标；资源利用率 KPI 包括上 / 下行 RB 利用率、CPU 平均占用率等指标；业务量 KPI 包括上 / 下行业务数据量、在线用户数等指标；5G 锚点 LTE 小区性能 KPI 主要是 NSA 组网模式下的 LTE 锚点小区指标，包括 SgNB 接入成功率、SCG 变更成功率等指标。以上各项 KPI 指标能真实反映 5G 网络某项性能的情况，以便及时发现问题，降低网络风险，保障 5G 网络正常运行。5G KPI 总体架构如图 9-1-2 所示。

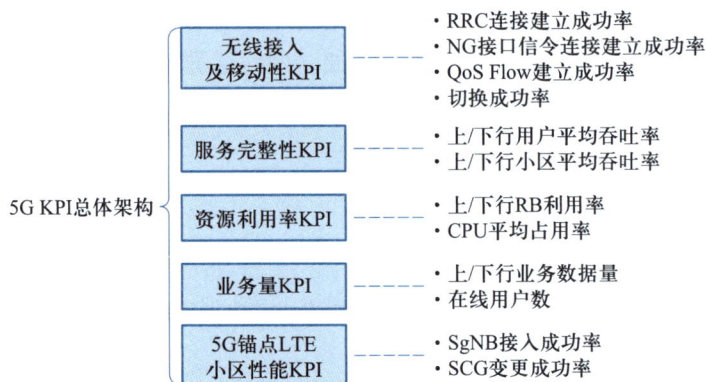

图 9-1-2　5G KPI 总体架构

9.2　5G KPI 定义

PPT

5G KPI 指标（1）

本节主要针对 5G KPI 具体指标的定义进行介绍，理解 KPI 管理在 5G 网络性能管理中的重要作用。

9.2.1　无线接入及移动性 KPI

微课

5G KPI 指标（1）

用户使用手机上网首先需要与基站建立连接，这个过程就是接入，主要涉及 RRC（无线资源控制）、NGSIG（NG Single，NG 接口信令）、QoS Flow（QoS 流，服务质量流）的建立。用户从当前服务小区移动至邻区的过程体现了移动性，主要涉及同频、异频、异系统切换。

1. 接入类 KPI

接入类 KPI 指标用于评估 5G 用户打开手机、申请接入网络、通过网络分配的资源来完成所需业务的过程，主要体现于两个阶段，如图 9-2-1 所示。

阶段 1：终端（UE）与基站（gNB）进行信令面的交互，将需要申请的业务告诉基站，方便基站、核心网分配匹配的承载资源。对应的 KPI 指标主要有 RRC 连接建立成功率、NG 接口信令连接建立成功率。

阶段 2：基站（gNB）、核心网通过相关标准、规则核查后，在对应小区分配特定业务承载资源到特定用户，用户可以使用相关业务资源完成所需要的业务。对应的 KPI 指标主要是 QoS Flow 建立成功率。

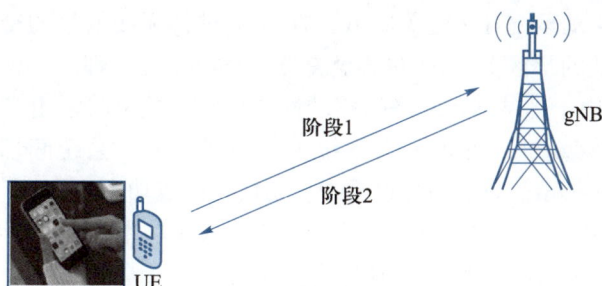

图 9-2-1　接入类 KPI 示意图

（1）RRC 连接建立成功率

该 KPI 用于评估 RRC 连接建立成功率情况，其计算公式为

$$RRC \ 连接建立成功率 = \frac{RRC \ 连接建立成功次数}{RRC \ 连接建立尝试次数} \times 100\%$$

（2）NG 接口信令连接建立成功率

NG 接口即无线接入网和 5G 核心网之间的接口。该 KPI 用于评估 NG 接口信令连接的建立成功率，反映 gNB 与 5GC 之间的稳定性，其计算公式为

$$NG \ 接口信令连接建立成功率 = \frac{NG \ 接口信令连接建立成功次数}{NG \ 接口信令连接建立尝试次数} \times 100\%$$

（3）QoS Flow 建立成功率

QoS 是指对网络用户体验到的服务的整体性能衡量。5G QoS 模型是基于 QoS Flow 的，而 QoS Flow 是 PDU 会话中最精细的 QoS 区分粒度。该 KPI 用于评估所有业务的 QoS Flow 建立成功率，其计算公式为

$$QoS \ Flow \ 建立成功率 = \frac{QoS \ Flow \ 建立成功次数}{QoS \ Flow \ 建立尝试次数} \times 100\%$$

2. 移动性 KPI

一个 5G 基站的覆盖范围有限，但移动用户的业务过程必须是连续的，只有通过基站小区间的相互移动才能保障这一点。如图 9-2-2 所示，用户手机终端从

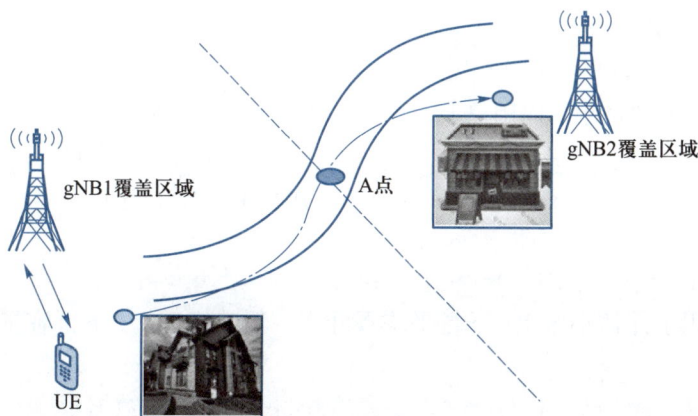

图 9-2-2　移动性 KPI 示意图

gNB1 覆盖区域移动至 gNB2 覆盖区域，在 A 点进行无线信号的交换（由 gNB1 的小区切换到 gNB2 的小区），这个过程就是终端的移动性管理。

移动性 KPI 用于评估 NR 网络的移动性能，它直接反映了用户体验的好坏。根据切换的类型，移动性 KPI 可分为系统内切换成功率、系统间切换成功率、EPS（evolved packet system，演进的分组系统）切换回落成功率。

切换成功率 KPI 用于评估 NR 切换出 / 切换入成功率情况，切换出在源小区侧统计，切换入在目标小区侧统计。其计算公式为

$$切换成功率 = \frac{切换成功次数}{切换尝试次数} \times 100\%$$

9.2.2　服务完整性 KPI

服务完整性 KPI 是为了保证移动用户整个业务过程高质量完成，而设定的评价业务过程感知情况的指标。如图 9-2-3 所示，A 点处用户速率最高、感知最好，B 点、C 点次之，D 点最差。

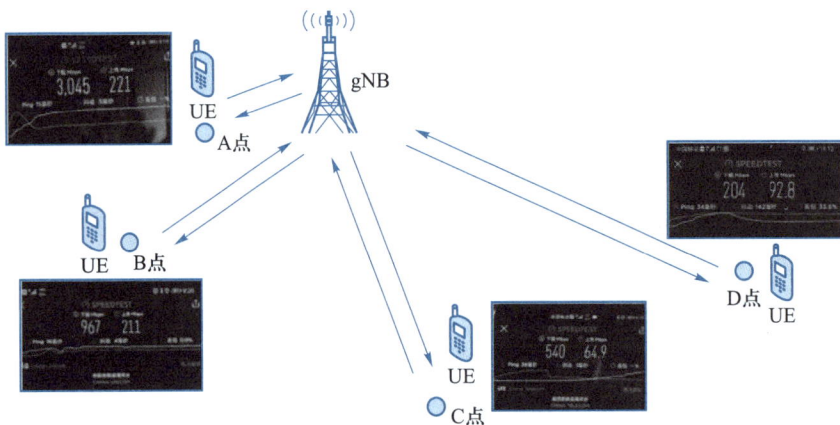

图 9-2-3　服务完整性 KPI 示意图

目前 5G RAN 中终端用户的服务完整性 KPI 主要有上 / 下行用户平均吞吐率、上 / 下行小区平均吞吐率。

1. 上 / 下行用户平均吞吐率

该 KPI 用于评估小区内用户上 / 下行平均吞吐率，其计算公式为

$$上 / 下行用户平均吞吐率 = \frac{用户上 / 下行总数据量}{用户上 / 下行总时长}$$

单位为 Gbit/s。

2. 上 / 下行小区平均吞吐率

该 KPI 用于评估小区上 / 下行平均吞吐率，反映小区上 / 下行容量状况，其计算公式为

$$上 / 下行小区平均吞吐率 = \frac{小区上 / 下行总数据量}{小区上 / 下行总时长}$$

单位为 Gbit/s。

9.2.3　资源利用率 KPI

PPT
5G KPI 指标（2）

微课

5G KPI 指标（2）

资源利用率 KPI 是用于评估不同时间点 5G 站点小区的资源使用情况、小区忙 / 闲情况的指标。可以把高铁车厢比喻为一个站点小区，车厢的座位就是这个小区的全部可用资源，这个车厢在节假日期间（忙时）会出现满座的情况，在非节假日期间（闲时）则会出现人少空座较多的情况，无线站点小区也是如此，如图 9-2-4 所示。

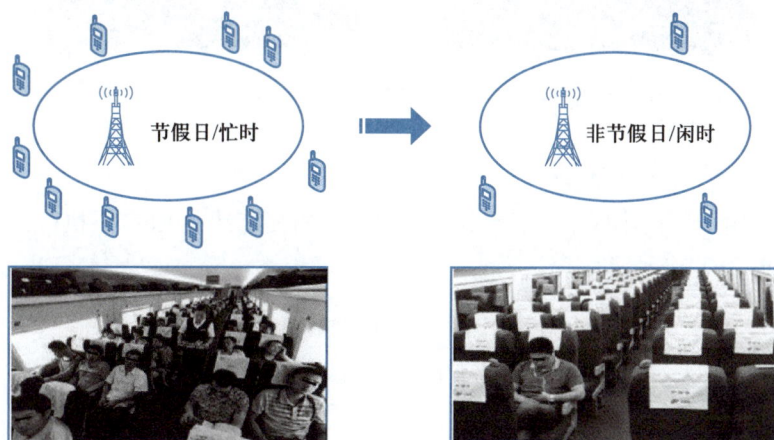

图 9-2-4　5G 站点小区的忙 / 闲情况

资源利用率 KPI 用于评估在特定条件下容量是否能够满足业务或者其他特性的需求，主要包括上 / 下行 RB 利用率、CPU 平均占用率。

1. 上 / 下行 RB 利用率

该 KPI 用于评估小区或者网络忙时上 / 下行 RB 利用率的情况，其计算公式为

$$上 / 下行 RB 利用率 = \frac{上 / 下行 RB 使用数量}{上 / 下行 RB 可用数量}$$

2. CPU 平均占用率

该 KPI 用于评估忙时 CPU 的使用情况，可通过测量对象 CPU 直接进行统计，单位为 %。

9.2.4　业务量 KPI

不同小区覆盖区域不同，不同覆盖区域移动用户集中程度、用户的业务行为等也不相同，因此需要由特定指标业务量 KPI 来评估覆盖不同区域的 5G 站点小区的接纳能力，如图 9-2-5 所示。

业务量 KPI 用于评估整个 NR 网络的业务量情况，主要包括上 / 下行业务数据量、在线用户数等。该类 KPI 可通过测量对象直接获取。

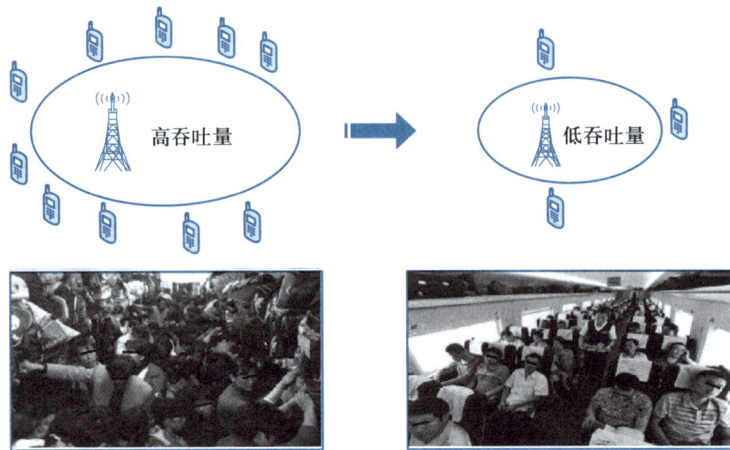

图 9-2-5　业务量 KPI 示意图

1. 上 / 下行业务数据量

该 KPI 用于评估小区上 / 下行业务数据量，相关统计在 RLC 层执行，具体指标定义见表 9-2-1。

表 9-2-1　上 / 下行业务数据量指标定义

KPI 名称	上行业务数据量	下行业务数据量
测量对象	Cell/Radio Network	Cell/Radio Network
关联指标	ULTraffic Volume	DLTraffic Volume
计算公式	Uplink Traffic Volume = N.ThpVol.UL	Downlink Traffic Volume = N.ThpVol.DL
单位	kb	kb

2. 在线用户数

该 KPI 用于评估小区中处于 RRC 连接状态的用户数，包括平均用户数和最大用户数，具体指标定义见表 9-2-2。

表 9-2-2　在线用户数指标定义

KPI 名称	平均用户数	最大用户数
测量对象	Cell/Radio Network	Cell/Radio Network
关联指标	AvgUserNumber	MaxUserNumber
计算公式	Average User Number = N.User.RRCConn.Avg	Maximum User Number = N.User.RRCConn.Max
单位	无	无

9.2.5　5G 锚点 LTE 小区性能 KPI

NSA 架构下现有的 LTE 接入和核心网作为移动性管理和覆盖的锚点，新增 5G 接入的组网方式，引入双连接概念，控制面由主站处理，用户面可选择走主站或者从站。以 Option3x 为例，LTE 作为主站，5G NR 作为从站，5G/4G 互操作由主站控制完成，如图 9-2-6 所示。

5G 锚点 LTE 小区性能 KPI 用于对 NAS-DC 架构下 LTE 主站的相关指标进行评估，主要包括 SgNB 接入成功率、SCG 变更成功率。

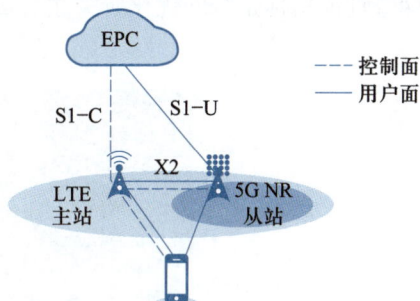

图 9-2-6　NSA 架构（以 Option3x 为例）

1. SgNB 接入成功率

该 KPI 的计算公式为

$$SgNB\ 接入成功率 = \frac{SgNB\ 接入成功总次数}{SgNB\ 接入尝试总次数} \times 100\%$$

2. SCG 变更成功率

该 KPI 的计算公式为

$$SCG\ 变更成功率 = \frac{SCG\ 变更成功总次数}{SCG\ 变更尝试总次数} \times 100\%$$

9.3　5G KPI 优化及案例

网管性能 KPI 是对网络质量的直观反映。日常网管监测是进行网络性能检测的一种有效手段。通过每日监测可以识别突发的问题小区，将问题消除在初始阶段。通过周／月粒度监测可以识别网络性能的持续短板小区，有针对性地对其进行优化提升。

9.3.1　KPI 优化

1. KPI 优化在网络优化中的位置

从单站验证到簇优化再到全网优化是一个从点到线再到面的循序渐进的 KPI 优化过程。单站验证、簇优化是基础的优化过程，而全网优化是通过对网络运行情况、所提供的各类型业务性能 KPI 指标的监视，进行数据信息的收集、分析，同时触发某个诊断测试过程，进而优化或重配置数据，以此来保障整个网络系统动态平稳运行。

PPT
5G KPI 优化及案例

微课

5G KPI 优化及案例

如图 9-3-1 所示，单站验证主要对单个基站进行入网前的测试，保证基站性能正常。簇优化一般是对以 20~30 个基站为簇的网络进行入网测试，通过路测进行 RF 优化和异常事件的优化，主要关注路测中的 KPI。而全网优化是在簇优化的基础上进行的，扩大了测试范围，需要同时关注路测指标和网管性能指标。相对来说，网管性能指标是全网优化所关注的重点指标。

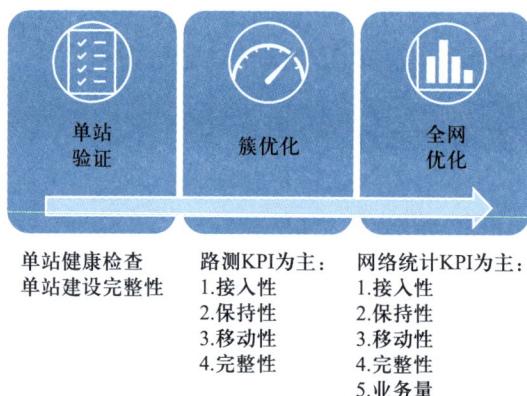

图 9-3-1　网络优化各阶段关注的指标

2. KPI 优化方法

分析网管性能指标时，要先看全网的整体性能测量指标，在掌握了网络运行的整体情况后，再有针对性地分析扇区性能指标。

① 优化时如需调整天线、修改参数等，最好能实施一项措施后观察一段时间的指标，确定该项措施的效果后再进行下一步优化。指标的观察时间最好超过一天，且要密切注意这段时间的告警信息。

② 调整参数要谨慎，考虑全面后再进行修改。例如，修改定时器的参数时要注意不能因定时器的长度增加而造成系统负荷过大，进而产生其他问题。

③ 在分析指标时，不能只关注指标的绝对数值，还应关注指标的相对数值。例如，出现掉线率为 50% 的事件并不代表网络差，只有在成功建立次数与掉线次数都已具备统计意义时，这个掉线率数值才具有意义。

各个指标的存在并不是独立的，很多指标都是相关的，例如干扰、覆盖等问题会同时影响多个指标。同样，如果解决了切换成功率低的问题，掉线率也能得到一定程度的改善。所以在实际分析和解决问题时，在重点抓住某个指标进行分析的同时需要结合其他指标一起分析。网管性能 KPI 指标仅是网络优化的一个重要依据，还需结合其他方法，共同解决网络问题。

9.3.2　KPI 优化案例

5G 终端占用某汉京中心 D-HRW-2 室分小区无法进行 EPS FB 业务，后台查询相关问题小区的 "NR 到 LTE 的基于切换的 EPS FB 执行成功率" 指标只有 70% 左右，严重偏低，影响 5G 通话感知，影响业务使用，见表 9-3-1。

表 9-3-1　NR 到 LTE 的基于切换的 EPS FB 执行成功率低

小区名称	NR 到 LTE 的基于切换的 EPS FB 准备成功率 /%	NR 到 LTE 的基于切换的 EPS FB 执行成功率 /%
某汉京中心 D-HRW-2	100.00	72.64
某汉京中心 D-HRW-2	100.00	63.56
某汉京中心 D-HRW-2	100.00	74.76

网管核查主覆盖某汉京中心 D-HRW-2 小区无影响业务的告警；上行干扰噪声指标为 -113.50 dBm（若上行干扰噪声指标大于 -107 dB，则判定该小区有干扰），小区无上行干扰；问题小区 SA 接通率、系统内切换成功率均无异常。

统计某汉京中心 D-HRW-2 小区的"NR 到 LTE 的基于切换的 EPS FB"的切换指标发现，切换失败集中在某汉京中心二［某汉京中心 E-HLW］E-HLW-106 小区，见表 9-3-2。

表 9-3-2　NR 到 LTE 的基于切换的 EPS FB 切换指标

小区名称	目标 LTE 小区名称	Voice Fallback（语音回落）触发的 NR 向异系统特定两两小区间切换出准备尝试次数	Voice Fallback 触发的 NR 向异系统特定两两小区间切换出执行次数	Voice Fallback 触发的 NR 向异系统特定两两小区间切换出成功次数
某汉京中心 D-HRW-2	某汉京中心二［某汉京中心 E-HLW］E-HLW-106	109	109	0

进一步在网管核实，回落的目标 LTE 小区某汉京中心二［某汉京中心 E-HLW］E-HLW-106 已经减容、退网（属于垃圾数据）。

删除相关冗余邻区后，某汉京中心 D-HRW-2 小区的"NR 到 LTE 的基于切换的 EPS FB 执行成功率"指标恢复到 100%，回访相关投诉用户，用户表示语音感知恢复正常。优化前后指标对比如图 9-3-2 所示。

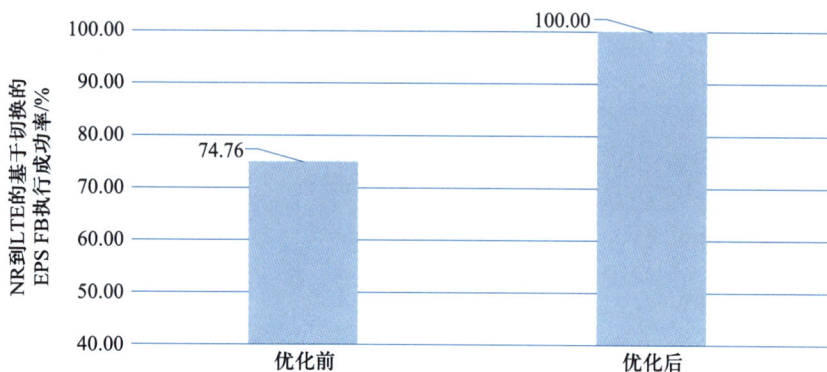

图 9-3-2　优化前后指标对比

想一想

　　学习了 5G KPI 优化后，请同学们思考一下：5G 网络性能指标 KPI 优化的主要作用是什么？

知识点总结

　　1. 5G KPI 概述：5G KPI 含义，5G KPI 性能评估的作用，5G KPI 总体架构。

　　2. 5G KPI 定义：无线接入与移动性 KPI 定义，服务完整性 KPI 定义，资源利用率 KPI 定义，业务量 KPI 定义，5G 锚点 LTE 小区性能 KPI 定义。

　　3. 5G KPI 优化及案例：KPI 优化在网络优化中的位置，KPI 优化方法，NR 到 LTE 的基于切换的 EPS FB 执行成功率低的 KPI 优化案例。

思考与练习

　　一、客观题（扫码在线答题）

　　二、主观题（扫码查看题目）

第 10 章

5G 网络优化专题分析

工作场景

　　5G 技术的特点是"灵活"和"复杂"。为了匹配未来社会的多变场景，新空口（NR）技术的灵活配置不可避免地带来架构和实现上的复杂性。Massive MIMO、丰富的参考信号、灵活多波束、独立组网（SA）/非独立组网（NSA）架构等构成了 NR 最鲜明的技术特征。这些核心技术对网络优化分析、故障处理提出了更大的挑战。

　　前面的章节介绍了 5G 网络测试基础和优化分析流程。如何快速判断问题产生原因以及快速处理问题是网络优化工程师必须掌握的技能。随着 5G 网络的大规模建设与普及，网络优化工作的侧重点正在从工程优化向日常优化、专题优化转变。针对网络问题进行归类分析，找出问题的共性原因，可以方便类似专题问题的快速处理定位。只有充分地掌握了各类专题问题的分析以及解决思路，才能快速准确地解决网络问题。5G 网络优化专题如图 10-0-1 所示。

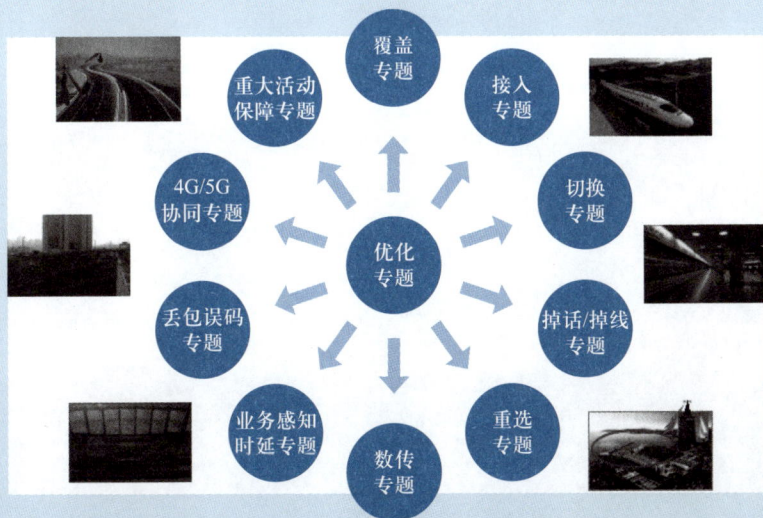

图 10-0-1　5G 网络优化专题

知识图谱（图 10-0-2）

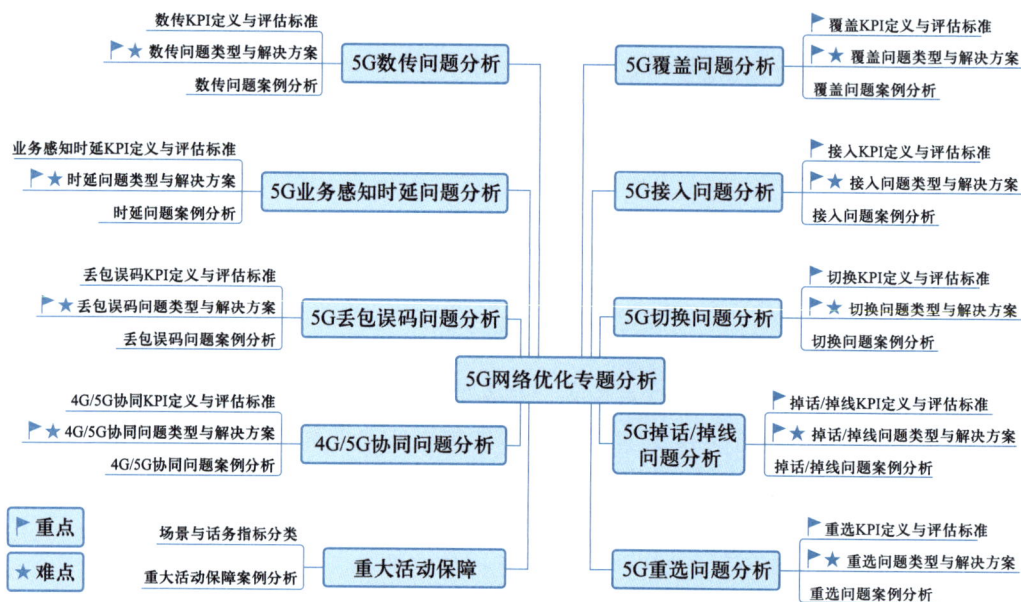

图 10-0-2　5G 网络优化专题分析知识图谱

10.1　5G 覆盖问题分析

覆盖问题分析是所有专题问题分析的前提和基础。和 LTE 一样，5G 中覆盖类的关键指标主要还是 RSRP 和 SINR，但是 5G 中 RSRP/SINR 的种类和 LTE 不同。具体来说，LTE 中的 CRS 功能被剥离为两种测量量 SSB 和 CSI–RS。相应地，SS–RSRP/SINR 体现广播信道的覆盖与可接入能力，CSI–RSRP/SINR 体现业务信道的覆盖与可接入能力。5G 网络优化主要依据 SSB 测量，即 SS–RSRP 和 SS–SINR。

10.1.1　覆盖 KPI 定义与评估标准

1. 5G 覆盖 KPI 定义

SS–RSRP（synchronization signal reference signal received power，同步参考信号接收功率）：协议中定义为在 SSB 测量配置周期内，小区下行承载辅同步信号（secondary synchronization signal，SSS）的 RE 上功率的线性平均值。UE 的测量状态包括 RRC 空闲态、RRC 去激活态和 RRC 连接态。

SS–SINR（synchronization signal signal–to–noise and interference ratio，同步信号与干扰加噪声比）：服务小区 SS 信号的 SINR 定义为主服务小区承载辅同步信号的 RE 的功率，除以在相同频率带宽内的噪声和干扰功率。

SS–RSRP 和 SS–SINR：在同步信道上测量，受网络规划（拓扑、RF 参数）以及波束扫描的影响，能够表征小区的覆盖能力。一般来说，当前 5G 网络只采用 SSB 的 RSRP 和 SINR 作为覆盖评估的主要指标。在下文中，如无特别说明，RSRP 和 SINR 均指 SSB 的 RSRP 和 SINR。

2. 5G 覆盖评估标准

（1）单站点小区的覆盖能力：单站点小区的覆盖能力可结合用户所处位置的 RSRP 和 SINR 信号强度来定义，具体如下。

- 极好点：SS–RSRP ≥ −70 dBm 且 SS–SINR ≥ 25 dB
- 好点：−80 dBm ≤ SS–RSRP < −70 dBm 且 15 dB ≤ SS–SINR < 20 dB
- 中点：−90 dBm ≤ SS–RSRP < −80 dBm 且 5 dB ≤ SS–SINR < 10 dB
- 差点：−100 dBm ≤ SS–RSRP < −90 dBm 且 −5 dB ≤ SS–SINR < 0 dB

（2）针对不同的目标场景，覆盖优化的建议标准有所不同。不同场景下的覆盖指标见如表 10–1–1。

拓展阅读

5G 网络覆盖以润物细无声的方式改变着乡村的生活，在让生活更加便利的同时，也给产业发展带来了新思路。乡村治，天下安。在推进实施乡村振兴的过程中，数字经济将扮演更加重要的角色，5G 网络的优质广域覆盖，将为广大农村步入数字经济时代打下坚实的网络基础。通信运营商持续深入开展 5G 网络建设的行动，将 5G 融入社会生产、人民生活、社会治理等方方面面，让更多偏远山区的群众享受数智化新生活，让 5G 真正成为乡村振兴开新局的"助推器"。

PPT

5G 覆盖 KPI 定义与解决方案

微课

5G 覆盖 KPI 定义与解决方案

表 10-1-1　不同场景下的覆盖指标

场景	影响指标	建议标准
驻留 / 接入	SS-RSRP	驻留 S 准则：SS-RSRP > −128 dBm 网络优化经验值：室外 −100.5 dBm（室内外穿透损耗 + 干扰余量 + 人体损耗）
切换		目标系统内支持同频切换，A3 为相对门限，对于切换接入，SS-RSRP > −105 dBm
PBCH 解调	SS-SINR	SS-SINR > −6 dB
PSS/SSS 解调		SS-SINR > −6 dB
区域 5G 覆盖率	SS-RSRP、SS-SINR	SS-RSRP ≥ −93 dBm 且 SS-SINR ≥ −3 dB 的采样比例
区域 5G 综合覆盖率	SS-RSRP、SS-SINR、测试时长	SS-RSRP ≥ −93 dBm 且 SS-SINR ≥ −3 dB 的采样点的比例 ×5G 时长驻留比（测试中占用 5G 小区的时长 / 总测试时长）

10.1.2　覆盖问题类型与解决方案

　　覆盖问题分析流程遵循 RF 优化流程，先进行故障告警核查、站点干扰核查，判断问题为覆盖问题后进入覆盖问题专题分析流程，如图 10-1-1 所示。覆盖问题包括弱覆盖、越区覆盖、重叠覆盖三大类，采用的优化手段为工程优化和参数优化。

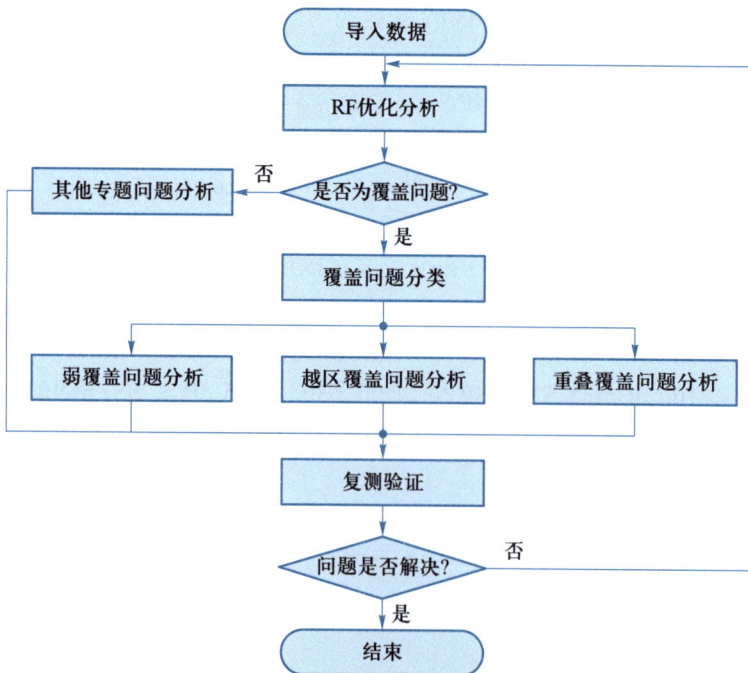

图 10-1-1　5G 覆盖问题分析流程

1. 弱覆盖

若小区的信号低于优化基线，导致 UE 接收到的信号强度很不稳定，通话质量很差或者下载速度很慢，容易掉网，则认为其是弱覆盖区域。

可通过以下条件来判断是否存在弱覆盖问题：在小区的某位置区域下，接收的 RSRP ≤ −110 dBm，或接收的 SINR ≤ −3 dB，两个条件满足其一，则判定存在弱覆盖问题。针对 5G SA 覆盖，各运营商常对 RSRP 低于 −100 dBm 的区域就开始优化。

（1）常见原因

① 网络规划问题。

② 网络施工质量问题。

③ 小区发射功率过低。

④ 阻挡严重。

⑤ 新的覆盖需求。

（2）解决方案

① 方位角核查：尽量保证天线主瓣方向覆盖到弱覆盖区域。

② 下倾角优化调整：通过上抬电子下倾角来提升覆盖，当电子下倾角小于 −5°，而覆盖依然偏弱时，可通过上抬机械下倾角来提升覆盖。

③ 功率调整：考虑到 4G/5G 共 AAU，建议按照小区发射功率配置进行优化，对于有功率余量的，可适当增加功率，但不得超出 AAU 功率范围。

④ 站点整改：对于美化罩等原因导致方位角和下倾角无法调整而造成的弱覆盖区域，推动运营商进行整改。

⑤ 加站补点：对于站间距过大或周边存在阻挡，通过优化依然无法解决的弱覆盖点，需要加站补点。站间距超过 800 m 的，建议在中间位置直接加宏站；存在阻挡且弱覆盖距离较小（如 100 m 以内）的，可采用微站方案解决。

2. 越区覆盖

越区覆盖指由于基站天线挂高过高或者下倾角过小引起小区覆盖距离过远，从而越区覆盖到其他站点覆盖的区域，并且在该区域 UE 接收到的信号电平较好。

可通过以下条件来判断是否存在越区覆盖问题：5G 小区弱覆盖（RSRP ≤ −110 dBm）位置距离待判断站点大于一定距离（城区为 500 m，农村为 1 000 m），且弱覆盖所处位置距离大于对打最近 5G 站间距，两个条件同时满足，则判定存在越区覆盖问题。

（1）常见原因

① 天线挂高过高。

② 天线方位角、下倾角设置不合理。

③ 基站发射功率过大。

④ 无线环境影响：街道效应、水面反射等。

（2）解决方案

① 下倾角优化调整：优先通过下压机械下倾角来缩小越区小区的覆盖范围，对于美化箱或无法上站进行天馈调整的，可通过下压电子下倾角来缩小覆盖范围。

② 站点整改：对于美化罩等原因导致天馈无法调整下倾角而造成的越区覆盖，

需推动运营商进行整改。

③ 功率调整：若天馈和站点整改后依然无法解决越区覆盖，可适当降低小区发射功率，但降低过多会影响本小区速率。

3. 重叠覆盖

重叠覆盖问题主要体现为多个小区存在深度交叠，RSRP 较强，但是 SINR 较差，或者多个小区之间存在乒乓切换，导致用户感知差。

可通过以下条件来判断是否存在重叠覆盖问题：在主服务小区邻区列表中测量到的同频邻区的电平和主服务小区的电平（主服务小区 RSRP > −110 dBm）相差小于 6 dB，且满足以上条件的同频邻区数大于或等于 3，两个条件同时满足，则判定存在重叠覆盖问题。

（1）常见原因

① 区域内站点分布比较密集，站间距过小，信号覆盖较强。

② 区域内基站各个天线的方位角和下倾角设置不合理，导致重叠覆盖。

（2）解决方案

① 分析问题区域多个覆盖小区的主从关系，确定主覆盖小区。

② 通过调整天线下倾角、方位角、功率等手段加强主覆盖小区的覆盖。

③ 通过调整天线下倾角、方位角、功率等手段控制非主覆盖小区在问题区域的覆盖，减小重叠覆盖带来的干扰。

10.1.3 覆盖问题案例分析

PPT
5G 覆盖问题案例分析

微课

5G 覆盖问题案例分析

1. 案例一：某停车场区域弱覆盖优化案例

（1）问题描述

在外场簇优化车辆行驶至 FT 某管理局东侧停车场区域时发现弱覆盖情况，SS-RSRP 为 −107 dBm 左右，SS-SINR 为 −3 dB 左右；其余区域覆盖正常，SS-RSRP 为 −56~−86 dBm，SS-SINR 为 15~30 dB。5G 覆盖问题案例一如图 10-1-2 所示。

（2）问题分析

① 故障告警核查：首先进行的是故障告警的核查，通过工参获取本次测试区域站点的信息，联系后台优化工程师通过网管核实站点实时状态，包括站点解闭塞情况，并获取站点告警信息，查看是否存在影响覆盖以及业务告警。经核实，本案例中测试问题路段周边站点状态均正常，无影响业务的故障告警。

② 问题分类：通过测试软件对 SS-RSRP 轨迹图的呈现，可以直观地看到问题路段（红色轨迹为 SS-RSRP 小于 −100 dBm 的路段）存在弱覆盖现象，问题路段出现连续 100 m 以上采样点 RSRP<−100 dBm 的现象，需对该问题进行覆盖专题分析。

③ 覆盖专题优化：分析发现该路段主覆盖小区为 SZDT 总站二 SD-HRH-2 小区，测试 UE 占用小区合理（邻区中看到其他小区在此处覆盖更弱），占用该小区后出现弱覆盖现象，后台核查该小区功率以及电调参数等正常，由于站点覆盖未达预期，需要现场核实站点实际安装以及覆盖方向问题。

NR5G Cell Measurement			
MCC/MNC		Current Network	NR5G SA
TAC		RRC State	Connected
Cell ID	51577319426	Service State	
gNodeB ID	12592119	WorkMode DL	TDD
Sector ID	2	UL MCS Most/Best	13 / 18
Band/Bandwidth	n41 100Mhz	DL MCS Most/Best	10 / 13
Slot Config DL:UL	5ms 7 : 2	UL Mod Most/Best	64QAM / 64QAM
Symbol DL:UL	6 : 4	DL Mod Most/Best	16QAM / 64QAM
SubCarrierSpace	30kHz	PUSCH RBs/Slots	2944 / 246
PointA ARFCN	503172	PUSCH RBs perSlot	11
Center ARFCN DL	509004	PDSCH RBs/Slots	341821 / 1389
SS Freq. DL(MHz)	2524.950	PDSCH RBs perSlot	246
SSB GSCN	6312	Grant UL Num	246
SS ARFCN/PCI	504990 / 149	Grant DL Num	1389
SS RSRP[dBm]	-107.14	RI Num UL	1.0
SS SINR[dB]	-3.65	RI Num DL	3.0
SS RSRP Ant0	-113.75	PUSCH iBLER[%]	4.47
SS RSRP Ant1	-109.45	PDSCH iBLER[%]	9.34
SS RSRQ[dB]	-15.70	PUSCH ResBLER[%]	0.00
SS RSSI[dBm]	-76.50	PDSCH ResBLER[%]	0.00
DMRS RSSI[dBm]		PUSCH TBSize	804.00

NR5G Beam List											
Carrier ID	ARFCN	PCI	MOD6	MOD4	Beam ID	CellName	RSRP	SINR	RSRQ	Distance	SiteName
0	504990	149	5	1	0	SZDT总站二SD-HRH-2	-107.1	-3.6	-15.7	302m	SZDT总站二S...
					3		-110.0	-8.2	-19.6		
					7		-111.6	-9.7	-20.8		
					1		-112.7	-10.1	-21.1		
					2		-112.8	-10.4	-21.2		
					6		-112.9	-12.2	-22.9		

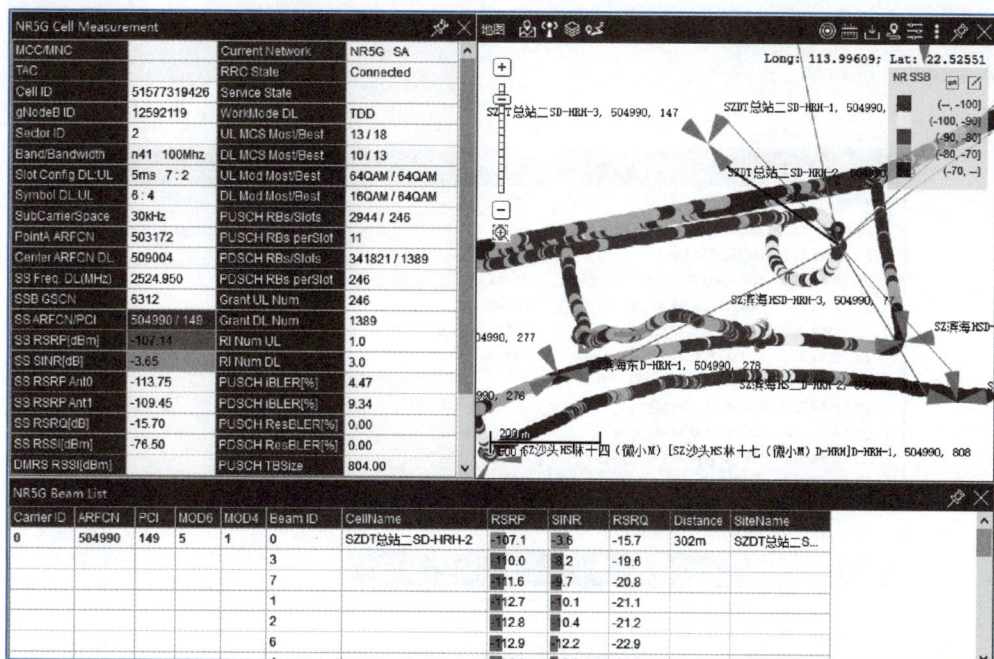

图 10-1-2　5G 覆盖问题案例一

④ 现场排查：现场联系塔工上站核实，发现 SZDT 总站二 SD-HRH-2 小区正对覆盖问题路段，但是天线下倾角为 10°，下倾角太大导致该站点对问题路段覆盖不足。

（3）优化措施

现场核实 SZDT 总站二 SD-HRH-2 小区天线下倾角 10° 不合理，将天线上抬，使下倾角调小到 3°，让天线的主覆盖方向对准当前问题路段进行覆盖。复测后，发现弱覆盖问题已解决。

2. 案例二：重叠覆盖优化案例

（1）问题描述

车辆行驶至某县稻香东路附近时，UE 占用 NYXX 五里桥白河湾 -E5H-2612 小区，RSRP = -85.6 dBm，SINR = 0.3 dB，该处持续出现 SINR 较差现象，影响业务。5G 覆盖问题案例二如图 10-1-3 所示。

（2）问题分析

通过测试数据回放发现邻区列表中超过三个小区与主服务小区信号相差 6 dB 以内，存在严重的重叠覆盖，导致 SINR 较差。其中，NYXX 葛营-E5H 基站的三个小区都属于越区覆盖（站点距离当前路段 1 117 m），需要对其覆盖进行控制，可通过下压下倾角、降低功率等措施来缩小其覆盖范围，最终使问题路段不会存在有多个强信号小区重叠覆盖的问题。

（3）优化措施

将 NYXX 葛营-E5H-2611、NYXX 葛营-E5H-2612、NYXX 葛营-E5H-2613 这三个小区的机械下倾角都下压 5°，这样就减少了这三个小区在稻香东路问题路段的强信号覆盖。复测后，发现此路段不会再出现超过三个强信号小区重叠覆盖而造成干扰的问题。

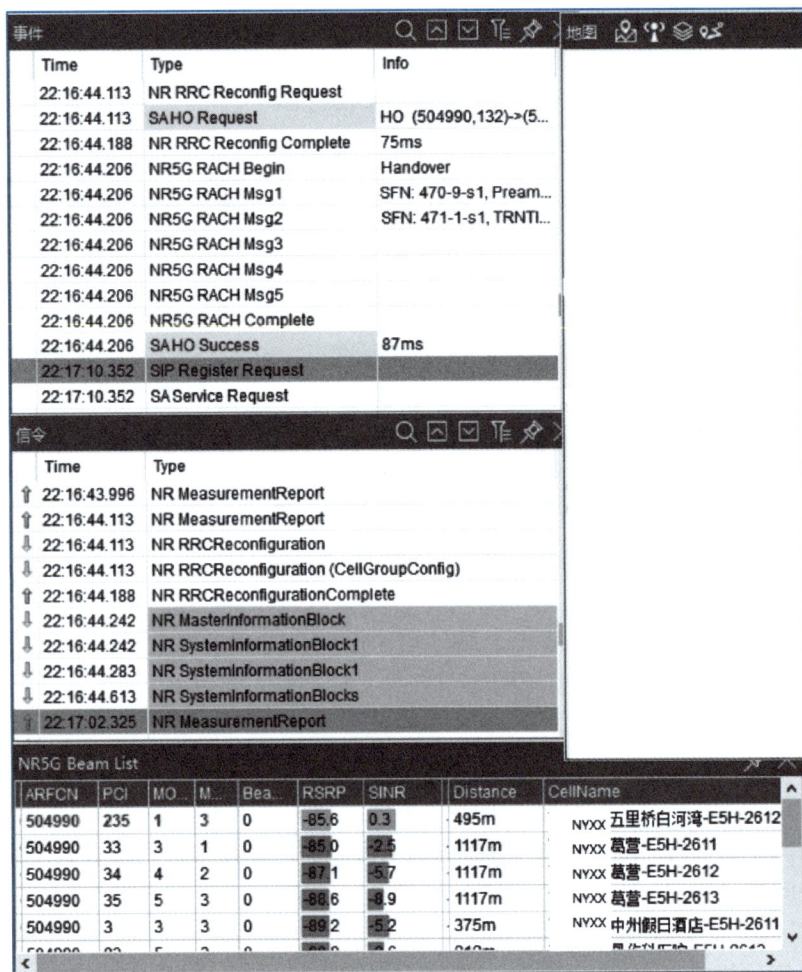

图 10-1-3　5G 覆盖问题案例二

3. 覆盖问题分析总结

日常优化中，常见的 5G 覆盖问题主要是由于小区网络结构或参数设置不合理而导致的弱覆盖、越区覆盖和重叠覆盖问题。对于结构问题，需要结合小区覆盖区域测试评估及现场天线覆盖环境勘察，综合制定天线调整、方位角调整、站点高度整改等整治方案。对于功率和邻区等参数问题，则要进行参数调整优化，并不定期加强参数一致性核查。

10.2　5G 接入问题分析

接入发生在 5G 用户打开手机、申请接入网络、通过网络分配的资源来完成需要业务的过程中。5G 网络发生无法接入问题，会导致用户无法使用 5G 上网，造成用户感知差和投诉，因此需重点关注 5G 接入优化。

10.2.1　接入 KPI 定义与评估标准

5G 网络测试基础指标主要从"占得上、驻留稳、体验优"三个维度展开，而本节中的 SA 连接成功率和 SgNB 添加成功率主要是从"占得上"维度对网络开展评估的。

PPT
5G 接入 KPI 定义
与解决方案

① SA 组网模式下，接入 KPI 主要关注的是 SA 连接成功率，KPI 定义如下：

$$SA\ 连接成功率 = \frac{成功完成连接建立次数}{终端发起分组数据连接建立请求总次数} \times 100\%$$

评估标准：SA 连接成功率 > 95.00%。

微课
5G 接入 KPI 定义
与解决方案

② NSA 双连接组网模式下，接入 KPI 主要关注的是 SgNB 添加成功率，KPI 定义如下：

$$SgNB\ 添加成功率 = \frac{辅站链路成功增加次数}{辅站链路尝试增加次数} \times 100\%$$

评估标准：SgNB 添加成功率 > 95.00%。

10.2.2　接入问题类型与解决方案

接入问题按 5G 组网架构分为 SA 接入问题和 NSA 接入问题，根据问题现象判断为接入问题后进入接入问题专题分析流程，具体如图 10-2-1 所示。

1. SA 接入问题分析

SA 接入问题分析如图 10-2-2 所示。下面主要对前三项问题进行分析。

（1）UE 不发起 RRC 接入

常见的 UE 不发起 RRC 接入的原因为小区禁止接入、UE 不支持当前小区频带以及小区 SSB 频点配置、UE 不满足小区驻留条件和 USIM（全球用户识别卡）开户信息 PLMN 配置不正确。

（2）随机接入失败

随机接入失败常见的典型原因通常有以下四点：

① 小区根序列索引配置不满足规划要求。根序列索引需要进行网络规划，避免周边小区接收到 Preamble 下发的 RAR（random access response，随机接入响应）消息，对本小区产生下行干扰。

```
                           ┌──────────────┐
                           │   导入数据    │
                           └──────┬───────┘
                                  │
                           ┌──────▼───────┐
                           │  问题现象分析  │◄────────────────────┐
                           └──────┬───────┘                      │
                                  │                              │
      ┌──────────────┐  否  ◇─────▼──────◇                       │
      │ 其他专题问题分析 │◄────│ 是否为接入问题? │                    │
      └──────────────┘      ◇──────┬──────◇                      │
                                 是 │                            │
                           ┌──────▼───────┐                      │
                           │  接入问题分类  │                      │
                           └──────┬───────┘                      │
                        ┌─────────┴──────────┐                   │
         ┌──────────────▼───────┐  ┌─────────▼────────┐          │
         │ UE不发起RRC接入问题分析 │  │   LTE侧流程分析   │          │
         └──────────┬───────────┘  └─────────┬────────┘          │
         ┌──────────▼───────────┐            │                  │
         │   随机接入失败问题分析  │            │                  │
         └──────────┬───────────┘            │                  │
         ┌──────────▼───────────┐  ┌─────────▼────────┐          │
         │  RRC连接建立失败问题分析 │  │  NR侧接入准备分析  │          │
         └──────────┬───────────┘  └─────────┬────────┘          │
         ┌──────────▼───────────┐            │                  │
         │  NGSIG及NAS异常问题分析 │            │                  │
         └──────────┬───────────┘            │                  │
         ┌──────────▼───────────┐            │                  │
         │  上下文建立失败问题分析  │            │                  │
         └──────────┬───────────┘            │                  │
         ┌──────────▼───────────┐  ┌─────────▼────────┐          │
         │ PDU会话建立失败问题分析 │  │    5G空口分析     │          │
         └──────────┬───────────┘  └─────────┬────────┘          │
                    └──────────┬─────────────┘                   │
                        ┌──────▼───────┐                         │
                        │   复测验证    │                         │
                        └──────┬───────┘                         │
                          ◇────▼────◇  否                        │
                          │ 问题是否解决? │──────────────────────────┘
                          ◇────┬────◇
                             是 │
                        ┌──────▼───────┐
                        │    结束      │
                        └──────────────┘
```

SA接入问题分析流程   NSA接入问题分析流程

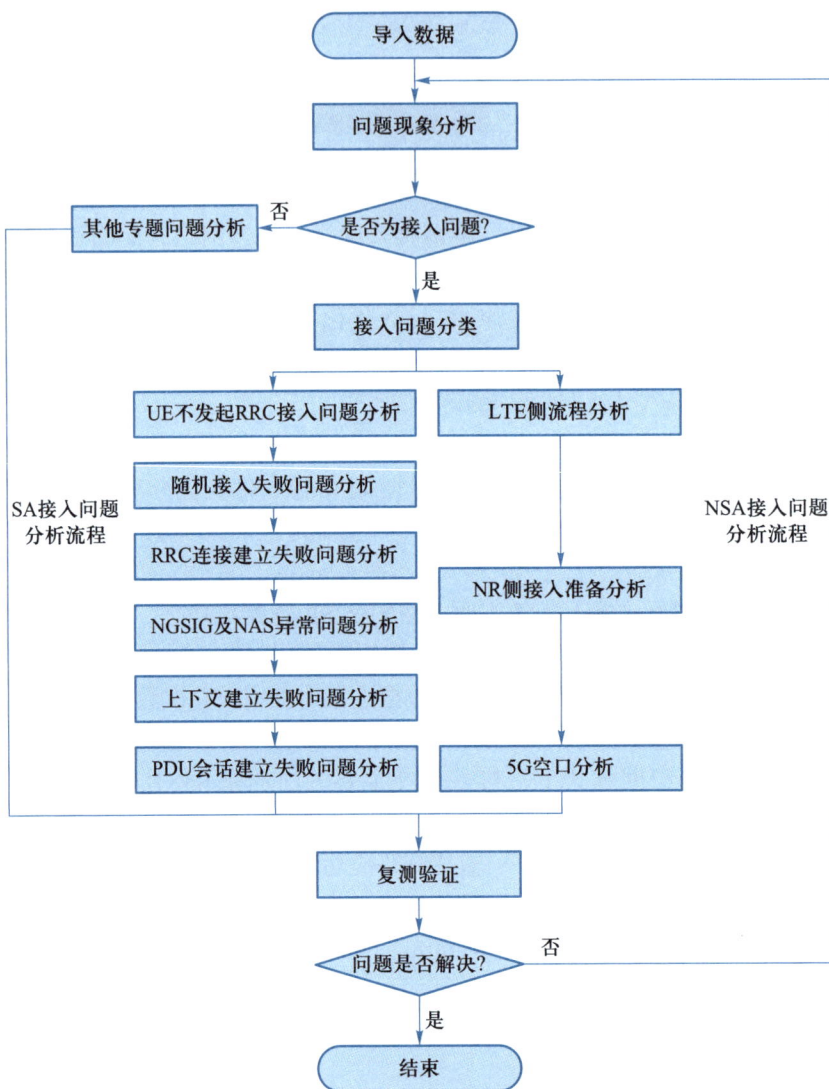

图 10-2-1　5G 接入问题分析流程

　　② 小区时隙配比和时隙结构配置不正确，与周边站点产生干扰。解决措施主要是进行基础配置核查。

　　③ 超小区半径接入。通过后台查看小区半径，UE 超小区半径接入，会导致随机接入失败。

　　④ 存在弱覆盖或干扰问题。可以通过在 UE 侧监测小区 RSRP 或者查看测量报告中上报的 RSRP，来判断是否为弱覆盖场景；可以通过 SINR 或者通过网管干扰检测，来查看网络是否存在干扰。

　　（3）RRC 连接建立失败

　　RRC 连接建立失败包括三种情况：RRC Reject（连接拒绝）、RRC 丢弃、RRC No Reply（无响应），如图 10-2-3 所示。

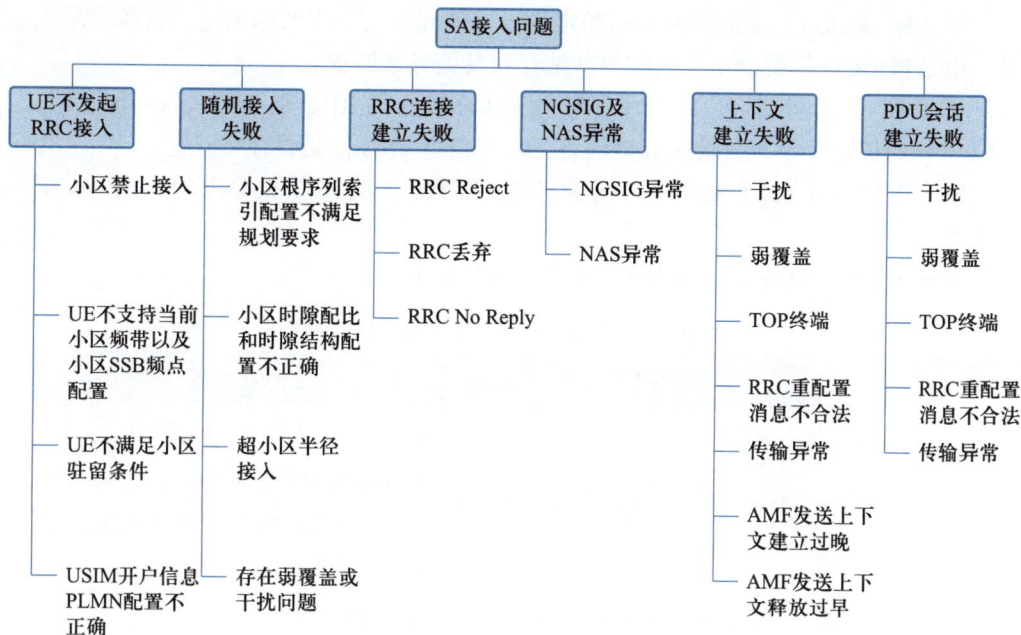

图 10-2-2　SA 接入问题分析

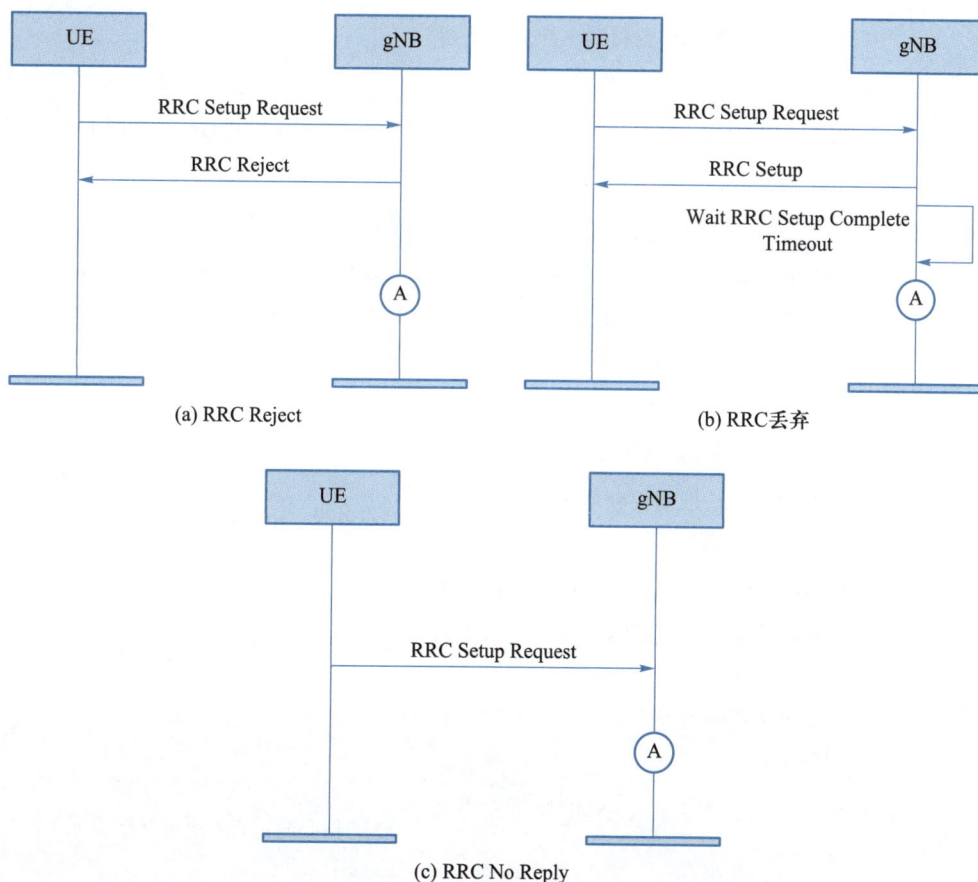

(a) RRC Reject

(b) RRC丢弃

(c) RRC No Reply

图 10-2-3　RRC 连接建立失败

① RRC Reject（连接拒绝）问题定位：导致此问题的主要原因包括资源分配失败、SRS/PUCCH 等资源申请失败、基站存在其他异常流程。

② RRC 丢弃问题定位：当小区接收到 UE 发送的 RRC Setup Request 消息时，gNB 未响应该信令并且直接丢弃该消息，需要核查 gNB 侧是否存在问题。

③ RRC No Reply（无响应）问题定位：导致此问题的常见原因为干扰以及弱覆盖等。

常见 SA 接入问题类型与解决方案见表 10-2-1。

表 10-2-1　常见 SA 接入问题类型与解决方案

问题类别	常见原因	解决方案
UE 不发起 RRC 接入	小区禁止接入	修改参数，解除小区 bar 控制
	UE 不支持当前小区频带以及小区 SSB 频点配置	将 SSB 频点修正为 GSCN（全局同步信道号）合法频点、CPE 终端配置优先接入合法频点
	USIM 开户信息 PLMN 配置不正确	重新进行 USIM 卡烧录
随机接入失败	干扰：小区时隙配比和时隙结构配置不正确，与周边站点产生干扰	进行基础配置核查调整
	弱覆盖：小区存在弱覆盖，导致上下行与网络失步	覆盖专题分析优化
	超小区半径接入：用户超小区半径接入	对小区半径参数进行核查和修正
	根序列冲突：周边小区接收到 Preamble 下发 RAR 消息，对本小区产生下行干扰	进行小区根序列索引配置的合理规划和优化
RRC 连接建立失败	RRC Reject：进行资源（包括 PDCCH/SRS/PUCCH 等）分配情况核查，跟踪信令确定是否存在基站其他异常流程等	控制信道资源分配调整，以及站点升级 / 特殊参数调整等解决流程冲突问题
	RRC No Reply：通常由于干扰、覆盖问题导致，需结合对应指标逐层排查	干扰排查 / 覆盖专题分析优化
	RRC 丢弃：一般需要获取主控板一键式日志进一步定位	站点升级 / 特殊参数调整解决
NGSIG 及 NAS 异常	NGSIG（NG 接口信令）异常：NG 口未发送初始化 UE 消息或者 NG 口已发送初始化 UE 消息小区，主要由于站点传输异常或者上下行链路存在干扰、弱覆盖等问题导致	站点传输故障排查优化、覆盖专题分析优化
	NAS 异常：主要由于 AMF 异常和终端异常导致	AMF 核心网排查、更换终端验证

续表

问题类别	常见原因	解决方案
上下文建立失败	干扰原因	外部干扰主要通过扫频排查，邻区干扰主要通过控制邻区覆盖予以解决
	覆盖原因	覆盖专题分析优化
	终端异常	更换终端验证
	RRC 重配置消息不合法，被 UE 校验	站点升级 / 特殊参数调整解决
	传输异常	排查 SCTP 链路拥塞告警、NG 接口故障告警；SCTP 话统排查拥塞、丢包、重传、特殊核心网传输参数配置，排查到问题后进行相应处理
PDU 会话建立失败	干扰原因	外部干扰主要通过扫频排查，邻区干扰主要通过控制邻区覆盖予以解决
	覆盖原因	覆盖专题分析优化
	终端异常	更换终端验证
	RRC 重配置消息不合法，被 UE 校验	站点升级 / 特殊参数调整解决
	传输异常	排查 SCTP 链路拥塞告警、NG 接口故障告警；SCTP 话统排查拥塞、丢包、重传、特殊核心网传输参数配置。排查到问题后进行相应处理

2. NSA 接入问题分析

NSA 接入问题分析如图 10-2-4 所示。

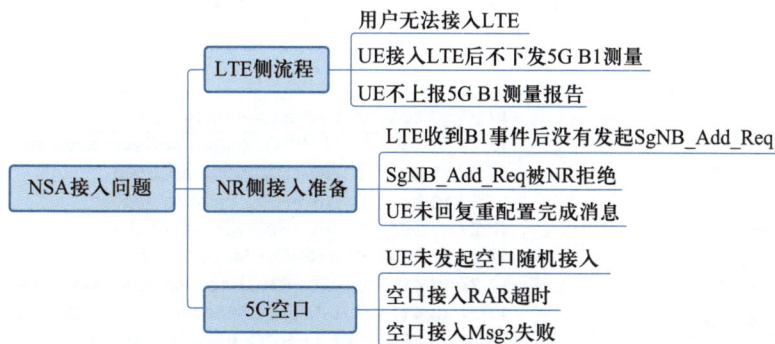

图 10-2-4　NSA 接入问题分析

（1）LTE 侧流程

① 用户无法接入 LTE，有两种场景：用户在 LTE 未发起接入，L3 Message 窗口中没有任何 UE 接入的消息；用户在 LTE 发起 Attach，被核心网拒绝。

② UE 接入 LTE 后不下发 5G B1 测量：SA 用户接入 LTE 后，正常下发 5G B1 测量控制时，会在接入 LTE 后的重配置消息中携带 5G 的测量报告。SA 用户接入 LTE 后，要满足以下条件，LTE 才可以正常下发 5G B1 测量控制：

a. UE 能力上报中包含 R15 的 UE 能力；

b. 核心网未禁止该用户的 NSA 能力；

c. LTE 侧 NSA 开关、NR 邻频点配置正确；

d. LTE 小区本身具备 NSA 能力，部分 LTE 单板硬件不支持 NSA。

在 UE 的前台测试信令中可以通过 RRC 连接重配置信令查看 LTE 是否下发 5G B1 测量控制，如图 10-2-5 所示。

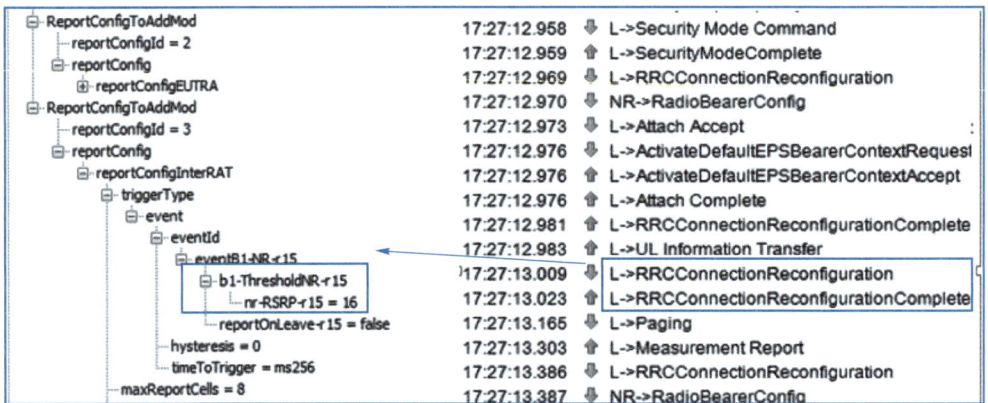

图 10-2-5 RRC 连接重配置信令

③ UE 不上报 5G B1 测量报告：NSA 用户正常上报 B1 测量信息时，会通过 MR 消息告知 LTE。UE 不上报 5G B1 测量报告可能有以下原因：

a. B1 测量控制中下发的频点错误；

b. 5G 小区状态异常或者 AAU 发射功率异常，导致用户无法测量到 5G；

c. 5G SSB 受干扰严重，导致用户无法测量到 5G。

在 UE 的前台测试信令中可以通过测量报告信令查看 UE 是否上报 5G B1 测量报告，如图 10-2-6 所示。

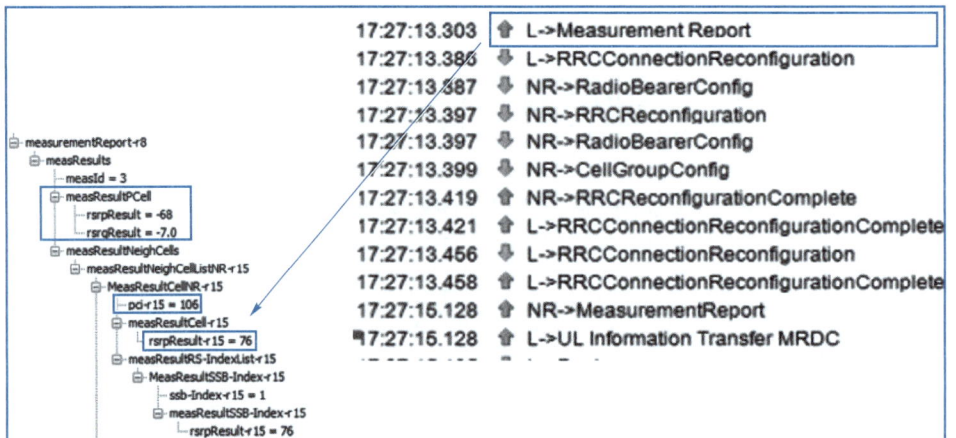

图 10-2-6 UE 测量报告信令

（2）NR 侧接入准备

① LTE 收到 B1 事件后没有发起 SgNB_Add_Req。LTE 不发起 SgNB_Add 可能有以下原因：

a. LTE 邻区配置异常（漏配或 PCI 冲突）；

b. 到目标站点的 X2 链路异常。

② SgNB_Add_Req 被 NR 拒绝：此时在 X2 接口可以观察到 5G 收到 SgNB_Add_Req 后回复 SgNB_Add_Reject。SgNB_Add_Reject 消息中会携带原因值，根据原因值可以初步判断可能的问题原因。

a. 原因值为 Transport resource not available：5G 侧传输故障导致接入拒绝，可能的链路为当前 UE 所在的 LTE 基站到 5G 基站的 X2-U 链路或者 5G 到核心网的 S1-U 链路。

b. 原因值为 No radio resource available：5G 小区用户数 License 不足，或者 5G 其他资源异常（如无可用的 SRS 资源等）。

③ UE 未回复重配置完成消息：根据 NR 侧 X2 信令跟踪，发现 5G 发送完 SgNB_Add_Req_Ack 之后，一直没有收到 SgNB_Recfg_Cmp，导致定时器超时，5G 发起释放流程。UE 未回复重配置完成消息的可能场景有：

a. UE 接收到重配置消息但是解码错误，导致一直不回复重配置完成消息；

b. LTE 基站未发送重配置完成消息。

（3）5G 空口

① UE 未发起空口随机接入：在 Uu 接口看到用户收到携带 5G SCG 配置的 RRC 重配置消息后，立刻回复 SCG Failure 消息给 LTE。SCG Failure 消息 IE（信息单元）如图 10-2-7 所示。

```
FailureReportSCG ::=                 SEQUENCE {
    failureType                          ENUMERATED {
                                            t310-Expiry, randomAccessProblem,
                                            rlc-MaxNumRetx,
                                            synchReconfigFailureSCG, scg-ReconfigFailure,
                                            srb3-IntegrityFailure, spare2, spare1},
    measResultFreqList                   MeasResultFreqList                      OPTIONAL,
    measResultSCG-Failure                OCTET STRING (CONTAINING MeasResultSCG-Failure)
    ...}
}

MeasResultFreqList ::=                SEQUENCE (SIZE (1..maxFreq)) OF MeasResult2NR

-- TAG-SCGFAILUREINFORMATION-STOP
-- ASN1STOP
```

图 10-2-7　SCG Failure 消息 IE

图 10-2-7 中标注部分为目前 3GPP 协议上对于 SCG Failure 定义的 6 个原因：T310 超时，认为 RLF（radio link failure，无线链路失败）；随机接入问题；RLC 达到最大重传次数；与 SCG 同步失败，一般为 T304 超时；SCG 配置失败；SRB3 完整性校验失败。

导致重配置失败的可能原因有：

a. 5G 小区搜索失败，多半是由于接入的小区并非最强小区或者该区域小区间干扰严重导致；

b. SCG 重配置消息中的参数在 UE 侧校验失败，建议与终端工程师共同定位问题所在。

② 空口接入 RAR 超时：在 Uu 接口看到用户收到携带 5G SCG 配置的 RRC 重配置消息后，隔一段时间（时间间隔与 T304 配置有关）回复 SCG_Fail_Info 消息给 LTE，携带的原因值为 SCG Access Failure 或者 SCG Change Failure。导致 RAR 超时失败的可能原因有：

a. 接入的 5G 小区并非最强小区或者该区域小区间干扰严重；

b. PRACH 参数等配置异常或者物理层原因导致接入失败。

建议先排查接入的小区是否为最强小区以及区域内是否邻区干扰严重，再把常见配置问题排查一遍。

③ 空口接入 Msg3 失败：在 X2 接口看到 5G 发送 SgNB_Add_Req_Ack 之后一段时间（与 Msg3 基站侧等待定时器有关，默认为 2.1 s）发送 SgNB_Rel_Required 消息，携带的原因值为 Radio connection with UE lost。导致 Msg3 失败的可能原因有：

a. 上行 TA 值异常或者上行有干扰；

b. UE 或者基站侧参数配置异常。

常见 NSA 接入问题类型与解决方案见表 10-2-2。

表 10-2-2　常见 NSA 接入问题类型与解决方案

问题阶段	问题类别	常见原因	解决方案
LTE 侧流程	用户无法接入 LTE	LTE 锚点站点故障，问题小区存在高负荷、干扰、弱覆盖以及 SINR 异常等	针对性地进行故障、高负荷、干扰（小区重叠干扰、MOD3 干扰等）、弱覆盖等问题优化
	UE 接入 LTE 后不下发 5G B1 测量	LTE 侧 NSA 锚点参数异常、LTE 侧未配置 5G 邻区、终端不支持 5G 业务	锚点参数、邻区核查优化，更换终端进行验证
	UE 不上报 5G B1 测量报告	UE 测量结果不满足 B1 门限，5G 小区存在弱覆盖、上行干扰以及 SINR 差	B1 门限、5G 小区发射功率核查优化，干扰、覆盖问题排查优化
NR 侧接入准备	LTE 收到 B1 事件后未上报 SgNB_Add_Req	X2 接口异常	检查 X2 配置，对应 X2 链路 SCTP 核查是否正常
	SgNB_Add_Req 被 NR 拒绝	配置问题、5G 产品内部处理延迟	进行接入关键参数核查及优化，厂家协助分析定位
	UE 未回复重配置完成消息	5G 小区状态异常、专用 Preamble 分配失败	状态异常小区处理，厂家协助分析定位

续表

问题阶段	问题类别	常见原因	解决方案
5G 空口	UE 未发起空口随机接入	接入的 5G 小区并非最强小区或者该区域小区间干扰严重，SCG 重配置消息中的参数在 UE 侧校验失败	主覆盖小区梳理，弱覆盖、SINR 异常问题优化，疑难问题由厂家支撑协助分析定位
	空口接入 RAR 超时	接入的 5G 小区并非最强小区或者该区域小区间干扰严重，PRACH 参数等配置异常或者物理层原因导致接入失败	主覆盖小区梳理，弱覆盖、SINR 异常问题优化，PRACH 参数核查优化
	空口接入 Msg3 失败	上行 TA 值异常或者上行有干扰导致 Msg3 解调失败，UE 或者基站侧参数配置异常导致 Msg3 失败	基站侧关键参数核查，疑难问题由厂家支撑协助分析定位

10.2.3　接入问题案例分析

PPT
5G 接入问题案例分析

微课

5G 接入问题案例分析

1. 案例一：覆盖差点导致 5G 添加失败

（1）问题描述

在区域拉网测试过程中，发现当 UE 占用小区（SS ARFCN/PCI：504990/7）时，重复发起 RACH 过程，最终导致 NR5G Cell Add Failure 事件，如图 10-2-8 所示。

（2）问题分析

① RF 优化分析：针对测试数据首先进行基础的 RF 优化分析，排除故障告警、站点干扰等因素。经后台工程师核实，问题出现小区（SS ARFCN/PCI：504990/7）无故障告警，无干扰，小区状态正常。

② 进入接入问题专题分析流程：根据软件异常事件 NR5G Cell Add Failure 判断为接入问题，进入接入问题专题分析流程。

③ 判断组网架构：由于存在不同的组网架构，针对接入问题分析，首先要判断是 SA 组网还是 NSA 组网，不同组网架构的接入流程存在差异。本案例为 SA 组网下的测试，进入 SA 接入问题分析流程。

④ SA 接入问题分析：查看路测数据，UE 发起随机接入过程，进行到 Msg3 后随机接入失败。问题出现在随机接入过程，需进一步分析。

⑤ 随机接入失败问题分析：通过观察 NR5G Info 窗口发现此时的 SS-RSRP 为 −95.85 dBm，SS-SINR 为 −2.31 dB，该处为覆盖差点（差点：−100 dBm ≤ SS-RSRP < −90 dBm 且 −5 dB ≤ SS-SINR < 0 dB），导致了 NR5G Cell Add Failure 事件。

⑥ 解决措施：该问题因覆盖问题中的覆盖差点导致，需要通过覆盖优化调整来增强问题路段的覆盖。

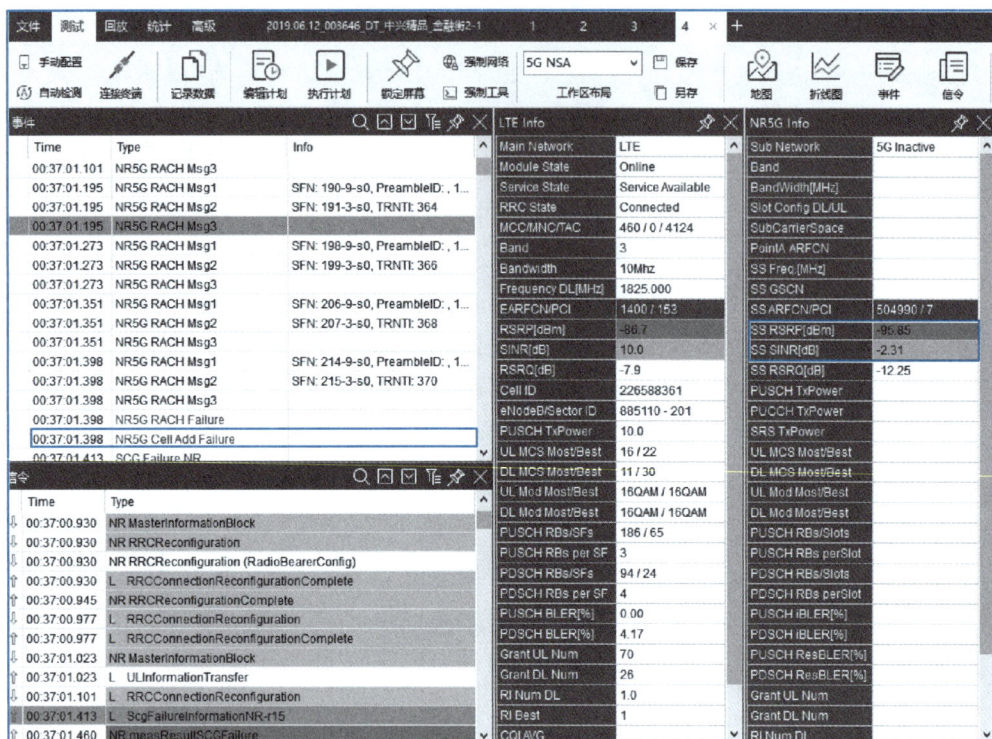

图 10-2-8　5G 接入问题案例一

（3）优化措施

通过调整周边站点的下倾角、方位角来提升覆盖，或者通过新建站点的方法解决问题。复测后，随机接入正常，问题解决。

2. 案例二：MOD3 干扰导致随机接入失败

（1）问题描述

测试时发现在随机接入过程中，UE 一直在发 Msg1，但没有收到基站下发的 Msg2，最终导致随机接入失败，如图 10-2-9 所示。

（2）问题分析

首先在网关上核查随机接入参数，发现参数正常。然后查看源小区侧邻区是否存在 PCI 混淆问题，从 NR5G Beam List 窗口可以看到，不存在 PCI 混淆问题，但源小区与邻区间存在 MOD3 干扰，导致本次随机接入失败，如图 10-2-10 所示。

（3）优化措施

① 修改邻区或者源小区的 PCI，使 MOD3 的值发生变化。

② 调整存在 MOD3 干扰的邻小区的方位角或者下倾角，调整邻区站点扇区覆盖区域。

③ 通过调整邻区的发射功率达到调整覆盖区域的效果，从而消除 MOD3 干扰，使 UE 正常接入。

通过调整邻区 PCI，消除 MOD3 干扰，复测后，随机接入正常，问题解决。

NR5G Cell Measurement (图 10-2-9)

事件

Time	Type	Info
14:00:52.181	NR5G Cell Release	Detach
14:00:57.573	4G->5G Re-selection Start	(750,50)->(518910,50)
14:00:57.712	4G->5G Re-selection Success	CP Delay: 161ms
14:00:58.164	SA Registration Request	
14:00:58.164	SA RRC Request	
14:00:58.164	NR5G RACH Begin	Connection Request
14:00:58.253	NR5G RACH Msg1	SFN: 833-2-s1, PreambleID: 8
14:00:58.363	NR5G RACH Msg1	SFN: 841-2-s1, PreambleID: 44
14:00:58.418	NR5G RACH Msg1	SFN: 849-2-s1, PreambleID: 2
14:00:58.418	NR5G RACH Msg1	SFN: 857-2-s1, PreambleID: 43
14:00:58.528	NR5G RACH Failure	1

信令

Time	Type
14:00:52.076	L ULInformationTransfer
14:00:57.573	NR MasterInformationBlock
14:00:58.030	NR SystemInformationBlock1
14:00:58.164	NR RegistrationRequest
14:00:58.164	NR RRCSetupRequest
14:00:58.253	NR SystemInformationBlocks
14:00:58.528	NR MasterInformationBlock

NR5G Cell Measurement

MCC/MNC	262 / 03	Current Network	NR5G
TAC	210	RRC State	Connecting
Cell ID	88391679	Service State	
gNodeB ID	21579	WorkMode DL	TDD
Sector ID	4095	UL MCS Most/Best	
Band/Bandwidth	n41 60Mhz	DL MCS Most/Best	27 / 28
Slot Config DL:UL	5ms 3:2	UL Mod Most/Best	
Symbol DL:UL	6:4	DL Mod Most/Best	64QAM / 64QAM
SubCarrierSpace	30kHz	PUSCH RBs/Slots	
PointA ARFCN	513168	PUSCH RBs perSlot	
Center ARFCN DL	519000	PDSCH RBs/Slots	2481648 / 37601
SS Freq. DL(MHz)	2594.550	PDSCH RBs perSlot	66
SSB GSCN	6486	Grant UL Num	94
SS ARFCN/PCI	518910 / 50	Grant DL Num	38265
SS RSRP[dBm]	-114.39	RI Num UL	
SS SINR[dB]	5.16	RI Num DL	2.0
SS RSRP Ant0	-113.76	PUSCH iBLER[%]	0.00
SS RSRP Ant1	-119.09	PDSCH iBLER[%]	1.21
SS RSRQ[dB]	-11.59	PUSCH ResBLER[%]	
SS RSSI[dBm]	-86.19	PDSCH ResBLER[%]	
DMRS RSRP[dBm]		PUSCH TBSize	

NR5G Beam List

Carrier ID	ARFCN	PCI	MOD3	MOD4	MOD6	Beam ID	RSRP	SINR	RS
0	518910	50	2	2	2	1	-114.4	5.2	-11
0	518910	80	2	0	2	3	-119.9		-12
0	518910	41	2	1	5	0	-123.4		-14

NR5G Throughput

Thr(Mbps)	DL	UL
FTP		
SDAP		
PDCP		
RLC		
MAC		

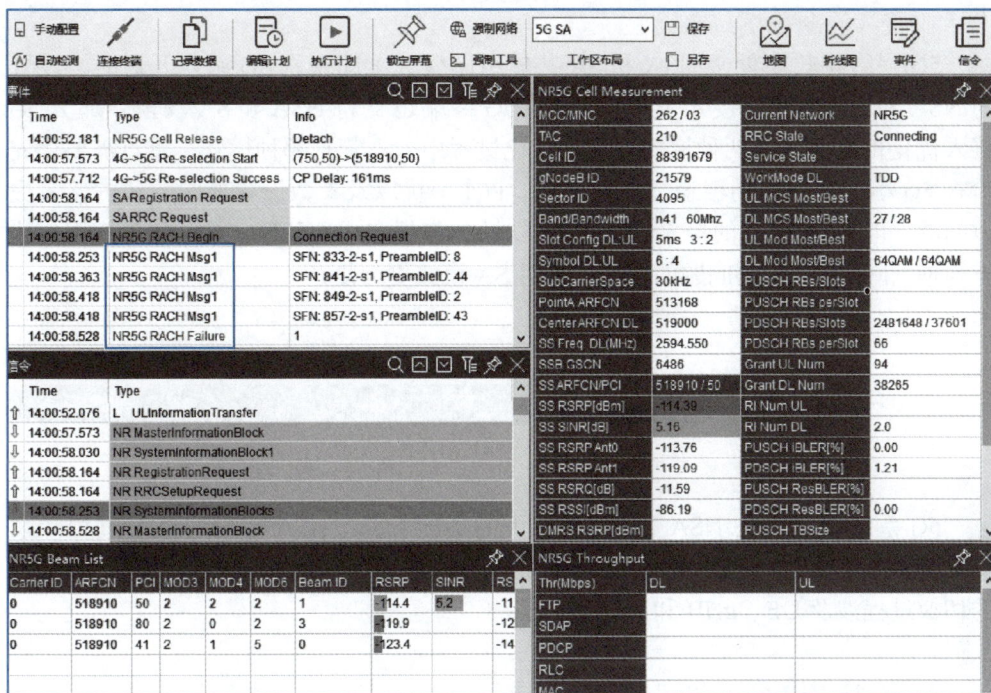

图 10-2-9　5G 接入问题案例二

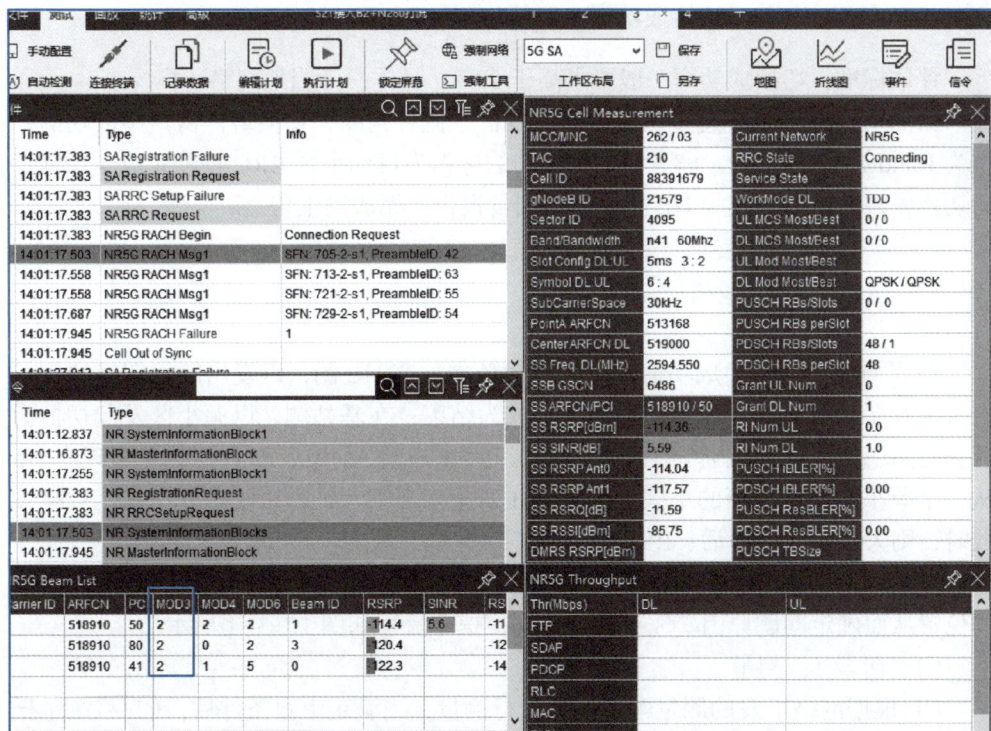

5G 接入问题案例二

事件

Time	Type	Info
14:01:17.383	SA Registration Failure	
14:01:17.383	SA Registration Request	
14:01:17.383	SA RRC Setup Failure	
14:01:17.383	SA RRC Request	
14:01:17.383	NR5G RACH Begin	Connection Request
14:01:17.503	NR5G RACH Msg1	SFN: 705-2-s1, PreambleID: 42
14:01:17.558	NR5G RACH Msg1	SFN: 713-2-s1, PreambleID: 63
14:01:17.558	NR5G RACH Msg1	SFN: 721-2-s1, PreambleID: 55
14:01:17.687	NR5G RACH Msg1	SFN: 729-2-s1, PreambleID: 54
14:01:17.945	NR5G RACH Failure	1
14:01:17.945	Cell Out of Sync	
14:01:17.943	SA Registration Failure	

信令

Time	Type
14:01:12.837	NR SystemInformationBlock1
14:01:16.873	NR MasterInformationBlock
14:01:17.255	NR SystemInformationBlock1
14:01:17.383	NR RegistrationRequest
14:01:17.383	NR RRCSetupRequest
14:01:17.503	NR SystemInformationBlocks
14:01:17.945	NR MasterInformationBlock

NR5G Cell Measurement

MCC/MNC	262 / 03	Current Network	NR5G
TAC	210	RRC State	Connecting
Cell ID	88391679	Service State	
gNodeB ID	21579	WorkMode DL	TDD
Sector ID	4095	UL MCS Most/Best	0 / 0
Band/Bandwidth	n41 60Mhz	DL MCS Most/Best	0 / 0
Slot Config DL:UL	5ms 3:2	UL Mod Most/Best	
Symbol DL:UL	6:4	DL Mod Most/Best	QPSK / QPSK
SubCarrierSpace	30kHz	PUSCH RBs/Slots	0 / 0
PointA ARFCN	513168	PUSCH RBs perSlot	
Center ARFCN DL	519000	PDSCH RBs/Slots	48 / 1
SS Freq. DL(MHz)	2594.550	PDSCH RBs perSlot	48
SSB GSCN	6486	Grant UL Num	0
SS ARFCN/PCI	518910 / 50	Grant DL Num	1
SS RSRP[dBm]	-114.36	RI Num UL	0.0
SS SINR[dB]	5.59	RI Num DL	1.0
SS RSRP Ant0	-114.04	PUSCH iBLER[%]	
SS RSRP Ant1	-117.57	PDSCH iBLER[%]	0.00
SS RSRQ[dB]	-11.59	PUSCH ResBLER[%]	
SS RSSI[dBm]	-85.75	PDSCH ResBLER[%]	0.00
DMRS RSRP[dBm]		PUSCH TBSize	

R5G Beam List

Carrier ID	ARFCN	PCI	MOD3	MOD4	MOD6	Beam ID	RSRP	SINR	RS
	518910	50	2	2	2	1	-114.4	5.6	-11
	518910	80	2	0	2	3	-120.4		-12
	518910	41	2	1	5	0	-122.3		-14

NR5G Throughput

Thr(Mbps)	DL	UL
FTP		
SDAP		
PDCP		
RLC		
MAC		

图 10-2-10　5G 接入问题案例二问题分析

5G 接入问题案例二问题分析

3. 接入问题分析总结

5G 网络将长期处于 NSA 和 SA 共模组网模式（即现网 5G 站点开通时，设置为 NSA 和 SA 均可以接入），市场上的 5G 终端也支持 NSA 和 SA 双模，那么 5G 接入优化也必然涉及两种模式。接入优化过程中，不管是哪种模式，重点需要优先检查 5G 小区故障、弱覆盖、重叠覆盖、PCI 干扰以及参数设置异常导致的接入失败问题，但 NSA 模式的接入优化还需要增加 4G 锚点小区邻区、辅站添加门限、锚点与辅站间的 X2 链路问题的优化，相对 SA 模式更为复杂。

10.3　5G 切换问题分析

PPT
5G 切换 KPI 定义
与解决方案

5G 系统需要考虑 NSA 和 SA 架构下的切换场景。NSA 架构的切换过程涉及 gNB 和 eNB 的交互，且切换过程涉及 LTE 小区的切换和 5G 小区的变更；SA 架构的切换过程涉及 UE、gNB 和 AMF 的交互。

微课

5G 切换 KPI 定义
与解决方案

10.3.1　切换 KPI 定义与评估标准

切换成功率的定义为

$$切换成功率 = \frac{切换成功次数}{切换尝试次数} \times 100\%$$

评估标准：切换成功率一般要求高于 99%，具体参考当地网络达标要求。

路测切换成功主要通过切换事件以及信令流程判断，切换事件窗口中成功的标识为 HandOver Success，信令窗口中成功的标识为目标小区 RRC 重配置成功。常见的切换失败的信令表现为 UE 持续发送测量报告，无法发生切换。

10.3.2　切换问题类型与解决方案

路测场景判断切换成功通常以信令为依据：在 UE 侧，以发出触发切换的测量报告为开始，以目标小区重配置消息完成为结束；在基站侧，以源小区发起切换尝试为开始，以目标小区通知源小区切换成功为结束。切换成功时，UE 侧表现为 UE 从一个源小区到一个新的小区（可从 PCI 变化来观察）进行正常业务交互。切换失败时，则大多表现为掉话、RRC 重建等。

对于切换问题的分析通常按照测量、判决、执行三个阶段进行，判断问题出现的位置从而确定问题原因。完整的空口切换信令流程如图 10-3-1 所示。

（1）阶段 1：测量

UE 根据网络下发的测量配置信息进行测量，当满足上报条件后，UE 将测量报告上报给网络，如图 10-3-2 所示。

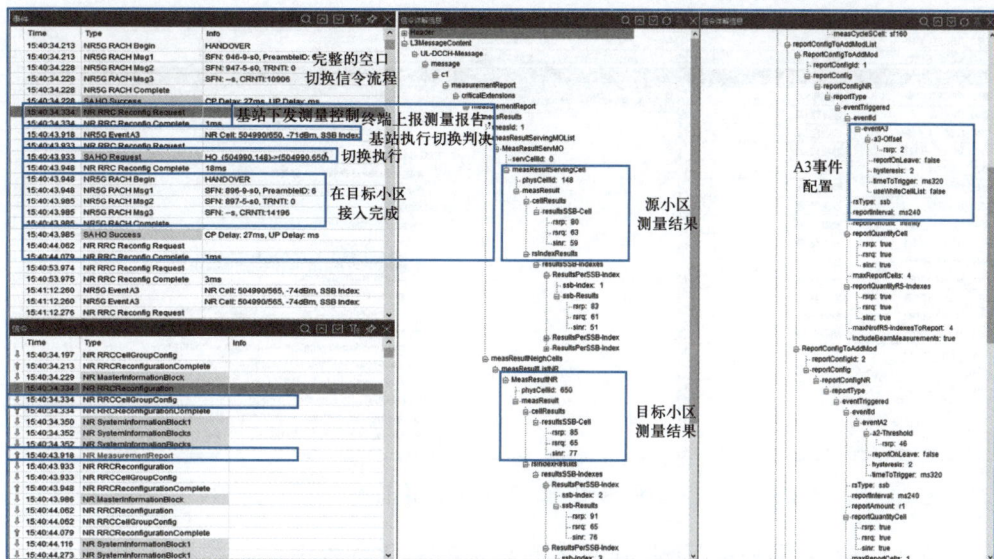

图 10-3-1　完整的空口切换信令流程

5	2019-03-28 21:06:47(666)	NGAP_INIT_CONTEXT_SETUP_REQ	AMF-gNB	-	1	161	-	-
6	2019-03-28 21:06:47(666)	UUAP_RRC_UE_CAP_ENQUIRY	gNB-UE	29003	-	161	-	-
7	2019-03-28 21:06:47(702)	NGAP_UE_RADIO_CAP_INFO_IND	gNB-AMF	-	1	161	-	-
8	2019-03-28 21:06:47(702)	UUAP_RRC_UE_CAP_INFO	UE-gNB	29003	-	161	-	-
9	2019-03-28 21:06:47(703)	UUAP_RRC_SECUR_MODE_CMD	gNB-UE	29003	-	161	-	-
10	2019-03-28 21:06:47(707)	UUAP_RRC_RECFG	gNB-UE	29003	-	161	-	-
11	2019-03-28 21:06:47(742)	NGAP_INIT_CONTEXT_SETUP_RSP	gNB-AMF	-	1	161	-	-
12	2019-03-28 21:06:47(742)	UUAP_RRC_SECUR_MODE_CMP	UE-gNB	29003	-	161	-	-
13	2019-03-28 21:06:47(742)	UUAP_RRC_RECFG_CMP	UE-gNB	29003	-	161	-	-
14	2019-03-28 21:06:47(743)	UUAP_RRC_RECFG	gNB-UE	29003	-	161	-	-
15	2019-03-28 21:06:47(744)	NGAP_UL_NAS_TRANSP	gNB-AMF	-	1	161	-	-
16	2019-03-28 21:06:47(744)	UUAP_RRC_UL_INFO_TRANSF	UE-gNB	29003	-	161	-	-
17	2019-03-28 21:06:47(777)	UUAP_RRC_RECFG_CMP	UE-gNB	29003	-	161	-	-
18	2019-03-28 21:06:55(137)	NGAP_UL_NAS_TRANSP	gNB-AMF	-	1	161	-	-
19	2019-03-28 21:06:55(137)	UUAP_RRC_UL_INFO_TRANSF	UE-gNB	29003	-	161	-	-
20	2019-03-28 21:07:01(084)	NGAP_PDU_SESSION_RSRC_SETUP_REQ	AMF-gNB	-	1	161	-	-
21	2019-03-28 21:07:01(089)	UUAP_RRC_RECFG	gNB-UE	29003	-	161	-	-
22	2019-03-28 21:07:01(122)	NGAP_PDU_SESSION_RSRC_SETUP_RSP	gNB-AMF	-	1	161	-	-
23	2019-03-28 21:07:01(122)	UUAP_RRC_RECFG_CMP	UE-gNB	29003	-	161	-	-
24	2019-03-28 21:09:44(736)	UUAP_RRC_MEAS_RPRT	UE-gNB	29003	-	161	-	-
25	2019-03-28 21:09:44(738)	XNAP_HO_REQ	gNB-gNBs(3405)	-		161	0	3405
26	2019-03-28 21:09:44(750)	XNAP_HO_REQ_ACK	gNBs(3405)-gNB	-		161	0	3405
27	2019-03-28 21:09:44(751)	UUAP_RRC_RECFG	gNB-UE	29003	-	161	-	-
28	2019-03-28 21:09:44(753)	XNAP_SN_STATUS_TRANSF	gNB-gNBs(3405)	-		161	0	3405
29	2019-03-28 21:09:45(369)	XNAP_UE_CONTEXT_REL	gNBs(3405)-gNB	-		161	0	3405

图 10-3-2　下发测量控制与上报测量报告

测量阶段主要可能存在以下问题：

① 无测量控制：无测量控制主要是因为未配置邻区关系、下行覆盖存在问题、信道资源受限等导致。首先进行邻区关系排查，其次分析下行覆盖问题。

② 基站未收到测量报告：基站未收到测量报告的主要原因为 UE 上行覆盖较差，或上行存在干扰导致测量报告未发送成功，同时 UE 异常以及信道资源受限也会导致测量报告发送不成功。

（2）阶段 2：判决

5G 基站会在 Uu 口下发切换 RRC_RECFG（RRC 重配置消息）消息给 UE，携带关键信息，包括目标小区 PCI、New UE ID 和 T304，如图 10-3-3 所示。

图片

RRC 重配置消息

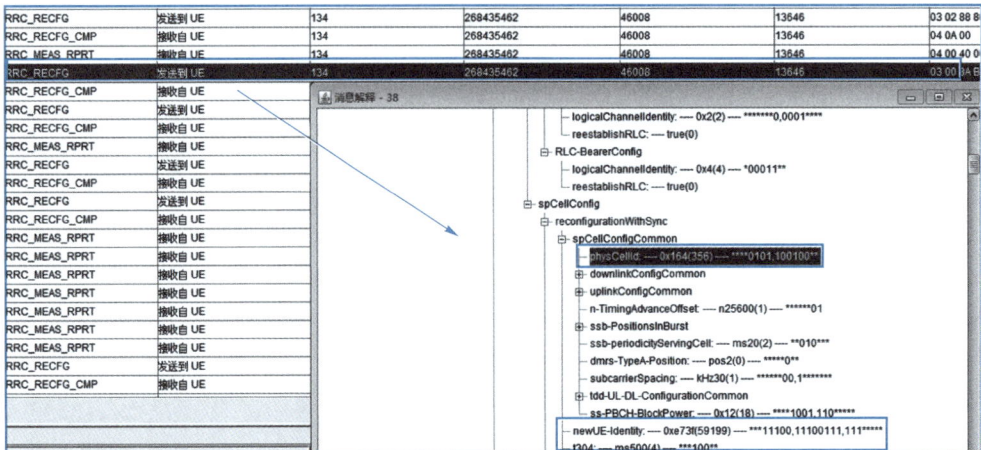

图 10-3-3　RRC 重配置消息

判决阶段主要观察是否收到网络下发的 RRC 重配置消息，主要的影响因素为下行覆盖问题，需要对此进行分析。

（3）阶段 3：执行

UE 切换完成后会向网络发送重配置完成消息，确认本次切换完成，若基站未收到该消息同样会导致切换失败，产生该问题的主要原因是上行覆盖存在问题，同时 UE 异常也会导致基站无法正常收到网络消息。

由于日常测试数据采集的是 Uu 口信令，因此无法针对整个完整的切换流程进行分析。完整的切换流程还包括源基站与目标基站 X2/Xn 接口的信令交互，以及基站与核心网 S1/NG 接口的信令交互。

5G 切换问题分析流程如图 10-3-4 所示。

切换是连接状态下 UE 的移动触发。切换的基本目标是指示 UE 可与比当前服务小区信道质量更好的小区通信，为 UE 提供连续的无中断的通信服务，有效防止由于小区信号质量变差造成的掉话。

1. 5G 切换事件

5G 切换事件见表 10-3-1。

表 10-3-1　5G 切换事件

事件分类	事件类型	事件定义
系统内事件	A1	服务小区信号质量变得高于对应门限值
	A2	服务小区信号质量变得低于对应门限值
	A3	邻区信号质量开始比服务小区信号质量好于一定门限值
	A4	邻区信号质量变得高于对应门限值
	A5	服务小区信号质量变得低于门限值 1 并且邻区信号质量变得高于门限值 2
	A6	邻区信号质量开始比辅小区信号质量好于一定门限值

续表

事件分类	事件类型	事件定义
系统间事件	B1	异系统邻区信号质量变得高于对应门限值
	B2	服务小区信号质量变得低于门限值 1 并且异系统邻区信号质量变得高于门限值 2

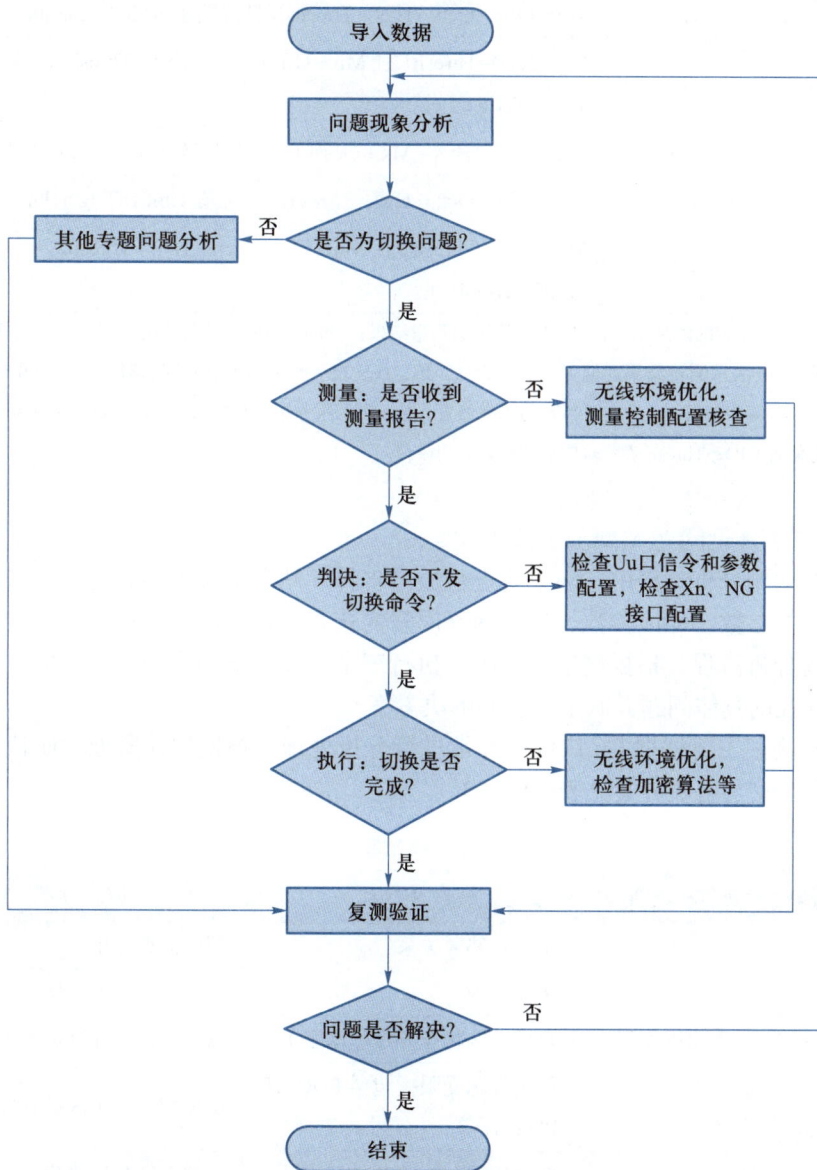

图 10-3-4　5G 切换问题分析流程

2. 5G 测量事件具体判定准则

5G 测量事件具体判定准则见表 10-3-2。

表 10-3-2　5G 测量事件具体判定准则

事件分类	事件类型	触发条件
系统内事件	A1	$Ms - Hys > Thresh$，且持续 TimeToTrig 时间
	A2	$Ms + Hys < Thresh$，且持续 TimeToTrig 时间
	A3	$Mn + Ofn + Ocn - Hys > Ms + Ofp + Ocp + Off$，且持续 TimeToTrig 时间
	A4	$Mn + Ofn + Ocn - Hys > Thresh$，且持续 TimeToTrig 时间
	A5	$Ms + Hys < Thresh1$ 且 $Mn + Ofn + Ocn - Hys > Thresh2$，且持续 TimeToTrig 时间
	A6	$Mn + Ocn - Hys > Ms + Ocs + Off$，且持续 TimeToTrig 时间。
系统间事件	B1	$Mn + Ofn + Ocn - Hys > Thresh$，且持续 TimeToTrig 时间。
	B2	$Ms + Hys < Thresh1$ 且 $Mn + Ofn + Ocn - Hys > Thresh2$，且持续 TimeToTrig 时间。

注：Ms 表示服务小区的测量结果；Mn 表示邻区的测量结果；TimeToTrig 表示持续满足事件进入条件的时长，即时间迟滞；Off 表示测量结果的偏置，步长为 0.5 dB；Hys 表示测量结果的幅度迟滞，步长为 0.5 dB；Ofs 表示服务小区的频率偏置；Ofn 表示邻区的频率偏置；Ocs 表示服务小区特定偏置 CIO；Ocn 表示系统内邻区的小区特定偏置 CIO；Thresh 表示对应事件配置的门限值。

3. 切换常见问题类型与解决方案

切换问题分析流程中，除了要进行故障告警、站点干扰等因素的核查外，还需要进行切换参数、邻区参数、核心网等因素的核查，在确定为切换问题后转入切换问题专题分析流程，根据测量、判决、执行三个阶段分析切换问题出现的位置，分析可能存在的具体问题并制定相应的解决方案。

日常测试主要根据 Uu 口信令异常进行分析处理，根据切换所处的阶段，常见切换问题类型与解决方案见表 10-3-3。

表 10-3-3　常见切换问题类型与解决方案

问题阶段	问题类别	常见原因	解决方案
切换测量	无测量控制	未配置邻区关系	邻区核查优化
		覆盖原因	覆盖专题分析优化
		目标小区状态异常（退服）	派单基站硬件维护人员处理
		信道资源受限，包括 PDCCH/PDSCH 等	负荷均衡、小区扩容优化
	基站未收到测量报告	覆盖原因	覆盖专题分析优化
		终端侧可能存在内部异常	联系终端厂家协助排查定位
		信道资源受限，包括 PDCCH/PDSCH 等	负荷均衡、小区扩容优化

续表

问题阶段	问题类别	常见原因	解决方案
切换判决	UE 没有收到网络下发的 RRC 重配置消息	未配置邻区关系	邻区核查优化
		覆盖原因	覆盖专题分析优化
		gNB 切换判决失败，或内部异常	邻区外部数据核查优化
切换执行	基站未收到 RRC 重配置消息	覆盖原因 / 干扰问题 / 路径转移失败	覆盖专题分析优化 / 干扰优化 / 联系核心网进行定位排查
	在目标 gNB 小区随机接入失败		

10.3.3　切换问题案例分析

PPT
5G 切换问题案例分析

1. 案例一：UE 持续上报测量报告，无法发生切换

（1）问题描述

在移动 SA 集团测试前的摸底测试中发现，在站点（SS ARFCN/PCI：504990/939）小区下，UE 一直上报 NR 小区的测量报告，但是基站侧始终未下发 NR 添加的重配置消息的响应，导致 UE 不能及时切换到覆盖更好的小区下，直接影响 FTP 上传的速率指标，如图 10-3-5 所示。

微课
5G 切换问题案例分析

图片
5G 切换问题案例一

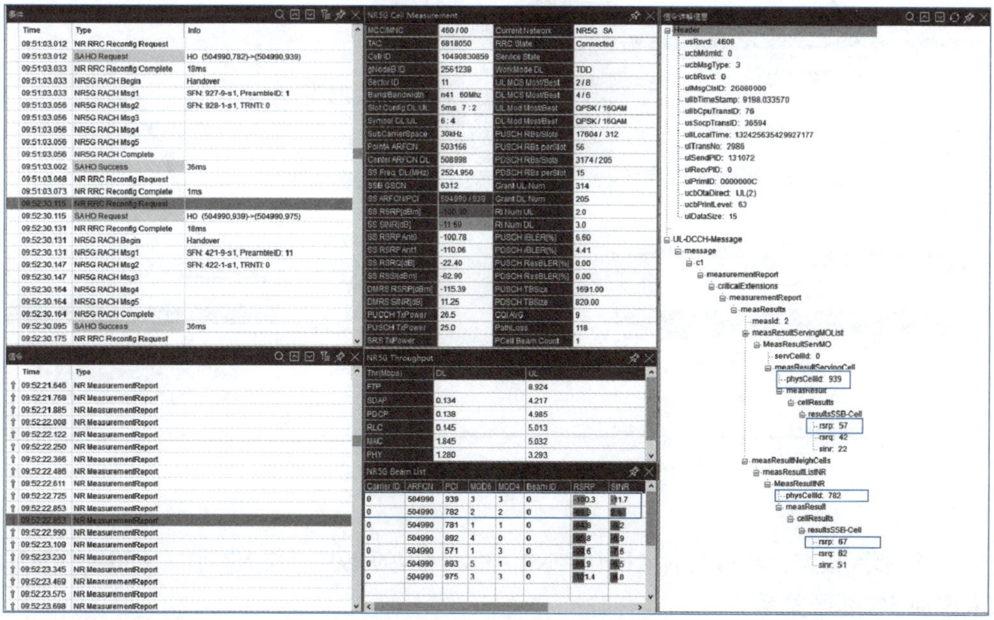

图 10-3-5　5G 切换问题案例一

（2）问题分析

① RF 优化分析：首先进行 RF 优化分析，排除故障告警、站点干扰这两类因素带来的影响。经后台工程师核实，问题路段主覆盖小区无故障告警，无干扰。

② 进入切换问题专题分析流程：通过回放测试数据，在信令窗口发现 UE 一直上报测量报告，但未收到网络响应，判断该问题为切换问题，进入切换问题专题分析流程。

③ 测量阶段分析：UE 一直上报测量报告，但未收到网络侧的响应，根据切换的三阶段判断该切换问题主要出现在测量阶段。从信令窗口中 UE 上报的 NR MeasurementReport 信令详解信息来看，UE 有测量到 NR 同频小区（504990/782），并且信号强度很强，基本都在 −89 dBm 左右，如图 10-3-5 所示。同频切换采用 A3 事件，结合信令窗口中的 NR RRCReconfiguration 信令详解信息看，A3 事件设置的 IntraFreqHoA3Offset 同频切换偏置为 6（见图 10-3-6）。测量报告中测量的邻区 RSRP（Mn）为（67 − 156）dBm = −89 dBm（信令详解信息中查看到的邻区 RSRP 值为 67 dBm，加上最低值 −156 dBm 后获得真正的邻区 RSRP 值），主服务小区 RSRP（Ms）为（57 − 156）dBm = −99 dBm（软件中查看到的主服务小区 RSRP 值为 57 dBm，加上最低值 −156 dBm 后获得真正的主服务小区 RSRP 值）。另外，Hys（hysteresis）= 2 × 0.5 dB = 1 dB，Off（a3 − offset）= 6 × 0.5 dB = 3 dB，Ofn、Ofs 在同频切换场景下无效，默认为 0 dBm，Ocn 及 Ocs 一般设置为 0 dBm。因此，此时完全满足 A3 事件的触发条件：Mn + Ofn + Ocn − Hys =（−89 + 0 + 0 − 1）dBm = −90 dBm > Ms + Ofs + Ocs + Off =（−99 + 0 + 0 + 3）dBm = −96 dBm。

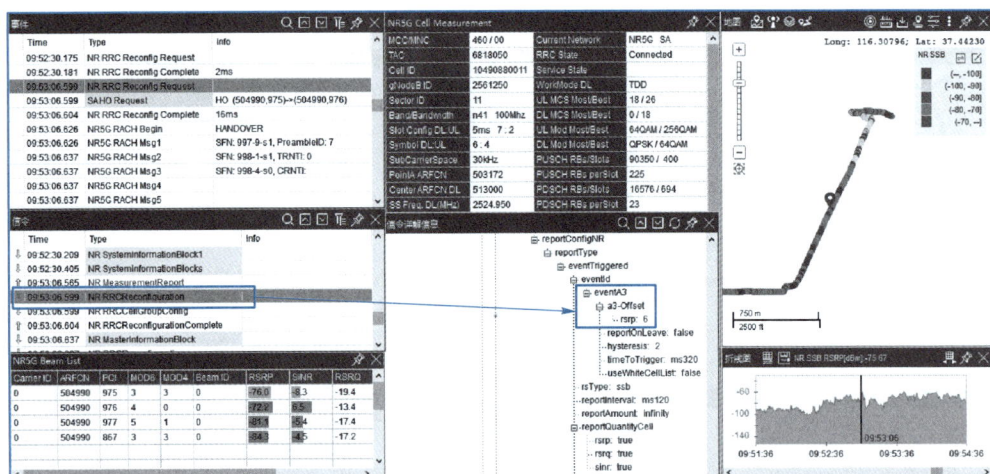

图 10-3-6　5G 切换问题案例一信令分析

④ 邻区核查：经过与后台确认，NR 小区（504990/939）与 NR 小区（504990/782）未添加 5G 邻区关系。

（3）优化措施

在网管侧为 NR 小区（504990/939）与 NR 小区（504990/782）添加 5G 邻区关

系，复测发现切换正常。

2. 案例二：MOD3 干扰导致锚点切换失败

（1）问题描述

在路测过程中发现 UE 在锚点小区（1350/324）上一直上报 A3 测量报告，但是网络侧一直未判决切换，从邻区窗口看邻区（1350/336）比服务小区（1350/324）的 RSRP 大 5 dB 以上，但是一直不切换，如图 10-3-7 所示。

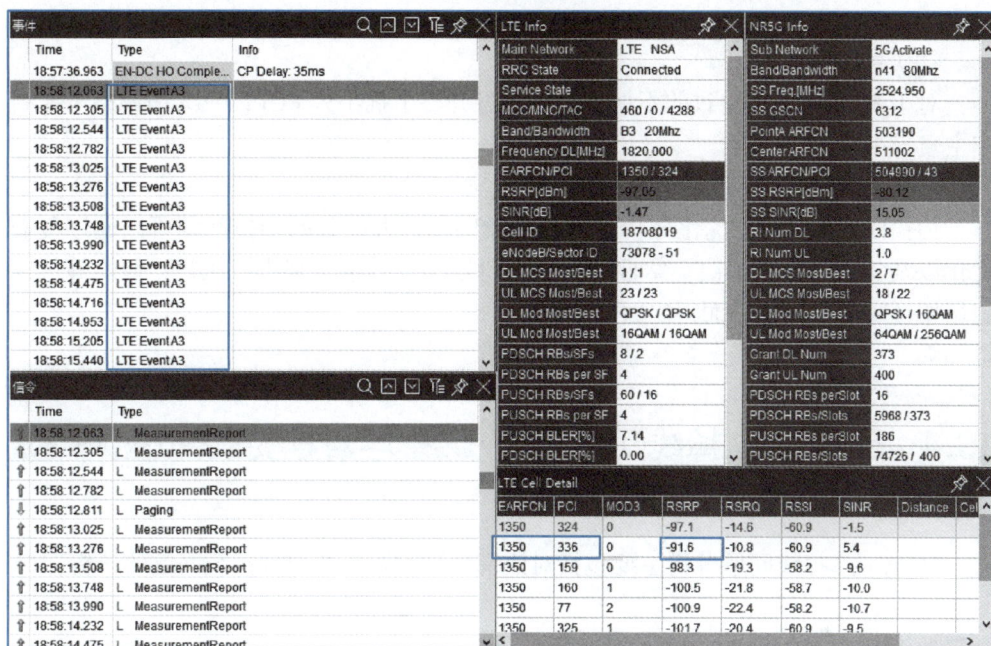

图 10-3-7　5G 切换问题案例二

（2）问题分析

UE 一直上报 LTE 的 A3 测量报告，但是始终无法切换，可以从以下三个方面排查：

① 邻区缺失；

② 未到达切换门限；

③ 网络侧未收到测量报告。

通过后台网管参数核查，排除了邻区以及切换参数导致的问题。服务小区与邻区的主频频点号都是 1350，属于同频小区。5G 同频小区间切换原则是，邻区信号强度减去服务小区信号强度的差值大于一个门限（相关门限现网设置为 2 dB 或者 3 dB）。邻区（1350/336）比服务小区（1350/324）的 RSRP 强 5 dB 以上，是满足切换门限 3 dB 的，但一直不切换。从上报 LTE A3 测量报告时刻起，对应的服务小区的 SINR 较差，基本都在 −5 dB 左右，如图 10-3-8 所示。同时最强的邻区和服务小区还是典型的 MOD3 干扰小区，导致服务小区的 SINR 进一步恶化，从而使得 UE 上报的 LTE A3 事件在空口丢失或者在基站侧无法解析，最终无法实现切换。

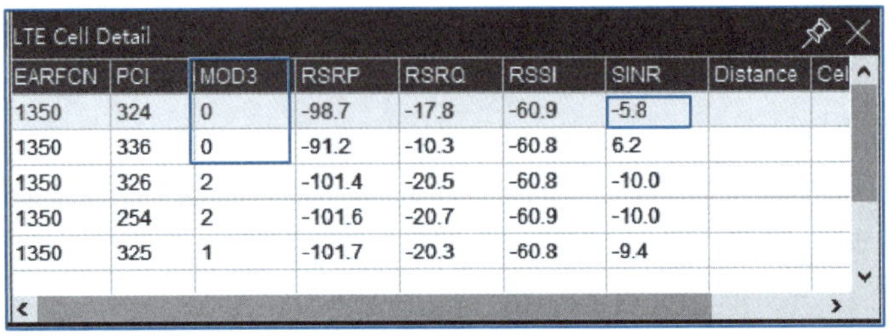

LTE Cell Detail

EARFCN	PCI	MOD3	RSRP	RSRQ	RSSI	SINR	Distance	Cel
1350	324	0	-98.7	-17.8	-60.9	-5.8		
1350	336	0	-91.2	-10.3	-60.8	6.2		
1350	326	2	-101.4	-20.5	-60.8	-10.0		
1350	254	2	-101.6	-20.7	-60.9	-10.0		
1350	325	1	-101.7	-20.3	-60.8	-9.4		

图 10-3-8　5G 切换问题案例二小区消息

（3）优化措施

对于 MOD3 干扰导致的不切换，可通过调整干扰小区 PCI 以及天馈调整来控制非主覆盖小区信号强度。

3. 切换问题分析总结

切换问题属于 RF 优化分析中的基础类问题，大部分的切换问题可以通过覆盖优化以及邻区优化来解决。掌握切换的三阶段——测量、判决、执行，便能够快速定位切换问题原因，进而得出解决方案。

10.4　5G 掉话 / 掉线问题分析

PPT

5G 掉话 / 掉线 KPI 定义与解决方案

5G 掉话 / 掉线问题分析主要包括对语音掉话问题以及数据掉线问题的分析。

10.4.1　掉话 / 掉线 KPI 定义与评估标准

微课

5G 掉话 / 掉线 KPI 定义与解决方案

1. 掉话 / 掉线率定义

掉话 / 掉线率的定义为

$$\text{掉话 / 掉线率} = \frac{\text{掉话 / 掉线次数}}{\text{成功建立次数}} \times 100\%$$

评估标准：一般要求小于 0.5%。

2. 掉话信令流程

运营商对于掉话的定义为：UE 在呼叫接通后，在未收到挂机完成信令情况下通话结束，均判为掉话。掉话信令流程如图 10-4-1 所示。

3. 掉线信令流程

根据运营商对于掉线的定义，可将掉线分为信令面掉线和业务掉线。

（1）信令面掉线

UE 在连接态下，在未发生切换（网内切换或者异系统切换）和未收到网络下发的 RRC Release 信令指示情况下，进入空闲态，即判为 UE 信令面出现掉线。

如图 10-4-2 所示，UE 在 16:08:14.371 之前连续超过 20 s 一直在上报 A3 事件，但是一直未触发切换，也没收到网络下发的 RRC Release，UE 在 16:08:15 进入空闲

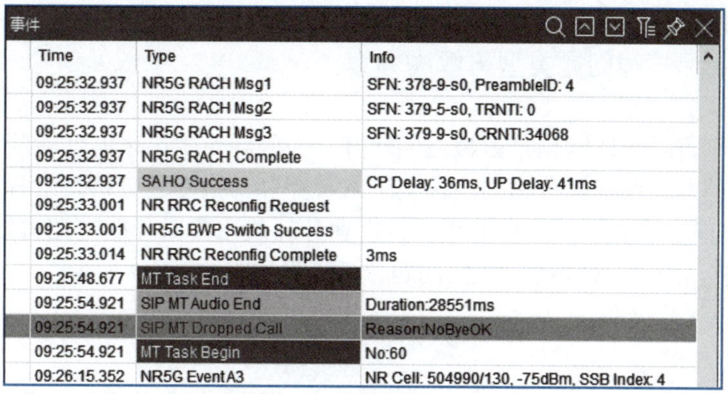

事件

Time	Type	Info
09:25:32.937	NR5G RACH Msg1	SFN: 378-9-s0, PreambleID: 4
09:25:32.937	NR5G RACH Msg2	SFN: 379-5-s0, TRNTI: 0
09:25:32.937	NR5G RACH Msg3	SFN: 379-9-s0, CRNTI:34068
09:25:32.937	NR5G RACH Complete	
09:25:32.937	SA HO Success	CP Delay: 36ms, UP Delay: 41ms
09:25:33.001	NR RRC Reconfig Request	
09:25:33.001	NR5G BWP Switch Success	
09:25:33.014	NR RRC Reconfig Complete	3ms
09:25:48.677	MT Task End	
09:25:54.921	SIP MT Audio End	Duration:28551ms
09:25:54.921	SIP MT Dropped Call	Reason:NoByeOK
09:25:54.921	MT Task Begin	No:60
09:26:15.352	NR5G Event A3	NR Cell: 504990/130, -75dBm, SSB Index: 4

图 10-4-1　掉话信令流程

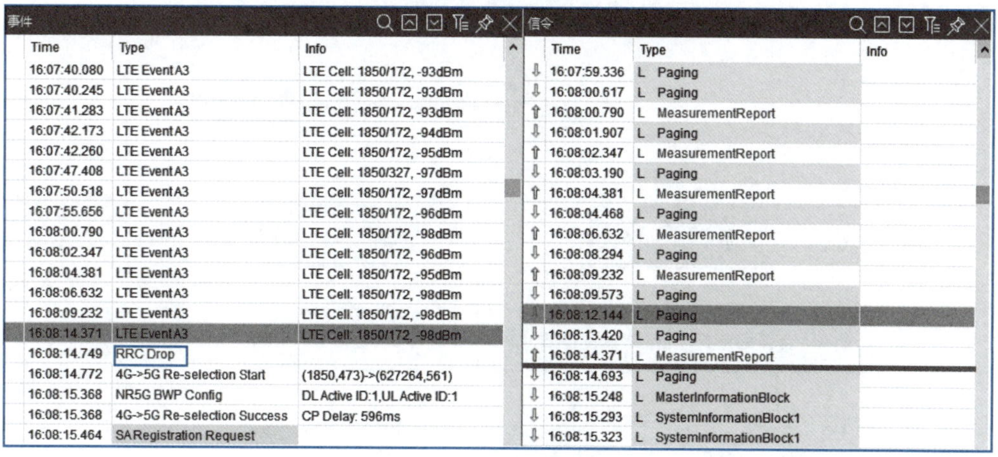

事件

Time	Type	Info
16:07:40.080	LTE Event A3	LTE Cell: 1850/172, -93dBm
16:07:40.245	LTE Event A3	LTE Cell: 1850/172, -93dBm
16:07:41.283	LTE Event A3	LTE Cell: 1850/172, -93dBm
16:07:42.173	LTE Event A3	LTE Cell: 1850/172, -94dBm
16:07:42.260	LTE Event A3	LTE Cell: 1850/172, -95dBm
16:07:47.408	LTE Event A3	LTE Cell: 1850/327, -97dBm
16:07:50.518	LTE Event A3	LTE Cell: 1850/172, -97dBm
16:07:55.656	LTE Event A3	LTE Cell: 1850/172, -96dBm
16:08:00.790	LTE Event A3	LTE Cell: 1850/172, -98dBm
16:08:02.347	LTE Event A3	LTE Cell: 1850/172, -96dBm
16:08:04.381	LTE Event A3	LTE Cell: 1850/172, -95dBm
16:08:06.632	LTE Event A3	LTE Cell: 1850/172, -98dBm
16:08:09.232	LTE Event A3	LTE Cell: 1850/172, -98dBm
16:08:14.371	LTE Event A3	LTE Cell: 1850/172, -98dBm
16:08:14.749	RRC Drop	
16:08:14.772	4G->5G Re-selection Start	(1850,473)->(627264,561)
16:08:15.368	NR5G BWP Config	DL Active ID:1,UL Active ID:1
16:08:15.368	4G->5G Re-selection Success	CP Delay: 596ms
16:08:15.464	SA Registration Request	

信令

	Time		Type	Info
⇩	16:07:59.336	L	Paging	
⇩	16:08:00.617	L	Paging	
⇧	16:08:00.790	L	MeasurementReport	
⇩	16:08:01.907	L	Paging	
⇧	16:08:02.347	L	MeasurementReport	
⇩	16:08:03.190	L	Paging	
⇧	16:08:04.381	L	MeasurementReport	
⇩	16:08:04.468	L	Paging	
⇧	16:08:06.632	L	MeasurementReport	
⇩	16:08:08.294	L	Paging	
⇧	16:08:09.232	L	MeasurementReport	
⇩	16:08:09.573	L	Paging	
⇩	16:08:12.144	L	Paging	
⇩	16:08:13.420	L	Paging	
⇧	16:08:14.371	L	MeasurementReport	
⇩	16:08:14.693	L	Paging	
⇩	16:08:15.248	L	MasterInformationBlock	
⇩	16:08:15.293	L	SystemInformationBlock1	
⇩	16:08:15.323	L	SystemInformationBlock1	

图 10-4-2　信令面掉线

态，此时事件窗口生成 RRC Drop 事件。

（2）业务掉线

UE 在数据业务过程中，未按照计划要求完成相应测试计划的均属于业务掉线。如图 10-4-3 所示，按照测试计划配置，如果出现持续 30 s FTP 下载无流量即判为掉线，对应事件窗口会插入 FTP Download Dropped 事件。

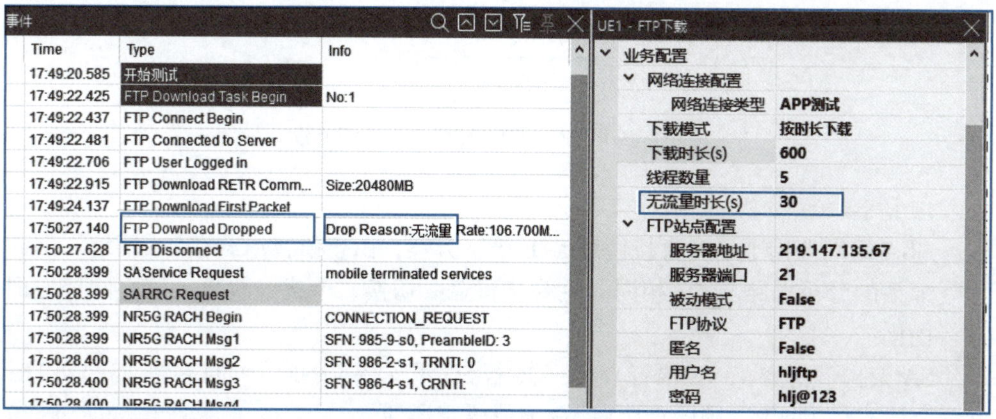

事件

Time	Type	Info
17:49:20.585	开始测试	
17:49:22.425	FTP Download Task Begin	No:1
17:49:22.437	FTP Connect Begin	
17:49:22.481	FTP Connected to Server	
17:49:22.706	FTP User Logged in	
17:49:22.915	FTP Download RETR Comm...	Size:20480MB
17:49:24.137	FTP Download First Packet	
17:50:27.140	FTP Download Dropped	Drop Reason:无流量 Rate:106.700M...
17:50:27.628	FTP Disconnect	
17:50:28.399	SA Service Request	mobile terminated services
17:50:28.399	SA RRC Request	
17:50:28.399	NR5G RACH Begin	CONNECTION_REQUEST
17:50:28.399	NR5G RACH Msg1	SFN: 985-9-s0, PreambleID: 3
17:50:28.400	NR5G RACH Msg2	SFN: 986-2-s1, TRNTI: 0
17:50:28.400	NR5G RACH Msg3	SFN: 986-4-s1, CRNTI:
17:50:28.400	NR5G RACH Msg4	

UE1 - FTP下载

业务配置	
网络连接配置	
网络连接类型	APP测试
下载模式	按时长下载
下载时长(s)	600
线程数量	5
无流量时长(s)	30
FTP站点配置	
服务器地址	219.147.135.67
服务器端口	21
被动模式	False
FTP协议	FTP
匿名	False
用户名	hljftp
密码	hlj@123

图 10-4-3　业务掉线

10.4.2　掉话 / 掉线问题类型与解决方案

大部分掉话 / 掉线问题是由覆盖问题和切换问题衍生出来的性能问题，因此在进行掉话 / 掉线问题专题分析时应优先进入覆盖和切换专题分析。语音掉话根据不同语音方案进行语音事件信令分析，数据业务掉线主要对无线链路失败和 RRC 重建立失败进行分析。5G 掉话 / 掉线问题分析流程如图 10-4-4 所示。

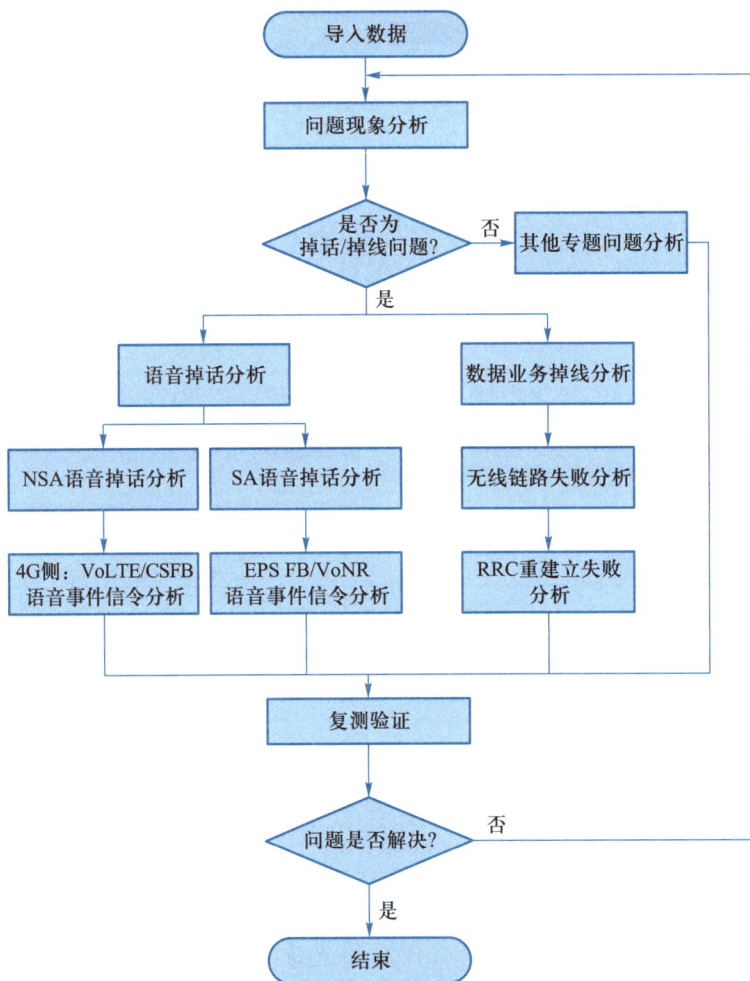

图 10-4-4　5G 掉话 / 掉线问题分析流程

1. 语音掉话分析

NSA 组网架构下语音直接使用 LTE 语音方案，由于语音承载在 4G 网络，因此语音掉话的分析思路与 4G 相同，主要从覆盖、切换、干扰、故障、核心网等方面进行优化。

SA 架构下新增 VoNR 语音方案：① 若 5G 不支持 VoNR，可回落到 4G-VoLTE；② 若 5G 支持 VoNR，则可直接在 5G 完成语音通话。

目前，5G 网络部署主要通过 EPS FB 方式回落到 4G，通过 VoLTE 甚至 CSFB 实现语音业务。

常见掉话问题类型及解决方案见表 10-4-1。

表 10-4-1　常见掉话问题类型及解决方案

问题类别	常见原因	解决方案
5G 覆盖问题导致掉话	弱覆盖、越区覆盖、重叠覆盖	覆盖专题分析优化
5G 干扰问题导致掉话	外部干扰、邻区干扰	外部干扰主要通过扫频排查，邻区干扰主要通过控制邻区覆盖予以解决
5G 配置问题导致掉话	RLC 参数配置不合理导致 RLC 重传达到最大次数掉话	调整 RLC 参数配置
切换失败导致掉话	邻区关系、切换门限等	切换专题分析优化
传输故障导致掉话	传输故障、传输拥塞	传输故障处理、扩容
小区故障导致掉话	站点故障告警	站点故障处理
SCG 重配置失败导致掉话	上下行覆盖问题，核心网问题	在排除覆盖问题的基础上对核心网问题进行定位
4G 掉话重建导致 5G 掉话	NSA 组网下 4G 掉话类型	同 4G 掉话处理
EPS FB 回落不合理导致掉话	回落至异常小区掉话	优化 5G 到 4G 的互操作

2. 数据业务掉线分析

数据业务掉线的信令表现主要有如下四种：

① 弱覆盖 /SINR 差导致终端检测到无线链路失败（满足以下任一条件即为无线链路失败：定时器 T310 超时，随机接入失败且定时器 T311 未运行，RLC 达到最大重传次数），发起重建立，但重建立无响应或失败。

② 在切换执行过程中失败导致掉话。

③ RRC 重配置阶段（如建立 / 修改 / 释放 RB/ 测量）同步失败导致掉话。

④ 在 RRC 连接态下，终端收到了网络的异常释放导致掉话。

一般来说，数据业务掉线可通过标准接口信令跟踪来确认掉线源由谁发起、携带异常信令是什么，可通过 UE_Context_Rel_Req（UE 上下文释放请求）、UE_Context_Rel_Cmd（UE 上下文释放确认）来确认异常释放原因值，比较常见的异常释放原因值有 Radio Connection with UE Lost、Transport Layer Error、Cell Not Available 等。

常见数据业务掉线原因解析及解决方案见表 10-4-2。

表 10-4-2 常见数据业务掉线原因解析及解决方案

数据业务掉线常见原因分析值	问题定位	解决方案
Radio Connection with UE Lost（UE Lost 导致的无线连接释放）	1. 查看掉话前小区的 RSRP，确定是否为覆盖问题； 2. 查看 SINR 是否小于 0 dB，如果 SINR 小于 0 dB，通常表示存在邻区信号干扰服务小区	1. 优化 NR 覆盖； 2. 排查邻区干扰，并检查同频切换相关参数是否合理； 3. 排查外部干扰
	检查 SS-RSRP 是否大于 -57 dB，如果是室内场景，RSRP 太强会导致 UE 入口功率饱和，误码率高	降低 AAU 发射功率
	检查是否固定了 CCE（为 PDCCH 的逻辑资源，1 个 CCE 为 9 个 REG，1 个 REG 为 4 个连续的 RE）聚集级别，若上行 CCE 比例不合理，会导致 CCE 不足，得不到调度	1. 修改 CCE 聚集级别为自适应； 2. 修改上行 CCE 占用比例不低于 20%，不高于 60%
Transport Layer Error（传输层错误）	检查是否有传输故障告警或事件	联系传输工程师定位解决传输故障
No Radio Resource Available（无线资源不可用）	1. 查看对应时刻是否有小区相关告警； 2. 查看 5G 小区用户数 License 是否足够	1. 根据告警排除小区故障； 2. 确定 5G 小区用户数 License
User Inactivity（不活动定时器超时）	检查是否有不活动定时器超时释放	如果不希望不活动定时器超时释放，则修改对应 QCI（QoS 类标识符）的不活动定时器为 0
Cell Not Available（小区不可用）	检查是否有小区故障告警或小区去激活操作	排查小区故障

10.4.3 掉话 / 掉线问题案例分析

1. 案例一：挂机过程中核心网丢失信令导致掉话

（1）问题描述

主叫手机在 LTE 网络下发起语音业务，整个业务过程从发起到振铃、接通都正常进行，但在挂断阶段出现了主叫手机掉话情况。查看信令流程可知，主叫手机有挂断请求，但没有挂断成功响应，导致掉话，如图 10-4-5 所示。

（2）问题分析

① RF 优化：RF 优化作为基础优化是掉话分析的前提，首先排除故障告警、站点干扰等因素导致掉话问题。

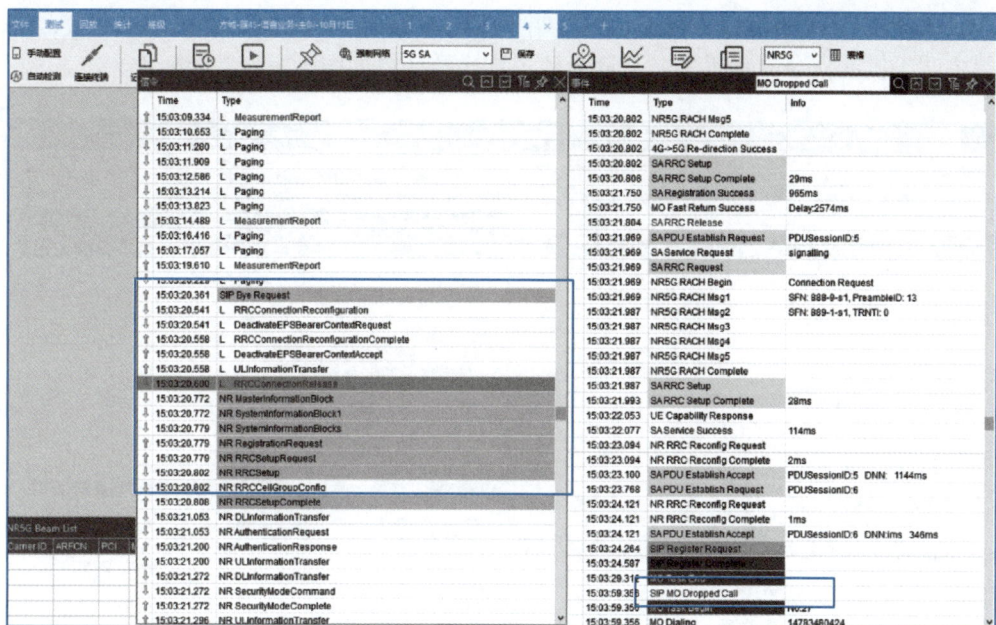

图 10-4-5　5G 掉话问题案例

② 掉话类型：本案例为语音掉话问题，进入语音掉话分析流程。

③ 信令分析：通过查看事件信令流程可以看出，主叫手机的语音事件信令流程基本完整，但是发送了 SIP Bye Request 信令之后，未收到核心网的 SIP Bye OK 200 信令，然后发生了掉话，如图 10-4-6 所示。

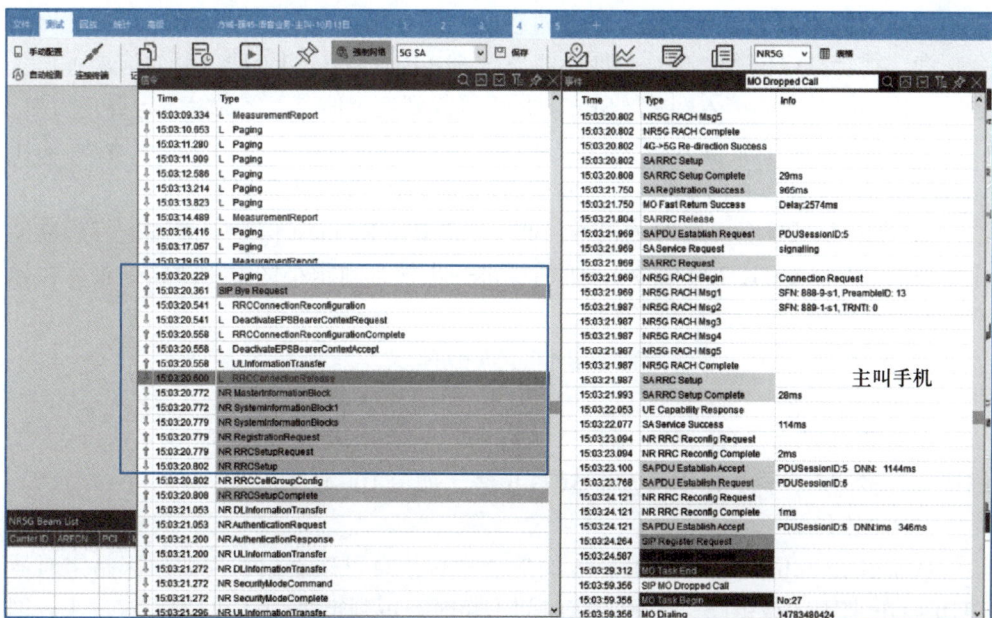

图 10-4-6　5G 掉话问题案例主叫手机信令分析

④ 被叫手机的信令流程正常，主叫手机未收到核心网回复的挂机请求响应，使得主叫手机的信令流程丢失，从而导致了本次掉话，如图 10-4-7 所示。

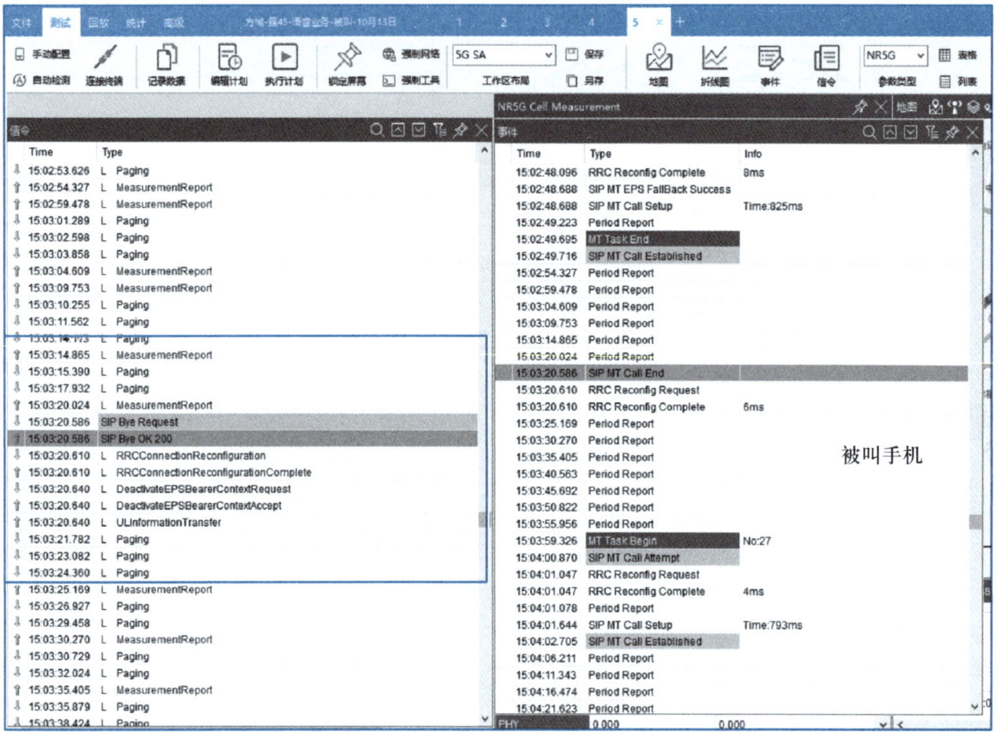

图 10-4-7　5G 掉话问题案例被叫手机信令分析

图片

5G 掉话问题案例被叫手机信令分析

（3）优化措施

核心网信令丢失导致掉话，需通过核心网进一步定位。根据话单进行核心网信令查询，结合空口信令，确认主叫手机发送 SIP Bye Request（挂机释放请求）信令之后，核心网对应的接入网关（SBC）是否接收到这一信令，完成综合定界。

① 若核心网对应接入网关已收到 SIP Bye Request 信令，但未进行后续动作（下发 SIP Bye OK 200 信令），则需要核心网部门进一步核查问题原因。

② 若核心网对应接入网关根本没收到 SIP Bye Request 信令，无法进行后续动作（下发 SIP Bye OK 200 信令），则需要进一步核查问题小区上行链路是否存在异常（如上行弱覆盖、上行干扰等）。

2. 案例二：T310 超时导致 NR 同步失败掉线

（1）问题描述

在路测过程中发现 UE 在锚点（1650/51）上成功添加 SCG 辅站（633984/61），维持 1 分多钟后，该 NR 小区发生 SCG 掉线，如图 10-4-8 所示。

（2）问题分析

从 scgFailureInformationNR-r15 的信令详解信息可以看出，失败原因是定时器 T310（UE 监测无线链路失败的等待时间）超时，可判定 T310 定时器设置过小，网络判断无线链路失败提前释放链路，导致掉线，如图 10-4-9 所示。

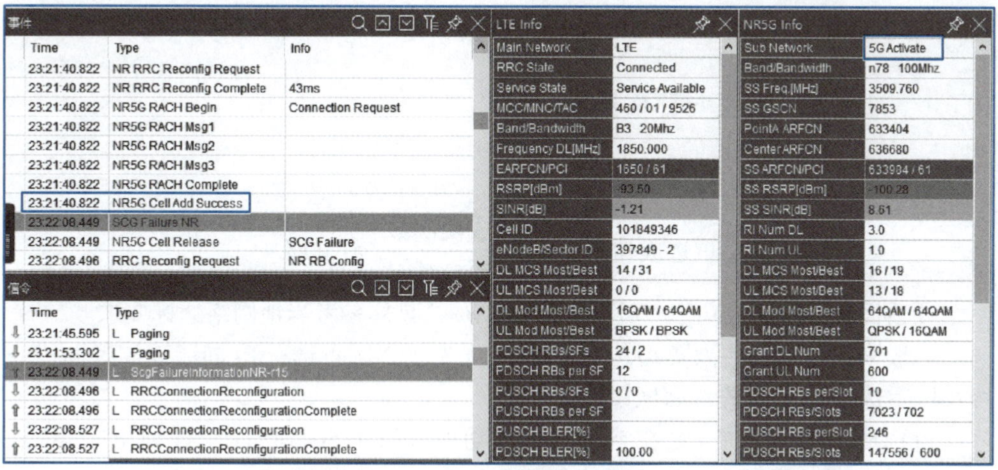

图 10-4-8　5G 掉线问题案例

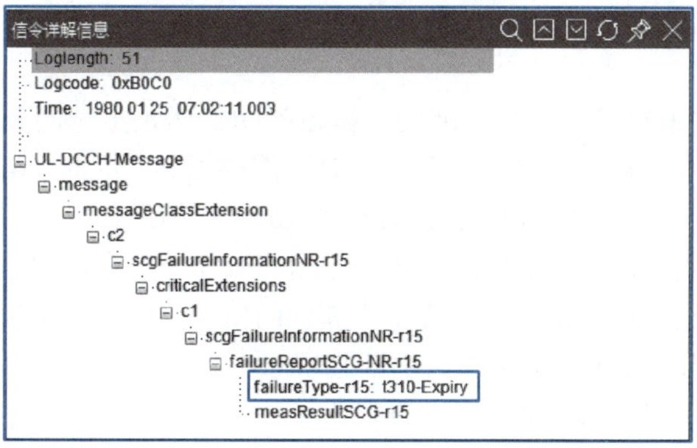

图 10-4-9　5G 掉线问题案例信令详解信息

（3）优化措施

针对覆盖不足的情况，建议适当调大定时器 T310 的值。

3. 5G 掉话 / 掉线问题分析总结

目前阶段 5G 语音主要承载在 4G，解决语音掉话问题主要是对 EPS FB 问题进行分析。对于数据业务掉线问题，则主要是从网络异常释放原因入手进行分析。EPS FB 掉话问题需要重点关注 5G → 4G 邻区问题、B1 切换门限、目标 4G 小区的干扰 / 故障等问题；数据业务掉线问题需要重点关注 5G 小区覆盖问题、PCI 干扰问题、硬件故障问题以及邻区缺失问题等。

10.5　5G 重选问题分析

UE 正常驻留在一个小区后，会测量驻留小区和邻区的信号质量，根据小区重选规则选择一个更好的小区进行驻留。5G NR 支持 NR RRC 空闲态和 E-UTRA RRC 空闭态之间的小区重选，以及从 NR RRC 非激活态到 E-UTRA RRC 空闲态的小区重选。

10.5.1　重选 KPI 定义与评估标准

重选成功率的定义为

$$重选成功率 = \frac{重选成功次数}{重选总次数} \times 100\%$$

评估标准：重选成功率一般要求高于 99%，具体参考当地网络达标要求。

一般来说重选的主要类型包括：① 高优先级邻区重选；② 同频或异频同优先级小区重选；③ 低优先级邻区重选。

重选成功的标志是 UE 在空闲态下成功地进行了 5G 到 5G、5G 到 4G、4G 到 5G 的小区迁移。重选失败则主要体现在 UE 未能成功驻留到目标小区。

10.5.2　重选问题类型与解决方案

5G 重选主要遵循 R（重选）准则，覆盖问题仍然是重选问题首先要考虑的因素，其次需要排查重选开关是否打开，同时还需根据 R（重选）准则核实重选参数的设置是否合理。5G 重选问题分析流程如图 10-5-1 所示。

小区重选是指 UE 在空闲模式下通过监测邻区和当前小区的信号质量，以选择一个最好的小区提供服务信号的过程。当邻区的信号质量及电平满足 S 准则且满足一定重选判决准则时，UE 将接入该小区驻留。小区重选主要包括同频重选和异频重选，本节重点介绍这两个重选流程的原理。

1. 同频重选

（1）同频重选邻区测量启动条件

UE 根据服务小区 Srxlev 及邻区重选频点优先级，判断是否对在系统消息广播的邻区频点启动测量。对于同频来说不需要考虑频点优先级，因为都是同一优先级。

① 若服务小区的 Srxlev 大于 s-IntraSearchP 且 Squal 大于 s-IntraSearchQ，不启动同频重选邻区测量。

② 否则，启动同频重选邻区测量。

其中，s-IntraSearchP 和 s-IntraSearchQ 携带在 SIB2 系统消息中，如图 10-5-2 所示。

（2）同频重选基本流程

① 选择满足小区选择规则 (即 S 规则) 的邻区。同频邻区计算 Srxlev 和 Squal 时，$Q_{rxlevmin}$ 使用 SIB2 广播的小区最低接收电平值，S 规则的计算方法如下：

$$Srxlev > 0 \ 且 \ Squal > 0$$

式中，

$$Srxlev = Q_{rxlevmeas} - (Q_{rxlevmin} + Q_{rxlevminoffset}) - P_{compensation} - Qoffset_{temp}$$
$$Squal = Q_{qualmeas} - (Q_{qualmin} + Q_{qualminoffset}) - Qoffset_{temp}$$

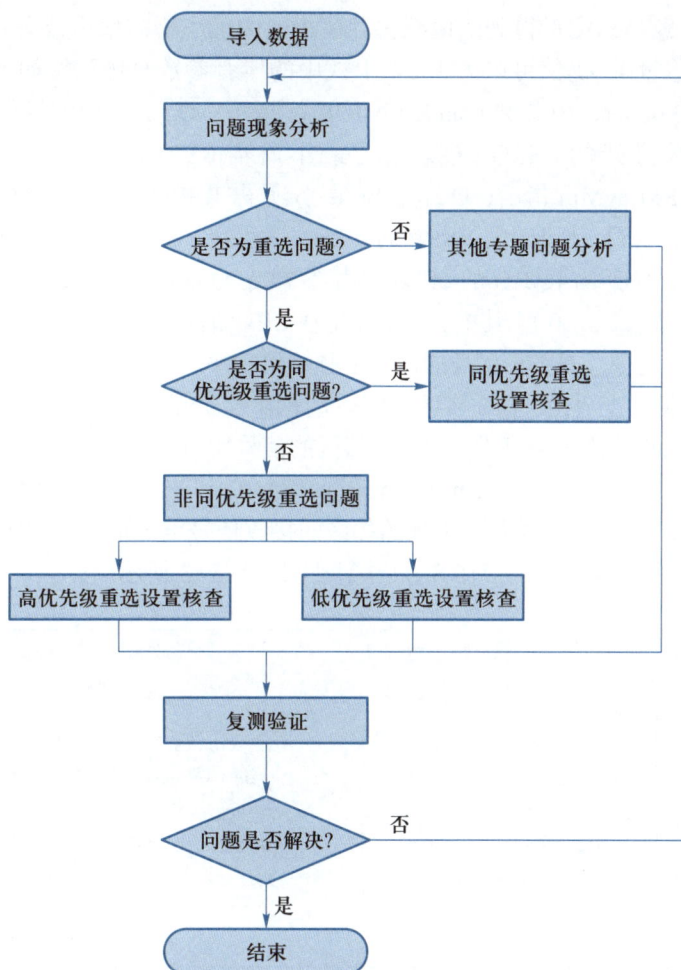

图 10-5-1　5G 重选问题分析流程

intraFreqCellReselectionInfo	SEQUENCE {
q-RxLevMin	Q-RxLevMin,
q-RxLevMinSUL	Q-RxLevMin
q-QualMin	Q-QualMin
s-IntraSearchP	ReselectionThreshold,
s-IntraSearchQ	ReselectionThresholdQ
t-ReselectionNR	T-Reselection,
frequencyBandList	MultiFrequencyBandListNR-SIB
frequencyBandListSUL	MultiFrequencyBandListNR-SIB
p-Max	P-Max
smtc	SSB-MTC
ss-RSSI-Measurement	SS-RSSI-Measurement
ssb-ToMeasure	SSB-ToMeasure
deriveSSB-IndexFromCell	BOOLEAN,

图 10-5-2　SIB2 系统消息中的 intraFreqCellReselectionInfo 信息

上式的本意是：测量得到的值减去驻留小区的最小所需值再减去一些其他必要的 offset（偏移量），仍然可以大于 0。上式中的所有参数具体列举如下：$Qoffset_{temp}$ 为一个临时的 offset，由参数 connEstFailOffset 指示；$Q_{rxlevmeas}$ 为测量得到的 RSRP；$Q_{qualmeas}$ 为测量得到的 RSRQ；$Q_{rxlevmin}$ 为最小所需 RSRP，由 SIB1、SIB2 和 SIB4 中的参数 q-RxLevMin 指示；$Q_{qualmin}$ 为最小所需 RSRQ，由参数 Q-QualMin 指示；$Q_{rxlevminoffset}$ 为最小所需 RSRP 的 offset，由参数 q-RxLevMinOffset 指示；$Q_{qualminoffset}$ 为最小所需 RSRQ 的 offset，由参数 q-QualMinOffset 指示；$P_{compensation} = \max(P_{EMAX1} - P_{PowerClass}, 0)$，其中，$P_{EMAX1}$ 是在 SIB1 消息中广播的小区允许的 UE 最大发射功率，$P_{PowerClass}$ 是 UE 自身的最大射频输出功率。

② 针对满足上述条件的邻区，UE 选择信号质量等级 Rn 最高的邻区作为 highest ranked cell（排名最高的小区）。邻区的信号质量等级 Rn 的计算公式为

$$Rn = Qmeas, n - Qoffset$$

式中，Qmeas, n 为基于 SSB 测量出来的邻区的接收信号电平值，即邻区的 RSRP 值；Qoffset 为邻区重选偏置，携带在 SIB3 中，如图 10-5-3 所示。

```
IntraFreqNeighCellList ::=        SEQUENCE (SIZE (1..maxCellIntr

IntraFreqNeighCellInfo ::=        SEQUENCE {
    physCellId                        PhysCellId,
    q-OffsetCell                      Q-OffsetRange,
    q-RxLevMinOffsetCell              INTEGER (1..8)
    q-RxLevMinOffsetCellSUL           INTEGER (1..8)
    q-QualMinOffsetCell               INTEGER (1..8)
    ....
}.
```

图 10-5-3　SIB3 系统消息中的 IntraFreqNeighCellInfo 信息

③ 在满足小区选择规则（即 S 规则）的邻区中，UE 识别出信号质量满足如下条件的邻区：

$$\text{RSRP highest ranked cell} - \text{RSRPn} \leqslant \text{rangeToBestCell}$$

式中，RSRP highest ranked cell 为 highest ranked cell 的 RSRP 值；RSRPn 为各邻区的 RSRP 值；rangeToBestCell 固定为 3 dB，在 SIB2 系统消息中指示，如图 10-5-4 所示。

④ 在 highest ranked cell 和满足上述条件的邻区中，UE 选择波束级 RSRP 值大于门限值，且满足门限要求的波束个数最多的小区作为 best cell（最优小区）。若同时有多个此类小区，再在其中选择小区 Rn 值最高的小区作为 best cell；若没有任何一个小区的波束级 RSRP 值大于门限，则直接在 highest ranked cell 和满足上述条件的邻区中选择小区 Rn 值最高的小区作为 best cell。

⑤ 判断 best cell 是否满足如下两个条件，若满足，UE 重选到该小区；若不满足，则继续驻留在原小区。

a. best cell 在持续 1 s 的时间内，都满足如下小区重选规则（又称为 R 规则）：

```
SIB2 ::=                              SEQUENCE {.
    cellReselectionInfoCommon         SEQUENCE {.
        nrofSS-BlocksToAverage            INTEGER (2..maxNrofSS-BlocksToAverage)    OPTIONAL,    -- Need S.
        absThreshSS-BlocksConsolidation   ThresholdNR                              OPTIONAL,    -- Need S.
        rangeToBestCell                   RangeToBestCell                          OPTIONAL,    -- Need R.
        q-Hyst                            ENUMERATED {.
                                          | dB0, dB1, dB2, dB3, dB4, dB5, dB6, dB8, dB10,.
                                              dB12, dB14, dB16, dB18, dB20, dB22, dB24},.
        speedStateReselectionPars         SEQUENCE {.
            mobilityStateParameters           MobilityStateParameters,.
            q-HystSF                          SEQUENCE {.
                sf-Medium                         ENUMERATED {dB-6, dB-4, dB-2, dB0},.
                sf-High                           ENUMERATED {dB-6, dB-4, dB-2, dB0}.
            }.
    }                                                                              OPTIONAL,    -- Need R.
```

图 10-5-4 SIB2 系统消息中的 cellReselectionInfoCommon 信息

$$Rn > Rs$$
$$Rn = Qmeas,\ n - Qoffset$$
$$Rs = Qmeas,\ s + Qhyst$$

式中，Qmeas, n 为基于 SSB 测量出来的 best cell 的接收信号电平值，即 best cell 的 RSRP 值；Qoffset 为邻区重选偏置；Qmeas, s 为基于 SSB 测量出来的服务小区的接收信号电平值，即服务小区的 RSRP 值；Qhyst 为小区重选迟滞。

b. UE 在当前服务小区的驻留时间大于 1 s。

2. 异频重选

（1）异频重选邻区测量启动条件

① 如果异频频点拥有比当前服务频点更高的优先级，不管服务小区质量如何，UE 都将对它们进行重选邻区测量。

② 如果异频频点的优先级低于或者等于当前服务频点的优先级：

a. 若服务小区的 Srxlev 大于 NonIntraFreqMeasRsrpThld，不启动异频重选邻区测量；

b. 若服务小区的 Srxlev 小于或者等于 NonIntraFreqMeasRsrpThld，将启动异频重选邻区测量。

与同频重选邻区测量的启动条件不同，异频重选需要考虑频点优先级，其中服务小区的频点优先级携带在 SIB2 系统消息中的 cellReselectionServingFreqInfo 信息中，如图 10-5-5 所示。

```
cellReselectionServingFreqInfo    SEQUENCE {.
    s-NonIntraSearchP                 ReselectionThreshold                OPTIONAL,    -- Need S.
    s-NonIntraSearchQ                 ReselectionThresholdQ               OPTIONAL,    -- Need S.
    threshServingLowP                 ReselectionThreshold,.
    threshServingLowQ                 ReselectionThresholdQ               OPTIONAL,    -- Need R.
    cellReselectionPriority           CellReselectionPriority,.
    cellReselectionSubPriority        CellReselectionSubPriority          OPTIONAL,    -- Need R.
    ....
},.
```

图 10-5-5 SIB2 系统消息中的 cellReselectionServingFreqInfo 信息

而邻区的频点优先级携带在 SIB4 系统消息中的 InterFreqCarrierFreqInfo 信息中，如图 10-5-6 所示，InterFreqCarrierFreqInfo 信息中还包含很多与异频重选相关的信息。

```
    threshX-LowQ                    ReselectionThresholdQ,
}                                                              OPTIONAL,   -- Cond RSRQ,
    cellReselectionPriority         CellReselectionPriority    OPTIONAL,   -- Need R,
    cellReselectionSubPriority      CellReselectionSubPriority OPTIONAL,   -- Need R,
    q-OffsetFreq                    Q-OffsetRange              DEFAULT dB0,,
    interFreqNeighCellList          InterFreqNeighCellList     OPTIONAL,   -- Need R,
    interFreqBlackCellList          InterFreqBlackCellList     OPTIONAL,   -- Need R,

    ...,
```

图 10-5-6　SIB4 系统消息中的 InterFreqCarrierFreqInfo 信息

（2）异频重选基本流程

异频重选流程和同频重选流程基本一致，下面重点讲述一下其差异性。UE 启动重选邻区测量后，异频不同优先级的小区重选时，需要选择满足小区选择规则（即 S 规则）的异频邻区。计算异频邻区的 Srxlev 时，$Q_{rxlevmin}$ 使用 SIB4 广播的小区最低接收电平值。异频不同优先级的小区重选分为对高优先级小区重选和对低优先级小区重选。

① 对高优先级小区重选，若同时满足以下条件，小区重选将选择高优先级异频小区：

a. UE 在当前服务小区的驻留时间超过 1 s。

b. 在 SIB4 广播的异频邻区重选时间（固定为 1 s）内，被评估邻区的 Srxlev 大于 SIB4 中广播的 threshX-HighP。

如果存在多个小区同时满足条件，则按照同频和异频同优先级小区重选第②步，选择信号质量等级 Rn 最高的邻区进行小区重选。

② 对低优先级小区重选，若同时满足以下条件，小区重选将选择低优先级异频小区：

a. 高优先级异频邻区都不满足高优先级小区重选条件。

b. UE 在当前服务小区的驻留时间超过 1 s。

c. 在 SIB4 广播的异频邻区重选时间（固定为 1 s）内，同时满足如下条件：

● 服务小区的 Srxlev 小于 SIB2 广播的 threshServingLowP；

● 被评估邻区的 Srxlev 大于 SIB4 广播的 threshX-LowP。

3. 常见重选问题类型与解决方案

5G 重选的主要类型包括高优先级邻区重选、同频或异频同优先级小区重选、低优先级邻区重选。5G 的重选主要遵循 R（重选）准则（即在重选优先级对等的目标小区中，按照信号强度最好小区优先候选）。综上，5G 重选问题主要为由于重选参数设置异常、邻区设置异常或者弱覆盖导致的无法重选、重选慢、频繁重选问题。常见重选问题类型及解决方案见表 10-5-1。

表 10-5-1　常见重选问题类型及解决方案

归类		详细问题类别	常见原因	解决方案
同优先级重选	同频同优先级	无法重选	未配置相邻频点、邻区，重选参数（如启动门限等）设置异常，覆盖原因	完善相邻频点、邻区定义，重选核心参数核查，覆盖专题分析优化
		重选慢	重选参数（如重选优先级等）设置异常，覆盖原因，干扰原因	重选核心参数核查，覆盖专题分析优化，SINR 异常优化（PCI 优化、重叠覆盖控制）
		频繁重选		
	异频同优先级	无法重选	未配置相邻频点、邻区，重选参数（如启动门限等）设置异常，覆盖原因	完善相邻频点、邻区定义，重选核心参数核查，覆盖专题分析优化
		重选慢	重选参数（如启动门限等）设置异常，覆盖原因，干扰原因	重选核心参数核查，覆盖专题分析优化，SINR 异常优化（PCI 优化、重叠覆盖控制）
		频繁重选		
非同优先级重选	高优先级重选	无法重选	5G 未配置 4G 小区相邻频点、邻区，重选参数（如启动门限等）设置异常，覆盖原因	完善相邻频点、邻区定义，重选核心参数核查，覆盖专题分析优化
		重选慢	重选参数（如启动门限等）设置异常，覆盖原因，干扰原因	重选核心参数核查，覆盖专题分析优化，SINR 异常优化（PCI 优化、重叠覆盖控制）
		频繁重选		
	低优先级重选	无法重选	4G 未配置 5G 小区相邻频点、邻区，重选参数（如启动门限等）设置异常，4G 侧 SIB24 开关未开启，快速返回 5G 参数设置异常，覆盖原因	完善相邻频点、邻区定义，重选核心参数核查，SIB24 开关开启，快速返回参数核查优化，覆盖专题分析优化
		重选慢	重选参数（如启动门限等）设置异常，覆盖原因，干扰原因	重选核心参数核查，覆盖专题分析优化，SINR 异常优化（PCI 优化、重叠覆盖控制）
		频繁重选		

10.5.3 重选问题案例分析

1. 案例：优先级设置冲突导致 LTE 至 NR SA 重选不成功

（1）问题描述

某次测试中使用 5G UE Mate 20X 进行业务测试时，发现在 5G SA 基站和 LTE 基站下，当手机驻留在 LTE 上时，UE 收到 4G 基站侧下发的 SIB24 消息，且消息中携带了 NR 的频点信息，但手机在 RRC Release 后一直不向 5G SA 站点发起重选，如图 10-5-7 所示。

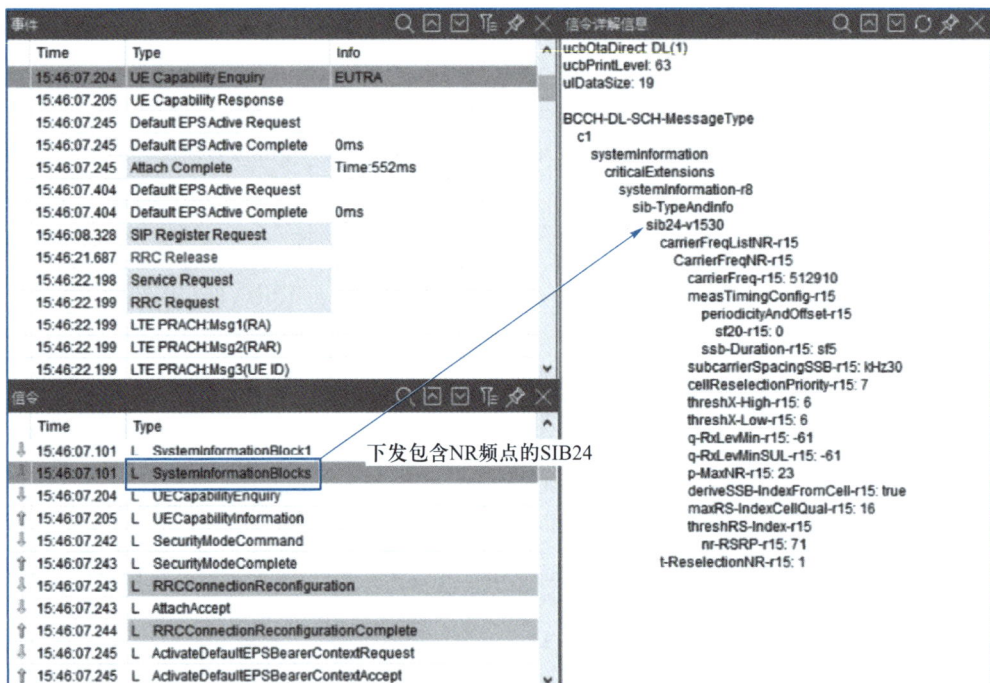

图 10-5-7　5G 重选问题案例

（2）问题分析

① 故障告警核查：这是 RF 优化流程中首先进行的工作，在重选问题分析中同样首先排除站点故障问题。

② 站点干扰核查：干扰影响 UE 与小区的正常信令交互，因此也需要在分析初始阶段进行核查。

③ 进入重选问题专题分析流程：根据问题现象（空闲态手机驻留 4G 网络，无法向 5G 重选）判定为重选问题，进入重选问题专题分析流程。

④ 锚点优选：由于 NSA 组网下的重选主要涉及主站 4G 的重选过程，因此需参考 4G 重选问题优化流程，特别重点关注锚点优选相关设置是否合理。

⑤ SA 组网下重选分析：按重选优先级分类，该问题为 4G 无法重选至 5G，属

于高优先级重选，根据 R 准则对相关参数进行核查，计算是否满足重选条件。

⑥ 问题定位：查看信令详解信息发现 LTE RRC 释放时，基站下发消息中只携带了 LTE 的优先级信息，没有携带 NR 的优先级信息，如图 10-5-8 所示。定位原因为网络下发的优先级没有带 NR，导致 NR 被按照最低优先级处理，所以 UE 没有按照 SIB24 中的 NR 频点完成重选。

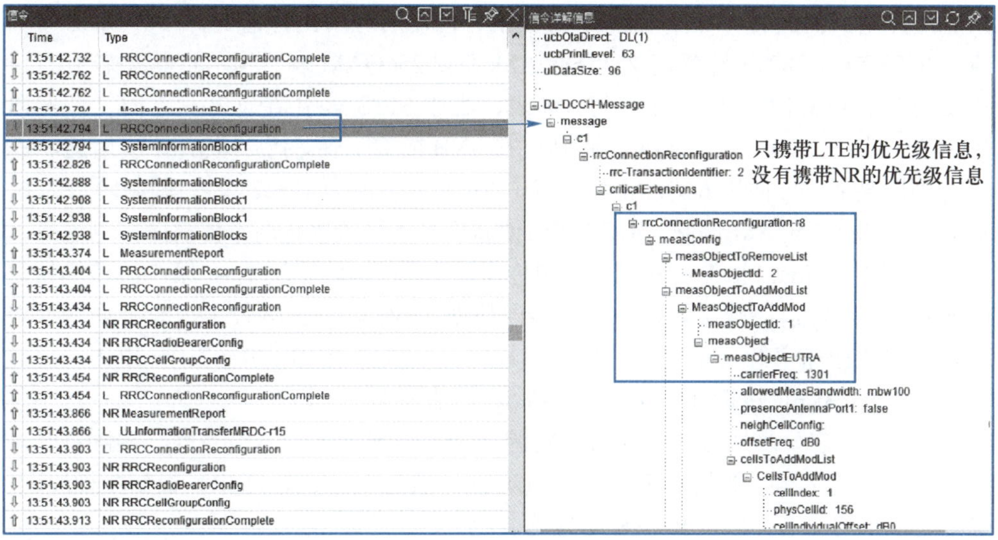

图 10-5-8　5G 重选问题案例信令分析

（3）优化措施

将 5G SA 站点进行升级，增加 NR 优先级设置的功能，并把 NR 的优先级设置为最高优先级，使 SA UE 能优先驻留 5G 网络。复测后，重选成功，问题解决。

2. 重选问题分析总结

重选是空闲态的移动性管理。重选优化过程中，在 SA 模式下，需要合理设置 5G 系统内不同频段小区间的重选优先级、邻区关系以及重选门限参数；在 NSA 模式下，还需要同步考虑非锚点 4G 小区优先重选到锚点小区策略，以保证 NSA 终端占用 4G 网络时，及时返回 NSA 模式。

图片
5G 重选问题案例信令分析

10.6　5G 数传问题分析

PPT
5G 数传 KPI 定义与解决方案

微课
5G 数传 KPI 定义与解决方案

5G NR 系统在 LTE 原有技术基础上，采用了一些新的技术和架构。NR 继承了 LTE 的 OFDMA（正交频分多址接入）和 SC-FDMA（单载波频分多址接入），并且继承了 LTE 的多天线技术，MIMO 流数比 LTE 更多。在调制技术上，5G 支持根据空口质量自适应选择 QPSK、16QAM、64QAM 和 256QAM 等调制方式。

10.6.1　数传 KPI 定义与评估标准

MCS（modulation and coding scheme，调制与编码策略）：定义了一个 RE（资源单元）可以承载的有效比特数。选择哪一个 MCS 取决于无线链路的质量，链路质量越好，MCS 索引值越高，一个符号中可传输的有用比特越多；而链路质量差只能选择索引值低的 MCS，则一个符号中可传输的有用比特越少。针对 MCS 索引值，3GPP 协议 38214 规范定义了 64QAM 表和 256QAM 表。当信道状态较好且设备支持 256QAM 时，可使用 256QAM 表，表中 MCS 索引值为 20~27 时，调制阶数为 8，对应 2^8QAM = 256QAM 调制；在 gNB 或 UE 不支持 256QAM 或信道状态较差等情况下，可使用 64QAM 表，表中 MCS 索引值为 17~28 时，调制阶数为 6，对应 2^6QAM = 64QAM 调制。MCS 索引值越高，频谱效率越高，传输速率也越高。

IBLER（initial block error rate，初传误块率）：初传误块率 =（第一次传输错误的块数 / 有效传输块数）×100%。初传误块率对 5G 数传影响较大，改善误块率对提升数据传输速率意义重大。外场移动性测试一般要求 IBLER 在 10% 以内；定点测试中，当 IBLER 接近 0% 时，可达到 5G 峰值速率。

RANK：空分复用流数。在时频资源不变的情况下，RANK 越高，实际吞吐率越高。目前基站侧一般是 64T64R，而 UE 侧一般是 2T4R 或 4T8R，根据木桶原理，受限于最小的一端，所以 RANK 对应为 4 或 8。

Grant 与 RB：调度与资源分配，反映的是网络所能调用的资源。要达到 5G 下行峰值速率体验，小区上下行时隙配比为 1∶4 时，DL/UL Grant 分别要达到 1 600 次 /400 次的满调度数，小区 100 MHz 带宽可调度不少于 265 个 RB（最大 273 个 RB）。

数传 KPI 评估标准见表 10-6-1。

表 10-6-1　数传 KPI 评估标准

KPI	峰值标准
MCS	MCS 索引值为 20~27，对应 2^8QAM = 256QAM（256QAM 表）
IBLER	0%
RANK	2T4R（RANK 4）、4T8R（RANK 8）
Grant 与 RB	DL/UL Grant：1 600 次 /400 次；100 MHz 带宽可调度不少于 265 个 RB（最大 273 个 RB）

10.6.2　数传问题类型与解决方案

在 5G 数传问题的分析过程中，应该优先关注问题小区是否存在覆盖及切换问题，本节将针对除了覆盖和切换原因以外的影响数传的重要因素进行分析。5G 数传问题分析流程如图 10-6-1 所示。

空口信道质量是影响速率最明显的因素，在完成覆盖及切换问题对速率的影响分析处理后，可以进一步通过 MCS、IBLER、RANK 等指标来进行数传问题分析。

```
              ┌─────────────┐
              │   导入数据    │
              └──────┬──────┘
                     │◄─────────────────────────────────┐
              ┌──────▼──────┐                            │
              │  问题现象分析  │                            │
              └──────┬──────┘                            │
                     │                                   │
                  ╱──▼──╲         否   ┌─────────────┐    │
                 ╱是否为数传╲──────────►│  其他专题问题分析 │───┤
                 ╲ 问题?  ╱          └─────────────┘    │
                  ╲──┬──╱                                │
                     │是                                 │
              ┌──────▼──────┐        ┌─────────────┐     │
              │  覆盖切换优化  │───────►│ MCS低问题排查  │     │
              └─────────────┘        └──────┬──────┘     │
                                            │            │
              ┌─────────────┐        ┌──────▼──────┐     │
              │ RANK低问题排查 │◄───────│ IBLER高问题排查 │     │
              └──────┬──────┘        └─────────────┘     │
                     │                                   │
         ┌───────────▼──────────┐                        │
         │  Grant与RB数低问题排查   │                        │
         └───────────┬──────────┘                        │
                     │                                    │
              ┌──────▼──────┐                             │
              │   复测验证    │◄────────────────────────────┤
              └──────┬──────┘                             │
                     │                                    │
                  ╱──▼──╲         否                      │
                 ╱问题是否╲───────────────────────────────┘
                 ╲ 解决? ╱
                  ╲──┬──╱
                     │是
              ┌──────▼──────┐
              │    结束      │
              └─────────────┘
```

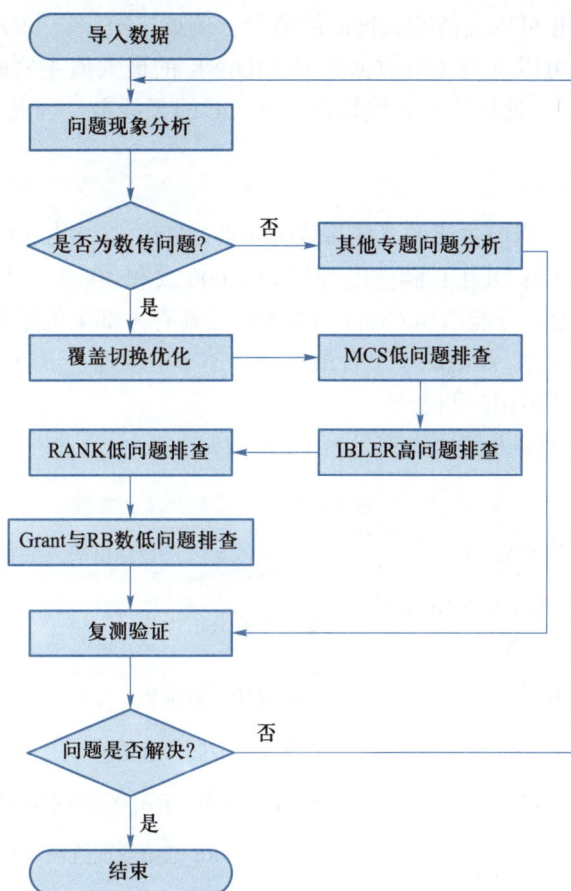

图 10-6-1　5G 数传问题分析流程

1. MCS

gNB 选择 MCS 的过程如下：

① UE 测量信道质量 SINR，映射到 CQI（信道质量指示）（各大设备商的算法不完全一致，而且算法里的参数也无须相同，因此 SINR 和 CQI 之间没有准确的对应关系），并报告（CQI/PCI/RANK 等）给 gNB；

② gNB 通过链路自适应技术基于 CQI、IBLER 来选择调制方式、数据块的大小和数据速率。

2. IBLER

IBLER 高的排查思路和 MCS 低的问题类似，重点应关注空口的变化，如覆盖差、强邻区干扰、外部干扰等；如果 SINR 异常，包括陡降、波动等，则说明误码的原因是信道条件不稳定。

3. RANK

在通信系统中，UE 根据无线 CSI-RS 参考信号进行信道估计，计算出下行信道相干性最小的最大流数，称之为 RANK（秩），UE 通过 CSI 将 RI（秩指示）上报给基站。RI 用来指示 PDSCH 的有效数据层数，告诉 gNB UE 可以支持的 CW（code word，码字）数。简单来说，就是 UE 可以在空间区分出的相互独立互不相关的信

道的数量，也是 UE 可以支持的数据流的数量。例如，RI＝4，表示接收端能够识别
4 个信道的数据，可以支持 4 组数据并发。RANK 的最大值主要取决于 gNB 和 UE
端的最小天线数，一般基站的天线数远大于 UE 的天线数，因此其主要取决于 UE
端的天线数。

4. Grant 与 RB

系统配置方面，当前主流的系统带宽为 100 MHz，SCS 为 30 kHz，上下行时隙
配比为 1∶4。PDCCH DL/UL 满调度分别为 1 600 次和 400 次，100 MHz 带宽可调
度不少于 265 个 RB。可能影响 Grant 与 RB 的因素有外部来的数据量不足（类似于
水龙头的来水量不足）、AMBR（聚合最大比特速率）限速、下行 DCI 漏检、PDCP/
RLC/MAC 问题以及多用户调度等。

常见数传问题类型及解决方案见表 10-6-2。

表 10-6-2　常见数传问题类型及解决方案

问题类别	常见原因	解决方案
MCS 低	无线环境（如 SINR 异常、RSRP 异常等）	覆盖专题分析优化
	邻区干扰	结构优化分析调整
	外部干扰	外部干扰专题排查整治
	MCS 被参数固定	对 MCS 参数、RANK 参数进行核查优化
	CQI 测量上报问题	进行 CSI-RS 基站侧配置端口数与测试终端端口数的一致性核查
IBLER 高	无线环境（如 SINR 异常、RSRP 异常等）	覆盖专题分析优化
	外部干扰	外部干扰专题排查整治
	MCS 收敛异常、CQI 调整异常、权值自适应异常	对 MCS 收敛参数、CQI 调整参数、权值自适应参数进行核查优化
	下行频偏	下行频偏核查修正
	上行 TA 异常	进行上行弱覆盖排查及整治
RANK 低	无线环境（如频繁切换、重叠覆盖等）	梳理切换序列，开展覆盖专题分析优化
	参数设置异常（DMRS 参数、RANK 值被参数固定等）	参照标准进行参数核查优化
	SRS 功率不足	按 3 dB 逐步打桩抬升 TUE（测试终端）发射功率
	排查上行干扰，影响 SRS 信道质量	外部干扰专题排查整治
	终端能力受限	更换终端进行复测验证

续表

问题类别	常见原因	解决方案
Grant 与 RB 数低	无线环境（如 SINR 异常、 RSRP 异常等）	覆盖专题分析优化
	AMBR 限速	开卡数据修正
	下行 DCI 漏检	进行覆盖、容量问题优化
	PDCP/RLC/MAC 问题	参考 Grant 与 RB 分层分析方法
	多用户调度	负荷均衡、结构调整及扩容优化

10.6.3　数传问题案例分析

1. 案例：SINR 不够高，导致 MCS 阶数不足，上行无法达到峰值

（1）问题描述

在单站验证中发现，PCI 309 小区的上行速率一直在 100 Mbit/s 以内波动，UE 在小区视距范围内移动位置，速率最高仅能略高于 100 Mbit/s，但难以到达稳定的 120 Mbit/s 水平，如图 10-6-2 所示。

PPT
5G 数传问题案例分析

微课
5G 数传问题案例分析

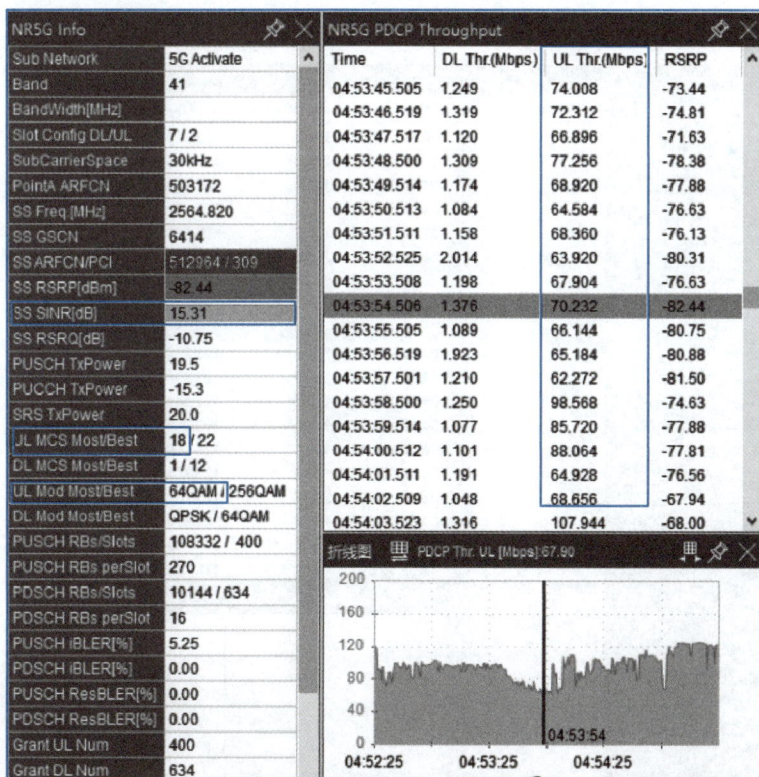

图 10-6-2　5G 数传问题案例

（2）问题分析

① 故障告警核查：站点故障告警对数传影响较大，需要在进入数传问题专题分析前先进行排除。经后台核实，本案例中小区无故障告警，小区状态正常。

② 站点干扰核查：干扰严重会影响站点的上下行传输，对数传影响较大。经后台核实，主服务小区无干扰。

③ 覆盖及切换优化：覆盖及切换作为优化基础直接影响网络的性能好坏，在做数传分析时需要优先处理好覆盖及切换问题。主服务小区 SS-RSRP 为 -82 dBm，SS-SINR 为 15 dB，覆盖良好，测试过程中未发生小区间移动，因此排除覆盖及切换问题所造成的影响。

④ 调度资源：通过测试窗口可知基站调度资源足够，频域每 slot（时隙）调度 RB 是满调度 270 个，时域也是满调度 400 次，因此不是资源调度问题。

⑤ MCS 低排查：进一步分析，上行 MCS 一直在 18 左右，最高能到 22，上行调制方式大部分时候为 64QAM。UE 测量的小区 SINR 始终没超过 20 dB，大部分时候在 15 dB 左右，因此可以确定，是 SINR 不足导致基站判定的 MCS 阶数较低。

（3）优化措施

针对 SINR 差导致 MCS 阶数低的问题，可通过优化调整无线环境提升测试路段的 SINR，建议参考 RF 优化分析流程。

（4）优化效果

通过 RF 优化调整问题路段的 SINR，将其提升至 32 dB，此时 MCS 稳定为 27，上行速率达到 120 Mbit/s，如图 10-6-3 所示。

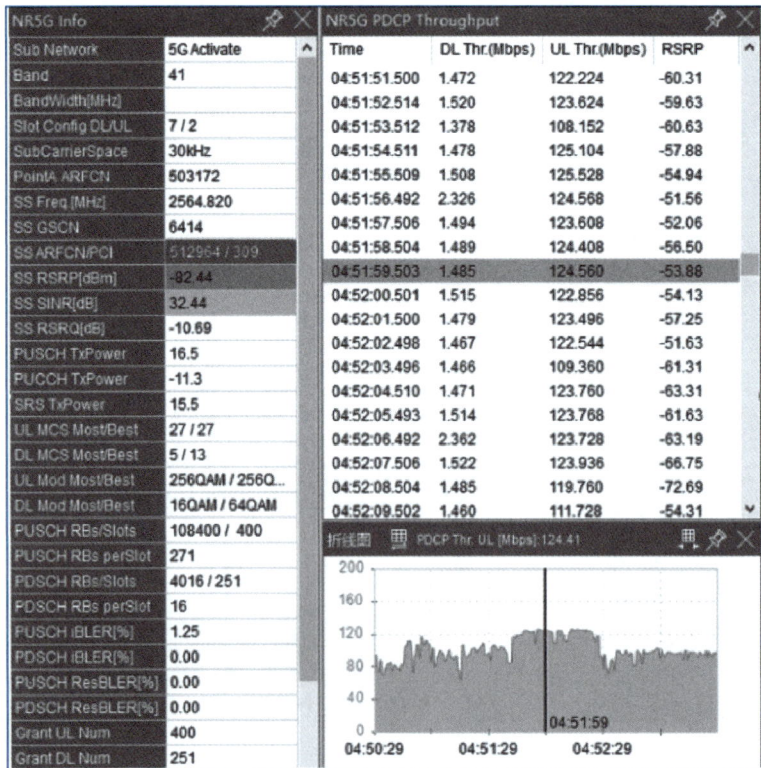

NR5G Info	
Sub Network	5G Activate
Band	41
BandWidth[MHz]	
Slot Config DL/UL	7 / 2
SubCarrierSpace	30kHz
PointA ARFCN	503172
SS Freq.[MHz]	2564.820
SS GSCN	6414
SS ARFCN/PCI	512964 / 309
SS RSRP[dBm]	-82.44
SS SINR[dB]	32.44
SS RSRQ[dB]	-10.69
PUSCH TxPower	16.5
PUCCH TxPower	-11.3
SRS TxPower	15.5
UL MCS Most/Best	27 / 27
DL MCS Most/Best	5 / 13
UL Mod Most/Best	256QAM / 256Q...
DL Mod Most/Best	16QAM / 64QAM
PUSCH RBs/Slots	108400 / 400
PUSCH RBs perSlot	271
PDSCH RBs/Slots	4016 / 251
PDSCH RBs perSlot	16
PUSCH iBLER[%]	1.25
PDSCH iBLER[%]	0.00
PUSCH ResBLER[%]	0.00
PDSCH ResBLER[%]	0.00
Grant UL Num	400
Grant DL Num	251

NR5G PDCP Throughput			
Time	DL Thr.(Mbps)	UL Thr.(Mbps)	RSRP
04:51:51.500	1.472	122.224	-60.31
04:51:52.514	1.520	123.624	-59.63
04:51:53.512	1.378	108.152	-60.63
04:51:54.511	1.478	125.104	-57.88
04:51:55.509	1.508	125.528	-54.94
04:51:56.492	2.326	124.568	-51.56
04:51:57.506	1.494	123.608	-52.06
04:51:58.504	1.489	124.408	-56.50
04:51:59.503	1.485	124.560	-53.88
04:52:00.501	1.515	122.856	-54.13
04:52:01.500	1.479	123.496	-57.25
04:52:02.498	1.467	122.544	-51.63
04:52:03.496	1.466	109.360	-61.31
04:52:04.510	1.471	123.760	-63.31
04:52:05.493	1.514	123.768	-61.63
04:52:06.492	2.362	123.728	-63.19
04:52:07.506	1.522	123.936	-66.75
04:52:08.504	1.485	119.760	-72.69
04:52:09.502	1.460	111.728	-54.31

折线图　PDCP Thr. UL [Mbps]: 124.41

200
160
120
80
40
0
04:51:59
04:50:29　04:51:29　04:52:29

图 10-6-3　5G 数传问题案例优化效果

2. 数传问题分析总结

数据传输速率的高低是影响 5G 速率感知的最关键指标。在日常优化中，影响 5G 速率异常的原因主要是用户太多、小区存在弱覆盖、重叠覆盖、PCI 干扰、小区硬件设备故障、站点与核心网之间的 PTN（分组传送网）传输故障等。

10.7　5G 业务感知时延问题分析

5G 与 LTE 类似，时延分为用户面时延和控制面时延。目前，5G SA 组网中，5G 语音需要通过 EPS FB 技术将语音回落到 LTE 网络，通过 VoLTE 完成语音业务的连接，因此 EPS FB 时延也是关注的重点。本节主要介绍 EPS FB 业务感知时延问题。

10.7.1　业务感知时延 KPI 定义与评估标准

用户面时延的下行过程是指数据从基站 PDCP 到 UE PDCP，上行过程相反。NR 系统用户面时延的目标是 1 ms。控制面时延根据组网模式的不同，计算方式也不同。NSA 网络的控制面时延是从 LTE 的空闲态到 NR 的连接态，SA 网络的控制面时延是从 NR 的空闲态到 NR 的连接态。NR 系统控制面时延的目标是 10 ms。

用户面时延分为初传时延和重传时延，虽然重传时延会比初传时延高很多，但一般情况下，只有 10% 的数据会进行重传，因此平均时延中占比较重的主要还是初传时延。

EPS FB 时延的定义为

EPS FB 时延 = 测量控制时延 + 回落频点选择时延 + 回落小区选择时延

EPS FB 时延评估标准见表 10-7-1。

表 10-7-1　EPS FB 时延评估标准

对比维度	PSHO （电路域切换）	测量重定向	盲重定向
平均回落时延 5G → 4G/ms	2 601	3 205	2 440
最大回落时延 /s	5	5	3.5

10.7.2　时延问题类型与解决方案

无线网络是否存在覆盖和切换问题对网络时延的影响较大，因此，在进行时延分析时同样应优先进行覆盖切换优化，然后再进行控制面时延、用户面时延以及 EPS FB 时延的分析。5G 时延问题分析流程如图 10-7-1 所示。

PPT
5G 时延 KPI 定义与解决方案

微课
5G 时延 KPI 定义与解决方案

拓展阅读
拓展阅读材料中深圳市人民医院采用 5G 连线查房的 5G 移动诊疗车是镶嵌有 5G 数传模块的，可将医疗现场高清摄像头采集的视频图像通过 5G 网络进行高清低时延的回传，让钟南山院士在广州就能够远程与深圳市人民医院的医生进行同步查房、医疗会诊。医疗资源分布不均，跨地域就诊难，一直是医疗卫生行业发展的痛点。而 5G+ 医疗通过 5G 高带宽、低时延的特性，将有效赋能远程医疗、医疗影像、急救车载、医院数字化服务及医疗大数据等多方面，使得这一医疗痛点逐步得以解决。

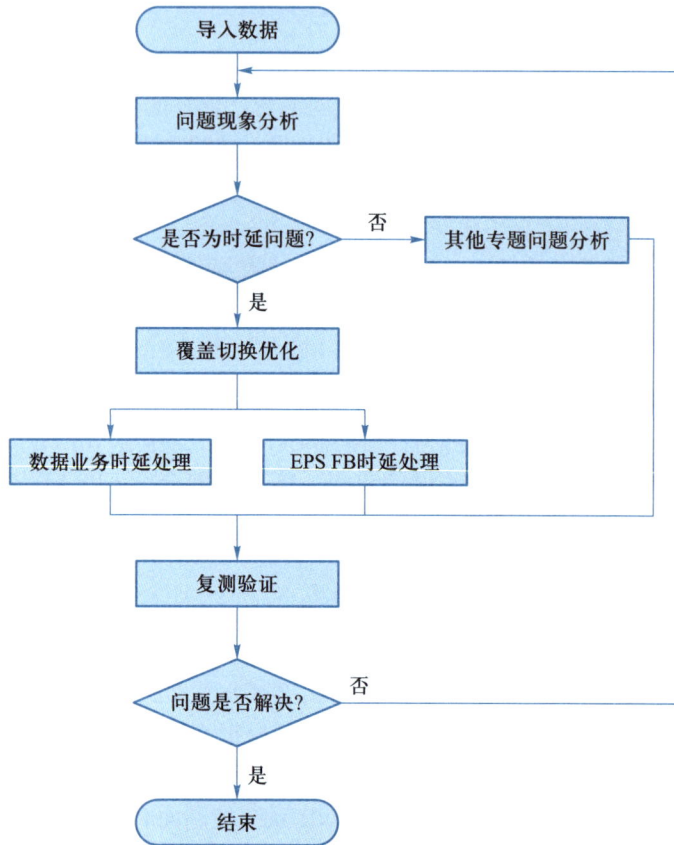

图 10-7-1　5G 时延问题分析流程

空口时延与 UE 处理能力、子载波间隔、帧结构、调度方式、SR（调度请求）周期配置、Ping 包大小等有密切联系。在 UE 处理能力、子载波间隔和帧结构等统一的情况下，空口时延较长主要是受到调度方式、无线环境（覆盖、质量）、切换、干扰等影响，需逐一排查，定位问题原因并提出解决方案。

EPS FB 时延主要从以下几类问题分析处理：

① 4G 弱覆盖：存在概率性呼叫失败或者回落 2G 情况，影响用户感知，需优化 4G 侧覆盖。

② 无 LTE 数据：UE 作为主叫可以在 4G 侧重建进行二次寻呼，作为被叫不可被寻呼。

③ B1 门限值不合理：无法基于切换进行 EPS FB，但盲重定向不受影响。EPS FB 回落时延增加 2 s 左右。

④ 邻区配置错误：无法基于切换进行 EPS FB，回落时延增加 500 ms 左右。

⑤ 频点配置错误：UE 作为主叫可以在 4G 侧重建进行二次寻呼，作为被叫不可被寻呼。

⑥ 无 LTE 覆盖：UE 作为主叫可以在 2G 侧重建进行二次寻呼，作为被叫不可被寻呼。

常见 EPS FB 回落时延问题类型及解决方案见表 10-7-2。

表 10-7-2　常见 EPS FB 回落时延问题类型及解决方案

问题类别	常见原因	解决方案
5G→4G 邻区	邻区问题	加强邻区优化，定期开展邻区核查
4G 频点优先级	频点优先级问题	调整频点优先级策略，依据 4G 和 5G 共站信息及 MR 数据差异化设置 4G 优先级策略
EPS FB 功能开关未打开	参数配置问题	加强基线参数核查优化
同频同 PCI	PCI 规划问题	对 MCS 参数、RANK 参数进行核查优化
LTE 侧弱覆盖	弱覆盖问题	解决 LTE 侧弱覆盖问题，进行覆盖提升优化
B1 门限设置不合理	参数配置问题	加强基线参数核查优化
EPS FB License	License 问题	互操作 License：核查 5G 周边 1.5 km 内 4G 小区互操作 License 情况，及时加载 License
流程冲突	核心网问题	端到端定位：核查、处理切换与 5QI1 流程冲突、5G 基站未响应核心网 5QI1 建立问题
TAU（跟踪区更新）失败	核心网问题	端到端定位：核查、处理切换与 5QI1 流程冲突、5G 基站未响应核心网 5QI1 建立问题

10.7.3　时延问题案例分析

1. 案例：回落到 4G 后发生切换导致呼叫建立时延高

（1）问题描述

5G EPS FB 测试中某次呼叫回落时延较长。测试中，16:17:31 时刻通话建立，回落时延为 6 623 ms，严重影响用户感知，如图 10-7-2 所示。

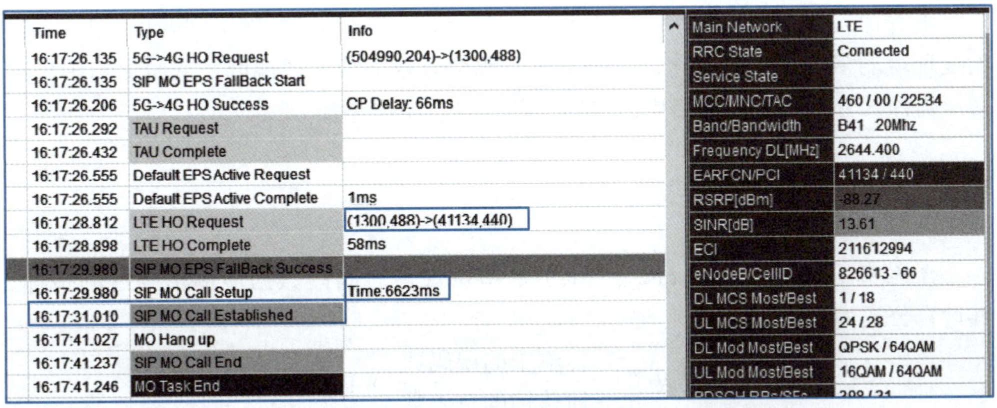

图 10-7-2　5G 时延问题案例

PPT
5G 时延问题案例分析

微课
5G 时延问题案例分析

（2）问题分析

4G VoLTE 的呼叫时延为 0.5~2 s，5G 由于增加了主被叫 EPS FB，回落过程的正常呼叫时延为 3~5 s，呼叫时延过长容易导致用户感知下降，影响用户体验。

① 故障告警核查：站点故障告警影响小区业务，在进行优化分析时需要优先排除。

② 站点干扰核查：干扰严重影响小区性能，容易导致 UE 与网络交互异常，影响上/下行消息的发送，因此在进行分析时要优先排除。

③ 覆盖及切换优化：覆盖及切换优化是所有性能优化的基础，覆盖的好坏以及切换是否正常直接影响各类业务的进行。

④ 时延分类：5G 时延包括用户面时延和控制面时延，同时需要着重关注的是 EPS FB 时延。本案例为 5G 下语音通话呼叫时延过长，初步判断问题为 EPS FB 时延过长导致。

⑤ EPS FB 流程：本次呼叫 EPS FB 回落时延为 6 623 ms，回落时延较长。

⑥ 问题定位：核实发现 UE 在回落至 LTE 后在 16:17:28 时刻发生了切换，由（1300，488）小区切换至（41134，440）小区，该次切换导致回落时延较长。

（3）优化措施

5G 建网初期，语音主要通过 EPS FB 承载在 4G 网络，因此需要做好 4G/5G 同覆盖优化，避免 UE 在移动过程中出现因 4G/5G 覆盖不同步而影响回落时延的情况。

2. 时延问题分析总结

EPS FB 时延问题主要从 5G → 4G 邻区、BI 切换门限、站点 License 配置、EPS FB 功能开关、4G/5G 小区覆盖、PCI 干扰、站点传输异常等方面进行分析。

10.8　5G 丢包误码问题分析

随着加入 5G 网络的用户数呈直线上升趋势，随之而来的网络问题也日益增加，无线环境的多样化、复杂化，误码率过高都会导致下载速率偏低，从而影响用户感知。需深入分析和处理网络中的具体问题，提升用户感知。

10.8.1　丢包误码 KPI 定义与评估标准

误码率（symbol error rate，SER）是衡量规定时间内数据传输精确性的指标，其计算公式为

$$误码率 = \frac{传输中的误码数}{所传输的总码数} \times 100\%$$

进行特定条件下的误码率研究，对于增强无线通信系统性能、改善数据传输质量意义重大。

评估标准：误码率一般低于 2%。当误码率过高（超过 10%）时，需查询底噪是否过大，是否存在设备和干扰问题。

10.8.2　丢包误码问题类型与解决方案

无线网络丢包误码与网络的覆盖、切换关联度较大，所以，在进行丢包问题分析前，应优先完成覆盖切换优化，再进行参数配置核查，最后进行核心网 / 服务器问题分析。5G 丢包误码问题分析流程如图 10-8-1 所示。

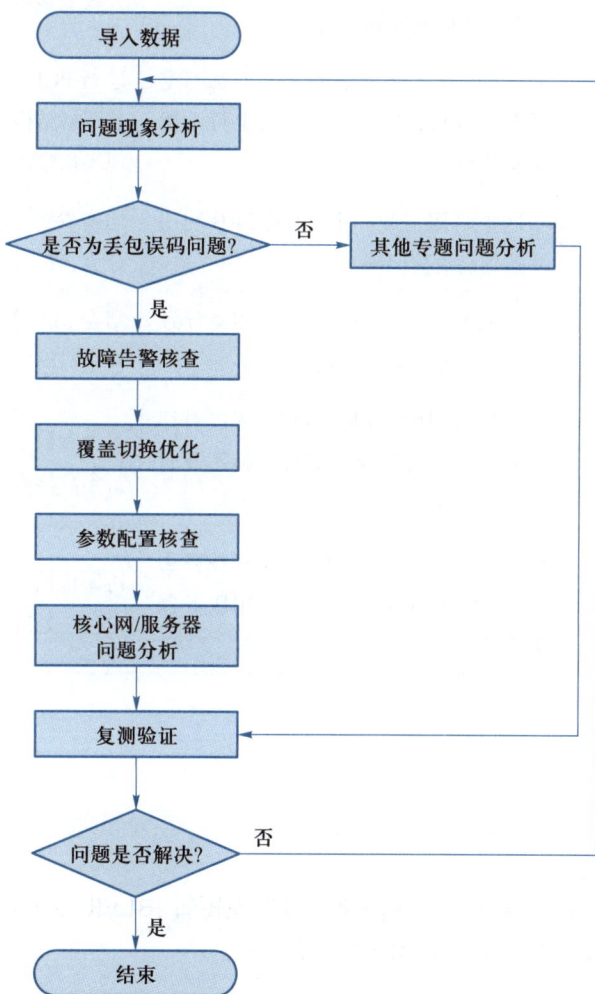

图 10-8-1　5G 丢包误码问题分析流程

误码率、误块率过高导致下载速率降低，可从空口、参数配置、核心网、服务器等方面进行分析。

常见丢包误码问题类型及解决方案见表 10-8-1。

表 10-8-1　常见丢包误码问题类型及解决方案

问题类别	常见原因及分析	解决方案
故障问题	结合网管对站点及小区进行故障排查（包括光口故障、GPS 失锁故障、服务能力下降故障、NG 传输链路故障等）	故障信息派单基站维护厂家进行处理
覆盖问题	根据问题小区分析数据采集（站高、站间距、下倾角、RS、RSRP、RSRQ、CQI、TA 等），进行弱覆盖、越区覆盖、重叠覆盖问题专题分析	针对性进行小区发射功率、SSB 功率偏置、天线方位角、天线下倾角等调整
干扰问题	对 SINR 偏低问题进行 PCI 干扰、重叠覆盖分析，同时关注小区上行干扰底噪是否正常	进行 PCI 调整优化、重叠覆盖网络结构调整以及外部干扰现场扫频排查整治
容量问题	小区忙时用户数和上 / 下行 PRB 利用率达到高负荷门限	均衡参数调整、RF 结构优化分流、扩容优化
邻区问题	邻区漏配，外部邻区配置错误，导致无法及时发生重选、切换	结合 MR 等数据，及时分析、补全与周边小区间的邻区关系
切换参数问题	异频切换门限、切换迟滞、邻区对切换 CIO 等设置异常，导致切换不及时或频繁切换	参考参数设置规范，针对性进行参数核查，及时调整修正
核心网 / 服务器问题	5G 站点 NG 传输 SCTP 链路存在高丢包 / 短暂不可用，业务端应用服务器异常等	协调传输等相关专业部门配合定位、处理

10.8.3　丢包误码问题案例分析

PPT

5G 丢包误码问题案例分析

微课

5G 丢包误码问题案例分析

1. 案例：MOD4 干扰导致下行丢包率高

（1）问题描述

在网格测试过程中发现，玉林南路东段出现短暂 IBLER 显著升高情况，导致该路段速率陡降且波动非常大，如图 10-8-2 所示。

（2）问题分析

① 故障告警核查：站点故障告警以及传输问题等容易造成丢包误码，因此在分析时需要优先排除此类问题的影响。经核实，本案例中主服务小区无故障告警，无干扰。

② 覆盖及切换优化：覆盖及切换问题会带来空口质量的恶化，导致出现丢包误码的情况，因此需要对此类问题进行分析优化。

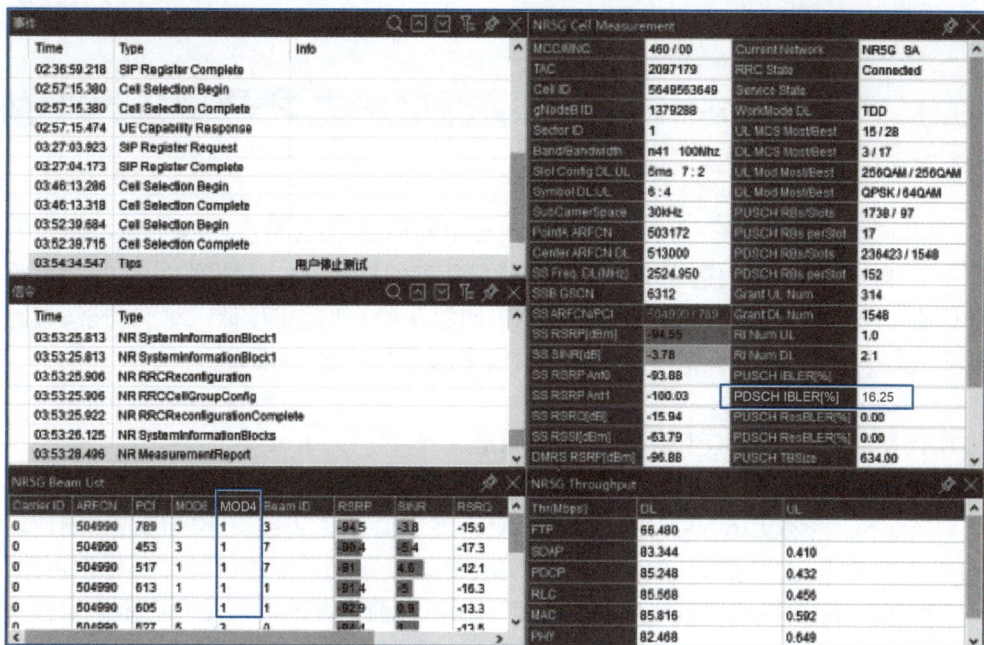

图 10-8-2　5G 丢包误码问题案例

③ 参数配置核查：在 5G 中，除了传统的 MOD3 干扰外，新增了 MOD4 和 MOD30 干扰。模干扰会导致 UE 对小区的识别和信道估计错误，将影响同步和用户感知。本案例中，问题路段存在非常明显且严重的 MOD4 干扰情况，如图 10-8-3 所示，MOD4 小区达到了 5 个，并且小区电平非常接近，进而导致 PDSCH 的 DMRS（解调参考信号）的 SINR 较低，从而使得数传包的解调出错，导致 IBLER 升高。

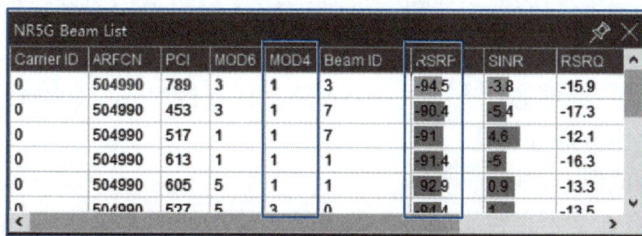

图 10-8-3　5G 丢包误码问题案例小区列表

（3）优化措施

从该问题路段的站点分布看，建议排查附近站点的完好情况。在确定周边站点已经按照规划要求开通的情况下，加强主小区的覆盖，形成比较强的首强覆盖，避免 MOD4 干扰。

2. 丢包误码问题分析总结

产生丢包误码问题的主要原因多为故障告警、站点干扰、空口质量恶化以及传输故障等。

10.9　4G/5G 协同问题分析

目前 5G 部署主要分为 SA 和 NSA 两种组网模式。SA 的优势在于 4G 改造少，且一步到位，无二次改造成本，5G 与 4G 异厂商组网灵活，且端到端 5G 易拓展垂直行业；NSA 的优势在于对核心网及传输网的新建 / 改造难度低，对 5G 连续覆盖要求压力小。在 5G 建设初期，国际运营商多选择 NSA 组网模式。

10.9.1　4G/5G 协同 KPI 定义与评估标准

PPT

4G/5G 协同 KPI 定义与解决方案

微课

4G/5G 协同 KPI 定义与解决方案

当前 5G 主要实施 NSA 组网模式，NSA 终端必须占用锚点小区后，才能使用 5G 业务，提升用户感知。如何及时将 NSA 终端迁移到锚点小区并保证稳定占用，是当前 NSA 终端移动性策略遇到的重要问题。目前推荐的方案是开启定向切换功能，实现锚点优先。对于 5G 建设区域内的 4G 非锚点小区，均建议开启定向切换功能，以实现"占得上"和"驻留稳"两大能力。

占得上：非锚点侧开启该功能，可实现在初始接入、切换、RRC 释放等场景下触发 NSA 用户快速从非锚点小区迁移到锚点小区。

驻留稳：锚点侧开启该功能，依托 4G/5G 移动性参数解耦和 RRC 释放消息携带专属优先级，可保证 NSA 用户稳定驻留锚点小区。

10.9.2　4G/5G 协同问题类型与解决方案

针对 4G/5G 协同问题分析流程，主要从 NSA 网络架构下最容易出现的三大方面，即终端问题、NR 接入问题、NR 速率问题来梳理。

① 终端问题：终端芯片支持 NSA/SA 还是仅支持 NSA，USIM 卡是否开通 5G 权限速率、FTP 服务器等问题。

② NR 接入问题：

a. 首先，检查是否存在影响接入的告警，检查的网元包括 4G 锚点小区和 NR 小区，有告警优先处理告警。

b. 其次，在锚点检查辅站添加方式是盲辅站添加，还是基于 B1 测量的辅站添加。B1 测量辅站添加更精确，建议采用 B1 测量辅站添加方式。

c. 再次，核查 4G/5G 协同相关的策略和参数，如锚点小区的驻留问题，4G 锚点小区是否是与 NR 同方向的最好小区，4G 锚点小区是否占用 1.8 GHz 的锚点频点；4G/5G 两网之间的参数一致性问题；NR 切换问题。

d. 最后，现场拨测，同时基站侧 Trace（追踪）做进一步的深度分析。

③ NR 速率问题：若是切换引起的速率问题，应排查切换问题；否则，应排查 NR 速率相关参数问题。

4G/5G 协同问题分析流程如图 10-9-1 所示。

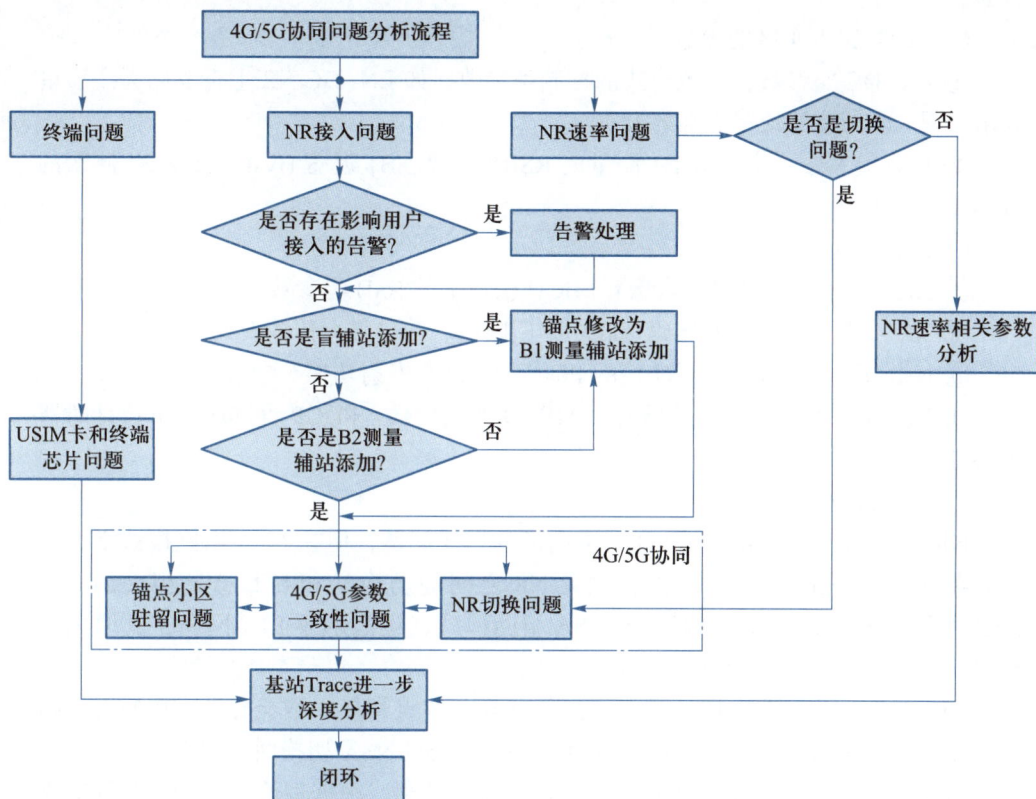

图 10-9-1 4G/5G 协同问题分析流程

从 NR 接入问题展开，4G/5G 协同优化主要包括三大方面：锚点小区驻留、4G/5G 参数一致性、NR 切换。

1. 协同优化：锚点小区驻留

在 NSA 组网模式下，NR 接入问题的优化也给 5G 优化带来了新的挑战。如果锚点小区的优先级不是最高，则存在 NSA 终端无法及时占用锚点小区的问题，现网应用中各家运营商也存在现实的问题，如中国电信的双载波小区有 1.8 GHz 和 2.1 GHz 同时覆盖室外的情况，当 2.1 GHz 载波的优先级更高时，目前现网仍会锚定在 1.8 GHz 载波上，如果 UE 占用 2.1 GHz 载波而没有及时迁移到 1.8 GHz 载波上，就会导致 UE 无法发起 5G 业务的情况。

解决方案：定向切换优化。5G UE 接入非锚点小区，如果邻区中存在锚点邻区，则在连接态下主动发起到锚点邻区的定向切换。通过连接态定向切换策略，保证 5G 商用终端及时迁移到锚点小区，确保 NSA 终端可以从非锚点小区切换到锚点小区，并在锚点小区稳定驻留。

2. 协同优化：4G/5G 参数一致性

在 Option3x 的 EN-DC 网络架构模式下，5G 控制面由 LTE 基站承载，用户面由 LTE 和 NR 承载都可以，所以在 4G 锚点小区上有诸多的控制面相关参数来控制

NR 的接入和资源管理，5G NSA 网络的参数就涉及 4G 锚点小区和 NR 小区两大方面。

（1）LTE 锚点小区的参数

① EN-DC 类参数：分流模式的控制类参数，如 EN-DC NR 上行支路无线质量要求门限、上行支路质量迟滞等参数。

② 接入类参数：主要有 B1 测量的 RSRP 门限、B1 迟滞 Hyst、触发 B1 测量的 Trigger 等参数。

（2）NR 小区的参数

① NR 基本信道 / 信号类参数：PBCH 信道上的 SSB 类参数。

② NR 接入类参数：前导码接收功率门限值、前导最大传输次数。

③ NR 功控类参数：上行功控的 P0 参数、最大发射功率等参数。

④ NR 速率类参数：上下行最大 MIMO 调度层数、PDCP 重排序上下行计时器等参数。

3. 协同优化：NR 切换

NR 之间的切换看起来是 5G 网络内部的切换问题，但在 NSA 组网模式下，由于控制面信令是由 LTE 承载的，因此 NR 之间的切换是和 LTE 息息相关的。在 NSA 组网模式下，网络结构复杂于 SA 组网模式，也区别于 LTE 网络，其原因是 5G 与 4G 在接入网级的互通、互连更复杂。

NR 之间的切换涉及 LTE 锚点之间的切换，锚点切换失败会导致 NR 的切换指标差，所以锚点是 NR 切换的必要条件。同时，5G NSA 切换时延会比 SA 和 LTE 大，直接的原因是切换流程的复杂度增加，流程烦琐。根据理论资料和实际的案例测试结果显示，NSA 切换的整个过程至少要花费 150 ms 左右。但在 SA 组网模式下，NR 之间的切换独立于 LTE 切换，同频切换时延仅需约 40 ms，异频切换时延仅需约 60 ms。SA 与 NSA 之间的切换则等同于 NR-LTE 异系统切换，时延也只需约 70 ms。

10.9.3 4G/5G 协同问题案例分析

1. 案例：NSA 邻区漏配导致 5G 辅小区（SCG）无法接入

（1）问题描述

在单站验证过程中发现，锚点（1650/192）小区下 UE 一直上报 NR 小区的测量报告，但是基站侧始终未下发 NR 添加的重配置消息，UE 无法正常占用 5G，如图 10-9-2 所示。

（2）问题分析

① 4G/5G 站点故障告警核查：排除站点故障问题导致的 5G 添加失败。与后台网管工程师联系核实，本案例中站点状态正常，无告警。

② 站点干扰核查：干扰因素会影响 UE 与网络的正常交互，需要排除此类问题。本案例中，站点无干扰。

③ 问题定位：本案例问题为 UE 无法占用 5G，查看测试数据事件窗口发现 UE

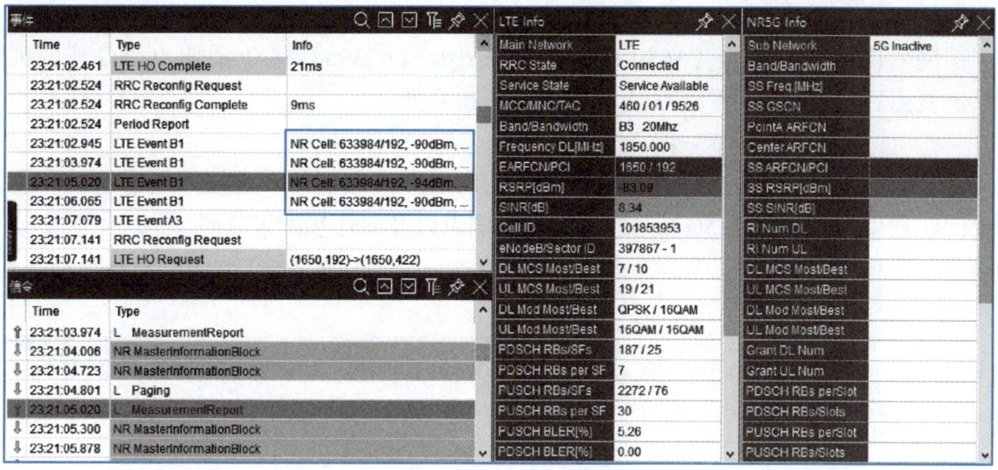

图 10-9-2　4G/5G 协同问题案例

图片

4G/5G 协同问题案例

在 4G 网络重复上报 B1 事件，一直未能正常添加 5G 辅小区。UE 有测量到 NR 小区（633984/192），并且信号强度很强，基本都在 −90 dBm 左右。同时，结合锚点小区下发的 B1 测量事件门限可知，5G 辅小区完全满足添加 NR 辅站门限 [（36−156）dBm=−120 dBm]，如图 10-9-3 所示。经过与后台确认，锚点小区（1650/192）与 NR 小区（633984/192）未添加 4G/5G 邻区关系。

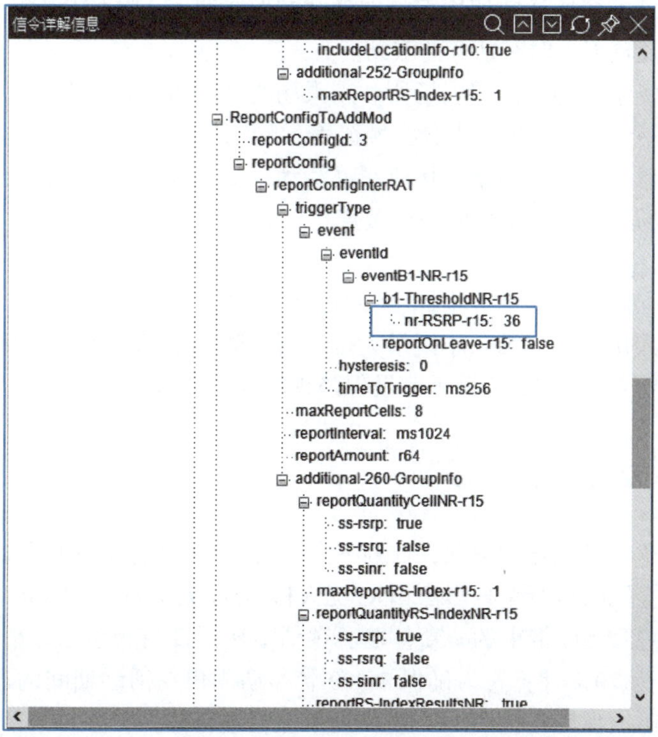

图 10-9-3　4G/5G 协同问题案例信令详解信息

（3）优化措施

网管侧将锚点小区（1650/192）与 NR 小区（633984/192）添加 4G/5G 邻区关系。复测后，5G 辅小区 SCG 正常接入，问题解决。

2. 4G/5G 协同问题分析总结

4G/5G 协同问题的分析主要是围绕 NSA 组网模式下的双连接问题进行的，主要问题现象为无法占用 5G，问题原因多为锚点以及双连接配置故障。

10.10　重大活动保障

10.10.1　场景与话务指标分类

PPT
重大活动保障及
案例分析

微课

重大活动保障及
案例分析

1. 重大活动场景

重大活动场景均存在人流密集、人流量大、话务冲击迅猛、话务峰值大、话务冲击时间和话务持续时间可预知等特点。重大活动场景可能是单独的宏站，也可能是单独的室分（含微蜂窝、皮蜂窝、飞蜂窝），还可能同时出现多层网组合结构。按照活动场所类型，重大活动场景可分为开阔型场景、半开阔型场景和封闭型场景。

开阔型场景：主要是在广场、公园等公共区域举办活动，如大型集会、花市、民俗活动等。该类场所通常使用宏站加微站的形式覆盖，区域相对较大，活动持续时间较长，涉及较多平时有话务的宏站。

半开阔型场景：通常由室内场所和露天场所共同组成，如航展、体育场等。该类场所通常使用宏站和室内站点分区域覆盖。

封闭型场景：主要是在室内场所举办活动，如会议中心、交易会、博览会、招聘会等。该类场所主要使用室内站点覆盖。

2. 话务指标分类

重大活动保障涉及的话务指标主要有：保障场景内所有小区接入用户数的总和及所有小区接入用户平均数、小区最大接入用户数、小区无线利用率，小区接入成功率、切换成功率，HTTP 下载速率及保障现场的感知速率等。

10.10.2　重大活动保障案例分析

移动网络优化部门接到通知，计划下月中旬在 SZ 体育馆举办大型直播 5G 演示活动，活动上会同时进行全息影像、5G 无人机、5G 太空舱、5G VR 等黑科技演示，让市民近距离感受 5G 带来的全新体验。预估本次活动将吸引 1 万市民围观，按移动用户占比约为 70% 计算，为确保 7 000 名移动用户在活动期间的通信业务正常，需进行通信保障。保障将按图 10-10-1 所示流程进行。

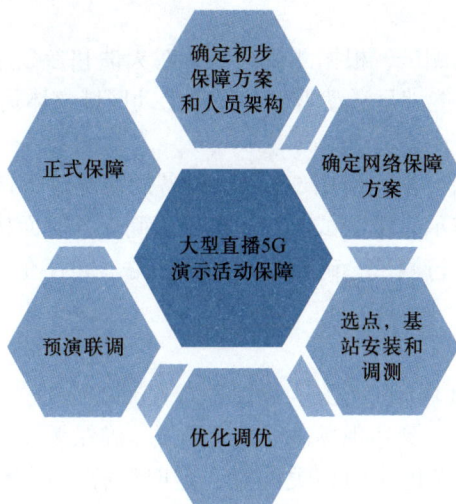

图 10-10-1　重大活动保障流程

1. 确定初步保障方案和人员架构

明确活动保障方案及其对网络侧的需求，确认具体活动时间、活动地点、活动内容、终端需求等；确定整体人员架构，汇总参与人员通讯录及分工界面。参与保障人员建议如下：

① 运营商保障总负责人。

② 现场测试优化人员：实时测试现场无线环境并进行优化。

③ 传输电力等配套保障人员：保障传输网络电力等正常，对于重大活动保障，可配备发电设备，以防临时断电。

④ 基站督导：现场保障基站硬件正常运行。

⑤ 基站后台及核心网保障人员：实时监控站点状态，如遇异常应及时分析处理并反馈，重要保障建议每隔 1 h 通报一次网络状态。

⑥ 后台 KPI 指标监控人员：实时监控活动站点及涉及的周边现网站点的指标是否正常，特别是锚定点，确保终端正常接入及避免对周边站点造成影响。

⑦ 5G 终端厂家支持人员：解决 CPE、UE 等临时故障。

2. 确定网络保障方案

在活动保障前，首先需要进行科学合理的业务预测，在明确覆盖区域的前提下，通过用户行为分析和用户数预测，制定业务模型，从而完成业务容量规划。其次需要对网络资源、网络安全等进行评估，制定无线通信保障建设方案及优化方法，确定是否进行现有基站天馈调整／扩容，是否新增设备，并进行锚点优化，协调好各项分工。

3. 选点，基站安装和调测

提前根据活动方案进行天馈调整／扩容、新建站点等，申请好基站数据和 License（基站授权码），确定锚点站点邻区信息、Baseline（基线）信息等，确保基站数据准确，并在基站调测完成后与优化人员配合测试，确认站点状态是否正常。

4. 优化调优

优化人员通过现场测试，根据测试结果针对天馈和参数进行调整并验证是否达到预期效果，尽最大可能满足活动需求，保障活动区域整体信号良好。

5. 预演联调

网络侧优化完成后，根据使用 5G 网络设备的情况进行调优，尽可能地发现问题和解决问题，提前演示彩排测试，查漏检缺，确保各方面接口运转正常。确定演示终端，提前对终端进行测试，确保终端运行正常。如存在异常，及时联系终端支持人员。

6. 正式保障

① 制定好正式的现场保障方案，确保各方人员准时到位。

② 保障人员提前 1 h 到达现场进行健康测试，确保无线环境正常。

③ 后台保存测试优化时的相关配置，定时监控小区状态，如有异常，及时处理。

④ 活动期间现场保障人员随时对站点状态进行核查，确保活动顺利进行。

⚙ **想一想**

　　学习了 5G 网络优化各类专题分析后，请同学们思考一下：进行网络测试数据优化分析时，最需要关注的基础指标是哪两个？

📖 **知识点总结**

1. 5G 覆盖问题分析：覆盖 KPI 定义与评估标准，覆盖问题类型与解决方案，覆盖问题案例分析。

2. 5G 接入问题分析：接入 KPI 定义与评估标准，接入问题类型与解决方案，接入问题案例分析。

3. 5G 切换问题分析：切换 KPI 定义与评估标准，切换问题类型与解决方案，切换问题案例分析。

4. 5G 掉话／掉线问题分析：掉话／掉线 KPI 定义与评估标准，掉话／掉线问题类型与解决方案，掉话／掉线问题案例分析。

5. 5G 重选问题分析：重选 KPI 定义与评估标准，重选问题类型与解决方案，重选问题案例分析。

6. 5G 数传问题分析：数传 KPI 定义与评估标准，数传问题类型与解决方案，数传问题案例分析。

7. 5G 业务感知时延问题分析：业务感知时延 KPI 定义与评估标准，时延问题类型与解决方案，时延问题案例分析。

8. 5G 丢包误码问题分析：丢包误码 KPI 定义与评估标准，丢包误码问题类型与解决方案，丢包误码问题案例分析。

9. 4G/5G 协同问题分析：4G/5G 协同 KPI 定义与评估标准，4G/5G 协同问题类型与解决方案，4G/5G 协同问题案例分析。

10. 重大活动保障：场景与话务指标分类，重大活动保障案例分析。

思考与练习

一、客观题（扫码在线答题）

二、主观题（扫码查看题目）

第 11 章
5G 网络规划与优化发展

工作场景

从 20 世纪 90 年代末到现在，中国通信行业经历 20 年的快速发展，从单一语音网络到融合时代（移动通信网络＋互联网），已经演变成包含多功能终端和多样化服务的时代，即智能手机时代（语音和数据服务）。通信的发展并没有停止，现在 5G 来了……在 5G 时代，网络的融合程度将空前加强，终端和服务将继续朝着多元化的方向发展，并推动社会进步。5G 网络发展如图 11-0-1 所示。

①无人机安防巡检

⑥大带宽连接

④智能交通规则

②超清安防监控

⑤智能运输车队

③自动驾驶

⑦导航AR辅助

图 11-0-1   5G 网络发展

为了实现 SA 组网目标中的 5G 多样化场景及业务、按需提供的服务，5G 网络需要足够智能。在 5G 标准制定之初，3GPP 就考虑将人工智能（AI）与网络大数据分析技术融合应用于 5G 网络，利用人工智能对海量移动通信数据进行挖掘和分析、推理、判断以及预测，将人工智能与网络运营、运维、策略管理等内容结合起来赋能网络和业务，进一步提升网络管理效率，提高网络资源利用率，保障用户体验。

知识图谱（图 11-0-2）

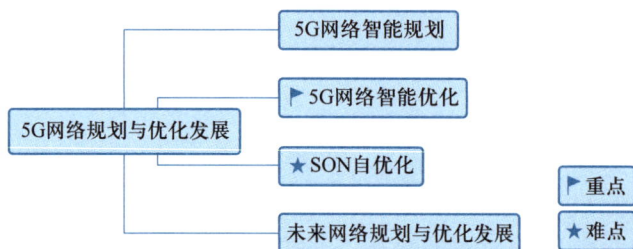

图 11-0-2　5G 网络规划与优化发展知识图谱

11.1　5G 网络智能规划

PPT

5G 网络智能规划
与优化

微课

5G 网络智能规划
与优化

　　5G 网络智能规划，是指利用覆盖、容量、频谱效率、业务热点等多维数据进行分析，对建筑物、基站的价值进行智能评估，从而开展基于不同场景、不同业务的 5G 精准规划。图 11-1-1 所示为 5G 网络智能规划流程，它是通过智能识别、智能分析、智能规划、智能优化四大步骤不断迭代优化的闭环流程，目标是实现规划流程的固化并能够结合需求开展自动优化。

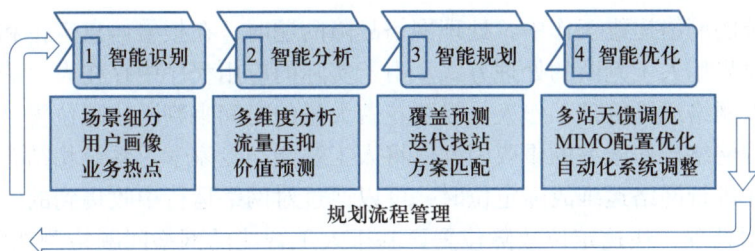

图 11-1-1　5G 网络智能规划流程

　　这里重点以智能规划为例，主要从智能规划的问题区域 / 线 / 点锁定、解决方案落地、智能找点和站点配置方案三方面进行介绍。

　　（1）问题区域 / 线 / 点锁定

　　按各维度的问题栅格判据，将问题栅格以面 / 线 / 点的方式进行锁定。面问题采用聚类方式锁定核心区域，适用于基本覆盖层；线问题采用线状聚合方式锁定，适用于专线、路段；点问题采用线状聚合方式锁定，适用于深度覆盖和室内。

　　（2）解决方案落地（策略魔方）

　　梳理出决策树以实现问题对象到基站的匹配，针对各场景要解决的核心栅格，自动按照设置的下钻流程执行；自动按照业务逻辑，匹配出建站类型；推荐建站种类，并附带参考信息，比如室分建站要在哪栋建筑物里寻找。

　　（3）智能找点和站点配置方案

　　首先得到区域内的加站权重，权重越高的栅格加站越符合加站设计要求。以权重由高到低的原则逐一推荐初步找站点位置和范围，根据策略魔方推荐的站型考虑在最合理的范围找站。参考 3D 数据，结合视距阻挡情况给出具体的推荐位置（优先级 1、2、3），根据周围的 2D 和 3D 信息，选取没有阻挡和过多穿透的位置建站。

11.2　5G 网络智能优化

通过引入人工智能技术，5G 的基础网络优化（邻区优化、天线调整优化等）工作将越来越少。通过人工智能机器学习算法，可分析当前的网络状态与覆盖和容量之间的关系，根据业务负荷、位置情况、天线下倾角、天线方位角、Massive MIMO 模式等参数，实现网络覆盖和容量的优化。这里以网络问题检测和波束管理优化为例。

1. 网络问题检测

在传统的网络运维工作中，处理网络故障问题时，在报警信息定位和网络数据处理中主要采用人工判断的处理方式。由于实际的应用程序中存在大量的网络执行数据，所以网络运维管理工作人员需要花费大量的时间来判断故障位置。故障位置定位是影响网络操作效率的重要因素。将人工智能与专家学习系统相结合，综合两者优势，在进行网络运维故障定位时，可以通过对网络运行中收集到的资源信息进行地理数据处理，快速定位故障位置。基于人工智能的网络问题检测如图 11-2-1 所示。

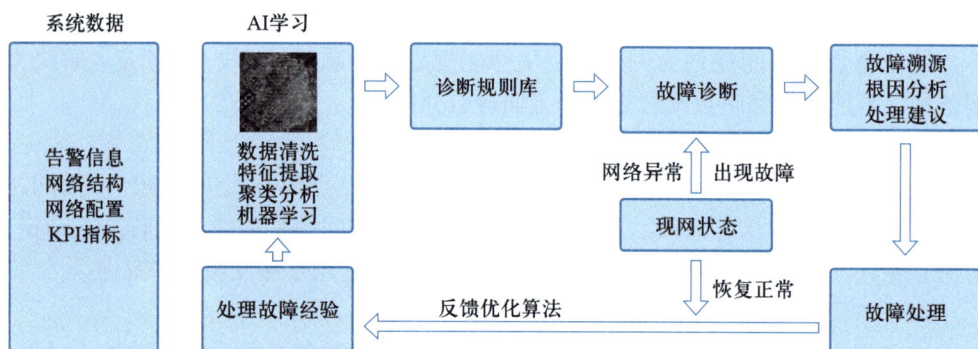

图 11-2-1　基于人工智能的网络问题检测

2. 波束管理优化

5G 的 Massive MIMO 天线及波束成形技术可以有效提升用户体验速率，增强网络覆盖，降低干扰，提升频谱效率。波束成形可以基于射频指纹库和数据地图，通过人工智能算法训练形成规则，在波束跟踪、联合波束管理、室内外判决、基站定位等方面发挥重要的作用。

5G 波束管理优化主要涉及宽波束和多波束轮询配置以及波束级的权值配置优化。5G 网络中的 Massive MIMO 调优将要面对数千种 Pattern 组合，人工经验已无法快速完成优化选择。引入人工智能技术，在当前算法成熟、算力充裕的条件下，是业界普遍看好的一种有效途径。通过训练、推理、执行及迭代优化三部曲，便能够自动化快速完成 Massive MIMO 天线 Pattern 值的调优配置。Pattern 智能寻优的实现流程如图 11-2-2 所示。

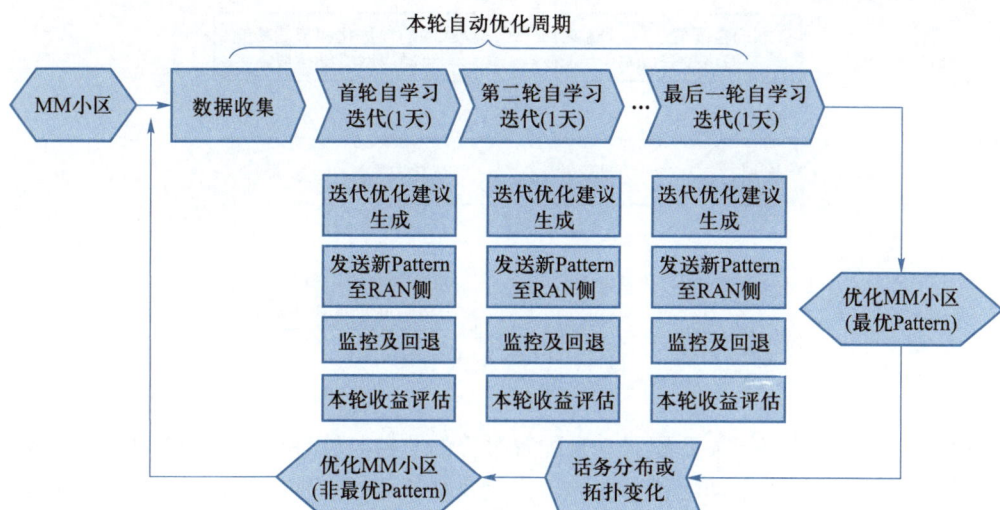

图 11-2-2　Pattern 智能寻优的实现流程

11.3　SON 自优化

　　未来 10 年，随着广泛的云计算技术和丰富的 5G 场景应用的增加，5G 将面临多元化行业应用发展所带来的个性化网络性能需求、海量终端连接所带来的爆发式业务量增长和高路径损耗所引起的网络覆盖短板等问题。鉴于此，传统的网络自组织优化已不能完全适用于未来网络，更加智能的自组织网络技术将成为部署 5G 网络不可或缺的技术之一。5G 自组织优化技术具有更广泛的感知能力和更强大的自优化能力，可以巩固网络的可靠性，增强网络的智能性，提升网络频谱效率，改善使用者的网络感知体验，并降低网络运营的成本和能源的消耗，从而解决上述问题。

　　SON（self-organizing network，自组织网络）原本特指无线自组织网络（Ad Hoc 网络），在 LTE 技术的标准化阶段由移动运营商引入，其主要思路是实现无线网络的一些自主功能，减少人工参与，降低运营成本，提高用户感受。从运营商的角度来看，降低建设和运营维护成本等措施能够获得更高的利润。从技术发展的角度来看，三种因素促进了 SON 的发展。首先，网络参数的数量越来越多，且更加复杂；其次，由于无线网络的快速发展，2G/3G/LTE 共存发展，不可避免地产生了不同网络之间的互操作；最后，基站数目（特别是家庭级基站）发展很快，需要快速配置和管理这些基站。SON 的自配置、自优化、自治愈三大技术对应规划、部署、优化、维护四个方面，如图 11-3-1 所示。

　　SON 的自配置、自优化和自治愈三类功能各自都包含了多项关键技术。

　　自配置功能包括基站自建立和基站运行过程中的自动管理。自配置功能使新增的网络节点能做到即插即用，包括自测试、自动获取 IP 地址、自动建立基站与 OAM（operation administration and maintenance，操作管理维护）系统之间的连接、

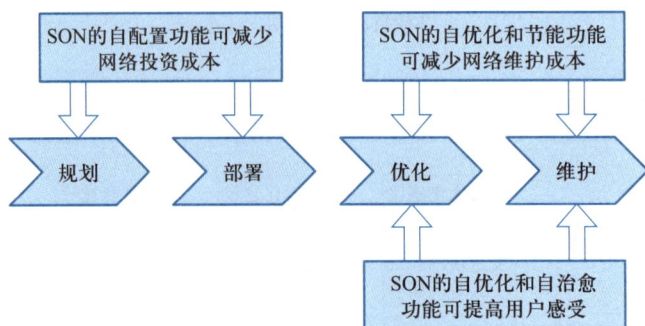

图 11-3-1　SON 功能

传输自建立、自动邻区关系配置、自配置过程的监控与管理等。自配置功能大大减少了网络建设开通中手动配置参数的工作量及基站运行过程中的人工干预，降低了网络建设难度，节省了网络建设成本。

自优化功能是指网络设备根据其自身运行状况，自适应地通过参数调整等方式达到优化网络性能的目标。例如，根据 UE 和 gNB 的性能测量报告，对参数进行自优化，以尽量减少优化工作量并提高网络质量和性能。该过程在可操作状态（RF 发射器已打开）下进行。自优化过程包含自优化 / 自适应过程。

自治愈功能主要用于处理无线通信系统内的网元故障，如自然灾害和元器件故障原因所导致的软硬件故障问题等。自治愈功能模块可对网元状态进行实时监测，发生故障告警时，首先收集关键信息进行深度分析，根据分析结果判断故障告警自动或手动解决措施，当自治愈过程结束后，功能模块会将自治愈结果上报给集成参考点管理器，并将恢复过程存档，用于后续的深度学习或问题追溯。

11.4　未来网络规划与优化发展

1. 人工智能助力网络规划与优化

人工智能与机器学习作为强大引擎，可助力未来网络规划与优化。利用人工智能工具，可以快速发现网络中存在的问题并分析定位，确定解决方案，大幅提升效率。人工智能是计算机系统理论的延伸发展，它像人类一样执行智能任务，例如视觉感知、语音识别、决策和语言之间的翻译。人工智能可以扩大 5G 网络优化范围，实现满足各项指标需要的综合模型构建及预测，可以对网络经验、案例进行分析和挖掘，形成具有针对性的合理决策。机器学习是一门多学科交叉专业，是人工智能的核心，致力于真实地、实时地模拟人类的学习方式，以获取新的知识或技能，重新组织已有的知识结构使之不断改善自身的性能，以提高学习效率。机器学习在网络运维 / 优化场景中的应用情况见表 11-4-1。

表 11-4-1　机器学习在网络运维 / 优化场景中的应用情况

AI 技术体系	相关算法	网络运维、优化应用方向
经典机器学习	监督学习：决策树	用于网络优化经验规则的机器自主学习和智能优化决策。如参数优化规则、天馈优化规则等，用于生成优化规则树
	监督学习：SVM（支持向量机）、逻辑回归、KNN（K近邻）算法	用于网络场景的最邻近匹配和预测、最优的无线参数设置推荐、网络指标（如容量、覆盖、干扰）的预测建模等
	监督学习：BP（反向传播）神经网络	用于无线网络的天馈优化与覆盖的关系建模
	无监督学习：聚类 K-means、密度聚类 DBSCAN、层次聚类等	用于网络多维度特征分析，如一般 / 特殊场景小区检测、异常网络指标检测、MR 数据的干扰特征检测、覆盖特征检测等
	数据预处理：特征选择	用于对影响网络指标的关键因素进行分析，自动评估各个影响网络质量的关键因素的权重系数
	数据预处理：PCA（主成分分析）、SVD（奇异值分解）	用于对高维度数据预处理（降维），是其他算法应用的前置环节
深度学习	深度神经网络（DNN）	用于更多样本数据、更多维度网络问题建模（如更加精细的用户分布数据、地形地貌数据，更多的参数数据）
	卷积神经网络（CNN）	用于图像分析 / 预测，对网络优化中的精确地形地貌的图片分析存在一定的应用价值
	循环神经网络（RNN）	用于对时间序列类型的数据进行分析预测，在网络优化领域可用于话务容量或数据流量预测

2. 服务垂直行业的 5G 网络切片智能运维

网络切片是 5G 网络的一个重要特性，它通过对网络资源的灵活分配以及对网络能力的灵活组合，基于一张物理网络虚拟出网络特性不同的逻辑子网，以满足不同场景的定制化需求。网络切片在带来极大灵活性的同时，也增大了运维管理的复杂度。基于人工智能来增强网络切片的自动化管理能力是必然趋势。未来 5G 应用到垂直行业时，一般会通过网络切片或者专网方式来提供服务，需要对各类网元的故障进行快速定位。通过平台化方式收集海量告警，并通过智能化方式进行告警关联，能够有效地进行数据处理及分析，快速找到故障，提升网络运维效率。

为高效地管理网络切片，降低运维复杂度和成本，网络切片管理系统必须具备网络自感知、自调整等智能化闭环保障能力。目前网络策略仍是基于人工静态配置，忽略了网络的实际情况。未来引入人工智能后便可基于时间、位置和移动特性，结合网络中的流量、拥塞级别、负载状态等进行智能分析和判断，通过人工智

257

能训练平台输出网络切片管理动态策略，实现智能化调度。另外，实时 / 历史智能分析还提供健康评分、异常检测预测、故障根因分析等参考数据，可据此执行容量优化、资源弹缩、问题定位等操作，实现切片闭环优化，如图 11-4-1 所示。

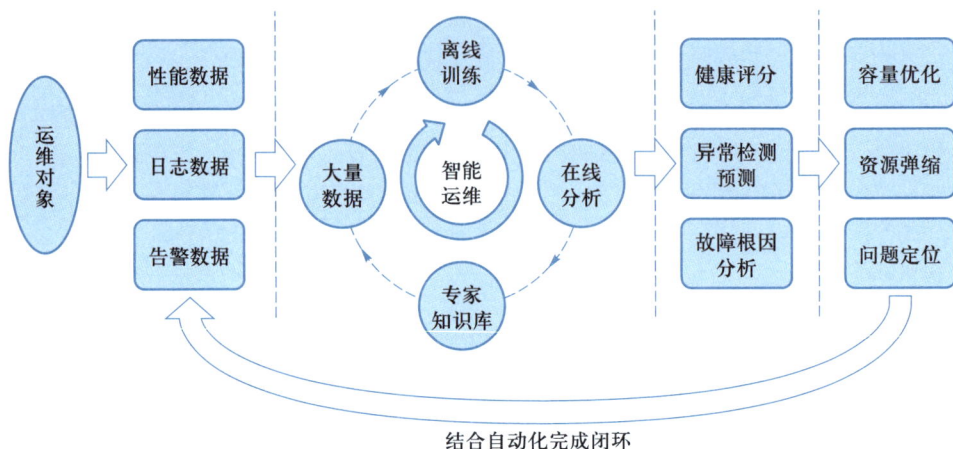

图 11-4-1　5G 网络切片智能运维

3. 基于机器学习的网络鲁棒性优化

作为基本的网络载体，5G 网络的鲁棒性显得尤为重要，良好的鲁棒性能保证网络局部发生劣化或故障时，网络整体依然能保持平稳和高效运行。在 5G 时代，机器学习等人工智能技术将在网络中得到深度融合应用，以提升自身的稳定鲁棒性。发生基站退服和故障告警时，如果不能得到及时有效的解决，一定程度上将会造成局部网络系统性能稳定性下降，从而导致局部用户出现体验差的问题。

如图 11-4-2 所示，OAM 系统管理模块通过基站上报的 UE 测量报告和基站状态信息，分析发现某区域基站 B 突然断站，区域内存在部分弱覆盖用户。OAM 系统管理模块通过将该周边区域多个基站上报的数据进行模型构建，计算分析出可通过抬高基站 A 某小区天线和增加其发射功率解决此问题，随后将调整指令下发至基站 A 进行相应的功率和天线调整，以弥补区域内基站 B 突然断站造成的弱覆盖问题。

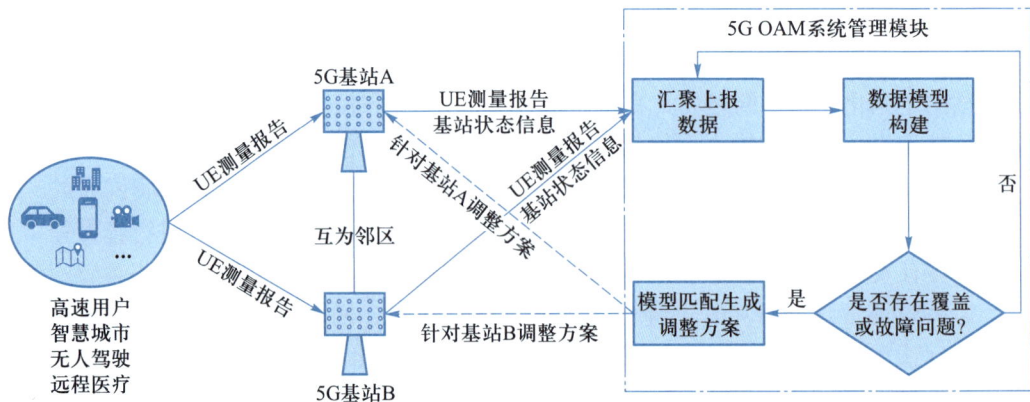

图 11-4-2　基于机器学习的网络稳定鲁棒性优化

4. 5G 人才综合能力

5G 是一个高科技的交叉领域，因此对于从业人员的综合能力要求比较高，主要涉及六大板块，即移动通信技术、网络规划与设计、网络优化能力、网络云化能力、大数据和 AI 技术、行业解决方案，如图 11-4-3 所示。

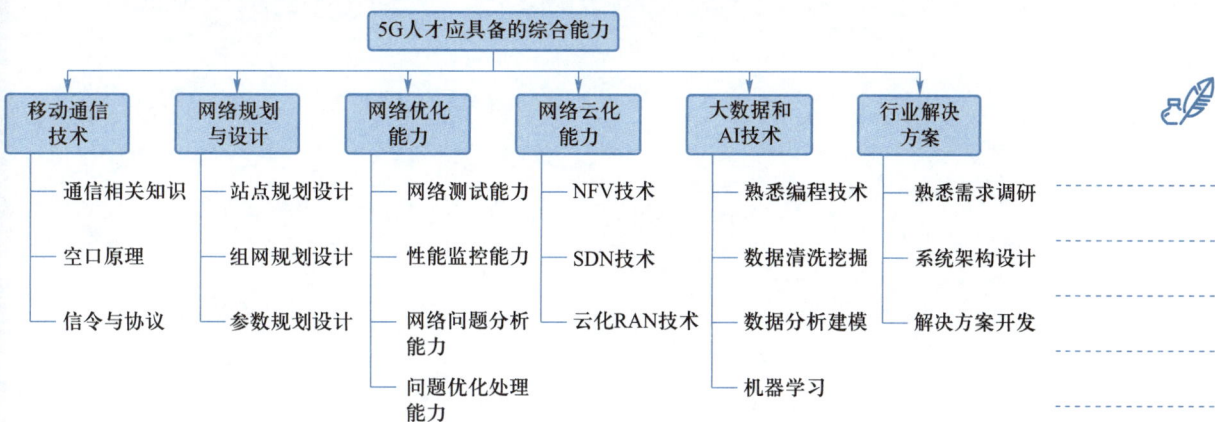

图 11-4-3　5G 人才应具备的综合能力

5G 人才综合能力可应对 5G 多端点、多场景的应用要求，增强 5G 从业者智能化、自动化的运维能力，从而降低运营商的运维成本，同时能够针对不同垂直领域的诉求，制定个性化的用户问题解决方案。

知识点总结

1. 5G 网络智能规划：智能规划。
2. 5G 网络智能优化：网络问题检测，波束管理优化。
3. SON 自优化：自配置、自优化、自治愈。
4. 未来网络规划与优化发展：人工智能助力网络规划与优化，服务垂直行业的 5G 网络切片智能运维，基于机器学习的网络鲁棒性优化，5G 人才综合能力。

思考与练习

一、客观题（扫码在线答题）

二、主观题（扫码查看题目）

参考文献

［1］宋铁成，宋晓勤. 5G无线技术及部署［M］. 北京：人民邮电出版社，2020.

［2］王霄峻，曾嵘. 5G无线网络规划与优化［M］. 北京：人民邮电出版社，2020.

［3］IMT-2020（5G）推进组. 白皮书：5G愿景与需求［R］，2014.

［4］IMT-2020（5G）推进组. 白皮书：5G网络架构设计［R］，2016.

［5］杨雨苍，朱佳佳. 人工智能在网络运维优化中的应用探讨［J］. 邮电设计技术，2018（12）：31-34.

［6］左扬. 基于人工智能的5G无线网络智能规划和优化［J］. 电信科学，2020（S01）：15-23.

［7］付航. 5G网络自组织优化技术研究［J］. 电信工程技术与标准化，2020，33（11）：50-55.

［8］3GPP. 3GPP TS 38.304 V15.3.0［S/OL］.（2019-03）. https://www.3gpp.org/ftp/Specs/archive/38_series/38.304.

郑重声明

读者意见反馈

为收集对教材的意见建议，进一步完善教材编写并做好服务工作，读者可将对本教材的意见建议通过如下渠道反馈至我社。

咨询电话　400-810-0598

反馈邮箱　gjdzfwb@pub.hep.cn

通信地址　北京市朝阳区惠新东街 4 号富盛大厦 1 座
　　　　　高等教育出版社总编辑办公室

邮政编码　100029